国家"211工程"建设项目"长安文化与中国文学"
全国优秀博士论文获奖者专项基金资助项目（200409）

陕西方言重点调查研究
邢向东　主编

白河方言调查研究

柯西钢◎著

中 华 书 局

图书在版编目(CIP)数据

白河方言调查研究/柯西钢著.—北京:中华书局,
2013.1
（陕西方言重点调查研究/邢向东主编）
ISBN 978 - 7 - 101 - 08530 - 3

Ⅰ.白… Ⅱ.柯… Ⅲ.西北方言 - 调查研究 - 白河
县 Ⅳ.H172.2

中国版本图书馆 CIP 数据核字（2012）第 018204 号

书　　名	白河方言调查研究
著　　者	柯西钢
丛 书 名	陕西方言重点调查研究
丛书主编	邢向东
责任编辑	秦淑华
出版发行	中华书局
	（北京市丰台区太平桥西里38号　100073）
	http://www.zhbc.com.cn
	E-mail:zhbc@zhbc.com.cn
印　　刷	北京瑞古冠中印刷厂
版　　次	2013 年 1 月北京第 1 版
	2013 年 1 月北京第 1 次印刷
规　　格	开本/850×1168 毫米　1/32
	印张 13⅝　插页 4　字数 400 千字
印　　数	1 - 1500 册
国际书号	ISBN 978 - 7 - 101 - 08530 - 3
定　　价	48.00 元

榆林

延安

铜川

咸阳

渭南

宝鸡

西安

商洛

汉中

安康

○ 白河

白河县在陕西省的位置

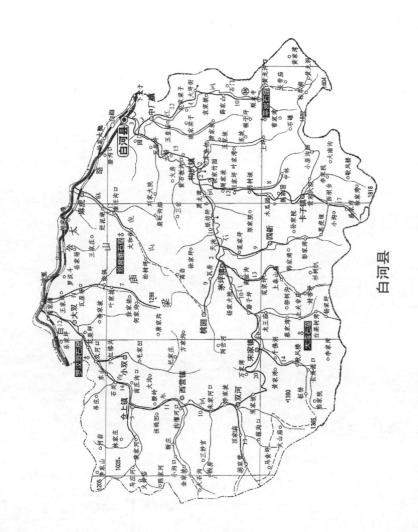

白河县

总　序

　　长安是中国历史上建都朝代最多、历时最久的都市,先后有13个王朝建都于此,绵延1100余年,形成了辉煌灿烂的长安文化。长安文化具有多种特性。首先,它是一种颇具特色的地域文化,以长安和周边地区为核心,以黄土为自然生存环境,以雄阔刚健、厚重质朴为其主要风貌,这种文化精神一直延续到今天,仍然富有强大的生命力。20世纪中国文学的"陕军"、中国艺术的"长安画派"等,显示出独特的魅力,可以称之为"后长安时期"的文化。其次,它是一种兼容并包的都城文化,既善于自我创造,具有时代的代表性,又广泛吸纳其他地区、其他民族的文化,也善于吸纳民间文化,形成多元化的特点。复次,它是中国历史鼎盛时期的盛世文化,尤其是周秦汉唐时期,这是中国历史上的盛世,此期所产生的文化以及对外的文化交流,代表了华夏民族的盛世记忆,不仅泽被神州,而且惠及海外。第四,它是某历史时期全国的主流文化。由于长安是历史上许多王朝的都城,是当时政治文化的中心所在,以长安为核心形成的思想、文化,辐射到全国各地。第五,它是中国文化的源头,产生在中国历史的早期,是中国文化之根,对中国文化以及中华民族共有家园的形成具有不可估量的影响。

　　对长安文化进行研究,一直受到人们的重视,近年来更有了新的起色,尤其是"长安学""西安学"的提出,为长安文化的研究注入了新的时代因素,并受到海外学者的关注。陕西师范大学地处古都长安,研究长安文化是学术团队义不容辞的责任。为了深入挖掘长安文化的内在价值,探讨长安文化在中国文化、世界文化史上的地位,陕西师范大学文学院藉国家"211 工程"三期建设重点学科之机,以国家重点学科中国古代文学为龙头,全面整合文学院学术力量,申报了"长安文化与中国文学"研究项目,获得国家教育部的支持。本项目的研究,一方面是要发挥地域文化的优势,进一步推动长安文化的研究,并且为当代新文化建设贡献力量;另一方面也为研究中国文学找到一个新的切入点和突破口,使文学研究有坚实的文化根基。这是一种新的视野和新的尝试,我们的研究主要有以下三个方向:

第一,长安文化与中国文学的演变

本方向立足文学本位,充分发挥地理优势,以长安文化为背景,对中国文学进行系统研究。(1)长安文化与中国文学精神。主要研究长安文化的内涵、产生、发展、特征以及对中国文学精神所产生的影响。(2)汉唐文学研究。主要研究长安文化形成时期以《史记》和汉赋为代表的盛世文化的典型特征以及对后来长安文化的奠基作用,研究唐代作家作品、唐代文化与文学、唐代政治与文学等,探讨汉唐时期长安文化与中国文学之间的内在联系及其在中国文学史上的价值与意义。(3)汉唐文学的域外传播。主要对汉唐文学在域外的传播、汉唐文学对域外文化的影响、长安文化对域外文化的接受等问题进行全面研究。(4)古今文学演变。以长安文化为切入点,探讨长安文化辐射下"后长安时代"中国文学的发展规律以及陕西文学的内在演变。

确立本研究方向的依据在于,长安文化从本质上说是以周秦汉唐为代表的中国传统文化,具有深刻的内涵。本项目首先需要从不同的层面对长安文化进行理论总结和阐释,探讨长安

文化对中国文学精神的渗透,在此基础上进一步探讨长安文化
对中国文学演变所产生的重要影响。汉唐时代是中国文化的转
折期,也是长安文化产生发展乃至鼎盛的重要时期。所谓"汉
唐雄风""盛唐气象"就是对这个时期文学的高度概括。不仅如
此,汉唐文学还流播海外,对日、韩等汉字文化圈国家的文化产
生了深远影响,研究域外传播,可以从新的角度认识汉唐文学及
长安文化的价值意义。今天的古城长安(西安)以新的面貌出
现在世界舞台,形成新的文化特征。通过古今文学演变研究,探
讨、总结中国文学和陕西文学的发展规律,进而为长安学(或西
安学)的研究奠定良好基础。

　　第二,长安与西北文化

　　本研究方向立足于长安文化,突出地域文化特色。主要有:
(1)西北重点方言研究。关中方言从汉代开始即对西北地区产
生辐射作用,这种作用在唐代以后持续不断,明清两代更有加
强。因此,西北方言与关中方言的关系极其密切。从古代直到
现代,西北的汉语方言与藏语、阿尔泰语系诸语言发生接触,产
生了一些重要的变异。对这些问题的研究是我们的任务之一。
(2)秦腔与西北戏曲研究。在长安文化的大视野下研究长安文
化对秦腔及西北戏曲形成发展的影响;同时又以秦腔及西北戏
曲为载体,研究戏曲对传播长安文化所起的作用,从而显现长安
文化在西北民族文化精神铸造中的巨大作用。(3)西北民俗艺
术与文化遗产保护与利用研究。主要研究西北民俗文化特征、
形态以及对精英文化的影响,研究如何保护和利用文化遗产并
为当代文化建设服务。

　　确立本研究方向的依据在于,加强西北地区代表性方言的
研究,对西北方言史、官话发展流变史、语言接触理论研究等都
具有重大的理论和现实意义。秦腔是我国现存最古老的戏曲剧
种之一,号称中国梆子戏家族的鼻祖,是长安文化的活化石。秦

腔诞生于陕西,孕育于秦汉,发展于唐宋,成熟于明末清初,受到西北五省人民的喜爱,已经被选入我国首批非物质文化遗产推荐项目。西北民俗的中心在陕西,陕西民俗文化是西北民俗文化的发源和辐射中心地。陕西民俗文化作为民族传统文化形式,对社会个体和整个社会都有重要意义。同时,陕西曾是中国文化的中心之一,作为最早游牧文化与农耕文化的交汇点,留下了许多宝贵的文化遗产,这包括物质文化遗产和非物质文化遗产两方面。对于这些遗产进行整理、保护以及利用,不仅可以加速社会文化、经济等各方面的发展,也可以构建和完善中国文化的完整性。

第三,长安文化经典文献整理与研究

本方向对长安文化经典文献进行整理与研究,主要内容有:(1)十三经的整理与研究。主要完成《十三经辞典》的编纂任务。之后,再进一步进行十三经的解读与综合研究,探讨经典文化在中国文学发展中的重要意义。(2)与长安文化有关的文学文献整理与研究。本项目拟对陕西尤其是关中地区的古代文学文献进行系统的整理(如重要作家的诗文集等),在此基础上进行综合研究。

确立本研究方向的依据在于,十三经与长安文化关系密切,保存了先秦时期的重要文献,尤其是《诗》《书》《礼》《易》几部经典中的绝大部分内容,属于以丰镐为都城的西周王朝的官方文献。十三经既是早期长安文化的标志性成果,也是秦汉以来长安文化和中国文化的理论基础和思想渊源,内容涉及古代文化的许多方面,诸如天人合一的思维模式、天下为公的大同理想、以民为本的治国原则、和谐人际的伦理主张、自强不息的奋斗精神,重视德操的修身境界等等,这些思想、精神渗透在民族的性格与心理之中,具有强大的凝聚力。另外,长安文化形成时期,产生了许多经典文献,经、史、子、集均有保存。许多文人出生在长安，或游宦到长安，创作了大量的文学作品，对长安文化的形成起了重要作用，这是研究长安文化的基础，需要进行细致的整理。

围绕以上三个方向的研究，我们期望能对长安文化进行较全面的认识，尤其是对长安文化影响中国文学的诸多问题有开拓性的认识。在商务印书馆、中华书局、中和化德传媒有限公司、三秦出版社、陕西人民出版社等单位的大力支持下，我们拟把研究成果以不同的丛书形式出版，目前已启动的有《汉唐文学研究丛书》《长安学术丛书》《长安文献资料丛书》《陕西方言重点调查研究》等。《十三经辞典》已经出版十卷，我们将抓紧时间完成其余工作，使其成为完璧。总之，通过"长安文化与中国文学"项目的实施，我们要在学术上创出新特色，在队伍上培养出新人才，使我们的学科建设再上一个新台阶，同时也为国家与地方文化建设和文化遗产保护做出一定贡献。

"长安文化与中国文学"工作委员会
2009 年 11 月 22 日

《陕西方言重点调查研究》
前　言

　　陕西省按照自然地理分为陕北、关中、陕南三大区域。就方言来说,陕北有古老的晋语,关中有曾经作为共同语重要基础的关中话,陕南有多种方言并存,堪称方言调查研究的富矿。

　　陕北方言是一支非常古老的方言,其中有 19 个县市区方言保留入声韵和入声调,属于晋语。陕北方言词汇中有许多古语的遗存和特征性词语,如:冻(阴平,冰)、梢(树枝)、平斤(锛子)、衿(系)、炕(把东西放在炉盖、锅底等地方,用慢火炙干)、稙[tʂəʔ˨](庄稼种得早,又指人的生月早)、稺[tsɿ˥](庄稼种得晚,又指人的生月晚)、宬[ʂəŋ˨](住)、钞(用筷子、羹匙取食)、灺(熄灭)、脑(阳平,头)、猴(小)、烧(去声,霞)、照(看)、教(让、允许)等①。语法上比较突出的特点如:存在表先事时(或认为过去时)、后事时(将来时)、当事时(现在时)的完整的时制系统;有极其丰富的表达虚拟语气的助词。

　　陕北晋语分别属于晋语五台片、大包片、吕梁片和志延

---

　　① 见刘勋宁《现代汉语研究》101—108 页,北京语言文化大学出版社 1998 年;邢向东《陕北晋语语法比较研究》13—14 页,商务印书馆 2006 年。

片。语音上既有一致性,也存在很大的差异。入声的有无是将晋语与周边方言分开的鉴别标准,其中府谷、神木、吴堡等保留最完整,绥德、榆林、佳县、清涧等次之,延安(宝塔区)、延川、甘泉三县区最少,只在口语中保留部分入声字。陕北晋语中,沿黄河一带的方言存在复杂的文白异读,吴堡、清涧话最难懂。绥德话最有权威,对其他陕北话有较强的辐射作用,可以说是"陕北的普通话"。处于晋语和中原官话过渡地带的延安、甘泉等方言,有许多过渡方言的特点,值得进行"地毯式"的细致考察。

关中方言属于中原官话,在汉语史上具有重要的地位。周代,"雅言的基础应该是王畿成周一带的方言"①。现在多数人认为雅言的标准音是河洛语音,但关中地区作为西周的京畿所在,其方言当属雅言基础方言的一部分。汉代,今关中地区的方言与晋南话合称"秦晋方言",是非常强势的方言。周祖谟先生认为"汉代的普通语恐怕是以秦晋语为主的"②。唐代的长安话尽管可能不是当时共同语的标准音,但也应是共同语基础方言的重要组成部分③。从唐宋西北方言和现代西北方言、山西方言研究的成果来看,那时的关中方言,大概属于范围广大的"西北方言"。历史上,经过魏晋南北朝和五代十国,北方少数民族及其他地区人口的大规模迁移入境,长安及关中地区的居民变

---

① 袁家骅等《汉语方言概要》(第二版)17 页,文字改革出版社 1983 年。

② 见周祖谟《方言校笺》10—11 页,中华书局 1993 年。对这一点还存在不同观点。有学者如李新魁、郑张尚芳、何九盈认为,汉代通语的标准音应当是河洛音。

③ 李新魁、郑张尚芳、何九盈等先生认为,唐代标准音为河洛一带方音,笔者赞同此说。见李新魁《论近代汉语共同语的标准音》,《语文研究》1980 年第 1 期,又载《李新魁自选集》150—167 页,大象出版社 1993 年;郑张尚芳《中国古代的"普通话"》,《光明日报》2006 年 12 月 26 日;何九盈《汉语三论》160 页,语文出版社 2007 年。

动很大,现在的关中方言和汉唐时代相比,已经发生了翻天覆地的变化①。时至今日,关中方言还处于活跃的演变状态。因此,关中方言史的研究是官话史研究中不可或缺的重要组成部分。

关中方言词汇中有不少特征性的词语,如:颡［ᵎsa］(头)、□［ᶜnou］(停留、呆在某地)、嫽(好,陕北话也说)、善［ᶜtʂʼā］(好、合适、舒服)、毕(完)、碎(小)、惜(形容女子和小孩儿貌美、可爱)、争(厉害)、扎(表程度高的副词)等。语法上的显著特点是:少用程度状语,代之以程度补语,如"嫽得很、嫽得太(太)、嫽扎了、美得很、美得太(太)、整扎了"。

关中方言内部的一致性较强,差异主要表现在语音方面。比如,中古全浊声母仄声字的今读、知系声母合口字的今读、端精见组声母今齐齿呼字的读音、古泥来母字的分混、古山臻摄精组合口一等字及合口三等字的今读、古深臻摄与曾梗通摄舒声韵的读音等。就方言区划来看,西安、户县、咸阳、渭南、铜川等关中中心地带方言(以及洛川、黄陵、商州、汉滨、洋县、城固等共43个县市区)属于中原官话关中片;宝鸡(金台区)、凤翔、岐山等西府话(以及勉县、略阳、富县、定边等共19个县市)属于秦陇片;东府地区沿黄河的宜川、韩城、合阳、大荔话,与对岸的晋南方言非常接近,属于汾河片②。

陕南地区错综分布着多种方言,格局最为复杂。其中,汉中市境内中原官话和西南官话深度接触,安康市境内西南官话和江淮官话黄孝片深度接触,并有赣语怀岳片方言岛、湘方言岛存

---

① 有人说用关中话读唐诗,比用普通话更押韵、顺口,以为现代西安话就是古代的长安话。这种说法反映了一种错误的观念,因而不足为据。其中有三重误解:第一,首都的话就是普通话的标准音;第二,唐长安话就是唐代的普通话;第三,唐代长安话到现代西安话变化不大。

② 关于陕西方言的具体区划,请参看邢向东《陕西省的汉语方言》,《方言》2007年第4期。

在,商洛市境内中原官话和江淮官话黄孝片深度接触,并有不少赣语怀岳片方言,还有来自广东的客家话。陕南的"本地话"应当包括中原官话和一部分西南官话,是原住民和明代"荆襄流民"运动中安置下来的移民所操的方言。另一部分方言如江淮官话、赣语、湘语(包括部分西南官话)等是清代乾隆朝及以后由湖广、江南、四川等省的移民带来的,已有二百多年的历史①。由于南方移民生活环境的封闭性,有些方言还顽强地保留着"源方言"的基本特点,但也不可避免地同陕南原有的方言产生互动,彼此影响、交融。陕南方言格局的形成,与自然地理、历史行政、移民运动都有关系,是研究方言接触、融合的绝佳标本,也是社会语言学理论、方法的用武之地。

总之,陕西的方言资源极其丰厚,形态各异,是一座值得大规模开采的宝藏。对汉语方言学、社会语言学、理论语言学等,具有独特而重要的研究价值。

然而,陕西方言长期以来没有得到应有的关注。比之国内其他方言,调查研究处于相对落后的状态。近年来,随着西部大开发和中国语言学的快速发展,陕西方言研究逐渐走出沉寂,活跃起来。陕西方言中深埋着的无价宝藏,渐渐露出庐山真面,引起了国内外学术界的极大兴趣。

我们认为,有两个方面的缺陷制约着陕西方言研究整体向纵深发展:一是方言点上的系统成果不多,深入挖掘不够;二是缺少一个既能人人独当一面、又能集体攻关的团队。2004 年,

---

① 南来方言中,江淮官话黄孝片、赣语、湘语等可以按照商洛市不少县志的称呼,统称为"下湖话"。我们认为,"下湖人"是陕南人对清代湖广、江南等省移民的笼统称呼(包括自称和他称)。由于南部迁来的江淮官话、赣语等方言将一部分中原官话的[u]韵字读成[o]韵,所以当地人(包括移民自己)把"下湖话"讹称为"下河话",正如把"客户"讹称为"客伙"一样。对这一问题,笔者将另文考察。

我的论文荣幸地获得了全国优秀博士论文奖,并入选教育部"新世纪优秀人才支持计划",这真是一个提升陕西方言调查研究整体水平的绝好机遇!于是,申报课题时毫不犹豫地确定了《陕西方言重点调查研究》的计划,课题组成员包括近年来颇为活跃的陕西方言学者和一部分博士生、硕士生。根据方言特点、分布和现有的研究力量,选定了10个方言点,由主编制订统一的调查表格、写作大纲、研究步骤,经课题组集体讨论,作为研究的共同提纲。考虑到陕北、关中、陕南方言存在很大的差异,课题组成员又各有特点,同时,各个方言点已有的研究基础也不同,因此,在具体地点的研究中,又给各位子项目负责人相当大的自由。作为主编,我们给自己也定了规矩:所有成果都必须亲自审稿,参与修改,对每一部书稿的质量负责。这样,采取既统一又灵活的研究机制,以最大限度地调查、描写方言事实,最大限度地挖掘方言事实的理论价值,最大限度地发挥各位研究者的特长。最终目标是制作高质量的精品,从整体上提高陕西方言研究的水平。

　　《陕西方言重点调查研究》课题立项后,受到了各个方面的支持和关注。钱曾怡先生应允作为项目的学术顾问,对项目的研究大纲及其实施提出了一些切实的建议,强调要突出方言事实的调查,加强研究成果的整体性、系统性;还亲自审稿,对书稿提出具体的修改意见,并为《陕西方言重点调查研究》丛书作序。本课题在得到教育部新世纪优秀人才支持计划和全国优秀博士论文获奖者专项基金资助的同时,又被纳入陕西师大国家"211工程"重点建设项目"长安文化与中国文学"研究计划,得到学校和文学院领导的高度重视。各位子项目负责人所在单位也在调查、出版方面给予了积极的支持。中华书局语言文字编辑室主任秦淑华女士热情支持这套书的出版,并在如何提高成果质量方面给以具体的指导。对以上各位先生、单位的支持和帮助,我们表示最诚挚的谢意。

　　现在,《陕西方言重点调查研究》丛书就要陆续面世了,我们期待着来自学界的批评、指导。

邢向东

2008 年 5 月 20 日于陕西师大

《陕西方言重点调查研究》
序

　　最近用了近一个月的时间,先详后略地读了《陕西方言重点调查研究》丛书的第一部《平利方言调查研究》(初稿)。书稿很长,洋洋数十万言,从地理历史人口到移民和方言形成,从语音到词汇语法再到语料记音,从平面描写到共时、历时比较,详细地描绘了平利方言的全貌,丰富而鲜活的语料揭示出这个处于江淮、西南、中原三个官话地区之交的方言错综复杂的情况。平利这个混合型方言的许多特点,诸如亲属称谓、词缀、语气词的兼收并蓄,动词体貌的多种表现形式,特色明显的补语及其多种格式,等等,都使我开了眼界,受益良多。下面只说其中语音的一项。

　　平利方言见晓组声母逢合口细音与知庄章合口字(包括少量开口字)合并,读为舌尖后音 tʂ、tʂʻ、ʂ,韵母或介音是 ʮ。平利方言的 ʮ 类韵母共有 8 个,如下表:

	例字	读音	例字	读音	例字	读音	例字	读音
知庄章	主章	ᵗʂʮ	耍生	ˬʂʮa	说书	ˬʂʮe	拽崇	tʂʮaiˎ
见晓	举见		见晓组无字		靴晓		见晓组无字	
知庄章	追知	tʂʮei	喘昌	ˬtʂʻʮan	唇船	ˬtʂʻʮe	庄庄	tʂʮan
见晓	见晓组无字		犬溪		裙群		见晓组无字	

　　中古知庄章声母的一些合口字与见晓组合口三四等字(今北京读撮口呼)同音,在汉语中除江淮官话黄孝片以外,还分布在其他的方言区,如湘语(长沙)、赣语(南昌)等方言。但是这种音类的合并从音值看则有不同的走向:长沙等大多是知庄章向见晓组靠拢读为舌面音(或舌根音),而平利方言则是见晓组向知庄章靠拢读为卷舌音。这种不同也存在于江淮官话黄孝片的内部,看下表的比较:

	居	诸	虚	书	靴	说	权	船	群	唇
英山	ꞓtʂʯ	ꞓʂʯ	ꞓʂʯε		ꞓʂʯε	ꞓʂʯ	ꞓtʂʻʯan		ꞓtʂʻʯən	
红安	ꞓkʯ	ꞓʂʯ	ꞓʂʯe	ʂʯæ	ꞓkʻʯan		ꞓkʻʯən			
武汉	ꞓtꞔy	ꞓꞔy	ꞓꞔye	suɤ	ꞓtꞔʻyen	ꞓtꞔʻyn	ꞓꞔyn			
通山	ꞓtꞔy	ꞓꞔy	ꞓꞔiɒ	ꞓꞔye	ꞓtꞔyɛ̃	ꞓtꞔyɒ̃	ꞓꞔyɒ̃			

　　可以看出,平利跟英山一致,是见晓组向知庄章靠拢读卷舌音的一种,这在汉语方言中是不多见的,尤其是平利方言在音类的合并方面另外还有独特的地方,即部分精组合口三等字文读也归舌尖后声母拼 ʯ 类韵母(白读为舌面前拼齐齿呼)。例如:

取娶清ꞓtʂʻʯ文　ꞓtꞔʻi白　　　　俗邪,风俗ꞓʂʯ文　ꞓꞔi白

绝从 ꞓtʂʯε　　　　　　　　　　旋邪,凯旋ꞓʂʯan

旬巡循邪ꞓʂʯən文　ꞓꞔin白　　　迅心ʂʯən²文　ꞓin²白

　　这样,平利方言舌尖后拼 ʯ 类韵母的字来源有三:知庄章合口、见系合口三四等、精组合口三等文读,就有例如以下几组字的同音或同声韵母:

驻知=句见=聚从tʂʯ²　　　　　　出昌=曲溪=蛆清、文tʂʻʯ

术述船=旭晓=序叙邪、文ʂʯ　　　楦晓=涮生=镟邪、文ʂʯan

ꞓ准章=ꞓ均见=俊骏精tʂʯən　　　顺船=训晓=询荀邪、文ʂʯən

　　以上现象涉及平利方言尖团分混的复杂情况:第一,就开口细音来说,平利方言不分尖团;部分精组合口字文读与见系合口同音,表现了跟开口字一样的不分尖团的特色。第二,精组合口

细音的白读为齐齿呼,跟精见组开口细音相同而跟见组合口不同。这种关系见下表:

古音系	精开细	见开细	精合细	见合细	精开细	见开细	精合细	见合细
例字	妻	欺	蛆	去	夕	吸	俗	虚
精合文	ᵗɕʻi		ʈʂʻʯ		ᵕɕi		ᵕʂʯ	
精合白	ᵗɕʻi		tɕʻiᵃ		ᵕɕi		ᵕʂʯ	

每一种汉语方言都因其自身的各种因素而具有特殊的研究价值。陕西省方言调查研究的重要性在于:历史上陕西的长安曾是我国历史上长期的政治中心,以长安为代表的关中方言是早期汉民族共同语的基础方言,研究现代共同语官话方言的形成历史,不能将陕西方言弃之不顾。特别是,陕西境内所分布的方言种类繁多,特色显著,特别是像平利这样离中心城市较远的经济未开发的地区,蕴藏着大量的方言资源,急需纪录整理予以保存。

《平利方言调查研究》又一次使我感慨汉语方言的丰富奇妙,使我对陕西省方言研究的意义和迫切性有了进一步真切的认识。当然,陕西的同行比我的认识深切得多,近一二十年来,经过不懈的努力,陕西方言的研究已经有了很大的发展,成果喜人,令人称羡。综合性的描写和研究成果如:刘育林《陕西省志·方言志》(陕北部分,1990)、宋文程和张维佳主编《陕西方言与普通话》(1993)、邢向东《陕北晋语语法比较研究》(2006)、张崇主编《陕西方言词汇集》(2007);单点的调查报告如:张成材《商县方言志》(1990)、孙立新《户县方言研究》(2001)和《西安方言研究》(2007)、邢向东《神木方言研究》(2002)、母效智《扶风方言》(2005),等等。这为陕西方言的进一步开发创造了有利的条件。

向东不失时机地确定将《陕西方言重点调查研究》作为下一步的研究课题,计划对陕西境内的 10 个点进行重点调查研究。研究方言的人都知道：方言研究的基础是调查，没有调查就谈不上研究；就调查来说，首先是一个个具体的点，没有点的调查，也就谈不上片的比较。《陕西方言重点调查研究》正是要从基础的点的实地调查做起，在强调充分调查描写方言事实、全面收集语料的基础上，在不同地域、不同时段的比较中，加强解释和理论的探讨，旨在突破通常"方言志丛书"和"方言研究丛书"的格局，以达到调查和研究相得益彰的效果。针对以往综合性的方言单点调查研究偏重语音而语法相对薄弱的情况，本丛书有意加强语法研究，力求挖掘虚词、时体系统等深层次的内容。

先期的准备工作是很充分的。首先在点的选择上照顾到分布于陕西境内陕北、关中、陕南三区，注意到人员的配备，能够保证计划的完成，也注意从中培养锻炼方言的研究人员。在内容上以《神木方言研究》为蓝本，制定了十分详细的统一的"写作大纲"，并经过课题组成员集体讨论，达到共识，让每一位参加研究的人员对于调查研究内容心中有数，能够有本可循、有法可依，但也可以按照方言的具体内容而有所变通。这就保证了将来的成果既能进行统一的比较研究，又能妥善保存某些方言点的特殊资料。这些，都将对陕西方言研究的发展产生重大的促进作用。

除了代表陕南地区的《平利方言调查研究》之外，我还看过分别代表陕北、关中两个地区的《吴堡方言调查研究》"文白异读和语音层次"一节（定稿）和《合阳方言调查研究》（初稿）的大部分章节，总的印象是调查的材料全面丰富，分析到位，有理论深度。这使我对向东胜利完成《陕西方言重点调查研究》满怀信心，相信这套丛书一定会在我们面前展现出陕西方言五彩缤纷的语言世界。

肩负这套丛书主编的重任，我深知其中的诸多甘苦，所要付

出的心血可以想见。看到向东迈开了他"大展鸿图"的坚实的
步伐,我很高兴。向东,祝你成功!

钱曾怡

2008 年 7 月 22 日写于山东大学

2008 年 8 月 20 日改定

目　录

第一章 导 论

一 人文地理、历史沿革、人口概况

1.人文地理

白河县隶属于陕西省安康市,位于陕西东南部,大巴山北坡东段。北隔汉江与湖北省郧西县相望,东、南分别与湖北省郧县、竹山县接壤,西与陕西省旬阳县相连。嘉庆《白河县志·序》称"其地前临汉水,后枕上庸,下达郧襄,上通汉沔,亦秦楚要区也。"自古至今白河都是陕西的东南门户,由陕入鄂的要塞之地,素有"秦头楚尾"之称(嘉庆《白河县志》卷一《地理志》)。

县境东经 109°37′—110°10′,北纬 32°34—32°55′,东西最大横距为 53.3 公里,南北最大纵距为 41.5 公里,总面积 1455 平方公里。全县地势西南高东北低,地貌以山地为主,坡度在 25 度以上的山地占到 60% 以上,人称"八山半水分半田"。汉江从县境北部自西向东横过,县境内白石河与冷水河从县境西南向东北流入汉江,其他较大的河流如厚子河、红石河、小白石河等大都是白石河的支流。

县境东、南、西三面和中部遍布山脉,多峡谷绝壁,耕地较少,人烟稀少,当地人形容为"山高石头多、出门就爬坡,地无百亩平、自然灾害多";县境北部各河流下游地区及汉江南岸地区为低山河谷区,坡地相对较缓,人口较稠密,交通便利。县境南部界岭中段的五龙尖海拔1901米,是全县最高处;东北部与郧县交界的下卡子汉江边是全县最低处,海拔仅170米。

白河县共辖15个乡镇(2010年):城关镇、中厂镇、构扒镇、卡子镇、茅坪镇、四新乡、桃元乡、宋家镇、双河乡、西营镇、仓上镇、小双乡、大双乡、冷水镇、麻虎乡。城关镇是白河县县城所在地,位于县境东北角,面积约71平方公里。旬(阳)白(河)、老(河口)白(河)、汉(中)白(河)公路在这里会合,襄渝铁路从县城通过。自明成化十二年(1476)建县以来,县治一直设于此。县城面临汉江,背倚绣屏山,泰山耸立其中。地势险要,为鄂西北入陕南锁钥之地。

2. 历史沿革

夏商时期白河为梁州地。春秋时期,白河属麋国,称为锡穴,隶荆州。《左传·文公十一年》:“楚潘崇复伐麋,至于锡穴。”据此推断,白河至少有2500年的历史。《水经注》:“汉水东径锡县故城北,又东历姚方。按:姚方在今白河县。”战国时期,锡穴先属楚,后属秦。

秦代设锡县,属汉中郡(治所在今汉中市)。东汉末,建安二十四年(219),锡县改属西城郡(治所在今安康市)。三国、晋,锡县属魏兴郡。《三国志·魏书》:“建安二十年分锡,属上庸。”

南北朝时期,南朝梁废锡县,于县境南设阳川县,于县境北设熊川县。西魏大统元年(535),在县境东南设丰利县。西魏恭帝元年(552),在丰利县设丰利郡,领丰利、熊川、阳川三县。北周武成二年(560)废丰利郡,丰利县改属上津郡(治所在今湖北省郧西县),同时废熊川、阳川两县,辖地并入丰利县。

隋大业三年(607),复设西城郡,丰利县改属西城郡。《隋书·地理志》:“西城郡领丰利县。”唐贞观十年(636),丰利县改属新设的均州。《旧唐书》:“魏分锡县直。武德元年属上州。

贞观十年州废,属均州。"北宋乾德六年(968),废丰利县,辖地并入旬阳县,属金州(治所在今安康市)。元代属金州之旬阳县地。

明成化八年(1472),于旬阳县东部置白河堡。成化十二年(1476)改设白河县,以境内有白石河而得名,隶属新设之郧阳府(治所在今湖北省郧县),次年改属金州。万历十一年(1583),金州改称兴安州,白河县改属兴安州。清乾隆四十七年(1782),兴安州升为兴安府,仍辖白河县。中华民国时期,白河县属陕西省汉中道。民国二十二年(1933)撤销道制,白河县属省辖。民国二十四年(1935),属安康专员公署(第五行政督察署,第五行政公署)管辖。

中华人民共和国成立后,白河县隶属陕甘宁边区陕南行政公署安康分区行政督察公署管辖。1950 年,隶属安康分区专员公署(专区)管辖,1969 年专区改称地区,白河县属陕西省安康地区行政公署管辖,2000 年安康地区改安康市,白河县属安康市管辖。

3.人口概况

全县人口 21 万(2010 年),其中农业人口 19 万。城关镇人口约 3.3 万。人口以汉族为主,回、蒙、满、苗等少数民族不到300 人,其中回族占绝大多数。全县人民的宗教信仰有基督教、伊斯兰教、佛教、道教。县内有基督教教堂一个,信仰伊斯兰教的群众主要是到汉江北岸的湖北省郧西县参加活动,信仰佛教、道教的群众主要在安康、十堰等地参与教会活动。

二　方言归属与内部差异

2.1 白河方言的归属

白河县地处秦岭东段南麓,大巴山北坡,是典型的秦巴山区。县内遍布山脉,山大沟深,交通不便。因为地理位置偏远,方言调查工作开展多有不便。目前关于白河方言的学术成果数量不多,只有少数几篇论文,相关著作还未出现。部分关于陕西或陕南方言研究的论著有论及白河方言的,但都不太详细。

关于白河方言的单篇论文有五篇,涉及到白河方言的论著有近二十篇(部),见参考文献。

在方言学家们有限的论述白河方言的文章中可以看出方言学界对白河方言归属的界定是存在分歧的。主要有中原官话、江淮官话、西南官话以及混合型方言等几种观点。

李荣指出,在分出晋语之后,其余的官话可以根据古入声字的今调类分为七区——北京官话、北方官话、西南官话、中原官话、兰银官话、胶辽官话、江淮官话。"中原官话的特性是古次浊入声今读阴平,与其他六区分开(古次浊入声读阴平蕴涵古清音入声也读阴平,古全浊入声读阳平)"。"西南官话的特性是古入声今全读阳平,与其他六区分开"。"关中和陕南大部分方言都属于中原官话,陕南地区少数邻近四川的方言属于西南官话"。少数邻近四川的方言应指陕南与四川接壤的镇坪、岚皋、紫阳、镇巴、宁陕、石泉、留坝、佛坪诸县的方言,所以白河方言在李荣文中属中原官话。《中国语言地图集》将白河话划归中原官话区秦陇片。同样认为白河方言属于中原官话的还有翟时雨、孙立新、张盛裕、张成材、笔者。翟时雨指出:"陕西省的安康、旬阳、白河三个县,古清音及次浊入声字今读阴平,古全浊入声字今读阳平。古次浊入声今读阴平是中原官话的特性,因此,这三个县应属中原官话区。"孙立新(1998)说:"略阳、宁强、汉中北街、西街、城固、洋县、西乡、安康、平利、白河、旬阳、镇安、山阳方言古全浊入声字今归阳平,其余归阴平,属中原官话。"但他同时又说:"有必要特别说明的是,平利、白河方言呈中原官话和西南官话过渡方言特点,古入声字今读阳平的比勉县、略阳等处多。"古入声字今读阳平的较多,这是白河话的一大特点。

笔者（2005）曾将白河城关方言归入中原官话秦陇片。

也有部分方言工作者将白河方言界定为西南官话。段永华说"陕南属于北方方言西南官话区"。"陕南话（指汉中地区、安康地区——除安康、旬阳两县，商洛地区——主要是镇安、柞水、商南三个县通行的话）同样具有北方话的一般特点：没有入声、四声分明，与普通话存在整齐的对应规律"。段文认为陕南属西南官话区，他将陕南话定义为汉中、安康、商洛三个地区中除安康、旬阳、镇安、柞水、商南五县之外的23个县市的方言，所以白河方言应为西南官话。赵桃也指出："只有安康市、旬阳县属中原官话区，其他八个县白河、宁陕、紫阳、石泉、平利、汉阴、岚皋、镇坪均属西南官话区。"李蓝认为白河方言的归属"学术界的认识不完全一致"，但"从语言分区的整体性和一致性着眼，把……白河……放在西南官话湖广片中"。

还有的学者根据方言特征、移民历史等方面的研究，将白河方言归入江淮官话，如周政（2004）认为"安康应分中原官话、西南官话和江淮官话三片，江淮官话是以平利和白河话为代表"。周文从历史移民、语音特点、自然地貌等几个角度分析，认为安康地区方言"虽然片与片之间存在某些相似性，但是我们不赞成将平利、旬阳（南北二山）、白河等地归为西南官话或归为中原官话"。刘祥柏（2007）认为"江淮官话……还见于鄂西北和陕南地区，主要分布于湖北省竹山、竹溪两县，陕西省商洛市的柞水、镇安、商南、丹凤和山阳，安康市辖区、旬阳、平利、白河等九个市县的部分乡镇"，这一带方言"没有入声，但是在其他的特征方面与黄孝片方言有诸多类似的地方"。

近年来，随着方言调查研究的深入，白河方言的复杂性逐渐引起学界的重视，对其归属也逐渐有了混合型的新观点。郭沈青（2006c）认为白河北部属中原官话，他（2006a）认为白河南部九个乡镇属于客伙话，即"鄂东、皖西南地区的江淮官话和赣语在陕南进一步交融而成的江淮官话及赣语的变体"。邢向东(2007)将白河方言划为中原官话关中片、西南官话湖广片鄂北小片及江淮官话竹柞片杂处的方言,并用专门的章节讨论了这种"混合性最强的方言"。笔者(2008b)分析了白河方言的内部差异,讨论了其混合性质。

2.2 白河方言的内部差异

特殊的地理位置给白河带来了来源广泛、数量众多的历史移民,在长期的生活过程中,各种移民方言互相影响、互相接触、互相交融,形成了复杂的方言状况,混合色彩明显,表现出多种汉语方言的特点。

具体地说,白河境内的方言可主要分为两种:县境北部汉江沿岸的大双、冷水、麻虎(北部)、城关以及偏东的中厂、构杻等乡镇的方言属于一类,以城关话为代表,可称为城关话区;县境南部卡子、四新、桃元、茅坪、麻虎(南部)、宋家以及偏西的双河、西营、仓上、小双等后山乡镇的方言同属一类,以茅坪话为代表,可称为茅坪话区。

2.2.1 语音差异

2.2.1.1 声调方面

城关话有四个单字调:阴平 213、阳平 44、上声 435、去声 41。古入声字中全浊入今归阳平,次浊入派入阴平、阳平、去声三声,清入派入四声,其中派入阴平和阳平的字数量很大,如:窄 ₌tsE│尺 ₌tʂʰʅ│刻 ₌kʰE│葛 ₌kuo│浙 ₌tʂE│速 ₌səu。茅坪话去声分阴阳,有五个单字调:阴平 41、阳平 44、上声 435、阴去 213、阳去 22。古清去字今读阴去,如:看 kʰanꜗ│欠 tɕʰianꜗ│计 tɕiꜗ。古浊去字今读阳去,如:岸 ŋanꜛ│遇 ʮꜛ│邓 tənꜛ。入声字走向较整齐:古清入字和次浊入声字今都读阴平,如:湿 ₌ʂʅ│接 ₌tɕiɛ│纳 ₌la;古全浊入字今读阳平,如:舌 ₌ʂE│服 ₌fu│局 ₌tʂʅ。两种方言声调的比较如下表所示:

调类	平		上			去		入		
方言	清	浊	清	次浊	全浊	浊	清	清	次浊	全浊
城关	阴平213	阳平44	上声435		去声41			阴平213 阳平44	阴平213 阳平44 去声41	阳平44
茅坪	阴平41	阳平44	上声435	阳去22	阴去213			阴平41		阳平44

2.2.1.2 声母方面

古精组蟹止摄合口一、三等字在城关话中读舌尖前音 ts tsʰ s，如：最 ₋tsei⊃│髓 ₋sei│脆 tsʰei⊃，在茅坪话中读舌面音 tɕ tɕʰ ɕ，如：崔 ₋tɕʰi│罪 tɕi⊃│虽 ₋ɕi│醉 tɕi⊃。

古见晓组山臻遇摄合口三、四等字在茅坪话中读 tʂ组，与知章组字合流，如：船 = 拳 ₋tʂʰʯan│唇 = 裙 ₋tʂʰʯən│居 = 拘 = 猪 = 朱 ₋tʂʯ，见组通摄合口三等入声字今亦读为 tʂ组，如：菊 ₋tʂʯ│曲 ₋tʂʰʯ。在城关话中这类字声母都读舌面音 tɕ tɕʰ ɕ，不与知章组合流。

古影疑母开口二等字在茅坪话中白读为 ŋ，如：牙 ₋ŋa│伢儿 ₋ŋɐr│哑 ₋ŋa│鸭 ₋ŋa│眼 ₋ŋan│咬 ₋ŋɔu。而其中部分疑母开口细音字在城关话中白读为舌面音 ȵ，如：牙 ₋ȵia│哑 ₋ȵia│眼 ₋ȵian│咬 ₋ȵiɔu。

茅坪话有舌尖后浊鼻音声母 ɳ，例如：女 ₋ɳʯ。

2.2.1.3 韵母方面

茅坪话有 ʯ 类韵母。古山臻遇摄合口三、四等见系字和知系字合流，韵母今都读为 ʯ 类韵母，如：圈 = 穿 ₋tʂʰʯan│唇 = 裙 ₋tʂʰʯən│储 = 取 ₋tʂʰʯ│书 = 虚 ₋ʂʯ。

在城关话中，古山臻遇摄合口三、四等见系字韵母读撮口呼，如：拳 ₋tɕʰyan│缺 ₋tɕʰyɛ│训 ɕyn⊃│局 ₋tɕy。古山臻遇摄合口三、四等知系字以及其他知系合口字韵母今读合口呼 u 类，如：专 $_c$tʂuan｜住 tʂu⊃。这类字在城关话中发音时韵头或主要元音 u 舌体后缩，音值非常接近 ʮ，为了韵母四呼的系统性，整理音系时仍记为 u。

古蟹止摄合口一、三等精组字在城关话中韵母读 ei，如：妹 mei⊃｜虽 $_c$sei｜脆 tsʰei⊃，在茅坪话中读 i，如：赔 $_c$pʰi｜醉 tɕi⊃｜美 $_c$mi｜嘴 $_c$tɕi。

古通摄合口一、三等知见系字在城关话里读合口呼 uŋ，如：冲 $_c$tʂʰuŋ｜贡 kuŋ⊃｜孔 $_c$kʰuŋ，而在茅坪话中韵头 u 脱落，读开口呼 əŋ，如：众 tʂəŋ⊃｜恐 $_c$kʰəŋ｜红 $_c$xəŋ。

古见系开口二等字在城关话里多读细音韵母（除蟹摄），如：掐 $_c$tɕʰia｜哑 $_c$ia，而在茅坪话里多读为洪音韵母，如：家 $_c$ka｜敲 $_c$kʰou｜眼 $_c$ŋan｜鸭 $_c$ŋa。

2.2.1.4 儿化

城关话共有 ɐ˞、iɐ˞、uɐ˞、yɐ˞、ə˞、iə˞、uə˞、yə˞、o˞、io˞、uo˞、u˞ 12 个儿化韵，儿化词在口语中非常普遍。和普通话的儿化韵功能相似，白河城关话的儿化词通常具有小称、爱称等功能。儿化词的构成形式非常丰富，具体见第三章的专节讨论。

茅坪话没有儿化韵，只有儿尾。城关话中的儿化词在茅坪话中通常都是以儿尾的形式出现，在词根之后直接加"儿"音节。儿尾是汉江上游南北山区江淮移民方言的重要特征之一。

2.2.2 词汇差异

词汇系统具有不稳定性，因此当两类不同方言接触后，词汇之间的感染、同化发生得较快。城关话和茅坪话虽然语音方面差异较大，但是词汇系统已经在数百年的融合过程中很大程度上趋同了。常用词汇异同如下表：

相同词条			差异词条		
词条	城关话	茅坪话	词条	城关话	茅坪话
淋雨	□tʂʰua⁴⁴雨	□tʂʰua⁴⁴雨	曾祖父	老太	太爷
大前天	上前儿	上前儿	曾祖母	老太	太奶
早晨	早起	早起	外祖父	外uei⁴¹爷	家爷
上午	前半儿	上昼	外祖母	婆	家婆
下午	后半儿	下昼	继父	后爸	伯爷
厕所	茅厕	茅厕	继母	后妈	伯娘
壁虎	马蛇子	马蛇子	叔母	婶	叔娘
蝙蝠	盐老鼠	盐老鼠	姨	姨	姨娘
公鸡	公鸡	鸡公	蹲	□tʂuai²¹³	□tʂʅai⁴¹
母鸡	母鸡	鸡婆	推	tsʰəu²¹³	tsʰəu⁴¹
猫头鹰	猫头鹰	猫儿头	踏、踩	□pia⁴⁴	□pia⁴⁴
厨房	厨屋	灶屋	哭	□ŋaŋ²¹³	□ŋaŋ⁴¹
头	脑壳	脑壳	睡着	睡着	睏醒
鼻涕	鼻子	鼻子	喊	□ya⁴¹	□ya²¹³
唾沫	□tsʰan⁴⁴	□tsʰan⁴⁴	没有	莫得、冇	莫得、冇
胳膊肘	倒拐子	倒拐子	恶心的	凛人	凛人
大腿根	□tɕʰia⁴¹	□tɕʰia²¹³	不好的	烂眼儿	烂眼儿
膝盖	波罗盖儿	磕膝包儿	脏	駯黯	駯黯
乳房	奶	妈儿	差点儿	惜打乎儿	惜打乎儿
男孩子	儿娃子	儿娃子	我	我	自家
女孩子	<u>女娃</u> nya⁴⁴子	<u>女娃</u> nya⁴⁴子	他	他	渠kʰɛ⁴⁴
叔叔	佬佬	佬佬	什么	啥	么事
姑妈	娘儿	娘儿	多高？	好高？	几高？
婴儿	毛娃儿	毛蛋儿	那	那	箇kuo⁴³⁵
小学生	学生娃子	学娃子	为什么	为啥	为么事

通过比较可以看出,城关话和茅坪话绝大多数常用词汇(大部分名词、动词、形容词、副词)的构成是一致的。这其中很多词语也成为白河方言的特征词,区别于周边的其他方言,如:□ts^han^{44}唾沫、倒拐子胳膊肘、髁鼈脏等。很多四字格成语也频繁出现在两类方言之中。

两种方言词汇系统的差异主要体现在少数名词、亲属称谓词、代词上。这些词集中体现了鄂东、皖西南一带江淮官话黄孝片方言以及临近地区湘语、赣语的特点,如:

茅坪话中对鸡、鸭等家禽的性别描述为"动物+公/婆"格式,如:鸡公、鸭婆。"鸡公"和"公鸡"两种动物类型表达方式是汉语方言地理分布的重要差异点,"'鸡公'型主要分布在长江以南的非官话区"(罗自群 2006a)。茅坪话即保留着这种非官话方言的特征。

茅坪话中的代词集中表现出南方方言的特点,如指示代词"箇 kuo^{435}"、疑问代词"么事"在鄂东地区江淮官话中都很常见;第三人称代词"渠 $k^hɛ^{44}$"是赣语特征词。

2.2.3 语法差异

茅坪话和城关话的语法差异主要表现在词法方面,句法方面基本一致:

人称代词,城关话第三人称用"他/她/它"、"他/她/它们",茅坪话第三人称用"渠 $k^hɛ^{44}$、渠们"。

指示代词,城关话表近指用"这、这个、这些、这样"等,茅坪话表近指用"箇、箇个、箇些、箇样"等。

疑问代词,城关话习惯用"啥、咋"和以"啥、咋"为基础构成的一系列词,表现出鲜明的北方地区官话的特点,如"啥地方儿、啥时会儿、咋去、咋办"等,茅坪话习惯用"么事、么样"和以"么事、么样"为基础构成的一系列词,如"么事地方儿、么事时会儿、么样去、么样办"等。

程度副词、时间副词也存在少许差异。

三 白河方言地图

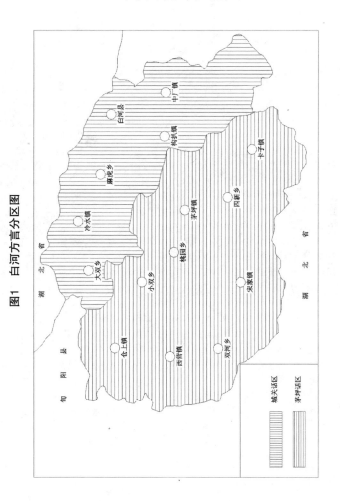

图1 白河方言分区图

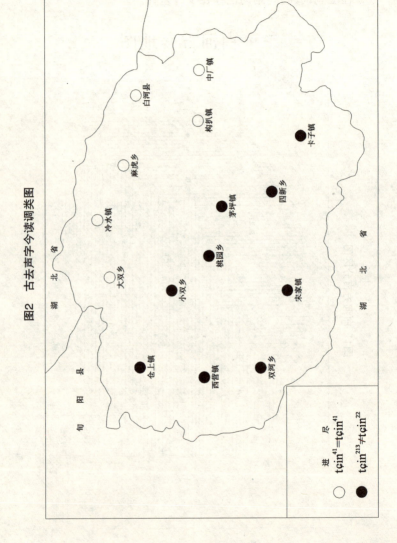

图2　古去声字今读调类图

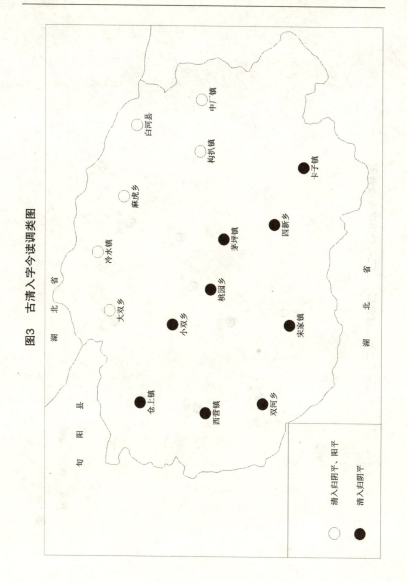

图3　古清入字今读调类图

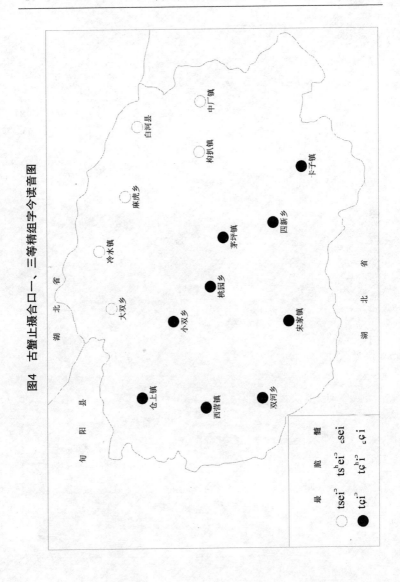

图4 古蟹止摄合口一、三等精组字今读音图

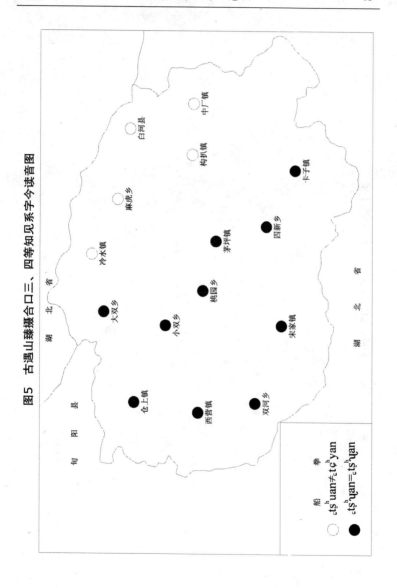

图5 古遇山臻摄合口三、四等知见系字今读首图

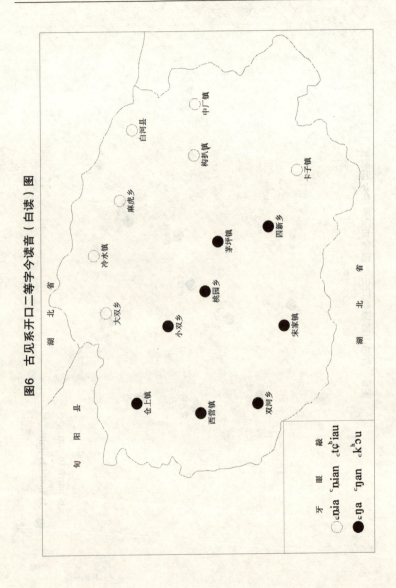

图6 古见系开口二等字今读音（白读）图

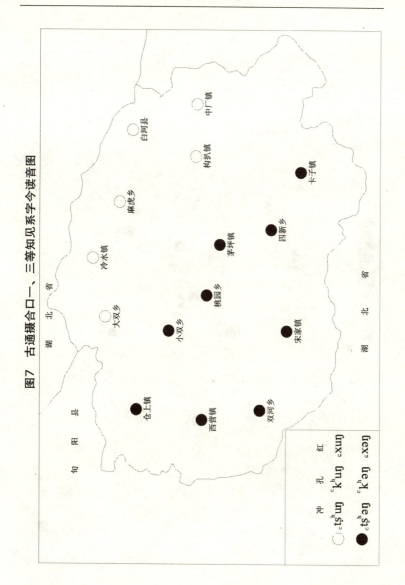

图7 古通摄合口一、三等知见系字今读音图

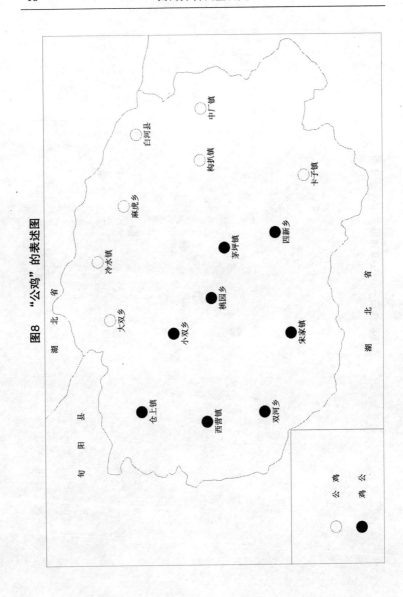

图8　"公鸡"的表述图

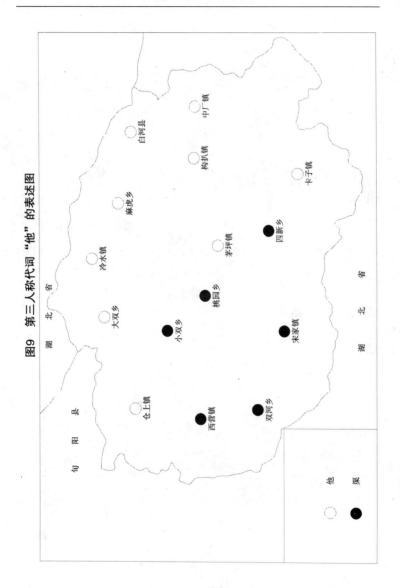

图9 第三人称代词"他"的表述图

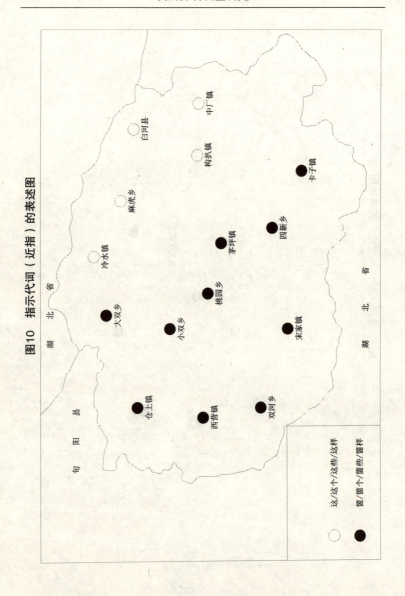

图10　指示代词（近指）的表述图

四　白河方言的历史成因

江淮官话黄孝片的分布区域主要集中在湖北东部、东南部以及安徽西南部一带,距离汉江上游地区最近的也有五六百公里,为何白河方言受其影响形成如此大的内部差异,以致"声音五方皆备"呢(嘉庆《白河县志·学校志》)?这要从白河方言形成的历史谈起。

白河地处秦巴山区腹地,秦岭、大巴山脉分布在四周,汉水及其支流贯穿其间。境内地势南高北低,以山地为主,多原始森林。县境北部、东部为汉江河谷地区,地势相对平坦,多条交通要道横穿而过,是白河政治、经济、文化中心。县境南部、西部地势相对陡峭、山高林密,最南端的大、小界岭山脉是白河与湖北竹山县的界山,平均海拔达到1100米,耕地很少,交通不便。总体来说,是一个十分封闭的地区。

另一方面,白河北、东、南三面与湖北接壤,为秦楚咽喉地带,自古至今都是由陕入鄂的要塞之地。汉江把这里与陕南各地、川蜀、鄂西北、豫西南紧密联结在一起,此地可以说"处深山穷谷之中,界秦头楚尾之会"(嘉庆《白河县志·序》),又是一个十分开放的地区。

正是因为白河北上可进关中,南下可至湖北、四川,通过汉江通道又能与江南相连。再加上气候适中,水源充沛,自然资源丰富,历史上一直是移民的重要通道和迁入地,移民进出频繁,人口数量、人口构成起伏不定。白河方言的内部差异就在这些移民的杂居相处中逐渐形成。

根据历史学家考证,夏商时代白河属庸国,最早的先民应该是巴人。《汉书·地理志》:"信巫鬼,重淫祀,与巴蜀同。"秦代白河及其附近地区接纳了少量政治性移民,如贬谪官员、家族流放等,这些移民的目的地主要集中在汉江中游地区,少数也来到了汉江上游。西晋元康六年(296),关中氐人齐万年起义,加上连年大饥,数万关中流民经汉中进入四川,后建立了成汉王朝。其中一部分顺汉江而下来到了安康、白河一带。唐安史之乱,长安、洛阳等地人口大量南迁,关中百姓和散兵纷纷逃入秦岭深山,有的来到了南麓的安康地区。

北宋时期陕南地区人口仍然稀少,嘉庆《白河县志》曾载兵部郎中陈彭年来到陕南东部地区视察后给朝廷的奏折:"诸县人户萧条,路歧荒僻,词讼绝少,租赋甚微。"宋金之际连年战乱,中原地区又有大批人口向地理位置偏远的陕南地区迁移。南宋时期蒙古军队进入汉水流域,这里又转而成为移民迁出区,人口大量减少。根据鲁西奇所列"元代汉江流域人口分布表"可知,元代汉江上游地区人口稀少,东部安康地区人口密度只有0.12 人/km^2,几乎是荒无人烟的状态。这也为明代开始的向汉江上游的大规模移民提供了重要条件。

宋元以来的连年战乱使汉江上游安康一带人口锐减,地广人稀、资源丰富使得这里对流民有极大的吸引力。从明代开始,规模更大的移民群体开始涌入陕南地区,主要集中在明初和清初两个时期。

元末明初汉江上游东部山区是红巾义军的根据地,破坏严重。明朝建国后,朱元璋颁布"禁流民不得入"的政策,将这一带列为全国最大的封禁区。但大批无人开垦的土地对今山西、河北等北方地区连年遭受大灾的饥民存在着巨大的诱惑,陕南地区便成了流民的首选迁徙之地。从洪武、永乐年间开始,流民不断往南阳盆地涌入,其中一部分进入了汉江上游山区。宣德以后,南阳盆地移民接纳能力已经饱和,大批的流民开始南迁进入汉江上游山区。流民连绵不断,持续数十年,朝廷无法控制,只能采取附籍和发还原籍并行的办法,并设郧阳府以加强管理,数万户流民定居在此。明成化十二年(1476),政府派原杰安置荆襄流民①。嘉庆《白河县志·录事志》:"(明)初,荆襄流民数十万,朝廷以为忧。成化十二年,遂命原杰出抚,宣朝廷德意,诸流民欣然愿附籍。于是大会湖广、河南、陕西,抚安官籍之得户十一万三千有奇,口四十三万八千有奇。其初至无产及平时顽梗者驱还其乡,而附籍者用轻则定田赋,民大悦。"关于附籍流民的具体数量及原籍,《明宪宗实录》卷一六〇:"流民之数,户凡一十一万三千三百一十七,口四十三万八千六百四十四,俱山东、山西、陕西、江西、四川、河南、湖广及南北直隶府、卫军民等籍。"②据此可知,这些流民应当以北方地区中原居民为主体。笔者在白河县城关镇调查方言时发现,很多居民都称自己的祖先来自山西大槐树。成化建县后中原地区的这批移民就成为政府认可的合法居民,几乎遍布陕南各县,使陕南各县人口大增,并对陕南地区的经济开发和人口构成产生了重要影响。据1996版《白河县志》,元代白河人口仅1.1万余,至成化建县时已达2.3万多人,增长两倍以上。

由于明初汉江上游地区人口密度低,这批移民选择定居在较为平坦的汉江及其主要支流附近的河谷地区,广大的秦巴山区腹地仍无人居住,"最为集中的应当是以郧阳为中心的鄂西北山区,其次是南阳盆地的周边山区,最后是陕南东部商州、安康一带山地"(鲁西奇)。根据鲁西奇所列"明后期汉水流域人口分布表"可知,南阳地区、襄宜平原和鄂西北地区的人口在元至明后期的二三百年间增长幅度最快,而汉江上游的汉中、安康、商洛地区人口密度仍然很小,这种分布局面也为陕南东部山

---

① 荆襄山区是豫、陕、鄂、川几省交界处区域的泛称,白河县即属荆襄山区。

② [明]胡广等《明实录·宪宗实录》,成化十二年刊印。

区在清代接纳大批江南移民提供了基础。

明末清初,陕西南部屡遭兵难,再加上自然灾害频繁,大量人口死于战乱或逃亡他乡,以致残破荒凉,人口稀少。嘉庆《白河县志·地理志》:"迨至明末,闯、献肆虐,兵燹频仍,继之刘、谭猖獗。于是百姓十去其九,百里不闻人声,四境荒芜,城郭乌有。"《白河县原修县志序·雍正七年》:"及至明末,(白河)屡遭张贼肆虐,人民星散,十去其九。城市顿为空虚,庐舍悉成灰烬。"而此时在长江中下游地区的湖北(东部、南部)、湖南、江西地区却出现了人口过度饱和的情况,向汉江上游东部山区的移民成为历史的必然,该地区历史上第二次大规模移民浪潮在这时出现了。

魏源《湖广水利论》:"当明之季世,张贼屠蜀,民殆尽;楚次之,而江西少受其害。事定之后,江西人入楚,楚人入蜀。"顺治六年(1649)清政府颁布《垦荒令》,招徕外省流民进山垦荒就食,顺治十四年(1657)又颁布《垦荒劝惩则例》,将垦荒的多少和人口的增减作为对州县官员考核的依据。但由于清初社会动荡,《垦荒令》实施进展缓慢。移民进入陕南最早的记载是在康熙初期,"康熙十八年(1679)平定吴三桂叛乱后,荆襄、陕南一带的局势逐步稳定下来。此后不久,就有外地流民进入鄂西北和陕南一带"(鲁西奇)。康熙时期迁入陕南的移民数量甚少,规模有限,直到乾隆初年以后移民才逐渐形成高潮。"一批以赣、皖地之人为主体的流民率先进入鄂西北山区,然后溯汉水和陡河、丹江等支流河谷西上"(鲁西奇)。乾隆中后期湖广、安徽、江西等地连遭旱灾,又有大批流民取道鄂西、川北进入秦巴山区认地开荒,乾隆《兴安府志》卷二五《艺文志》陕西巡抚毕沅《兴安升府奏疏》(鲁西奇):"自乾隆三十七八年以后,因川、楚间有歉收处所,穷民就食前来,旋即栖谷依岩,开垦度日,而河南、江西、安徽等处贫民,亦多携带家室,来此地开荒,络绎不绝,是以近年户口骤增至数十余万,五方杂处,良莠错居。"大规模的流民进入今安康一带,由于人口迅速增长,兴安州在乾隆四十七年(1782)升为兴安府。据 1996 版《白河县志》,至嘉庆十一年,白河县人口达 51110 口。

从康熙初年到道光、咸丰的近两百年间,被史学界形容为"江西填湖广,湖广填四川"的大规模移民时断时续,数百万长江中下游地区人民的涌入使汉江上游地区人口格局也彻底改变。

关于"湖广填四川"的途径,道光《城口厅志》卷二〇《艺文志》载洪锡畴《重修溪坝蜀王宫碑记》说"楚人入蜀者,必由二水溯流而上"(转引自张国雄)。这里的"二水"应指长江和汉江。这两条途径一条是南路,溯长江穿越三峡地区进入四川,路途较近,但比较艰险;另一条是北路,溯汉江及支流丹江、陡河或随枣走廊而上至汉江中上游地区,然后再穿越米仓道、金牛道等古蜀道进入川蜀,路途遥远,但相对平坦。汉江上游地区位于由汉江通道入蜀的途中,恰逢这里的山区地广人稀,有大片无人开垦的土地,故大批流民便在这里定居下来。

清代这几次移民与明代有所不同,移民来源地主要是长江中游地区,形成了汉江上游地区"土著之民十无一二,湖广客籍约有五分,广东、安徽、江西各省约有三四分"的人口格局①。其中湖北黄州府是最大的移民迁出地,湖南的永州府和宝庆府其次,湖南长沙、衡州、常德三府移民迁出规模居第三位。张晓虹(2004)认为"移入陕南的人口大多数来自两湖地区……安康县客民中两湖、四川籍最多,其次才是河南、江西人和安徽人"。

白河县"滨临汉江,界连楚北,五方杂处,最易藏奸。境内

---

① [清]严如煜《三省边防备览·策略》,道光二年刊印,卷一一。

四面皆山，外来佃种者十居六七"（卢坤"白河县条"），清代迁入的江南移民非常多。这些移民往往选择同乡聚居的方式，以家族、同乡为纽带形成一个个群体。群体内部通行自己的源方言，并保持着迁入以前的风俗习惯，与当地原有居民相互之间来往很少。虽然与移民来源地相距数百公里，但他们仍能长期保持着自己的文化体系。这些移民以湖北麻城、孝感一带最多，他们现在大都居住在县境南部的后山乡镇，其后代被称为"黄州佬"，其方言为"黄州佬的话"。笔者调查茅坪方言时的发音合作人，八十余岁的柴隆鼎先生的祖先即从湖北省浠水县移民而来，迄今十代有余。据陈良学，柴氏为鄂、皖边区太湖、英山、浠水一带的大家族，其中的一支于清乾隆三十二年（1767）徙居至今白河县茅坪镇柴家坡定居。柴氏世代繁衍，现已为白河县的大家族之一。

清代之前，白河境内自然条件相对较好的河谷地区已经基本被土著巴人和历次由中原而来的移民占据了，故清代这批来自两湖地区的移民只能迁入地理条件较差、人烟很少的后山地区。

明代及之前迁入的中原"老民"仍保持着自己中原方言的语音特点，如古清入和次浊入今大量派入阴平等。这些居民大都定居在白河县北部、东部汉江沿岸的乡镇，这里水陆交通便利，政治、经济、文化相对发达。近几十年来，沿江地区与后山乡镇的各种贸易、文化交往逐渐频繁，在这种交往中，语言的融合也随之进行。今天城关一带人的口音就深受"黄州佬的话"的影响，如鄂东方言的显著特点是有 ʮ 类韵，受其影响，白河城关话合口呼韵母与舌尖后音声母 tʂ tʂʰ ʂ ʐ 相拼，韵头 u 发音时舌体后缩，音值非常接近 ʮ。

以下是笔者在白河调查期间收集到的一些家谱资料，从中可以看出白河及其附近地区历史上的人口迁徙情况：

2002 年白河王姓第十八代后裔王克昌续修之三槐堂《王氏宗谱》记载了白河三槐王氏源流:吾族祖籍江西,时值江南人口稠密,陕南老林尚待开发。明朝中叶国家颁布了移民政策,将人口疏散,开发落后地区。我祖建极公率子王瓒、王鸾、王武、王迁由江西吉安府白水县白水村出发,行至湖北省郧阳府安阳日,将王武、王迁二人留下定居。同王瓒、王鸾到郧西县长沙坝西沟口居住,开创基业,乃三槐王氏在长沙始祖。

宗谱中所记录之湖北郧阳地区、郧西县长沙坝西沟口等地都与白河县近在咫尺,王氏一族迁徙到这些地区后继续繁衍生息,向白河地区扩散是必然的。今天白河很多姓氏都有近亲分布于邻省郧县、郧西一带。例如笔者的母亲卫姓就有诸多亲属在郧西县观音镇天河口,白河卫姓的一部分应是由郧西迁徙至白河。因未寻到卫姓家谱,具体时间不可考。下文所列之其他姓氏家谱中如有迁徙至白河周边湖北郧西、郧县,包括陕西旬阳、平利等地的,可以与迁徙至白河等同视之。

1992 年续修《侯氏宗谱》的序言中记载:先祖祖籍河南邓州(现河南省西州县后坡乡阎寨村)一带。清乾隆六年间,因水旱灾荒严重,加之匪盗横行,民不聊生,族人多数背井离乡各自逃生。本系始祖君爱公携带眷属迁陕西省白河县茅坪乡花蛇沟垴,插草为畔,割草搭棚,磊石为居,开荒种粮,吃糠咽菜,艰苦度日,扎根白河,创家立业。

光绪十八年(1841)编修之《高氏家乘》记载了白河高氏源流:曾祖世居江西建昌府南城县。至祖国璜公,少孤苦,偕亲友贾于湖南。辄子母不中意,乾隆九年(1745)来白,逐家焉,则迁居是邑之。

白河《胡氏宗谱》记载了胡姓三位祖先的生卒情况,从中可见胡氏的迁徙情况:祖曾祖方公茂良号有能,生于湖北黄冈县还河,仰余家大垮河口鸡冠社人氏,诞于乾皇壬子年七月十一日,没于陕西省兴安府白河县。……祖考方公极荣号兴周胎元,湖北黄州府黄冈县永凝仰索家社人氏,延于乾皇十四年十月初七巳时,没于陕西省兴安府白河县。……祖母王氏胎元,陕西省兴安府白河县南岔沟人氏,生于乾皇乙亥年五月十三日。

《白河张氏召房支谱》记录了张姓的一支迁徙到白河的具体情况:召房张氏适居江西瑞昌,明万历年间,召房第三十三世祖世相公适湖北武昌大桥坂。适清康熙五十年裔孙三十七世日普公转迁安徽英山。尔际适逢兵焚之乱,加之岁比不登,乃不辞跋涉之苦,迁于湖北竹溪县。延三十八世盈晋公携眷入陕西省白河县西坝界岭山下,世居迄今。

《马氏宗谱》记载:祖居鄂省蒲圻,人丁茂盛。……光魁公、光开工、光显公于前清乾隆十五年迁居陕西兴安府白河县南岔沟,迄今二百余年。

白河《吴氏宗谱》用简略的语言记录了吴姓由浙江、江苏而江西、湖南,而湖北,而陕西的过程:吴氏自勾吴而延陵,而金陵、长沙、豫章,以至荆楚,历周秦汉魏唐宋元明以迄于今。……庸、瀛二公因家事艰难,于雍正十三年离故土江南英山县上竹邑(竹山、竹溪),寄迹牛岔沟。课地力耕数载,颇有赢余。知陕白邑荒山甚多,开种必更获利,遂于乾隆十二年挈家迁陕,择买小白石玉皇庙前正河两间一带地居住。

2008 年修订的《陈姓家谱》记载了陈姓的大致迁徙过程:?
──湖北武昌金牛街──湖北郧西夹河/湖北郧县沙沟瓜园──(乾隆年间)白河境内红石河新厂村陈家湾──白河顺水寺石头啃

家谱中列举了几位陈姓始祖的生卒情况:陈德?,湖北武昌金牛街人,后迁移到湖北郧县沙沟瓜园,约生于乾隆二十九年,约殁于道光九年,葬于湖北郧县沙沟瓜园。……陈安尧、陈安舜,系湖北郧县沙沟瓜园人,约生于乾隆五十三年,约殁于咸丰三年,其一个葬于湖北沙沟瓜园,一个葬于陕西白河顺水寺新厂村陈家湾。……陈开?,系安尧或安舜之子,约生于嘉庆十七年,约殁于光绪三年,葬于顺水寺新厂村陈家湾。

2007年修订的《周姓家谱》在序言中写到:陕西白河周姓原籍湖北省咸宁市南川乡。清朝乾隆时期鼓励移民,湖南湖北来陕移民甚多,来此认地开荒络绎不绝。有的在湖北谷城、竹山,陕西旬阳等地落户定居。

从家谱中几位周姓始祖的生卒情况可以推断出周姓的一支迁至白河的时间大致是在清乾隆以后:第四十二代周世清生于康熙庚子年十二月十四日,殁于乾隆丁未年十一月十七日,葬咸宁南川甘坑大林咀。生子五:卜专、卜学、卜政、卜道、卜皆。卜专、卜道二人到白河谋生,人丁兴旺,后继有人,遍及端草蒲、中厂乡等地。……第四十三代周卜道殁于道光壬午年二月初三,葬于白河石河刘家凹。

根据白河《柯氏宗谱》,笔者的柯姓大致是在北宋仁宗时期由江苏海盐迁至江西瑞昌,至南宋高宗时期柯姓子孙分别迁至江西南昌府丰城县,湖北荆州、安陆、大冶、黄冈一带。发展到清代,柯姓已经人丁兴旺,支派众多。家谱中还记载了多位柯姓始祖的生卒情况,可以从中推断出,从清代康熙、雍正、乾隆三朝开始,柯姓从湖北东部、南部迁徙至陕鄂交界的郧阳府、兴安府一带。

根据陈良学的统计,现在白河县内的"柴姓、瞿姓,来自湖北黄州、浠水;方、马、熊姓,来自湖北蒲圻;李姓,来自湖北通山、嘉鱼;冯姓,来自湖北咸宁;汪姓,来自湖北黄岗;江姓,来自湖北宜城;张、周姓来自湖北麻城、武昌;黄姓,来自湖北大冶……张、陈姓,来自湖南宁湘;衷姓,来自安徽六安……还有些姓氏的人户来自安徽的潜山、怀宁,江西的九江、瑞昌、休水等地。"

从以上诸姓家谱中关于迁徙的记录还可以得到一个信息:清代迁入白河及其附近地区的移民,大多选择了偏远山区定居。

这种移民分布格局是今天白河方言内部差异形成的一个重要原因。

五　发音合作人

白河方言调查过程中的主要发音合作人有以下几位：

城关话：

高贤武,男,1938 年生,白河县城关镇人,初中文化,县人大干部。

柯贤勇,男,1956 年生,白河县城关镇人,高中文化,县民政局职工。

茅坪话：

柴隆鼎,男,1925 年生,白河县茅坪镇人,高中文化,教师。

程先富,男,1941 年生,白河县西营镇人,高小文化,农民。

谢克诚,男,1946 年生,白河县茅坪镇人,中专文化,林业站干部。

在几次调查过程中笔者还就相关问题多次请教过其他发音合作人,恕不一一列出。

第二章　白河方言的语音系统

一　白河城关话音系

1. 声母 23 个,包括零声母：

p 布板傍别	pʰ 怕盘陪魄	m 门蛮渺妹	f 飞冯饭乏
t 刀道耽地	tʰ 太同毯特		l 兰路脑嫩
ts 糟祖增争	tsʰ 仓醋惭拆	s 散苏生师	
tʂ 招蒸准哲	tʂʰ 昌潮橙畜	ʂ 扇声双叔	ʐ 认绕然热
tɕ 精救江节	tɕʰ 秋齐欠妾	ȵ 女牛年虐	ɕ 修旋孝学
k 贵过敢解	kʰ 开葵看概	ŋ 岸硬崖我	x 化寒蟹黑
Ø 而缘樱孕若			

说明：

(1)合口呼零声母音节发音时有轻微的唇齿摩擦。

(2)pʰ tʰ kʰ的去声字发音时爆破有力,气流较强。

2. 韵母 39 个,不包括儿化韵：

ɿ 资肆此事			
ʅ 支迟是直	i 以第息觅	u 夫猪故出	y 虚雨吕域
a 大爬辣发	ia 牙假下夹	ua 花耍画刷	ya□大声喊
o 婆播母木	io 雀药脚约	uo 过喝说弱	
ər 儿日二而			
ɛ 蛇车色北	iɛ 夜铁聂雪	uɛ 国或	yɛ 茄靴月缺

ai 开街债歪　　　　　　　　uai 块揣怪帅

ei 倍妹胃岁　　　　　　　　uei 追亏桂税

au 桃饱茂郝　　iau 条标咬嚼

əu 收斗苏肉　　iəu 游流幼舅

an 竿含万短　　ian 肩险盐电　　uan 砖官船款　　yan 权选怨劝

ən 根论省正　　in 紧林冰静　　uən 春魂困准　　yn 云群训润

aŋ 扛党往访　　iaŋ 良讲相样　　uaŋ 光双矿壮

əŋ 冯孟东从　　　　　　　　　uŋ 冲红共众　　　yŋ 穷永胸荣

说明：

（1）合口呼韵母 u ua uo uai uei uan uən uaŋ uəŋ 与舌尖后音声母 tʂ tʂʰ ʂ ʐ 相拼，u 发音时舌体后缩，韵母实际音值为 ʅ ʅa ʅo ʅai ʅei ʅan ʅn ʅaŋ ʅŋ。考虑到韵母四呼系统的完整，我们将其看作是合口呼韵母在 tʂ tʂʰ ʂ ʐ 后的变体，不另列出。

（2）a ia ua 中的 a 舌位居中，实际音值为ᴀ，aŋ iaŋ uaŋ 中的 a 舌位靠后，实际音值为ɑ。

（3）ɛ iɛ uɛ yɛ 主要元音音值接近 ɛ，开口度比 ɛ 略大。其中韵母 uɛ 只有"国、或"两字。

（4）ai uai 发音时主要元音到韵尾的动程不明显，且主要元音开口度比 a 小，接近于 æ。

3.单字调共 4 个：

阴平　213　　高伤出鸭微月　　　上声　435　　古手五有饺雀

阳平　44　　穷寒文贼俗六　　　　去声　41　　弟近共跃旭物

说明：

阴平和上声调型相同，但调值比上声低，上声调中由中音升至高音时动程更短，更为急促。

4.声韵调配合表：

白河城关话声韵调配合关系见下表：

韵母＼声母	ɿ 阴阳上去	ʅ 阴阳上去	i 阴阳上去	u 阴阳上去	y 阴阳上去	a 阴阳上去
p pʰ m f			逼笔比壁 批皮瘕屁 眯迷米	不补布 扑葡普瀑 夫浮腐父		巴拔靶罢 帕爬　怕 妈麻马骂 发乏
t tʰ l			低笛抵地 踢提体替 立离里丽		驴侣虑	搭达打大 他　踏 拉拿哪
ts tsʰ s	资　子自 跐词此次 思　死四					咂杂咋 擦 撒②洒萨
tʂ tʂʰ ʂ ʐ		汁值纸志 吃迟齿斥 尸石史是 日		猪　主住 出除储处 书　暑树		渣闸眨诈 插茶衩岔 杀　傻厦
tɕ tɕʰ ɲ ɕ			机急挤寄 欺齐起气 尼你逆 西习洗细		拘局举句 驱渠取趣 女 虚徐许绪	
k kʰ ŋ x				孤　古故 枯①苦库 呼湖虎户		尬 卡 哈　哈下
∅			衣移以意	物吴武误	淤鱼雨玉	阿

跐ₑtsʰɿ:擦,划。

撒ₑtsʰɿ:~手,~娇。

哈ₑtsʰɿ:~气,~欠。

哈ₑtsʰɿ:~巴狗。

下 xaᵓ:一~子。

①ₑkʰu:趴。

②ₑsa:瞥,瞅。

续表

韵母＼声母	ia	ua	ya	o	io	uo	ər
	阴阳上去	阴阳上去	阴阳上去	阴阳上去	阴阳上去	阴阳上去	阴阳上去
p ph m f	①② ③			拨勃跛簸 坡婆叵破 摸摩抹漠 佛否			
t th l		④			略	多夺躲舵 脱驮妥拓 洛罗裸摞	
ts tsh s						嘬昨左坐 搓　错 梭缩所	
tʂ tʂh ʂ ʐ		抓⑥爪 ⑦⑧ 刷　耍⑨ 捼				桌浊 啜　戳辍 说勺　烁 弱若	
tɕ tɕh ȵ ɕ	家夹假价 拮⑤卡洽 压牙哑轧 瞎侠　下				脚觉 ⑬确 虐 削学		
k kh ŋ x		瓜　寡挂 夸　垮跨 花华　画				锅角果过 柯　可阔 恶讹我饿 喝活火货	
ø	鸭芽雅亚	蛙娃瓦	⑩⑪	⑫	药　⑭	握　卧	儿耳二

捼ᶜʐua：用整个手掌使劲捏、揉。

角ᶜkuo：动物的犄角。

①ᶜpia：贴。

②ᶜpia：踩，踏。

③ᶜpʰia：(1)形容事物很差，不好。(2)副词，~淡(非常淡)。

④lia˺：叹词，表示认可，近似于"是吧"。

⑤tɕʰia˺：跨。

⑥ᶜtʂua：用脚踢。

⑦ᶜtʂʰua：~雨：淋雨。

⑧ᶜtʂʰua：下~皮：无赖，不讲道理的人。

⑨ʂua˺：拟声词，形容很快。

⑩ᶜya：湿~~：很湿。

⑪ya˺：大声喊叫。

⑫ᶜo：叹词，表示突然想起某事。

⑬ᶜtɕʰio：占便宜，剥削。

⑭ᶜio：叹词，同⑪。

续表

韵母＼声母	E	iE	uE	yE	ai	uai	ei
	阴阳上去	阴阳上去	阴阳上去	阴阳上去	阴阳上去	阴阳上去	阴阳上去
p	百白	鳖别瘪别			跛　摆拜		杯　　备
pʰ	拍	瞥　撇①			排　③派		胚陪⑪佩
m		默墨②			埋买卖		煤美妹
f							飞肥匪废
t	德	爹碟			呆　歹带		堆⑫　队
tʰ	特　忑	贴			胎抬　太		推　腿蜕
l	勒	那　列　咧			奶来乃赖		肋雷磊类
ts	窄择				灾　宰再		贼嘴罪
tsʰ	侧				猜才彩菜		催　璀脆
s	涩色				腮④⑤赛		虽随岁
tʂ	遮哲者这				斋　债	⑨　⑩拽	
tʂʰ	车　扯彻					揣　踹	
ʂ	奢蛇舍社				筛　晒	摔　甩帅	
ʐ	**热热惹**						
tɕ		接洁姐借			撅决倔		
tɕʰ		切　且窃			缺瘸⑥鹊		
ȵ		捏			靴		
ɕ		歇协写谢					
k	隔革给硌		国		该　改盖	乖　拐怪	
kʰ	客咳				开⑦凯概	块快	
ŋ	额				哀癌矮爱		
x	黑核		或		⑧孩海害	槐　坏	嘿
∅		椰爷也夜		月　哕		歪　崴外	⑬

热 ᵓʐE：天～、冷～。

热 ᵓʐE：～闹。

①pʰiE：形容事物很差，不好。

②ᵓmiE：用力掰棍棒状的物体。

③ᵓpʰai：双肩背。

④ᵓsai：吃，带贬义。

⑤ᵓsai：用力甩动。

⑥ᵓtɕʰyE：缺少某条件使暂时陷于困境。

⑦ᵓkʰai：搂，打。

⑧ᵓxai：形容数量大，程度深。

⑨ᵓtʂuai：蹲。

⑩ᵓtʂuai：骄傲，炫耀。

⑪ᵓpʰei：～治：修理。

⑫ᵓtei：抵，撞。

⑬ei⁼：应答声。

续表

韵母 声母	uei 阴阳上去	au 阴阳上去	iau 阴阳上去	əu 阴阳上去	iəu 阴阳上去	an 阴阳上去
p pʰ m f		包刨宝抱 抛袍跑炮 猫毛铆冒	标　表 飘瓢漂票 瞄苗渺妙		 谬	班　板办 潘盘　叛 蛮满慢 帆凡反犯
t tʰ l		刀①导到 涛逃讨套 捞劳老闹	刁　屌掉 挑条挑跳 撩辽了料	兜毒赌豆 偷头土透 鹿楼搂漏	丢 溜刘柳遛	单　胆断 瘫团毯探 男懒烂
ts tsʰ s		糟　早灶 操曹草造 骚②扫③		租足走奏 ⑥族楚醋 搜俗数瘦		簪　攒暂 餐蚕惨篡 三　伞散
tʂ tʂʰ ʂ ʐ	追　坠 吹垂 水睡 　瑞	招　找赵 抄潮吵④ 烧韶少少 饶扰绕		周轴帚宙 抽愁丑臭 收熟手兽 柔　肉		沾　展战 搀谗产伄 山　闪汕 然染
tɕ tɕʰ ɲ ç			交嚼饺叫 敲乔巧窍 鸟尿 肖　小笑		纠　九旧 秋求　⑦ 妞牛钮扭 修⑧朽秀	
k kʰ ŋ x	龟　鬼贵 亏魁跪窥	高　搞告 ⑤　考靠 凹熬袄奥 蒿豪好浩		沟　狗够 抠扣口寇 欧　呕讴 齁猴吼后		甘　赶干 刊　砍看 安　按 憨寒喊汗
ø	威围伟未		妖摇舀耀		幽油有又	

瞄ᴄmiau：～一眼。

扣ᴄkʰəu：用碗状的东西盖住。

齁ᴄxəu：哮喘。如：～包儿（哮喘患者）。

①ᴄtau：～治：收拾、整理。

②ᴄsau：瞅，看。

③sauꜛ：胡乱地翻动某物。

④tʂʰauꜛ：翻动锅内食物。

⑤ᴄkʰau：～屎：性交。

⑥ᴄtsʰəu：推。

⑦tɕʰiəuꜛ：很胆怯地靠近。

⑧ᴄçiəu：休养。

续表

韵母 声母	ian 阴阳上去	uan 阴阳上去	yan 阴阳上去	ən 阴阳上去	in 阴阳上去	uən 阴阳上去
p pʰ m f	边 扁变 偏便谝片 绵免面			奔 本笨 喷盆 **闷**门 **闷** 吩坟粉奋	兵 丙并 拼凭品聘 ⑤民闽命	
t tʰ l	掂 典电 天田舔 连脸练			登 等邓 吞疼② ③能冷嫩	丁**顶**顶订 听停挺 拎林领令	
ts tsʰ s				争 怎挣 村层④寸 森 省		
tʂ tʂʰ ʂ ʐ		砖 转赚 穿船喘串 拴 涮		真 枕镇 伸沉惩秤 深神审剩 扔人忍认		⑥ 准 春纯蠢 ⑦吮顺
tɕ tɕʰ ȵ ɕ	尖 捡建 千钱潜欠 拈年撵念 先闲显现		娟 卷倦 圈权犬劝 宣悬 绚		今 景进 亲琴请庆 宁拧 新邢醒信	
k kʰ ŋ x		官 管惯 宽 款① 欢环缓换		根 耿更 坑 啃 恩 磴硬 痕很恨		滚棍 昆 捆困 昏魂 混
ø	烟盐演艳	湾玩碗	渊元远怨		阴银影印	温文吻问

闷 ᶜmən：~声 ~气，~棍。

闷 mənᶜ：~热，~气。

顶 ᶜtin：噎。

① kʰuanᶜ：双手拎起使劲往下顿。

② ᶜtʰən：结结巴巴。

③ ᶜlən：手指捏住来回捻。

④ ᶜtsʰən：摁住。

⑤ ᶜmin：~甜：很甜。

⑥ ᶜtʂuən：纯的（多用于食品）。

⑦ ᶜʂuən：~人：令人恶心的。

韵母〔声母〕	yn 阴阳上去	aŋ 阴阳上去	iaŋ 阴阳上去	uaŋ 阴阳上去	əŋ 阴阳上去	uŋ 阴阳上去	yŋ 阴阳上去
p pʰ m f		帮　榜棒 乓旁①胖 　忙莽 方房仿放	④		崩　蹦 抨朋捧碰 蒙萌猛梦 风冯凤		
t tʰ l		裆挡党荡 汤唐躺趟 　狼朗浪	⑤ 良两晾		东⑦懂动 通同桶痛 聋农拢弄		
ts tsʰ s		脏②　葬 　仓藏 桑　嗓			宗　总纵 　葱从 松　耸宋		
tʂ tʂʰ ʂ ʐ		张伥涨胀 昌肠厂唱 伤尝赏上 瓤壤让		庄　壮 窗床闯创 双　爽双	钟　肿重 冲虫宠冲		
tɕ tɕʰ ɲ ç	军　俊 群 熏旬迅		江　奖匠 枪墙抢呛 娘仰酿 香祥想向				⑧窨 穷 凶熊
k kʰ ŋ x		钢　港杠 康扛③抗 肮昂盎 夯航项		光⑥广逛 框狂　况 慌黄谎晃	哼	公　拱共 空　孔空 烘红哄哄	
∅	晕云运		央羊养样	汪王网望		翁　瓮	庸荣勇用

挡 ꜀taŋ：~住、~一下。

伥 ꜀tʂaŋ：嚣张,猖狂。

①꜀pʰaŋ：轻轻地碰、撞一下。

②꜀tsaŋ：浪费、糟踏东西。

③꜀kʰaŋ：咳嗽。

④꜀piaŋ：大~:很大的东西,略带贬义。

⑤tiaŋ꜄：小~~:很小的人或物。

⑥꜀kuaŋ：大~:形容很大的物体。

⑦꜀təŋ：用言语迷惑、愚弄、哄骗对方。

⑧꜀tɕyŋ：物体耸得很高。

二　白河城关话同音字汇

　　同音字汇收字以《方言调查字表》为基础,补充白河城关话常用而《字表》未收的字,同时删去方言中不用的生僻字。字汇的排列按白河城关话音系,先按韵母分部,同韵母的字按声母排列,声、韵母都同的字按声调排列。有音无字的用"□"表示,后加小字注释或举例。举例时用"～"代替该字。如果存在文白异读,文读的在字下加"＝",白读的在字下加"－"。只读轻声的字调值标为[0]。

ɿ

ts　[213]资姿咨滋跐蹭,擦:用脚～□～～儿:橡皮[435]子籽仔滓紫姊～妹[41]自字渍

tsʰ　[213]差参～不齐跐蹭,擦,同"跐 tsɿ²¹³"[44]瓷饲～料词祠辞慈雌磁[435]此[41]刺次赐伺～候

s　[213]斯撕私司思丝鸶师狮厕茅～[435]死[41]四似肆寺事饲～养嗣后～祀祭～土仕

ʅ

tʂ　[213]支枝肢知蜘之芝栀指手～头只三～鸡织质汁职[44]只～有值直植执掷侄

[435]旨脂指～导止扯趾纸[41]志治置智至痣痔稚滞制雉翅炙蜇惊～

tʂʰ　[213]吃痴～呆眵～模糊:糊涂、易被愚弄的人尺[44]迟池持驰[435]齿耻侈□伸出来[41]翅赤斥秩

ʂ　[213]施尸诗匙湿失[44]时十拾石识食实室[435]史使驶始屎[41]是氏侍恃市柿士仕示视嗜试豉世势誓逝释式饰

ʐ　[213]日

i

p　[213]逼屄匕[44]鼻笔滗～茶毕必[435]彼鄙比

[41]敝蔽弊币陛蓖篦闭璧
备毙碧壁璧弼

pʰ　[213]批披劈霹[44]皮疲脾
啤裴丕枇琵匹一～马[435]
避痞庇匹～配、～敌僻偏～
[41]屁譬痹辟僻～静

m　[213]眯秘密蜜觅寻～[44]迷
弥～勒佛糜眯打盹儿眉[435]米

t　[213]低滴[44]笛敌的～确
嫡狄[435]底抵诋～毁[41]
弟第递涕帝地[0]的

tʰ　[213]踢梯[44]提题堤啼蹄
[435]体[41]替别屉剃

l　[213]荔力历滤律率立粒笠
栗[44]厘狸离篱璃梨黎藜
犁倪驴[435]里理鲤李礼旅
履[41]利俐痢莉吏丽隶厉
励例

tɕ　[213]机讥肌饥叽基奇～数
鸡脊击激积屐[44]稽缉戟
急及级极吉疾籍棘集[435]
己几挤济～南[41]际祭寄剂
计继系～鞋带技妓寂冀记纪
忌季即鲫迹

tɕʰ　[213]妻欺期企～业漆膝戚
[44]齐脐荠其棋旗祁鳍
奇～怪骑岐歧七[435]启起
企～图岂祈乞[41]气汽弃

器沏砌契去泣

ŋ　[44]泥尼仪疑宜～人谊[435]
你议拟摸～[41]腻～子艺义逆
溺匿

ɕ　[213]西栖牺溪奚兮希稀
熙隙息熄悉锡析淅惜美,用
于女性昔吸夕[44]习席媳袭
荽惜□～到吃:注意点吃,留着点
吃[435]洗喜嬉徙玺[41]
细戏系中文～婿[0]荒～荽

ø　[213]衣依医伊乙揖作～
□～ləuº:食物(带贬义)[44]移
遗胰～子:肥皂夷姨沂一译
[435]已以椅倚蚁议尾猪～
巴[41]意易饴艺义缢异毅
逸亿忆抑驿役疫亦益翼
[0]宜便～

u

p　[44]不～要[435]补卜
[41]部布怖步

pʰ　[213]铺～床、～设扑[44]葡
蒲脯胸～子菩饽面～;擀面时防
止面条相粘的面粉□溢:水～出来
[435]普谱捕脯果～哺仆朴
[41]铺～子瀑

f　[213]夫肤敷麸府瘦麻疹:
出～子[44]浮俘孵扶芙符复

服伏福幅蝠缚覆［435］斧俯府腑抚釜腐辅［41］父妇负阜富付傅讣附赴副腹

tʂ　［213］猪诸朱珠株蛛诛［435］主煮［41］住驻注蛀著铸

tʂʰ　［213］出［44］除厨［435］储处 相~褚贮杵拄□ ~tsʰai⁰：因不满意而刁难、冲撞对方 □ 小~~：很小的东西［41］雏处到~［0］箸筈~

ʂ　［213］书舒枢殊输［435］暑鼠署薯［41］竖树戍恕庶术述

ʐ　［213］入［44］如［435］汝辱乳擩用棍子~进去

k　［213］孤姑菇轱 ~辘箍~紧骨谷 ~子、山~［435］古估股鼓［44］咕 温~嘟子：温热水［41］故固锢顾雇

kʰ　［213］枯哭窟［44］□趴：~到那儿［435］苦［41］库裤酷

x　［213］乎呼糊 用纸~到忽［44］胡湖糊 ~涂、饭~了蝴壶浒弧和 ~牌核枣~儿［435］虎［41］糊浆 ~户戽互护瓠~子

Ø　［213］乌坞污侮巫诬屋物［44］无吴蜈梧［435］五伍午武舞捂［41］务雾误恶

厌 ~勿悟沃

y

l　［213］滤律率［44］驴［435］侣缕屡［41］虑

tɕ　［213］居拘驹车 ~马炮剧 ~烈桔橘［44］局菊［435］举［41］巨拒距句据锯聚矩具俱惧剧 电视~

tɕʰ　［213］区驱躯蛆趋黢 ~黑曲弯~、歌~屈［44］渠瞿［435］取娶［41］趣

ɲ　［435］女

ɕ　［213］虚嘘墟吁须需宿肃［44］徐［435］许［41］序絮叙绪续戌恤蓄旭

Ø　［213］淤狱入输［44］鱼渔余与愚虞娱于迂盂儒榆逾如［435］吕语雨宇禹乳辱［41］御誉预豫遇寓愈芋喻裕浴欲郁域玉育

a

p　［213］巴芭疤爸笆［44］拔八［435］把靶屁 ~屎：拉屎［41］罢坝把刀~儿霸

pʰ　［213］帕□ 烂熟：牛肉炖~了［44］趴扒 ~手爬琶杷耙钯

坝河~:河滩□草木丛生的地方
[41]怕

m [213]抹~布妈爸~[44]妈
大~:伯母麻模眵~糊[435]马
码蚂~蟥[41]骂[0]蟆癫蛤~

f [213]发~财、理~法[44]乏
伐筏阀罚□一~儿:一代,一
辈人

t [213]耷搭[44]达答[435]
打[41]大

tʰ [213]他她它塔塌榻漯~湿
了[44]沓踏拓~片

l [213]拉辣纳蜡腊捺癞[44]
拿[435]哪[41]落

ts [213]咂~嘴[44]咱砸杂
[435]咋

tsʰ [213]擦搽~粉

s [213]撒~娇、~野[44]□大
致地瞅、瞥□~料:经得起用的
[435]撒~种洒萨

tʂ [213]渣扎~破[44]炸油~
蕨闸铡肢胳~窝儿楂扎结~
□半~儿:半个[435]眨拃
[41]乍诈炸~弹榨

tʂʰ [213]差叉~子插[44]茶茬
查察[435]叉~开衩镲小铍
蹅~了一脚泥[41]岔诧杈树~

ʂ [213]沙纱砂鲨杉刹杀[435]

傻[41]厦偏~煞脸色~白□择,
留:把肉~出来给他。

k [213]尬尴~

kʰ [435]卡~片□咳嗽

x [435]哈~气□饭菜变馊:饭~了
[435]哈~巴狗□形容人很坏:那
人~得很。[41]下~头、一~子

Ø [213]阿[44]啊叹词,表示肯
定[435]啊叹词,表示惊奇

ia

p [213]□贴:~到墙上□儿童用
纸折的玩具,多呈三角形或正方形,
互相拍击,以翻转者为胜:打~
[44]□踩,踏:~一脚

pʰ [435]□①不好,差。②~淡:非
常淡。□~开:分开,又开□
黄~~:很黄[41]啪拟声词,枪声

t [435]嗲

tʰ [435]□往下耷拉着

l [41]□叹词,表示认可对方之
语,相当于"是吧"。

tɕ [213]家加痂枷佳嘉甲胛挟
夹皮~子[44]夹~层[435]贾
假~冒、放~[41]架驾价嫁稼
圿垢~:污垢□驱马之声

tɕʰ [213]掐~瘦~~:很瘦[44]
□~过去:跨过去[435]卡发~
恰[41]洽□大腿根部

ŋ̩ [213] <u>压押</u> [44] <u>牙</u> [435] 哑 [41] <u>轧</u>

ç [213] 虾瞎 [44] 霞瑕暇侠峡狭匣辖 [41] 夏厦~门下~楼、~边

Ø [213] 鸦丫桠鸭<u>压押</u> [44] <u>牙</u>芽蚜涯衙 [435] 雅<u>哑</u> [41] <u>亚轧</u>

ua

k [213] 瓜刮 [435] 寡剐□~子:白痴, 疯子 [41] 挂卦褂

kʰ [213] 夸 [435] 垮胯 [41] 挎跨

x [213] 花哗 [44] 华桦铧滑猾划~船 [41] 话化画划三~

tʂ [213] 抓 [44] □用脚踹, 踢鬈发髻:她头上梳了两个~。 [435] 爪

tʂʰ [44] □淋:~雨 [435] □下皮:无赖、不讲理之人

ʂ [213] 刷 [435] 耍 [41] 唰~地一下:形容很快

ʐ̩ [44] 挼用整个手掌揉捏 [435] □袋状物的口被撕破:袋子一~, 糖全掉出来了。□干哕 [41] □大声喊叫□绿~~:很绿

Ø [213] 蛙挖袜鸹□~毒:很恶毒 [44] 娃 [435] 瓦 □舀取

[41] 洼凹

ya

Ø [435] □湿~~:很湿 [41] □大声喊叫

o

p [213] 波玻菠播钵剥拨啵打~儿:亲嘴 [44] 勃泊搏博薄厚~驳 [435] 跛~脚簸颠~ [41] 簸~箕□ [0] 啵拟声词

pʰ [213] 坡剖解~ [44] 婆 [435] 颇叵 [41] 破剖~鱼薄~荷

m [213] 莫姓摸漠末沫陌木目穆牧募 [44] 魔磨~面摩摹模~子谋莫不要:~去、~吃膜馍 [435] 模~糊抹用手~某亩母拇牡 [41] 寞磨~子暮慕墓幕睦

f [44] 佛 [435] 否

Ø [435] □叹词,表示恍然大悟或忽然想起某事

io

l [213] 掠略

tç [213] 脚 [44] 觉~得、感~爵

tçʰ [213] 皵欠湿润,有干裂感:手上皮~的很□~人:占别人便宜

[435]确的~雀[41]鹊却

ŋ̩ [213]虐

ç [213]削□吮吸[44]学

Ø [213]约药岳钥乐音~跃阅[0]哟语气词

uo

t [213]多哆[44]踱夺铎咄[435]朵躲[41]垛剁跺惰舵

tʰ [213]拖托脱[44]驮驼鸵坨砣[435]妥椭[41]拓开~

l [213]落降~、~后烙骆洛络啰诺乐快~[44]罗锣萝逻螺骡䯀圆形的手指纹挪[435]裸䙔~䙔:啰唆,麻烦□理睬[41]糯摞

ts [213]嘬作[44]凿昨[435]左佐[41]坐座

tsʰ [213]搓磋挫[41]错措锉矬痤□一截,一段

s [213]梭唆蓑塑索嗍吮吸:~冰棍儿□破~~:形容很破[44]缩[435]所锁琐

tʂ [213]桌捉[44]浊卓拙啄琢涿镯灼茁着酌

tʂʰ [213]绰~号啜~嘴:搬弄是非撮□~儿牌:类似于桥牌的一种牌游戏[435]龊[41]辍

ʂ [213]说[44]勺芍硕[41]烁朔□扇:~了一耳巴子□形容跑得快:那个狗子~起来跑。

ʐ̩ [44]若弱

k [213]哥歌鸽割戈角墙~儿锅郭[44]葛角牛~各阁[435]果裹搁[41]个过

kʰ [213]柯苛科棵颗渴磕扩壳括廓阔[44]可瞌[41]课

ŋ [213]阿~胶鳄恶凶~,~人[44]鄂讹蛾俄娥扼[435]我[41]饿垩颚

x [213]豁喝攉触摸使其发痒[44]和河何荷禾合盒核桃子~活[435]火伙[41]贺鹤赫吓恐~货祸霍藿获惑

Ø [213]窝握蜗涡倭挼用力把直物变弯曲踒脚~了屙~稀:拉肚子[41]卧沃斡

ər

Ø [213]日[44]儿而[435]尔耳饵[41]二贰

e

p [213]百柏[44]伯白北

pʰ [213]拍迫魄

t [44]得德

tʰ [44]特

l [41]那

ts [213]窄[44]择泽责则宅摘

tsʰ [213]厠~所侧恻测册策拆

s [213]涩虱塞瑟啬[44]色

tʂ [213]遮蜇灼痛的感觉:伤口儿~到疼[44]哲折~叠浙辙褶翟[435]者[41]这

tʂʰ [213]车汽~[435]扯[41]撤澈彻掣

ʂ [213]奢赊[44]蛇佘舌折~本[435]舍~得[41]社射麝舍宿~赦涉设摄

ʐ [213]热天、冷~[44]热~闹[435]惹

k [213]隔疙蛇~蚤格胳~肢窝儿革人造~[44]革~命胳~膊[435]给

kʰ [213]克刻客[44]咳蛤癞~蟆

ŋ [213]轭牛~头[44]额

x [213]黑□~tɕiəu⁰:触摸使发痒[44]嚇~到了:吓住了核审~

iE

p [213]憋掰~开瘪~三鳖

[44]别~人[435]瘪~的

[41]别~扭迸进裂:从夹缝中蹦出:孙悟空是从石头缝儿的~出来的。□用力挣扎:死疙瘩啵,越~越紧!

pʰ [213]撇一~瞥[435]撇~嘴

[41]□质量差:这个电视机~的很。

m [213]灭蔑篾默~读脉麦[44]墨[435]□从中折:把笔~断

t [213]爹跌[44]碟谍叠

tʰ [213]铁贴帖请~儿蝶蝴~儿

l [213]猎列烈裂劣[435]咧

tɕ [213]接皆阶揭结~果[44]洁结~账节杰劫捷截[435]姐蟹[41]借届戒芥介界械

tɕʰ [213]切[435]且[41]窃怯妾惬

ɲ [213]捏聂蹑镊孽业

ɕ [213]歇蝎楔血薛雪[44]邪些谐携穴协挟~嚓:喊叫[435]写[41]蟹解姓懈谢泻卸屑泄

Ø [213]耶椰页液叶噎[44]爷[435]也野[41]夜腋□洒,散落

ue

k [44]国

x [44]或

yɛ

tɕ [213]撅[44]绝掘决抉厥蕨唪骂:~人[41]倔

tɕʰ [213]缺□~湿:非常湿[44]茄瘸[435]□~住了:因缺少某物使陷入困境

ɕ [213]靴雪[44]斜

Ø [213]月悦粤越~南曰[44]越~来越好[435]哕干呕□黏~~:很黏

ai

p [213]跛~子[435]摆[41]拜败

pʰ [44]排牌[435]□背:~书包[41]派湃

m [44]埋[435]买[41]卖迈

t [213]呆痴~[435]歹逮傣[41]怠殆带待戴代袋贷大~夫[0]鼍默~:脏

tʰ [213]胎□~xai⁰:安分,安静,也可作"胎孩",元代自蒙古语词汇借入。态~度[44]台抬苔

[41]太态表~泰

l [213]奶~头、~瓶默~鼍:脏[44]来[435]乃奶爷~□在床上翻滚、爬:你赶紧从床上~起来![41]耐赖癞奈

ts [213]灾栽[435]宰载[41]在再□缝:~扣子

tsʰ [213]猜[44]才材财裁[435]采彩睬[41]菜蔡[0]□tsʰu⁴³⁵~:因不满意而刁难、冲撞对方

s [213]鳃腮[44]□~饭:吃饭(带贬义)[435]□用力甩动[41]赛

tʂ [213]斋[41]债寨

tʂʰ [213]钗差出~[44]柴豺[435]踩

ʂ [213]筛[41]晒[0]晒语气词

k [213]该街[435]改解[41]盖钙丐介芥界戒械

kʰ [213]开[44]□搂:~你一顿[435]凯楷揩[41]概溉慨

ŋ [213]哀挨紧~埃[44]癌崖挨~打呆~板[435]矮蔼[41]爱暧艾隘碍

x [213]□数量大,程度深:满~~一大碗。[44]孩还~有鞋[435]海蟹□敞开:嫌热就把衣

裳~到。[41]害亥骇[0]

□tʰai²¹³ ~ :安分,安静

uai

tʂ [213] □蹲:他喜欢 ~ 到吃饭。
[435] □ 形容人牛气、猖狂
[41]拽

tʂʰ [213]揣[41]踹膪泡 ~ :猪腹
部松软的肉[435]□老 ~ 子:任
何人,虚指

ʂ [213]摔衰[435]甩[41]帅
率 ~ 领蟀

k [213]乖[435]拐[41]怪

kʰ [435]块会 ~ :计□拎: ~ 包包
儿[41]快刽

x [44]槐怀淮踝 ~ 子骨[41]坏

Ø [213]歪[435]崴[41]外

ei

p [213]杯卑碑悲背 ~ 书包[41]
倍贝辈背 ~ 上备臂被惫狈鐾

pʰ [213]胚坯披[44]陪赔培
[435]□ ~ 治:修理、摆弄[41]
配佩沛

m [44]煤媒梅枚眉楣霉[435]
每美[41]妹昧魅寐媚

f [213]飞非菲霏妃[44]肥
淝[435]匪翡诽[41]废沸

费痱肺吠

t [213]堆[44]对抵、撞:你的胳
膊把我 ~ 疼了(也是关中一带常用
的方言词)[41]队对兑

tʰ [213]推[41]退煺褪蜕

l [213]勒肋[44]雷[435]
累 ~ 计偏垒磊馁[41]累劳 ~
类泪内

ts [44]贼[435]嘴[41]最
罪醉

tsʰ [213]崔催摧[44]璀[41]
脆萃粹翠

s [213]虽[44]随髓隋绥遂
隧邃[41]岁碎穗

x [41]嘿

Ø [41]欸应答声

uei

tʂ [213]追椎锥[41]坠缀赘

tʂʰ [213]吹炊[44]垂捶锤槌

ʂ [435]水[41]睡税

ʐ [41]瑞蕊锐芮

k [213]龟归轨规圭闺[435]
鬼诡[41]贵柜跪鳜桂

kʰ [213]亏盔[44]逵葵傀魁
奎癸茴[435]跪[41]愧
溃窥

x [213]灰恢诙挥辉徽麾[44]

回茴[435]悔毁[41]会开~
绘贿汇晦~气惠慧秽讳

Ø　[213]微威危煨放在热灰、热水里使其热:把饭~热[44]围为~难唯维惟淮[435]尾伟苇违纬伪委萎[41]胃谓猬渭未味畏魏慰为~了位喂蔚卫外~爷:外祖父

au

p　[213]包胞苞[44]刨除去,除开:把不吃的菜~开雹[435]宝保堡煲饱褒[41]报暴爆抱鲍苞鸟类孵卵:~鸡娃儿

pʰ　[213]抛脬泡松软的,虚的:被褥才晒的,~得很。[44]袍咆麅[435]跑[41]炮泡~沫

m　[213]猫[44]毛矛茅锚[435]卯铆[41]冒帽贸茂貌冇没有

t　[213]刀叨[44]□~伤:收拾,整理[435]倒~地岛祷祈~蹈导[41]到倒~退,~车道稻盗　□铸造:~铝壶[0]□tṣaŋ²¹³~:爱赶热闹的

tʰ　[213]涛焘滔掏[44]逃桃淘陶萄[435]讨[41]套

l　[213]捞[44]牢劳痨挠蛲

[435]老佬脑恼□扛,驮:把袋子~到肩膀头儿上。[41]涝闹[0]唠语气词

ts　[213]遭糟[435]早蚤枣澡藻[41]灶皂噪躁

tsʰ　[213]操嘈~杂糙[44]曹槽漕[435]草[41]操造制~燥

s　[213]骚臊[44]扫瞅,瞥:~了一眼电视[435]扫~地嫂[41]扫~把潲~水□胡乱翻动:莫~我的衣裳!

tʂ　[213]招昭朝[435]找爪~子[41]赵兆照罩

tʂʰ　[213]抄钞超[44]巢晁朝潮嘲[435]吵炒[41]□翻动:把锅的肉~一下。

ʂ　[213]烧捎梢稍蛸黑鸟~:一种黑色的蛇[44]韶□形容人愚蠢,老实:这娃子~的很。[435]少多~[41]哨绍少年~

ʐ　[44]饶[435]扰[41]绕□刺眼:光线太强,~眼睛。

k　[213]高篙膏羔糕皋[435]搞稿[41]告

kʰ　[213]尻~屄:性交[435]考烤拷[41]靠犒~劳

ŋ　[213]凹~陷□叹词,有不可能、休想之意:你还想中奖?~![44]

熬敖翱[435]袄[41]奥澳懊傲坳

x　[213]蒿薅~草[44]豪毫壕嚎[435]好~坏郝[41]浩昊好爱~耗号

Ø　[0]噢语气词

iau

p　[213]标鳔膘镖飙彪□喷:牙膏~了我一身。[435]表婊裱

pʰ　[213]漂~浮飘[44]嫖瓢[435]漂~白[41]票漂~亮

m　[213]瞄~一下[44]苗描瞄~准[435]秒渺藐邈[41]妙庙

t　[213]刁貂钓碉雕[435]屌[41]吊掉调~动

tʰ　[213]挑~水[44]条迢调~配、协[435]挑~战[41]跳眺粜

l　[44]辽疗燎撩寥聊[435]了~解[41]料廖瞭撂

tɕ　[213]交郊胶教~书焦蕉骄娇椒浇[44]嚼[435]绞狡搅剿矫缴侥[41]叫校~对较醮窖教~室轿觉睡~

tɕʰ　[213]敲锹悄劁[44]乔桥荞瞧樵俏爱打扮,做作:那个女娃子好~！□~客:请客[435]巧□~菜:夹菜[41]俏峭鞘翘撬窍

ŋ　[435]鸟袅咬[41]尿

ɕ　[213]肖消宵霄销硝嚣萧箫[44]淆[435]小晓[41]笑孝校学~哮效

Ø　[213]妖腰要~求邀幺老~吆[44]摇谣窑姚肴尧[435]舀杳[41]要需~耀鹞

əu

t　[213]兜蔸根部:树~子都~是、首~督嘟温咕~子:温热水[44]毒独读椟犊笃□立着放:把口袋~到那儿。[435]斗量词抖陡赌肚猪~子[41]斗~争豆逗窦杜度渡镀妒涂糊~□拢,拼凑:把碎片儿往起~

tʰ　[213]偷秃突凸[44]图屠徒涂途头投[435]土吐[41]透兔唾投用清水漂洗衣服

l　[213]搂~一把鹿禄绿录[44]楼耧卢庐芦炉奴驽泸鲈六[435]篓搂~抱卤掳努鲁虏[41]陋漏露鹭鸬路赂怒陆辘轳~

ts　[213]租[44]足卒～娃子[435]走阻诅祖组[41]奏助做□①塞住:把电壶～到②塞子:电壶～～儿就

tsʰ　[213]粗初撷推:再～的话我就踤到了![44]族[435]楚[41]凑醋猝促

s　[213]搜馊飕疏蔬梳苏酥宿肃[44]俗速[435]数～数儿擞摇晃,晃动:过细～掉了。[41]素诉塑～像嗦数～字粟夙束瘦漱嗽

tʂ　[213]周舟州洲邹粥竹[44]妯轴筑逐祝烛触嘱[435]帚肘揪双手往上托:～高一些[41]纣皱宙咒昼骤

tʂʰ　[213]抽畜～牲束结～[44]稠绸愁酬仇～恨惆畴筹踌锄[435]丑瞅[41]臭

ʂ　[213]收[44]熟叔淑赎[435]手首守属蜀[41]兽受授寿售

ʐ　[44]柔揉蹂[41]肉

k　[213]沟勾钩[435]狗苟垢圿:污垢[41]够购构垢污～

kʰ　[213]抠[44]扣用碗～到[435]口[41]扣～子寇叩

ŋ　[213]抠欧殴讴[435]呕偶藕[41]怄～气沤柜子不开,菜都～坏了。

x　[213]齁哮喘:～包儿(哮喘患者)[44]猴喉侯瘊□弯着腰[435]吼[41]后厚候

iəu

t　[213]丢

l　[213]溜留～级[44]刘浏留～下、残～榴馏流琉硫[435]柳[41]遛溜～耍:敏捷,灵敏

tɕ　[213]揪纠阄鸠究[435]九久灸酒韭[41]舅臼旧就咎枢救瘹缩成一团:～到墙角儿[0]□xɛ²¹³～:触摸使其发痒

tɕʰ　[213]秋鳅丘邱楸～子船:小型无篷的船[44]求球裘酋仇姓囚泅[41]□胆怯地往过凑

ɲ　[213]妞[44]牛[435]扭～转,～动纽钮[41]扭～屁股谬

ɕ　[213]休修羞[44]□休息,休养:得病了要好好～。[435]朽[41]秀绣锈袖嗅宿星～

ø　[213]忧优悠幽[44]尤犹

游邮由油［435］有友酉［41］又右佑柚釉诱莠鼬幼

an

p ［213］班斑扳般搬瘢颁［435］板版跘摔跤，跌倒：地下滑的很，过细～到了。□糟糕，坏了：～了！钱包掉了！［41］伴拌半扮办瓣蚌

p^h ［213］潘攀［44］盘蹒螃～蟹□把玩：过细把相机～坏了！［41］盼判叛畔绊

m ［44］蛮埋～怨瞒馒［435］满［41］曼慢幔漫［0］么语气词

f ［213］番藩翻帆［44］凡烦繁樊［435］反返［41］犯范泛饭贩嬎鸟类下蛋

t ［213］丹单郸担～水耽端［435］胆疸掸短［41］旦诞弹～弓但担扁～淡蛋断缎锻

t^h ［213］贪坍摊滩瘫［44］坛弹～簧檀潭谭谈痰团［435］毯坦袒［41］叹炭碳探

l ［44］兰拦栏蓝篮难困～男南孪鸾［435］览揽榄缆懒暖卵［41］滥烂难灾～乱

ts ［213］簪钻～研［435］攒纂□吃（略带贬义）：给！拿去～去！［41］暂赞濽溅：水～到处都是钻～子錾

ts^h ［213］参～加餐□～盹：打盹蹿胡乱地跑：莫到处乱～！［44］蚕惭残□唾沫：吐～［435］惨［41］灿篡窜□～头～脑：形容很生硬、很有情绪的样子。

s ［213］三酸［435］伞散～架［41］散分～算蒜

tʂ ［213］占～卜粘～贴沾毡詹瞻［435］斩盏展辗搌用软干之物轻轻擦拭，按压以吸去水分［41］占～有站战颤打冷～栈绽蘸

$tʂ^h$ ［213］搀［44］谗馋缠蟾阐蝉禅婵谄［435］产铲［41］颤～抖忏□干～皮：形容舍不得投入本钱但企图盈利的人

ʂ ［213］扇～风山删珊杉衫膻□～经：吹嘘，诱骗［435］闪陕［41］膳善鳝扇～子擅单姓赡

ʐ ［44］然燃黏～酒：劝酒［435］染冉

k ［213］干～燥肝竿杆电线～甘柑尴［435］感敢橄杆秤～子擀赶［41］干～活赣□青～～：很青

k^h ［213］看～门刊勘堪龛

[435]砍坎侃[41]看~见

ŋ [213]安鞍谙庵鹌[41]案按岸暗晏

x [213]鼾酣憨颔~水:口水溁将已熟的饭或菜在锅中再焖片刻[44]寒韩邯含函[435]喊罕[41]汗汉旱焊翰憾撼

ian

p [213]边编鞭[435]贬扁蝙匾缏~袖子:把袖端向上折[41]变便方~遍一~辫辩辨汴

pʰ [213]偏篇[44]便~宜[435]谝聊天剾削:~一块肉吃[41]片骗遍~地、普~

m [44]棉绵眠[435]免勉娩缅[41]面

t [213]掂滇颠癫巅[435]点典碘[41]电殿垫店惦

tʰ [213]天添[44]田填甜[435]舔腆掭笔~

l [44]连莲怜联廉镰恋[435]脸敛[41]练炼链殓[0]謰譀_:啰唆,麻烦

tɕ [213]尖坚肩间一~屋奸煎艰歼笺监兼[435]减碱俭检简拣柬剪茧[41]渐剑建健键间~隔涧裥谏见舰践箭件

饯贱溅荐鉴□~儿:指做事的本事、能力,如:吃~(吃的能力)、喝~(喝的本事)

tɕʰ [213]签谦千牵纤铅迁虔愆~烦:麻烦,啰唆[44]钳黔钱前乾[435]浅遣潜[41]欠歉嵌芡勾~□挂牵

ŋ [213]拈蔫研[44]年粘~住鲇严言[435]撵碾捻眼[41]念酽验

ɕ [213]先仙鲜[44]咸衔嫌闲贤舷弦[435]显险藓癣选鲜朝~[41]县献宪现线限陷馅

Ø [213]烟咽~喉焉研嫣淹腌阉[44]炎盐严檐延阎颜沿芫~荽萱岩[435]演眼俨兖掩魇[41]厌艳验焰雁宴咽~下去砚谚燕喑堰□把煤灰等洒在湿的垃圾上使之变干

uan

tʂ [213]专砖[435]转扭~[41]赚撰传自~篆转~圈

tʂʰ [213]穿川[44]船传~送椽[435]喘[41]串

ʂ [213]拴栓闩[41]涮

ʐ [435]软

k　[213]关官棺倌观～察冠
鸡～子鳏[435]管馆[41]惯
贯灌罐冠～军观道～

kʰ　[213]宽[435]款[41]□双
手拎起用力往下顿

x　[213]欢獾[44]环桓还
[435]缓[41]换唤焕幻
宦患

ø　[213]弯拐～儿湾豌剜[44]
完玩顽丸[435]晚挽皖碗
绾挽起来：～袖子[41]万腕弯
绕：～路

yan

tɕ　[213]捐娟涓[435]卷～起
来[41]圈猪～眷羑牛鼻～子倦
卷～子绢券国库～

tɕʰ　[213]圈救生～儿[44]全泉
权拳颧痊[435]犬[41]劝
[0]蜷曲～：蚯蚓

ɕ　[213]宣喧轩鲜掀[44]悬
玄旋～转绚[435]选[41]炫
眩旋～风羡漩旋剜：～一砣
肉楦

ø　[213]渊冤鸳□蜷曲着：床太
小,身子都～到在。[44]员圆
元园原源缘袁辕援媛猿
[435]远阮软[41]院愿怨

苑鞅～鞋帮子

ən

p　[213]奔～跑[435]本[41]
笨奔～命：拼命

pʰ　[213]喷烹[44]盆彭膨

m　[213]闷～棍[44]门[41]
闷生～气

f　[213]分～数纷芬[44]坟焚
[435]粉[41]分过～份氛粪
奋愤忿□麻～儿：下小雨□溅

t　[213]灯登蹬敦墩蹲[435]
等盹[41]瞪凳邓盾顿饨炖
钝遁

tʰ　[213]吞[44]疼誊藤腾屯
囤豚臀

l　[213]□手指捏住来回捻：莫把
袋子～破了。[44]仑伦轮沦
论～语能棱睖瞪,怒视[435]
冷[41]愣嫩论议～

ts　[213]争～斗睁挣～扎曾姓增
尊遵[435]怎[41]赠憎
挣～钱

tsʰ　[213]村皱撑[44]曾～经岑
层存[435]疹鸡毛～子：鸡皮疙
瘩□按住[41]蹭衬寸

s　[213]参人～森僧生牲笙甥
孙[435]省笋损

tʂ [213]针斟~酒真珍臻榛砧
筝征蒸贞争差，欠：~一个侦
[435]枕诊疹拯整[41]镇
阵振震证症正铮郑政澄沉
淀：水～一下再喝。

tʂʰ [213]称~重量伸[44]沉陈
尘辰晨臣成诚城呈程承丞
乘盛~满橙澄[435]惩逞
[41]称~心秤趁

ʂ [213]深申身娠升绅声
[44]神绳□~得住：受得了，顶
得住[435]沈审婶[41]圣盛
茂~甚葚渗肾慎胜剩

ʐ [213]扔[44]人仁仍[435]
忍[41]认刃纫韧壬任

k [213]根跟更~新庚羹耕
[435]哽梗埂耿亘完整
[41]更~加□伸手够：太高了，
我～不够。

kʰ [213]坑[435]肯啃恳垦

ŋ [213]恩[435]硬硌：木板床
太～了。[41]硬摁

x [44]痕恒衡[435]很[41]
恨查

in

p [213]彬兵宾缤槟冰[435]
丙柄饼秉禀[41]殡鬓病并

pʰ [213]拼乒[44]贫频凭平
坪瓶屏萍[435]品评□并排
放：把沙发～到摆[41]姘聘

m [213]□~甜：很甜[44]民鸣
明名铭冥[435]敏抿闽皿
[41]命

t [213]丁钉~子盯□~咸：很
咸[44]顶噎：吃得太快，过细～
到了。[435]顶鼎[41]定
钉~牢订锭腚

tʰ [213]听厅[44]亭停廷庭
蜓[435]挺艇

l [213]拎[44]林淋琳霖临
嶙鳞磷粼陵凌菱绫鲮棱灵
零伶邻铃玲羚[435]领岭
[41]赁凌上~：结冰吝另佞
令凛~人：令人恶心的

tɕ [213]今金襟连~巾津斤筋
矜茎荆京惊鲸晶睛精经兢
[435]仅紧谨锦景井颈警
伲持续地做：不能～到看电视
[41]禁尽~头进晋近劲境
镜竟竞径净静靖敬

tɕʰ [213]亲~戚侵钦卿青清蜻
[44]琴禽擒噙秦勤芹情晴
擎[435]寝顷请[41]庆
亲~家磬浸~泡□白白地：那些
书他又不要，我～拿了。

ȵ [44]凝宁[435]拧

ɕ [213]新心辛薪欣芯囟~门锌馨兴~起星腥猩□种植:我们屋院坝~了两株菊花。[44]行形邢刑型寻[435]醒省~悟撍~鼻涕儿□傻,痴呆:~头儿(傻子,痴呆的人)[41]信查衅兴高~幸性姓□犹疑:赶紧!莫~到那儿!

Ø [213]音阴荫因姻鹰殷莺鹦樱婴缨英赢[44]淫银吟寅蝇迎盈莹萤荥营萦荧[435]引饮~料隐影颖瘾[41]印映应~该、~付

uən

tʂ [213]谆□纯的:这馅儿是~牛肉的。[435]准

tʂʰ [213]春椿[44]纯唇醇鹑[435]蠢

ʂ [44]□~人:令人恶心的[435]吮[41]顺舜瞬

k [435]滚[41]棍□让周身都粘上:再~一点儿面

kʰ [213]坤昆□奢侈:你还~的很![435]捆[41]困

x [213]昏婚浑~浊[44]魂馄浑~身横[435]混~淆[41]

混~帐

Ø [213]温瘟[44]文蚊纹闻[435]吻刎稳[41]问

yn

tɕ [213]军君均钧菌[41]俊峻郡朘

tɕʰ [44]群裙唇[435]倾

ɕ [213]熏薰勋[44]旬荀巡循[41]驯讯汛训逊□炫耀:莫~了,有啥了不起的!

Ø [213]晕~车[44]云芸匀耘郧[435]允永尹[41]运韵孕酝蕴熨闰润咏泳

aŋ

p [213]邦帮梆[435]榜膀绑[41]傍磅谤棒

pʰ [213]乓胮~臭:很臭[44]旁谤庞[435]□轻轻地碰:莫把瓶子~掉了。[41]胖

m [44]忙芒茫氓盲[435]莽蟒

f [213]方芳[44]房防妨肪[435]纺访仿[41]放

t [213]当相~裆[44]挡~住[435]党档挡遮~[41]当上~宕荡

tʰ [213]汤烫趟~过去[44]堂棠螳唐糖塘搪膛[435]躺倘[41]趟量词镗~子

l [213]啷[44]狼郎廊螂囊[435]朗□（装有液体的器物）左右摇晃[41]浪

ts [213]脏赃[44]□浪费，糟蹋：你不吃也莫~！[41]葬藏西~

tsʰ [213]仓苍舱[44]藏

s [213]桑磉~墩：柱下石丧~事[435]嗓搡[41]丧~失

tʂ [213]张章樟彰獐□~tau⁰：爱赶热闹[44]伥嚣张，猖狂：你莫~！有人找你算账！[435]掌长~大涨[41]丈杖仗帐胀账障瘴

tʂʰ [213]昌猖娼[44]长~短常肠偿[435]厂场敞氅[41]唱倡畅

ʂ [213]商伤[44]尝裳[435]赏响饷[41]上尚

ʐ [44]瓤让关中地区常用的方言词，意为讽刺、戏谑[435]嚷壤攘[41]让~开

k [213]冈钢刚纲缸肛[435]港岗[41]杠□~祸：打架，打斗□划：~掉□稠~~：很稠

kʰ [213]康慷糠[44]扛[435]坎~子：台阶□咳嗽：他~了一晚上。[41]抗炕

ŋ [213]肮□大声哭：你~的声音太大了。[44]昂[41]盎

x [213]夯~实[44]杭航行银~[41]项巷

iaŋ

p [44]□大东西（常指人，略带贬义）：那么大个~还不听话！

t [41]□小~~：很小

l [44]良凉粮梁粱量测~[435]两[41]晾谅亮辆[0]量数~

tɕ [213]江将~来浆疆僵缰姜刚[435]蒋奖桨讲趼手、脚掌因摩擦而生的硬皮[41]酱犟倔~降下~匠将~领虹糨

tɕʰ [213]枪腔羌[44]墙祥详降强~大藏[435]抢强勉□硬~~：很硬[41]呛炝像

ȵ [44]娘[435]仰[41]酿

ɕ [213]相~信箱厢湘香乡襄镶[44]翔祥详降[435]想响享[41]象橡像□调味：~料、~点儿草果向项巷相~貌

Ø [213]央秧殃鸯没精打采：看

到考得不好,他马上～了。[44]
羊洋阳扬杨疡[435]**仰养**
痒氧[41]恙样漾

uaŋ

tʂ [213]庄桩妆装[41]状壮
撞装缝:～被子

tʂʰ [213]窗疮[44]床[435]闯
撞[41]创

ʂ [213]霜孀双单～[435]爽
[41]双～生:双胞胎

k [213]光[44]□形容物体很
大:大～[435]广[41]逛

kʰ [213]框匡筐眶[44]狂□
打闹,嬉戏:这娃子成天都要～。
[41]况矿旷

x [213]荒慌[44]黄簧蝗蚂～
皇蝗徨[435]谎[41]晃

ø [213]汪[44]王亡[435]往
枉网惘辋[41]忘妄望旺

əŋ

p [213]崩绷[41]蹦迸

pʰ [213]抨□形容很迅速,很猛:
小伙儿一～就出来了。[44]朋
棚蓬篷鹏[435]捧[41]碰
喷～香

m [213]蒙～人[44]蒙～面朦

懵盟萌虻[435]猛蟒～～子
[41]梦孟

f [213]风枫疯丰峰锋烽蜂
封讽[44]冯逢缝～补[41]
凤奉缝裂～

t [213]东冬[44]□愚弄,哄骗:
别～我! 你当我是笨蛋! [435]
懂董动胡弄□～taº[41]糊涂
动洞冻栋□稠～～:很稠

tʰ [213]通[44]同铜桐童瞳
[435]筒统桶捅[41]痛

l [213]聋癃～鼻子弄～饭囊□
软:这柿子太～,不好剥! [44]
龙农脓浓笼鸡～隆[435]
笼～络陇垄拢[41]弄玩～
□～səŋº:脏,不干净

ts [213]棕鬃综宗[435]总怂
[41]纵皱

tsʰ [213]匆聪葱[44]从丛

s [213]松嵩[44]㞞泛指人,带
贬义。如:臭～、笨～[435]耸搂
推□～包儿:衣衫不整的人[41]
送颂讼诵宋[0]□ləŋ⁴¹～:脏,
不干净

x [213]哼

uŋ

tʂ [213]中～间钟忠衷盅酒～

终□点头:~瞌睡[435]肿仲
种~子[41]中看~种~地重~
量众

tʂʰ[213]冲~锋囱充春[44]虫
重~复崇[435]宠[41]冲味
道很~

k　[213]工攻功弓躬公蚣宫
恭龚贡[44]□耸、鼓起来:背
上~起一个大包[435]拱汞
[41]共供

kʰ[213]空~瓶子[435]恐巩
孔[41]空~闲控

x　[213]烘轰哄~动[44]红洪

宏弘洪鸿[435]哄~人[41]
哄起~

Ø　[213]翁嗡[41]瓮

yŋ

tɕ　[44]□耸、鼓起来,又 kuŋ^{435}
[435]窘迥

tɕʰ[44]穷琼

ɕ　[213]凶汹匈胸兄[44]
熊雄

Ø　[213]庸雍拥蛹[44]荣融
茸容蓉绒溶熔[435]勇甬
涌冗[41]用佣

三　白河茅坪话音系

1.声母 24 个,包括零声母:

p 巴抱傍北	pʰ爬劈盘贫	m 麻秒面蜜		f 飞妇访罚	
t 多凳蛋独	tʰ土脱题糖				l 脑乱南六
ts 栽昨皱摘	tsʰ粗丛撑册			s 三速洒散	
tʂ知状居均	tʂʰ陈臭驱拳	ŋ 女		ʂ沙设训悬	ʐ 扰柔软让
tɕ 焦尽肩极	tɕʰ齐且庆求	ȵ娘验咬聂		ɕ 写象孝匣	
k 瓜棍骨跪	kʰ亏孔哭狂	ŋ 我岸袄鸭		x 汉虎贺红	
Ø 忘忍鱼冤有					

说明:

(1)有舌尖后浊鼻音声母 ŋ,只有"女 ŋʅ^{435}"一个字。

(2)合口呼零声母字发音时声母有轻微的唇齿摩擦。

2.韵母 46 个,不包括儿化韵:

ɿ 资此四师

ʅ 止试汁食　　　i 机比妹随　　　u 呼五富故　　　ʮ 猪鱼锯出

a 爬拉牙眨　　　ia 夏佳押瞎　　　ua 花夸画刮　　　ʮa 抓鬏要刷

o 坡播摸木　　　io 削脚约学　　　uo 罗课活各　　　ʮo 勺弱绰桌

ɛ 蛇车涩摘　　　iɛ 姐谢业烈　　　uɛ 国或　　　　　ʮɛ 靴惹缺倔

ər 日儿耳二

ai 才拜矮寨　　　iai 埃界鞋　　　uai 外乖槐筷　　　ʮai 揣衰拽帅

ei 最肺随累　　　　　　　　　　　uei 盅桂毁魏　　　ʮei 税吹蕊水

ou 毛考咬赵　　　iou 交桥咬晓

əu 楼手助突　　　iəu 流九袖幼

an 含站闪乱　　　ian 咸严简牵　　　uan 宽换关弯　　　ʮan 拴船圆劝

ən 沉很赠冷　　　in 音近俊顶　　　uən 昆魂困稳　　　ʮən 春顺军运

aŋ 党上房虹　　　iaŋ 详抢亮讲　　　uaŋ 光狂谎王　　　ʮaŋ 床双状窗

əŋ 弘东送冲　　　iəŋ 兄绒穷用　　　uŋ 翁　　　　　　ʮŋ 钟重虫众

ŋ 你

说明：

（1）a ia ua 中的 a 舌位居中，实际音值为ᴀ，aŋ iaŋ uaŋ 中的 a 舌位靠后，实际音值为ɑ。

（2）ɛ iɛ uɛ ʮɛ 的主要元音发音时开口度比 ɛ 略小，音值接近 ᴇ。韵母 uɛ 只有"国、或"两字。

（3）uŋ 韵只有"翁"字。

（4）ŋ 自成音节，只有"你"字。

（5）ʮ ʮa ʮo ʮɛ ʮai ʮei ʮan ʮən ʮaŋ ʮŋ 中的 ʮ 发音时双唇前伸，舌尖化程度较高。

3. 单字调共 5 个：

阴平　　41　　　高伤笔月服

阳平　　44　　　穷平寒云匹

上声　　435　　古碗丑草好

阴去　　213　　盖爱唱怕放

阳去　　22　　　近厚共让白

说明：

阴去调中由曲折点升至终点的过程较为缓慢。

4.声韵调配合表

白河茅坪话声韵调配合关系见下表：

声母＼韵母	ɿ（阴平 阳平 上声 阴去 阳去）	ʅ（阴平 阳平 上声 阴去 阳去）	i（阴平 阳平 上声 阴去 阳去）	u（阴平 阳平 上声 阴去 阳去）	ʮ（阴平 阳平 上声 阴去 阳去）	a（阴平 阳平 上声 阴去 阳去）
p pʰ m f			逼必比备 批皮痦屁佩 眯谜米　妹	不补布步 扑葡普瀑 夫浮府妇父		巴拔靶坝罢 帕爬　怕耙 妈麻马　骂 法阀　伐
t tʰ l			低笛底第地 踢提腿蜕 立驴李丽内			搭达打　大 他沓　踏 辣拿哪落
ts tsʰ s	资　子渍字 趑词此次 思　死四事					咂杂咋 擦 撒②洒萨
tʂ tʂʰ ŋ ʂ ʐ		知值纸志治 吃迟耻翅 湿石史视是		朱　举注具 屈除储处 　　　女 虚　鼠旭树		渣扎眨炸 叉查砟岔 杀　傻③
tɕ tɕʰ ȵ ɕ			机急挤际罪 妻齐起去企 泥你逆义 希随洗戏习			
k kʰ ŋ x			骨　鼓故 哭①苦裤 呼胡虎糊户			家 掐卡 鸭牙哑 瞎　哈下
∅			衣移以异易	屋吴武误雾	入鱼雨玉预	阿

跶 ꜀tsʰɿ：擦，划。　　　　　②꜀sa：瞥，瞅。

①꜀kʰu：趴。　　　　　　　③ʂaꜛ：择、留。

续表

声母＼韵母	ia 阴平	ia 阳平	ia 上声	ia 阴去	ia 阳去	ua 阴平	ua 阳平	ua 上声	ua 阴去	ua 阳去	ʮa 阴平	ʮa 阳平	ʮa 上声	ʮa 阴去	ʮa 阳去	o 阴平	o 阳平	o 上声	o 阴去	o 阳去	io 阴平	io 阳平	io 上声	io 阴去	io 阳去	uo 阴平	uo 阳平	uo 上声	uo 阴去	uo 阳去
p	①②															波														
pʰ																坡														
m																莫	馍	抹	漠	墓										
f																	佛	否												
t	爹		嗲																							多	咄	躲	剁	夺
tʰ																										脱	坨	妥	拓	
l																								掠		洛	罗	裸		糯
ts																										作	昨	左		坐
tsʰ																										搓			错	
s																										缩		所		
tʂ											抓	⑤	爪																	
tʂʰ												⑥																		
ɳ																														
ʂ											刷		耍																	
ʐ																														
tɕ	家	夹	贾	架																	脚	觉								
tɕʰ	掐	③	恰	④																	却	确			嚼					
ɳ																									虐					
ɕ	虾	侠		夏																	削	学								
k						瓜		寡	挂																	哥	各	果	过	
kʰ						夸		垮	跨																	柯		可	课	
ŋ																										鳄	鹅	我	咟	饿
x						花	华		画																	喝	活	火	货	合
ø	鸭	芽	雅	亚							挼⑦⑧					锅				卧	约					握			沃	

挼ᴄʮa：用整个手掌使劲捏、揉。

①ᴄpia：贴。

②ᴄpia：踩，踏。

③ᴄtɕʰia：跨。

④tɕʰiaᵓ：大腿根部。

⑤ᴄtʂʮa：用脚踢。

⑥ᴄtʂʰʮa：~雨：淋雨。

⑦ᴄʮa：袋状物的口被撕破。

⑧ʮaᵓ：大声喊叫。

续表

韵母＼声母	ɥo 阴平	阳平	上声	阴去	阳去	ɛ 阴平	阳平	上声	阴去	阳去	iɛ 阴平	阳平	上声	阴去	阳去	au 阴平	阳平	上声	阴去	阳去	ɥɛ 阴平	阳平	上声	阴去	阳去	ɤ 阴平	阳平	上声	阴去	阳去
p						北	白				掰	别	瘪		进															
pʰ						拍					憋		撇		①															
m							麦					墨			灭②															
f																														
t						得					爹	碟																		
tʰ								特			贴																			
l						勒	那				唰	猎																		
ts						窄	宅			贼																				
tsʰ						侧	择																							
s						塞																								
tʂ	捉	浊				遮	哲	者		这											撅				决					
tʂʰ	绰				戳辍	车		扯		彻											缺	瘸								
ʂ		勺			烁	奢	蛇	舍		涉社														雪						
ʐ																														
tɕ											节	洁	姐	借	绝															
tɕʰ											切	茄	且	窃																
ɲ												捏																		
ɕ											歇	协	写	泻	谢															
k						革胳		给								国														
kʰ						克	咳																							
ŋ							额																							
x						黑	核										或													
ø					弱						页	爷	也		夜						月	热	惹			日	儿	耳		二

进 piɛˀ：从夹缝中蹦出。

②ᶜmiɛˀ：用力掰棍棒状的物体。

①ᵖʰiɛˀ：形容事物很差，不好。

续表

声母＼韵母	ai	iai	uai	ʅai	ei	uei
	阴平 阳平 上声 阴去 阳去	阴平 阳平 上声 阴去 阳去	阴平 阳平 上声 阴去 阳去	阴平 阳平 上声 阴去 阳去	阴平 阳平 上声 阴去 阳去	阴平 阳平 上声 阴去 阳去
p	跋　摆拜败				杯　贝	
pʰ	排①　派				披　⑥沛	
m	埋买　卖				魅	
f					飞肥匪费	
t	呆　歹带袋				堆　队	
tʰ	胎抬　太				褪	
l	奶来乃　赖				累　泪	
ts	灾　宰再在				最	
tsʰ	猜裁彩菜				崔　璀脆	
s	腮　②赛				随　岁	
tʂ	斋　债寨			④　⑤拽		
tʂʰ	差柴踩			揣　踹		
ɳ						
ʂ	筛　晒			摔　甩帅		
ʐ						
tɕ		街　解界				
tɕʰ						
ɳ						
ɕ		鞋蟹懈				
k	街　改介		乖　拐怪			龟　鬼桂跪
kʰ	开③凯概		会快			亏葵　溃傀
ŋ	哀崖矮爱艾					灰回毁贿
x	鞋海　害		怀　坏			
ø		阶	歪　崴外			

会 ᶜkʰuai：~计。

①ᶜpʰai：双肩背。

②ᶜsai：用力甩动。

③ᶜkʰai：搂,打

④ᶜtʂʅai：蹲。

⑤ᶜtʂʅai：骄傲,炫耀。

⑥ᶜpʰei：~治：修理,摆弄。

续表

韵母　声母	ɥiɛi 阴平阳平上声阴去阳去	ɔu 阴平阳平上声阴去阳去	iɔu 阴平阳平上声阴去阳去	əu 阴平阳平上声阴去阳去	iəu 阴平阳平上声阴去阳去	an 阴平阳平上声阴去阳去
p pʰ m f		包刨保报抱 抛袍跑炮 毛牡冇贸 否	标 表 飘瓢漂票 瞄苗渺妙			搬 板办伴 潘盘 判 蛮满曼慢 翻凡反姥饭
t tʰ l		刀 导到道 涛桃讨套 捞劳老 闹	钓 屌掉 挑条挑跳 辽了瞭料	兜毒肚度豆 秃头吐透 绿卢鲁怒漏	丢 溜刘柳遛	单 短煅但 贪谈毯探 南懒 烂
ts tsʰ s		遭 早灶皂 操曹草造 骚①嫂②		租卒做奏助 粗族楚醋 搜俗数瘦		簪 赞暂 参蚕惨篡 酸 伞蒜
tʂ tʂʰ ȵ ʂ ʐ	追 缀 吹垂　　水税	招 爪照赵 超潮吵③ 烧韶少哨绍 饶扰		州轴帚宙 抽绸瞅臭 收熟守寿 柔辱肉		詹 展战 搀 产忏 山 闪擅善　　然
tɕ tɕʰ ȵ ç			焦噍绞叫轿 敲桥巧窍 尧咬尿 销 小笑效		究 酒救舅 秋球 妞牛钮扭谬 休④朽秀续	
k kʰ ŋ x		高 搞告 敲 烤靠 凹熬咬奥傲 蒿豪好昊浩		勾 狗够 抠扣口寇 欧 藕沤 齁猴吼 厚		间 感干 刊 砍看 安 按岸 憨韩喊汉旱
∅	锐		腰姚肴要耀		优游有诱右	

刨ᶜpʰɔu:除去,除开。　②sᵘɔu:胡乱地翻动某物。
冇ᶜmɔu:没有。　　　③tʂʰᵘɔu:翻动锅内食物。
瞄ᶜmiɔu:~一眼。　　④ᶜɕiəu:休养。
①ᶜsɔu:瞅,看。

续表

韵母\声母	ian					uan					ʮan					ən					in					uən				
	阴平	阳平	上声	阴去	阳去	阴平	阳平	上声	阴去	阳去	阴平	阳平	上声	阴去	阳去	阴平	阳平	上声	阴去	阳去	阴平	阳平	上声	阴去	阳去	阴平	阳平	上声	阴去	阳去
p pʰ m f	边 偏 眠		扁 便 免	辫变 谝片 面												奔 喷 闷 吩坟	本 盆 门 粉		奔笨 闷 粪份		兵 拼 ④名		饼 平 敏	并病 品聘 命						
t tʰ l	掂 天		点 田 怜脸	店电 舔 链恋												登 吞 ②能	等 腾① 冷		凳邓 愣嫩		丁顶 听 拎临		顶 停 领	订定 挺 㷱另						
ts tsʰ s																争 撑 生		怎 存③ 省	憎赠 寸											
tʂ tʂʰ ɳ ʂ ʐ											专 川 拴		卷 权 悬	转赚 犬串 涮		真 伸 声 扔		枕 成 神 仁	正郑 惩趁 胜剩 认											
tɕ tɕʰ ɲ ɕ	尖 牵 拈 仙		捡 前 年撵 闲	见件 潜欠 念 显线县																	斤 青 凝 心		仅 勤 旬	进静 请庆 宁 醒姓幸						
k kʰ ŋ x						关 宽 欢		管 款 环	惯 缓唤患							耕 坑 恩 痕		耿 肯 很	更 摁硬 恨杏								滚 坤 昏		棍 捆 魂	 困 混	
∅	烟	炎	演	燕艳		湾	玩	碗	弯万		冤	元	软	怨							英	银	引	印		温	文	稳	问	

顶 ᶜtin：噎。

凛 lin²：令人恶心的。

①ᶜtʰən：结结巴巴。

②ᶜlən：手指捏住来回捻。

③ᶜtsʰən：摁。

④ᶜmin：~甜：很甜。

韵母 声母	ʮən	aŋ	iaŋ	uaŋ	ʮaŋ	əŋ
	阴阳上阴阳 平平声去去	阴阳上阴阳 平平声去去	阴阳上阴阳 平平声去去	阴阳上阴阳 平平声去去	阴阳上阴阳 平平声去去	阴阳上阴阳 平平声去去
p pʰ p m f		帮　榜棒 乓 庞①胖 　忙莽 方房访放				崩　蹦 抨朋捧碰 蒙萌猛 梦 风冯凤
t tʰ l		裆挡党当荡 汤堂躺趟 狼朗浪	梁两晾			冬④懂冻洞 通同筒痛 聋农拢 弄
ts tsʰ s		脏② 葬藏 仓藏 桑 嗓丧				宗 总纵 葱从 松耸宋诵
tʂ tʂʰ ɳ ʂ z	军 准郡 春裙蠢 熏旬吮迅顺	章长涨帐丈 昌肠场唱 伤尝赏 上			庄　壮状 窗床闯创 霜爽	
tɕ tɕʰ ɳ ɕ			江 奖酱匠 腔墙抢呛 娘仰 香翔想向象			
k kʰ ŋ x		钢 港杠 康扛③抗 肮昂盎 夯航 巷项		光 广逛 框狂 矿 慌黄谎 晃		公 拱贡共 空 孔控 烘宏哄哄
ø	晕云允韵运		央羊养漾样	汪亡往 忘	瓢壤让	

伥ᶜtʂaŋ：嚣张，猖狂。

①ᶜpʰaŋ：轻轻地碰、撞一下。

②ᶜtsaŋ：浪费、糟蹋东西。

③ᶜkʰaŋ：咳嗽。

④ᶜtəŋ：用言语迷惑、愚弄、哄骗对方。

续表

声母＼韵母	iəŋ 阴平	阳平	上声	阴去	阳去	uŋ 阴平	阳平	上声	阴去	阳去	ʮŋ 阴平	阳平	上声	阴去	阳去	ŋ 阴平	阳平	上声	阴去	阳去
p pʰ m f																				
t tʰ l																				
ts tsʰ s																				
tʂ tʂʰ ɳ ʂ ʐ											钟 冲	虫	肿 宠	众 冲						
tɕ tɕʰ ɲ ç	胸	穷 熊	窘																	
k kʰ ŋ x																				
∅	拥	荣	勇	用		翁												你		

四　白河茅坪话同音字汇

ɿ

ts　[41] 资姿咨滋趀蹭，擦：用脚~□~儿：橡皮[435]子籽仔滓紫姊[213]渍[22]自字

tsʰ　[41] 疵刺趀同"趀tsɿ²¹³"[44]瓷饲~料词祠辞慈雌磁[435]此[213]次赐饲~候

s　[41] 斯撕私司思丝师狮厕茅~[435]死[213]四肆[22]士仕事似祀巳寺饲~养嗣后~

ʅ

tʂ　[41] 支枝肢知蜘之芝栀指~头儿只织质汁职掷[44]只执侄[435]旨脂指~导止扯趾纸[213]志致智至痣痔稚滞制雉翅炙蜇[22]置治直值植殖

tʂʰ　[41] 痴眵~模糊：糊涂、易被愚弄的人尺赤斥[44]迟池持驰[435]齿耻侈□伸出来[213]翅秩

ʂ　[41] 施尸诗匙湿失实室识释[44]时[435]史使驶始屎[213]侍恃柿示视嗜试豉世势誓逝式饰[22]市是氏十拾食石

i

p　[41] 逼屄匕臂背~上碧璧壁[44]笔滗~出茶毕必[435]彼比被[213]敝蔽弊币陛箅闭毙弼辈背~后[22]倍备鼻荸

pʰ　[41] 批披劈霹胚坯僻偏~[44]皮疲脾啤裴丕枇琵匹一~马陪赔培[435]避痞庀匹~配鄙[213]屁譬痹辟僻~静配[22]佩

m　[41] 眯秘密蜜觅[44]迷弥~勒佛糜眯打盹儿煤媒梅枚眉霉楣[435]米每美[22]妹味媚寐靡

t　[41] 低滴嫡堆敌狄[44]的~确[435]底抵诋[213]弟第递涕鼻~儿帝对碓队兑[22]地笛[0]的

tʰ [41] 梯推踢剔 [44] 提题堤啼蹄 [435] 体腿 [213] 替屉剃退蜕

l [41] 荔力历立粒笠栗律率 [44] 厘狸离篱璃梨黎犁倪驴雷 [435] 里理鲤李礼旅履侣缕屡偏 [213] 俐莉丽隶厉励例 [22] 利吏痢滤虑内累劳~类泪

tɕ [41] 机讥肌饥基奇~数鸡疾吉即鲫脊迹籍击激吃 [44] 几~乎稽缉戟急及级棘集 [435] 己纪几~个挤济~南嘴 [213] 际祭寄剂计继系~鞋带冀记季既最醉 [22] 忌聚罪技妓展积寂

tɕʰ [41] 妻欺期漆膝岐歧祈喫吃蛆趋崔催七乞黢~黑戚 [44] 齐脐荠其棋旗祁鳍奇~怪骑 [435] 启起杞岂取娶 [213] 气汽弃器沏砌契去泣趣 [22] 企

ɲ [44] 泥尼仪疑宜~人谊匿逆溺 [435] 蚁议拟模~ [213] 艺 [22] 腻义毅

ɕ [41] 西栖牺溪奚兮希稀熙隙息熄锡析淅昔吸须需虽戌恤昔惜夕 [44] 徐媳袭悉随 [435] 洗喜嬉徙玺髓 [213] 细絮戏系婿岁遂隧 [22] 习序叙绪绥穗席

ø [41] 衣依医伊揖乙一逸益译亦役疫□~ləu⁰:食物(带贬义) [44] 移遗胰~子:肥皂夷姨沂 [435] 已以蚁椅倚尾~巴 [213] 意饴缢异毅亿忆抑驿翼 [22] 易

u

p [44] 不卜 [435] 补 [213] 布怖 [22] 部簿步

pʰ [41] 铺~床,~设扑朴仆瀑 [44] 葡蒲脯胸~子菩馞面~:擀面时防止面条相粘的面粉□溢:水~出来 [435] 普谱捕脯果~哺 [213] 铺~子

f [41] 夫肤麸府俯瘊麻疹:出~子佛福幅蝠伏服腹覆 [44] 敷浮俘孵扶芙符缚 [435] 斧俯府腑抚釜腐辅 [213] 妇负阜赋富付傅讣附赴副 [22] 父复

k [41] 孤姑菇箍~紧骨谷~子 [435] 古估股鼓 [213] 故固锢顾雇

kʰ [41] 枯哭窟酷 [44] □趴

[435]苦[213]库裤

x [41]乎呼糊用纸～住忽[44]胡湖狐糊～涂、饭～了蝴壶浒弧和～牌[435]虎[213]扈糊浆～[22]户沪互护瓠～子核枣～儿

Ø [41]乌坞污巫诬屋勿物握沃[44]无吴蜈梧[435]五伍午武舞捂侮鹉[213]误恶厌～悟[22]务雾

ʮ

tʂ [41]猪诸朱珠株蛛诛居拘驹俱车～马炮剧～烈桔橘菊局[435]主煮举[213]驻注蛀术著铸巨拒距句据锯矩剧电视～[22]具惧箸柱住

tʂʰ [41]躯蛆趋出屈曲弯～[44]除厨渠瞿区驱曲～蜷:蚯蚓[435]储处相～褚贮杵拄□～tsʰai0:因不满意而刁难、冲撞对方 □小～～:很小的东西[213]雏处到～去

ŋ [435]女

ʂ [41]书舒枢殊输虚嘘墟吁[435]暑鼠署薯许[213]恕庶术述旭[22]竖树戍

Ø [41]淤入域育狱欲浴[44]鱼渔余与愚虞娱于吁迁盂儒榆如驴[435]吕语雨羽宇禹汝乳擩把物体塞、戳进去[213]御浴欲玉郁[22]誉预豫遇寓芋喻愈裕逾愉

a

p [41]巴芭疤爸笆八[44]拔[435]把靶屁～屎:拉屎[213]坝把刀～儿霸[22]罢

pʰ [41]帕□食物烂熟[44]趴爬芭杷钯坝河～:河滩[213]怕[22]耙

m [41]抹～布妈爸～[44]妈大～:伯母麻模眵～糊[435]马码[22]骂[0]蟆癞蛤～

f [41]发～财、理～法[44]阀□一～儿:一代,一辈人[22]伐筏罚乏

t [41]奤搭[44]达答[435]打[22]大

tʰ [41]他她它塔电视～塌榻溻～湿了[44]沓[213]踏拓～片

l [41]拉辣纳蜡腊捺[44]拿[435]哪[213]落那

ts [41]咂～嘴[44]咱～们砸杂[435]咋

tsʰ [41]擦搽~粉

s [41]撒~娇、、野[44]□瞅，瞥□~料：经得起用的[435]撒~种洒[213]萨

tʂ [41]渣扎~破楂[44]炸油~蔗闸铡肢胳~窝儿扎结~[435]眨拃[213]乍诈炸~开榨

tʂʰ [41]差叉插[44]茶苴查察[435]衩镲小钹蹅~了一脚泥[213]岔诧杈树~

ʂ [41]沙纱砂鲨刹杀蛇[435]傻[213]煞□择、留：把肉~出来给他。

k [41]夹~住家尬尴~

kʰ [41]掐[435]卡~片

ŋ [41]压鸦桠丫鸭[44]牙伢~儿：小孩儿[435]哑

x [41]哈~气瞎□饭菜变馊：饭~了[435]哈~巴狗□形容人很坏：那人~得很。[22]下

Ø [41]阿

ia

p [41]□贴：~到墙上□儿童用纸折的玩具，多呈三角形或正方形，互相拍击，以翻转者为胜：打~[44]□踩，踏：~一脚

pʰ [435]□~淡：非常淡□~开：分开，又开[213]啪拟声词，枪响声

t [41]爹[435]嗲

tʰ [435]□往下耷拉着

tɕ [41]家加痂佳嘉甲胛挟夹~住[44]夹~层[435]贾假[213]架驾价嫁稼圿垢~：污垢□拟声词，驱马之声

tɕʰ [41]掐[44]□跨[435]卡发~恰[213]洽□大腿根

ɕ [41]虾瞎[44]霞瑕斜侠峡狭辖[22]匣暇下夏厦

Ø [41]鸦丫桠鸭压押[44]牙芽蚜涯衙[435]雅哑[213]亚

ua

k [41]瓜刮[435]寡剐□~子：白痴，疯子[213]挂卦褂

k' [41]夸[435]垮胯[213]挎跨

x [41]花哗[44]华桦铧滑猾划~船[22]画话划[213]化

Ø [41]蛙挖袜□~毒：很恶毒[44]娃[435]瓦□旮取[213]洼凹

ʮa

tʂ　[41]抓[44]□用脚踹,踢 髺发髻[435]爪

tʂʰ　[44]□淋:~雨[435]□下~皮:无赖,不讲理之人

ʂ　[41]刷[435]耍厦偏~

Ø　[44]挼用整个手掌揉捏[435]□袋状物的口被撕破:袋子一~,糖都掉出来了。□干哕[213]□大声喊叫

o

p　[41]波玻菠播钵剥拨博驳[44]勃搏泊薄厚~[435]跋~脚簸颠~[213]簸~箕[0]啵

pʰ　[41]坡剖[44]婆[435]颇叵[213]破剖薄~荷

m　[41]莫姓摸漠末沫募寞木目穆牧[44]魔磨~面摩摹模~子莫不要膜馍没[435]么模~糊抹[213]没沉~睦[22]募慕墓暮磨石~幕

f　[44]佛[435]否

Ø　[41]蜗阿~胶锅倭踒窝屙[435]□拟声词,用于恍然大悟或忽然想起某事[213]卧

io

l　[41]掠略

tɕ　[41]脚爵[44]觉

tɕʰ　[41]雀鹊却敽欠湿润,有干裂感:手上皮~得很。□~人:占别人便宜[435]确的~[22]嚼

ȵ　[41]虐疟

ɕ　[41]削□吮吸[22]学

Ø　[41]约药岳钥乐音~跃

uo

t　[41]多哆踱铎[44]咄[435]朵躲[213]剁跺[22]舵惰垛夺

tʰ　[41]拖托脱[44]驮驼鸵坨[435]妥椭[213]拓唾

l　[41]落烙骆洛络啰乐快~[44]罗锣萝逻螺骡膴圆形的手指纹挪[435]裸谫~谫:啰唆,麻烦□理睬[22]糯擦

ts　[41]嘬作[44]凿昨[435]左佐[22]座坐

tsʰ　[41]搓磋挫[213]错措锉莝痤

s　[41]梭唆蓑塑~像索唢吮吸:~冰棍儿□破~~:形容很破[435]所锁琐

k [41]哥歌鸽割葛戈角墙~儿锅郭[44]角牛~各阁[435]果裹搁简[213]个过

kʰ [41]柯苛科棵颗渴磕扩壳括阔廓[44]可瞌[213]课

ŋ [41]鳄恶鄂[44]讹蛾鹅俄娥扼[435]我[213]噩颚[22]饿

x [41]齁喝霍藿[44]和河何荷禾核[435]火伙[213]贺鹤赫货[22]祸合盒活获

∅ [41]窝倭握揉用力把直物变弯曲踒[213]卧沃斡

ʮo

tʂ [41]桌捉酌卓啄琢涿镯[44]灼浊茁着

tʂʰ [41]绰~号啜[435]戳辍[213]辍

ʂ [41]勺芍硕[213]烁朔

∅ [41]若诺弱

ε

p [41]百柏北[44]伯白

pʰ [41]拍迫魄

m [41]麦脉陌

t [41]得德

tʰ [22]特

l [41]勒肋[213]那

ts [41]窄塞则摘责[44]泽宅[22]贼

tsʰ [41]厕~所侧恻测册策拆[22]择

s [41]涩虱塞瑟色啬

tʂ [41]遮蔗折~叠浙蜇[44]哲辙褶翟[435]者[213]这

tʂʰ [41]车汽~[435]扯[213]撤澈彻掣

ʂ [41]奢赊设[44]蛇佘舌折~本[435]舍~得[213]麝舍宿~赦涉[22]社射

k [41]隔疙格胳~肢窝儿革[44]胳~膊[435]给

kʰ [41]克刻客[44]咳渠第三人称代词蛤癞~蟆

ŋ [41]额扼

x [41]黑嚇~到了:吓住了[22]核审~

iɛ

p [41]憋掰瘪鳖[44]别~人[435]瘪[213]别~扭进从夹缝中蹦出□用力挣扎

pʰ [41]撇~捺瞥[435]撇~嘴[213]□质量差

m [41]灭蔑篾[44]墨默

[435]□从中折断

t　[41]爹跌[44]喋谍叠

tʰ　[41]铁贴帖蝶

l　[41]猎列烈裂劣[435]咧

tɕ　[41]接揭结杰节截[44]洁结~账劫捷[435]姐[213]借[22]绝

tɕʰ　[41]切[44]茄[435]且[213]窃怯妾惬

ȵ　[41]捏聂摄蹑镊孽业

ɕ　[41]歇蝎楔血薛雪屑[44]斜邪些携协挟□~嚓:喊叫[435]写[213]泻卸泄[22]谢穴

ø　[41]耶椰页液叶噎[44]爷[435]也野[213]夜腋

uɛ

k　[41]国

x　[22]或

ʯɛ

tʂ　[41]撅倔掘[44]决抉啳骂厥蕨

tʂʰ　[41]缺□~湿:很湿[44]瘸[435]□因缺少某物使陷入困境

ʂ　[41]靴雪说

ø　[41]月悦阅粤越~南热天~

[44]越~来越好热~闹[435]哕干呕惹□黏~~:很黏

ər

ø　[41]日[44]儿而[435]尔耳饵[213]二贰而

ai

p　[41]跛~子[435]摆[213]拜[22]败

pʰ　[44]排牌[213]派湃

m　[44]埋[435]买[22]卖迈

t　[41]呆痴~[435]歹逮傣[213]带戴贷大~夫[22]待怠殆代袋[0]鼙疎~:脏

tʰ　[41]胎□~xai⁰:安分,安静态~度[44]台抬苔[213]太态表~泰

l　[41]奶揶~鼙:脏[44]来[435]乃奶□爬[22]耐奈赖癞

ts　[41]灾栽[435]宰载[213]再□缝,钉:~扣子[22]在

tsʰ　[41]猜[44]才材财豺裁残[435]采彩睬[213]菜蔡[0]□tʂʰʮ⁴³⁵~:因不满意而刁难、冲撞对方

s　[41]鰓腮[44]□吃(带贬义)

[435]□用力甩动[213]赛

tʂ [41]斋[213]债[22]寨

tʂʰ [41]钗差出~[44]柴[435]踩

ʂ [41]筛[41]晒[0]嗮语气词

k [41]该街[435]改解[213]盖钙丐介界戒械届疥皆

kʰ [41]开[44]□揍[435]凯楷揩[213]概溉慨

ŋ [41]哀挨紧~埃[44]癌崖挨~打呆~板[435]矮蔼[213]爱暧碍[22]艾隘

x [44]孩谐还~有鞋[435]海蟹[22]亥害骇懈解姓

iai

tɕ [41]街[435]解[213]届戒介界械疥

ɕ [44]谐[435]蟹[22]懈

Ø [41]埃挨阶

uai

k [41]乖[435]拐[213]怪

k' [435]块会~计□肩拐[213]快筷刽

x [44]槐怀淮踝~骨[22]坏

Ø [41]歪[435]崴[213]外

ʮai

tʂ [41]□蹲[435]□牛气,猖狂[213]拽

tʂʰ [41]揣[213]踹膪泡~:猪腹部松软的肉

ʂ [41]摔衰[435]甩[213]帅率蟀

ei

p [41]杯卑碑悲[213]贝悫狈鐾

pʰ [41]披[435]□~治:修理,摆弄[213]沛

m [213]魅

f [41]飞非菲霏妃[44]肥淝[435]匪翡诽[213]废沸费痱肺

tʰ [213]煺褪

l [435]垒磊馁累~计[22]泪

ts [213]最醉

tsʰ [41]崔催摧[44]璀[213]脆萃粹翠

s [44]随隋[213]岁碎

x [0]嗨

Ø [41]欸应答声

uei

k　[41]龟归规圭闺[435]鬼诡轨[213]贵鳜桂[22]跪柜

kʰ　[41]亏盔窥[44]逵葵魁奎葵[213]愧溃[22]傀

x　[41]灰恢诙挥辉徽麾[44]回茴[435]悔毁晦[213]会开~绘贿汇惠慧秽讳哕

ø　[41]威危煨在热灰、热水或被褥等里使热[44]围为~难唯维惟淮违微[435]尾伟苇纬伪委萎[22]卫位未味魏胃谓猬[213]渭畏为~了喂蔚外~爷

ɥei

tʂ　[41]追椎锥[213]坠缀赘

tʂʰ　[41]吹炊[44]垂捶锤槌

ʂ　[435]水[213]睡税

ø　[213]瑞蕊锐芮蔚

ɔu

p　[41]包胞苞褒雹[44]刨[435]宝保堡煲饱[213]豹报爆[22]鲍抱暴菢

pʰ　[41]抛泡松软的,虚的脬[44]袍咆胞麅[435]跑[213]炮泡~沫

m　[44]毛矛茅锚谋[435]卯铆某亩母拇牡[213]冒冇没有猫[22]帽貌茂贸

f　[435]否

t　[41]刀叨[44]□~治:收拾整理[435]倒~地岛祷祈~蹈导[213]到倒~退[22]道稻盗

tʰ　[41]涛焘滔掏[44]逃桃淘陶萄[435]讨[213]套

l　[41]捞[44]牢劳唠挠蛲[435]老脑恼□扛,驮:把袋子~到肩膀头儿上。[22]涝闹

ts　[41]遭糟[435]早蚤枣澡藻[213]灶噪躁[22]皂

tsʰ　[41]操~练嘈~杂糙[44]曹槽漕巢[435]草[213]操~蛋造燥糙

s　[41]骚臊[44]□瞅,瞥[435]扫~地嫂[213]扫~把溲~水□胡乱地动、挨某物:莫~我的衣裳!

tʂ　[41]招昭召朝~三暮四[435]找爪~子[213]照罩[22]赵兆

tʂʰ　[41]抄钞超[44]晁朝~代潮嘲[435]吵炒[213]□翻

动锅内食物:把锅的肉~一下。

ʂ　[41]烧捎梢稍[44]韶□愚蠢,老实[435]少多~[213]哨少年~[22]绍

ʐ　[44]饶[435]扰绕□刺眼

k　[41]高篙膏羔糕皋[435]搞稿[213]告窖

kʰ　[41]敲尻~屎:性交[435]考烤拷[213]靠犒~劳

ŋ　[41]凹~陷[44]熬敖翱[435]袄咬[213]奥澳懊坳[22]傲

x　[41]蒿薅[44]豪毫壕嚎[435]好~坏郝[213]昊好爱~耗[22]号浩

iɔu

p　[41]标鳔膘镖飙彪[435]表婊裱

pʰ　[41]漂~浮飘[44]嫖瓢[435]漂~白[213]票漂~亮

m　[41]瞄~一下[44]苗描瞄~准[435]秒渺藐邈[22]妙庙

t　[41]刁貂碉雕[435]屌□牛,厉害:那人好~啊![213]吊钓掉调~动

tʰ　[41]挑~水[44]条迢调协~

[435]挑~战[213]跳眺粜

l　[44]辽疗撩寥聊[435]燎了~解[41]瞭撂[22]料廖

tɕ　[41]交郊胶教~书焦蕉骄娇椒浇[44]嚼[435]绞狡搅剿矫缴侥较[213]叫校~对教~育觉睡~[22]轿

tɕʰ　[41]敲锹悄劁[44]乔桥侨荞瞧樵俏爱打扮,做作□~客:请客[435]巧[213]俏峭鞘翘撬窍

ȵ　[44]尧[435]鸟袅咬[22]尿

ɕ　[41]肖消宵霄销硝嚣萧箫[44]淆[435]小晓[213]笑孝哮酵[22]效校学~

ø　[41]妖腰要~求邀幺吆[44]摇谣窑姚肴[435]舀杳[213]要需~[22]耀鹞

ue

t　[41]兜都~是、首~兜根部:树~子嘟温咕~子:温热水[44]督毒笃□立着放:把口袋~到那儿。[435]斗量词抖陡堵赌肚猪~子[213]斗~争窦度渡镀妒涂糊~□拢,拼凑:把碎片儿往起~[22]杜肚~子豆逗独

读楼

tʰ [41]偷秃突凸[44]图屠徒
涂途头投[435]土吐[213]
透兔投用清水漂洗衣服

l [41]搂乘机～一把鹿禄绿录
六陆[44]楼卢庐芦炉奴驽
泸鲈[435]篓搂～抱耧卤掳
努鲁虏[213]露鹭鸬路赂
怒[22]陋漏

ts [41]租足[44]卒小～[435]
走阻诅祖组[213]奏做□(1)
塞住:把电壶～到(2)塞子:电壶～
儿就[22]助

tsʰ [41]粗初促□推[44]族锄
[435]楚[213]凑醋猝

s [41]搜馊飕疏蔬梳苏酥肃
宿[44]速缩俗[435]数～数
儿擞[213]素诉嗦数～字凤
束瘦漱嗽

tʂ [41]周舟州洲邹竹筑祝粥
烛嘱触[44]妯[435]帚肘
掫[213]咒昼骤[22]纣宙
逐轴

tʂʰ [41]抽束结～[44]稠绸愁
酬仇～根惆畴筹踌售[435]
丑瞅[213]臭

ʂ [41]收叔淑蜀[435]手首
守[213]兽[22]受授寿

熟属

ʐ [44]柔揉蹂[435]辱褥
[213]肉

k [41]沟勾钩[435]狗苟
垢～圿[213]够购构垢污～

kʰ [41]抠[44]扣用碗～到
[435]口[213]扣～子寇叩

ŋ [41]抠欧殴讴[435]呕偶
藕[213]怄～气沤

x [41]齁哮喘[44]猴喉侯瘊
□弯着腰[435]吼[22]后
厚候

ieu

t [41]丢

l [41]溜留～级[44]刘浏
留～下榴馏流琉硫[435]柳
[213]遛□～耍:敏捷,灵敏

tɕ [41]揪纠阄鸠究瘳缩成一
团:～到墙角儿[435]九久灸酒
韭[213]咎枢救[22]旧舅臼
就～业[0]□xɛ²¹³～:触摸使其
发痒

tɕʰ [41]秋鳅丘邱[44]求球裘
酋仇姓囚泅

ȵ [41]妞[44]牛[435]扭～
转,～动纽钮[213]扭～屁股
[22]谬

ç [41]休修羞畜~牲、~牧业 蓄粟[44]□休息,休养:生过病要好好~。[435]朽[213]秀绣锈莠袖嗅[22]续赎[0]宿星~

Ø [41]忧优悠幽育郁狱欲浴[44]尤犹游邮由油[435]有友酉[213]诱幼[22]又右佑柚釉鼬

an

p [41]班斑扳般搬瘢颁[435]板版跰摔跤,跌倒□糟糕,坏了:~了!钱包掉了![213]半绊办瓣[22]伴拌扮蚌

pʰ [41]潘攀[44]盘蹒螃~蟹□把玩东西[213]盼判叛畔绊

m [44]蛮埋~怨瞒馒[435]满[213]曼[22]慢幔漫

f [41]番藩翻帆[44]凡矾烦繁樊[435]反返[213]泛贩媅鸟类下蛋[22]犯范饭

t [41]丹单郸担~任端[435]胆掸短[213]担扁锻[22]旦但断段缎蛋弹~弓淡诞

tʰ [41]贪坍摊滩瘫[44]坛弹~簧檀潭谭谈痰团[435]

毯坦袒[213]叹炭碳探

l [44]兰拦栏蓝篮难困~男南李鸾[435]览揽榄缆懒暖卵[22]乱烂难灾~滥

ts [41]簪钻~研[435]攒纂[213]赞瓒溅开钻~子[22]蹔

tsʰ [41]参~加餐搀□~吨:打吨□胡乱地蹿[44]蚕惭残□唾沫[435]惨灿[213]篡纂

s [41]三酸[435]伞散~架[213]散分~算蒜

tʂ [41]占~卜粘~贴沾毡詹瞻[435]斩盏展辗掭用软干之物轻轻擦拭,按压以吸去水分[213]占~有站战颤打冷~栈绽蘸

tʂʰ [44]谗馋缠蟾阐禅婵谄[435]产铲[213]颤~抖忏

ʂ [41]扇~风山删珊杉衫膻□经:吹嘘,诱骗[44]单姓蝉禅[435]闪陕[213]鳝扇~子擅疝赡[22]善膳

z̩ [44]然燃

k [41]干~燥肝竿杆电线~子甘柑尴间中~[435]感敢橄杆秤~子擀赶[213]干~活赣

kʰ [41]看~门刊勘堪龛嵌[435]砍坎~肩儿侃[213]看~见

ŋ ［41］安鞍谙庵鹌［435］眼
［213］按案暗晏［22］岸

x ［41］鼾酣憨颔~水:口水㷛将已
熟的饭或菜在锅中再焖片刻［44］寒
韩邯含函咸衔［435］喊撼憾
罕［213］汉［22］汗焊旱翰陷

ian

p ［41］边编遍一~鞭［435］贬
扁蝙匾绷［213］变［22］便
方~辩辨辫汴

pʰ ［41］偏篇［44］便~宜［435］
谝聊天剐削［213］片骗遍普~

m ［44］棉绵眠［435］免勉缅
［22］面

t ［41］掂滇颠癫巅［435］点
典碘［213］店惦［22］电殿
垫奠

tʰ ［41］天添［44］田填甜
［435］舔腆

l ［44］连莲怜联廉镰［435］
脸敛［213］链［22］殓练炼
恋［0］謰謱~:啰唆,麻烦

tɕ ［41］尖肩坚奸煎艰歼笺监
兼［435］减碱检简涧柬拣
剪茧［213］剑建键间~隔裥
谏见舰箭饯溅荐鉴［22］渐
俭践贱件健腱

tɕʰ ［41］签谦千牵纤铅迁愆~
烦:麻烦,啰唆［44］钳黔钱前乾
虔全泉［435］浅遣潜［213］
欠歉芡勾~:想念,牵挂

ȵ ［41］拈蔫研［44］年粘~住
黏鲇严言~传:说［435］撵碾
捻俨［22］念验酽谚砚

ɕ ［41］先仙鲜轩掀宣喧［44］
咸衔嫌闲贤舷弦旋~转
［435］显险藓癣鲜朝~选
［213］献宪线羡［22］现陷
限旋县

Ø ［41］烟研焉嫣淹腌阉［44］
炎盐檐延筵阎颜沿芫~荽宣
发~岩［435］演眼兖掩魇
［213］厌宴晏咽~下去燕喑
堰［22］雁艳焰

uan

k ［41］关官棺观~察冠鸡~子
鳏［435］管馆［213］惯贯灌
罐冠~军观道~

kʰ ［41］宽［435］款［213］□双
手拎起用力往下顿

x ［41］欢貛［44］环还桓
［435］缓［213］唤焕幻［22］
换宦患

Ø ［41］弯拐~儿湾豌剜［44］

完玩顽丸[435]晚挽娩皖
碗腕绾挽起来：~袖子[213]
蔓弯绕：~路[22]万

ʮan

tʂ [41]专砖捐娟涓[435]转扭~卷~起来[213]转~圈眷
卷~子绢券国库~桊牛鼻~儿
[22]撰赚篆传自~倦圈猪~

tʂʰ [41]穿川圈[44]船传~送
椽权拳颧痊[435]喘犬
[213]串劝窜[0]蜷曲~：蚯蚓

ʂ [41]拴栓闩[44]悬玄绚
[213]涮炫眩羡楦镟刷

ø [41]渊冤鸳□蜷曲着[44]
员圆元园原源缘袁辕援嫒
猿[435]远阮软染冉[22]
愿院[213]怨苑

ən

p [41]奔~跑崩[435]本[213]
奔~命[22]笨

pʰ [41]喷烹[44]盆彭膨

m [41]闷~棍[44]门[22]闷生~气

f [41]分~数纷芬[44]坟焚
[435]粉[213]分过~氛粪

奋愤忿□下小雨喷[22]份

t [41]灯登蹬敦墩[435]等
盹[213]瞪凳盾顿饨炖钝
遁[22]邓

tʰ [41]吞[44]疼誊藤腾屯囤
豚臀[435]□语塞

l [41]□手指捏住来回捻[44]
仑伦轮沦论~语能楞棱睖瞪、怒视[435]冷[213]愣
[22]论议~嫩

ts [41]争~斗筝睁挣~扎曾姓
增尊遵蹲[435]怎[213]憎
挣~钱[22]赠

tsʰ [41]村皴撑[44]曾~经岑
层存[435]□鸡毛~子：鸡皮疙瘩□按住[213]蹭寸衬

s [41]参人~森僧生牲笙甥
孙逊[435]省笋损

tʂ [41]针斟真珍臻榛砧征蒸
贞侦争差、欠澄沉淀[435]枕
诊疹振拯整[213]镇震正
证症铮政[22]阵郑

tʂʰ [41]称~重量伸[44]沉陈
尘臣成诚城盛~满呈程承丞
乘橙澄[435]惩逞[213]
称~心秤趁

ʂ [41]深申身娠升绅声[44]
神绳辰晨□~得住：受得了，顶得

　　住[435]沈审婶[213]圣甚甚渗胜[22]肾盛茂~慎剩

zʅ　[41]扔[44]人仁壬任姓[213]韧

k　[41]根跟更~新庚羹耕[435]哽梗埂耿亘完整的[213]更~加□伸手够

kʰ　[41]坑[435]肯啃恳垦

ŋ　[41]恩[435]硳硌:床太~人了。[213]摁[22]硬

x　[44]痕恒衡[435]很[213]恨[22]杏

in

p　[41]彬兵宾缤槟殡鬓冰[435]丙柄饼秉禀[213]并[22]病

pʰ　[41]拼乒[44]贫频凭平坪瓶屏萍[435]品评□并排放[213]姘聘

m　[41]□~甜:很甜[44]民鸣明名铭冥[435]敏抿悯闽皿[22]命

t　[41]丁钉~子盯疔□~咸:很咸[44]顶噔[435]顶鼎[213]钉~牢订锭腚[22]定

tʰ　[41]听厅[44]亭停廷庭蜓[435]挺艇

l　[41]拎[44]林淋琳霖临嶙鳞磷粼陵凌菱绫鲮棱灵零伶邻铃玲羚[435]领岭[213]赁凌上~:结冰佞凛令人恶心的[22]令吝另

tɕ　[41]今金襟巾津斤筋矜茎荆京惊鲸晶睛精经兢侵浸[435]仅尽紧谨锦景井颈警□持续地做:~到看电视[213]禁进晋径劲境镜竟竞靖敬俊[22]近净静

tɕʰ[41]亲~戚钦卿青清蜻[44]琴禽擒噙秦勤芹情晴擎[435]寝顷请[213]庆亲~家磬□白白地

ȵ　[44]凝吟[435]拧宁

ɕ　[41]新心辛薪欣芯锌馨兴~旺星腥猩□种植,培育[44]行形邢刑型寻旬荀殉巡循[435]醒省~悟擤~鼻涕□傻,痴呆:~头儿[213]信讯迅衅兴高~性姓□犹豫不决[22]幸

ø　[41]音阴荫因姻鹰殷莺婴樱鹦缨赢英[44]淫银寅蝇迎盈莹萤荥营萦荧[435]引饮~料隐影颖瘾[213]印映应~该、~付

uən

k　[435]滚[213]棍囗让周身都粘上：~一点儿面

kʰ　[41]昆坤囗奢侈:你还 ~ 的很！[435]捆[213]困睏

x　[41]昏婚浑 ~浊[44]魂馄浑~身横[435]混~淆[213]混~帐

Ø　[41]温瘟[44]文蚊纹闻[435]吻刎稳[22]问

yən

tʂ　[41]谆囗纯的军君均钧菌[435]准[213]峻郡胂

tʂʰ　[41]春椿[44]纯莼~菜唇醇鹑群裙琼[435]蠢倾

ʂ　[41]熏薰勋[44]旬荀巡循囗~人:令人恶心的[435]吮[213]舜瞬驯汛训逊囗炫耀:莫~了,有啥了不起的![22]顺

Ø　[41]晕~车[44]云芸匀耘郧仍永[435]允永尹刃忍[213]韵酝蕴熨润咏泳赁[22]任责~认纫闰运孕

aŋ

p　[41]邦帮梆[435]榜膀绑

[213]傍磅谤棒

pʰ　[41]乓胮 ~臭:很臭[44]旁滂庞[435]囗轻轻地碰:莫把瓶子~掉了。[213]胖

m　[44]忙芒茫氓盲[435]莽蟒

f　[41]方芳[44]房防妨肪[435]纺访仿[213]放

t　[41]当应 ~裆铛耽[44]挡~住[435]党档挡遮~[213]当上~宕[22]荡

tʰ　[41]汤趟 ~过去[44]堂棠螳唐糖塘搪腔[435]躺倘[213]烫趟量词镗~子

l　[44]狼郎廊螂囊[435]朗囗(装有液体的器物)左右摇晃[22]浪

ts　[41]脏赃[44]囗浪费,糟蹋:你不吃也莫~![213]葬[22]藏西~

tsʰ　[41]仓苍舱[44]藏收~、~书

s　[41]桑丧~事[435]嗓搡[213]丧~失

tʂ　[41]张章樟彰獐[44]伥嚣张,猖狂[435]掌长~大涨[213]账胀帐障瘴[22]丈杖仗

tʂʰ [41]昌猖娼[44]长～短肠
[435]厂场敞[213]唱倡畅

ʂ [41]商伤[44]常尝裳
[435]赏偿晌饷[22]上尚

k [41]冈岗钢刚纲缸肛
[435]港[213]杠虹□～祸：
打架,打斗□划：～掉

kʰ [41]康糠[44]扛[435]慷
坎～子：台阶□咳嗽[213]抗炕

ŋ [41]肮□大声哭：你～的声音太
大了。[44]昂[213]盎

x [41]夯～实[44]航杭行银～
[213]巷[22]项

iaŋ

l [44]良凉粮梁粱量[435]
两辆[213]晾谅亮

tɕ [41]江豇将～来浆疆僵缰姜
刚[435]蒋奖桨讲趼手、脚掌
因摩擦而生的硬皮[213]酱犟强
倔～降下～将～领[22]匠

tɕʰ [41]枪腔羌[44]墙祥详降
强～大藏[435]抢强勉～
[213]呛炝

ȵ [44]娘[435]仰

ɕ [41]相～信箱厢湘香乡襄镶
[44]翔[435]想响享[213]
向项巷相～貌[22]象像橡

ø [41]央秧殃鸯没精打采[44]
羊洋阳扬杨疡[435]养痒
氧酿[213]恙漾[22]样

uaŋ

k [41]光[44]□形容物体很大：
大～[435]广[213]逛

kʰ [41]框匡筐眶[44]狂□打
闹,嬉戏[213]况矿旷

x [41]荒慌[44]黄簧皇蝗徨
[435]谎[22]晃

ø [41]汪[44]王亡[435]往
枉网惘辋[22]忘妄望旺

ʮaŋ

tʂ [41]庄桩妆装[213]壮装
缝：～被子[22]状撞

tʂʰ [41]窗疮[44]床[435]闯
[213]创

ʂ [41]霜孀双[435]爽

ø [44]瓤让讽刺[435]嚷壤攘
[22]让

əŋ

p [41]绷[213]蹦

pʰ [41]抨[44]朋棚蓬篷鹏
[435]捧[213]碰喷～香

m [41]蒙～人[44]蒙～面朦盟

萌虻[435] 猛懵蠓[22] 孟梦

f [41]风枫疯丰峰锋烽蜂封讽[44]冯逢缝~补[22]凤奉俸缝裂~

t [41]东冬[44]□愚弄,哄骗[435]懂董动胡弄□~ta⁰:糊涂[213]冻栋[22]动洞□稠~ ~:很稠

tʰ [41]通[44]同铜桐童瞳[435]筒统桶捅[213]痛

l [41]聋䏝~鼻子□稀软的[44]龙农脓浓笼鸡~[435]笼~络陇垄拢[22]弄隆

ts [41]棕鬃综宗[435]总偬[213]纵皱踪粽

tsʰ [41]匆葱聪[44]从丛崇

s [41]松嵩[435]耸怂摁推[213]送宋[22]颂讼诵

k [41]工攻功弓躬公蚣宫恭龚[435]拱汞[213]贡[22]共供

kʰ [41]空~瓶子[435]恐巩孔[213]空~闲控

x [41]哼烘轰哄~动[44]红洪宏弘洪鸿[435]哄~人[213]哄起~

iəŋ

tɕ [435]窘迥

tɕʰ [44]穷

ɕ [41]凶汹匈胸兄[44]熊雄融

ø [41]庸雍拥[44]荣茸容蓉绒溶熔[435]勇甬涌冗[22]用佣

uŋ

ø [41]翁

ʮŋ

tʂ [41]中~间钟忠衷盅终□点头[435]肿种~子[213]中看~种~地众[22]仲重~量

tʂʰ [41]冲囱充[44]虫重~复崇[435]宠[213]冲

ŋ̍

ø [435]你

五　白河方言的异读

1. 见晓组开口二等字声母的文白读

官话方言中绝大部分见晓组开口二等字韵母产生了介音 i，声母随之腭化为舌面音，这是官话方言的一个显著特点。

白河城关方言和茅坪方言中，见晓组开口二等字白读声母多为舌根音 k kʰ x，这种现象大多表现在蟹摄。其中存在文读音的，文读音读舌面音声母。这类字“字数不多，但它们代表的语音现象却是重要的”（袁家骅：30）。

白河城关话中见晓组开口二等字声母的文白异读情况如下：

假开二：架 tɕia꜄文/ka꜄白｜下 ɕia꜄文/xa꜄白

蟹开二：介 tɕiᴇ꜄文/kai꜄白｜界 tɕiᴇ꜄文/kai꜄白｜芥 kai꜄｜疥 kai꜄｜届 tɕiᴇ꜄文/kai꜄白｜戒 tɕiᴇ꜄文/kai꜄白｜械 tɕiᴇ꜄文/kai꜄白｜街꜀kai｜鞋꜁xai｜解꜂kai｜蟹 ɕiᴇ꜄文/꜂xai 白

咸开二：咸꜁ɕia 文/꜁xan 白｜夹꜀tɕia 文/꜀ka 白

山开二：闲꜁ɕian 文/꜁xan 白｜瞎꜀ɕia 文/꜀xa 白

江开二：豇꜀tɕiaŋ 文/꜀kaŋ 白｜虹 tɕiaŋ꜄文/kaŋ꜄白｜项 ɕiaŋ꜄文/xaŋ꜄白｜巷 xaŋ꜄

梗开二：杏 xən꜄

白河茅坪话中见晓组开口二等字声母的文白异读情况如下：

假开二：家꜀tɕia 文/꜀ka 白｜架 tɕia꜄文/ka꜄白｜下 ɕia꜄文/xa꜄白

蟹开二：介 tɕiai꜄文/kai꜄白｜界 tɕiai꜄文/kai꜄白｜芥 kai꜄｜疥 kai꜄｜届 tɕiai꜄文/kai꜄白｜戒 tɕiai꜄文/kai꜄白｜械 tɕiai꜄文/kai꜄白｜街꜀kai｜鞋꜁xai｜解꜂kai｜蟹 ɕiai꜄文/꜂xai 白

效开二：窖꜀kɔu｜觉꜀kɔu｜敲꜀tɕʰiɔu 文/꜀kʰɔu 白

　　咸开二：咸 ₌ɕia 文/₌xan 白｜夹 ₌tɕia 文/₌ka 白｜陷 ɕianꜝ文/xanꜝ白｜嵌 tɕʰianꜝ文/xanꜝ白｜街 ₌ɕian 文/₌xan 白｜胛 ka

　　山开二：间 ₌tɕian 文/₌kan 白｜闲 ₌ɕian 文/₌xan 白｜瞎 ₌ɕia 文/₌xa 白

　　江开二：豇 ₌tɕiaŋ 文/₌kaŋ 白｜虹 tɕiaŋꜝ文/kaŋꜝ白｜项 ɕiaŋꜝ文/xaŋꜝ白｜角 ₌tɕio 文/₌kuo 白｜巷 xaŋꜝ

　　梗开二：杏 xənꜝ

　　见晓组开口二等字是否读舌根音声母与词语本身、词语使用的条件以及使用者年龄有密切关系，以茅坪话为例：

	k kʰ x	tɕ tɕʰ ɕ
家	家 ₌ka 婆外婆	家 ₌tɕia 庭
架	架 ₌ka 势开始	架 tɕiaꜝ子
介	介 kaiꜝ绍	中介 tɕiaiꜝ、介 tɕiaiꜝ意
芥	芥 kaiꜝ菜	—
届	—	第一届 tɕiaiꜝ、第几届 tɕiaiꜝ
界	界 kaiꜝ岭白河南界的山峰	界 tɕiaiꜝ限
戒	猪八戒 kaiꜝ（中老年）	戒 tɕiaiꜝ烟、戒 tɕiaiꜝ备
械	机械 kaiꜝ厂（中老年）	机械 tɕiaiꜝ化
街	上街 ₌kai、街 ₌kai 道	—
鞋	鞋 ₌xai 子、穿鞋 ₌xai	—
蟹	螃蟹 ₌xai	蟹 ɕiaiꜝ肉、蟹 ɕiaiꜝ黄
觉	睏觉 kɔꜝ睡觉	—
敲	敲 ₌kʰɔu 门	敲 ₌tɕʰiɔu 打
陷	陷 xanꜝ到……里头	陷 ɕianꜝ阱
项	姓项 xaŋꜝ的、项 xaŋꜝ圈	项 ɕiaŋꜝ链、项 ɕiaŋꜝ目
杏	杏 xənꜝ子	

　　可以看出："街、鞋、觉、杏、芥（芥菜是白河地区常见的一种

野菜）"等日常用词只有白读的舌根音；"届"等主要以书面语形式出现的字只有文读的舌面音；"介、械、敲、陷、项"等字在"介绍、机械厂、敲门、陷到……里头、姓项、项圈"等日常用词中为白读的舌根音声母，在"介意、械斗、敲打、陷阱、项链"等书面用词或新词中读舌面音。这说明在白河城关和茅坪方言中见晓组字声母的腭化是从新派方言以及书面语开始的，而老派方言以及口语高频词中仍然较完整地保留了较古层次的舌根音读法，这种规律在西南官话、江淮官话中都是一致的。

通过白河城关话和茅坪话见晓组开口二等字声母文白异读情况的比较可以看出，茅坪话这类字声母腭化的进度较城关话慢，保留舌根音读法的字更多一些。

2. 影疑母开口二等字声母的文白读

白河茅坪方言中部分影疑母开口二等字今白读声母为舌根鼻音 ŋ，韵母读开口呼。这部分字主要集中在假咸山摄，除舌根音的白读外，通常还有舌面音 ȵ 或零声母的读法，有的字三种读音并存：

假开二：牙₍疑 ₌ŋa 白/₌ȵia 旧文/₌ia 新文｜芽₍疑 ₌ŋa 白/₌ia 文｜伢₍疑 ₌ŋa 白｜丫₍影 ₌ŋa 白/₌ia 文｜哑₍影 ⁼ŋa 白/⁼ȵia 旧文/⁼ia 新文

蟹开二：崖₍疑 ₌ŋai 白

效开二：咬₍疑 ⁼ŋɔu 白/⁼ȵiɔu 旧文/⁼iɔu 新文

咸开二：鸭₍影 ₌ŋa 白/₌ia 文｜押₍影 ₌ŋa 白/₌ȵia 旧文/₌ia 新文｜压₍影 ₌ŋa 白/₌ȵia 旧文/₌ia 新文

山开二：眼₍疑 ⁼ŋan 白/⁼ȵian 旧文/⁼ian 新文｜颜₍疑 ₌ŋan 白/₌ȵian 旧文/₌ian 新文｜晏₍影 ŋanᵓ 白

梗开二：硬₍疑 ŋənᵓ 白/ȵin⁼ 文｜樱₍影 ₌ŋən 白/₌in 文

影疑母开口二等字声母读舌根音与否主要与使用者年龄有关，与词语本身、词语使用的条件也有一定关系，如茅坪话：

ŋ+开口呼	ȵ+齐齿呼	∅+齐齿呼
牙　牙₌ŋa 齿（中老年）	牙₌ȵia 齿（青年）	

		门牙ᶜȵia(中老年)	门牙ᶜɕia(青年)
哑	哑ᶜŋa子(中老年)	哑ᶜȵia子(青年)	哑ᶜɕia语
咬	咬ᶜŋɔu破了(中老年)	咬ᶜȵiɔu破了(青年)	咬ᶜɕiɔu文嚼字
鸭	鸭ᶜŋa子(中老年)		鸭ᶜɕia子(青年)
眼	眼ᶜŋan睛(中老年)	眼ᶜȵian睛(青年)	
	眼ᶜȵian镜(中老年)		眼ᶜɕian镜(青年)
樱	樱ᶜŋən桃(中老年)		樱ᶜɕin桃(青年)

同一个字,年轻人读零声母和 ȵ 声母的较多,老年人一般多读 ŋ 或 ȵ。三个读音中舌根音的读法是白读音,是最老的层次,多为老年人使用,年轻人只有在说方言熟语时偶尔才读,如把小孩儿称为"伢儿ᶜŋɐr"。零声母的读法只有年轻人使用,与北京话接近,是三个读音层次中产生最晚的,被称为"新文读音"。舌面音年轻人和老年人都使用,可称为"旧文读音",老年人多在比较正式的场合使用,如"咬ᶜȵiɔu文嚼字、眼ᶜȵian镜"等,对年轻人来说则多是口语,是介于白读音和新文读音之间的层次。"新文读的产生使得同一语素具有三种不同的读音"(陈忠敏)。随着语言的发展,读舌根音的字在方言中会越来越少,最早的层次将逐渐被淘汰,而舌面音的读法即旧文读音会成为新的白读音,和零声母的读法构成新的文白读关系。

茅坪话中影疑母开口二等字的文白异读三种读音情况见下表:

	牙		伢儿		哑		咬		眼	
	文	白	文	白	文	白	文	白	文	白
中老年	ᶜȵia	ᶜŋa	ᶜŋɐr		—	ᶜŋa	ᶜȵiɔu	ᶜŋɔu	ᶜȵian	ᶜŋan
青少年	ᶜia	ᶜȵia	ᶜŋɐr		ᶜia	ᶜȵia	ᶜɕiɔu	ᶜȵiɔu	ᶜian	ᶜȵian

　　当一个字有两读甚至三读时,文白的不同和新老派的不同往往是交叉在一起的。口头语场合和老年人往往使用层次较早的读音,书面语场合和年轻人往往使用层次较晚的读音,如"牙"出现在"牙祭、牙龈"等词时年老者多读ₑȵia,年轻人多读ₑia,出现在"牙齿、牙"等词时年老者多读ₑŋa,年轻人多读ₑȵia。这是因为不同年龄层次的人群对文白读音的适用范围、条件及其风格的认知存在差异,"换句话说,文白异读的感性认知有主观性"(陈忠敏)。所以在判断文白读音的差异时应该注意将词语本身和词语使用者的年龄相结合。

　　3.部分疑母开口细音字白读舌面音声母 ȵ

　　白河城关话和茅坪话中部分疑母开口细音字白读声母为舌面鼻音 ȵ,以城关话为例:

　　假开二:牙ₑȵia 白／ₑia 文 ｜ 压ₑȵia 白／ₑia 文

　　蟹开三:艺 ȵi⁼白／i⁼文

　　止开三:宜ₑȵi 白／ₑi 文 ｜ 仪ₑȵi 白／ₑi 文 ｜ 蚁ᵓȵi ｜ 谊ₑȵi 白／ₑi 文 ｜ 义 ȵi⁼白／i⁼文 ｜ 议ₑȵi 白／ₑi 文 ｜ 疑ₑȵi 白／ₑi 文

　　效开二:咬ₑȵiau 白／ₑiau 文

　　咸 开 三:严ₑ ȵian 白／ₑ ian 文 ｜ 验 ȵian⁼ 白／ian⁼ 文 ｜ 酽 ȵiɛ⁼ ｜ 业ₑȵiɛ 白／ₑiɛ 文

　　山开二:眼ᵓȵian 白／ₑian 文 ｜ 颜ₑȵian 白／ₑian 文

　　山开三:言ₑȵian 白／ₑian 文

　　山开四:研ₑȵian 白／ₑian 文 ｜ 砚 ȵian⁼白／ian⁼文

　　宕开三:仰ᵓȵiaŋ 白／ₑiaŋ 文

　　梗开二:硬 ȵin⁼白／in⁼文

　　这类字文读音的声母为零声母,白读音为舌面鼻音 ȵ(其中二等字的老派白读音还有舌根鼻音 ŋ)。文白读音出现的场合与词语本身及使用者年龄密切相关:大部分字在口语场合读 ȵ,在书面语场合读零声母,不分年龄和阶层,如"严"在"严格、管得严"等语言场合中读 ȵ,在"严谨、严峻"等书面语词中读零声母;小部分字多出现在常用词中,无法区分口语和书面语场合,读音一般依年龄不同而不同,中老年人多读 ȵ,年轻人多读零声母,如"建议、会议、议论"中的"议";少数固定搭配的熟语、成语中的字一般都读 ȵ。如城关话:

	ȵ	ø
宜	宜昌ᴄȵi ᴄʧʰaŋ(中老年)	宜昌ᴄi ᴄʧʰaŋ(年轻人)
蚁	蚂蚁ᶜma ᴄȵi	—
议	建议 tᴄianᶜ ȵiᶜ、会议 xueiᶜ ȵiᶜ (中老年)	建议 tᴄianᶜ iᶜ、会议 xueiᶜ iᶜ (年轻人)
疑	怀疑ᴄxuai ᴄȵi、疑问ᴄȵi uənᶜ	疑惑ᴄi xuoᶜ、疑虑ᴄi ᴄly
严	严格ᴄȵian ᴄkɛ、姓严的 ᴄiᶜ ᴄȵian ti	严谨ᴄian ᶜtᴄin、严峻ᴄian tᴄynᶜ
酽	酽茶 ȵian ᴄʧʰa	—
言	言传ᴄȵian ᴄʧʰuan	发言ᴄfa ᴄian、言论ᴄian lənᶜ
仰	仰板儿ᶜȵiaŋ ᴄpɐr	仰卧起坐ᶜiaŋ uoᶜ ᶜtᴄʰi tsuoᶜ

　　疑母开口细音字读舌面音 ȵ 体现了白河方言中保留的较古语音层次。根据古音学家的研究,先秦语音系统里零声母只有影母,疑母为舌根鼻音 ŋ。宋代影母和喻母发生了合并,"影并于喻,即半元音 j"(王力:264),疑母 ŋ 仍然存在。直到《中原音韵》时代,疑母并入了喻母,成为零声母。发展到今北京话中,古疑影喻三母变成了以 i u y 开口的三类音节的零声母,部分疑影母开口字变成了开口呼的零声母音节。开口三等韵大都有介音 i,故疑母开口三等字在演变的过程中,受介音 i 的影响,ŋ 发生腭化,发音部位由舌根向硬腭靠拢,形成了今天保留在方言口语系统中的舌面鼻音 ȵ。而书面语系统受北京话的影响今多读零声母。

　　4.古全浊声母仄声字的送气白读

　　古全浊声母共有11个:並、奉、定、澄、从、邪、崇、船、禅、群、匣,白河城关话和茅坪话中它们都已经清化。清化后基本上都遵循着平声送气仄声不送气的规律。其中并、定、澄、从、群五母仄声字有少量白读为送气声母,文读为不送气声母。这些字一般都是日常用字。如城关方言:

声类	例字	白读音	文读音
並母去声	避	避 ⸰pʰi 开	躲避 pi꜒
定母入声	蝶	蝴蝶儿 ⸰tʰiər	—
澄母去声	撞	撞 tʂʰuaŋ 人	碰撞 tʂuaŋ꜒
澄母入声	择	择 ⸰tsʰE 菜	选择 ⸰tsE
从母上声	造	创造 tsʰau꜒	捏造 tsau꜒
从母入声	族	汉族 ⸰tsʰəu	宗族 ⸰tsəu
群母上声	跪	跪 ⸰kʰuei 到地下	跪 kuei꜒ 地

　　这部分字中有的实际无法区分口语和书面语场合,读音一般依年龄不同而有送气和不送气的区别,如"造、族"在"创造、民族"等语言环境中,老年人多读送气,年轻人多读不送气。
　　除了少数全浊声母仄声字的文白读音有送气和不送气的区别外,白河方言中还有一些字也存在送气声母与不送气声母的异读以及擦音声母与送气塞擦音声母的异读:

假开二帮去:坝 pa꜒ 葛洲 ~/⸰pʰa 河

止开三书去:翅 tʂʰɿ꜒ 鲍 ~/tʂɿ꜒ 膀

效开一精去:燥 tsau꜒ ~ 热/tsʰau꜒ 干 ~

山开四帮去:遍 pian꜒ — ~/pʰian꜒ ~ 地

通合三昌入:触 tʂʰu꜒ 感 ~/⸰tʂəu ~ 电

通合三见上:巩 kuəŋ꜒ 冯 ~/⸰kʰuəŋ ~ 固

通合三书入:束 ʂu꜒ — ~ 花/⸰tʂʰəu

结～

蟹开四溪平：溪 $_c$çi 小溪/$_c$tçʰi 竹溪（白河邻县名）

流开三禅去：售 ʂəu $_c$neʂ ～ 销/$_c$tʂʰue 零～

臻开三书平：伸 $_c$ʂən ～ 缩/$_c$tʂʰən ～ 懒腰

臻合三船去：顺 ʂuən⁾ ～ 利/$_c$tʂʰuən⁾ 孝～

宕开三禅去：尝偿 $_c$tʂʰaŋ ～ 鲜/$_c$ʂaŋ ～ 一下

宕开三邪平：详祥 $_c$çiaŋ 端～/$_c$tçʰiaŋ ～ 细

宕开三邪去：像 çiaŋ⁾ 塑～/tçʰiaŋ⁾长得～……

江开二匣平：降 $_c$çiaŋ ～ 服/$_c$tçʰiaŋ 投～

这类字的异读情况比较常见，但其规律不明显，分布比较零散。其中有的字书面语场合和口语场合区别不明显，如"躁、售、触"等，"干燥、零售、触电"等词的读音一般依年龄不同而不同，属于文白异读和新老异读夹杂。白河方言中禅、邪、书、匣等母字今存在擦音声母和送气塞擦音声母异读的现象对本方言较早时期状态的考察有非常重要的价值。

5. 蟹止摄一、三等帮端系字、遇山摄合口三等精泥组字的新老异读

蟹止摄一、三等帮端系字（主要是合口字）韵母在白河茅坪方言中存在新老异读，老派多读 i，新派多读 ei。其中帮组、端组和泥组字主要体现为韵母的异读，精组字声母和韵母都有异读。

	新派读音	老派读音
杯倍辈背碑被	pei	pi
胚培陪赔裴配佩	pʰei	pʰi
梅枚媒煤每妹昧眉霉美媚寐	mei	mi
堆队对兑	tei	ti
推腿退蜕	tʰei	tʰi
雷内累垒泪类	lei	li
罪最嘴醉	tsei	tçi

| 崔催脆翠粹 | tsʰei | tɕʰi |
| 碎岁虽绥遂穗 | sei | ɕi |

从新老派读音使用的场合看,ei组读音多在年轻人中使用,i组读音多在中老年人中使用。姓名、地名以及部分结构固定的词组只有i组读音,如"装 ₋pʰi 家庄、一堆 ₋ti 儿、媒 ₋mi 婆子、姊妹 mi⁻伙的"等。根据汪化云(2004),蟹止摄一、三等帮端系字有齐齿呼异读的现象在鄂东一带方言中广泛存在,这也说明白河茅坪方言与鄂东方言有着不可分割的联系,是从源方言带入此地的。

遇山摄合口三等精泥组字("庐女吕"除外)也存在新老异读,老派读齐齿呼韵母,如:驴 ₋li │ 旅 ⁻li │ 徐 ₋ɕi │ 取 ₋tɕʰi │ 聚 tɕi⁻│ 宣 ₋ɕian │ 选 ⁻ɕian │ 绝 tɕiɛ⁼。新派读 ʅ 类韵母,如:徐 ₋ʂʅ │ 絮 ʂʅ⁻│ 聚 tʂʅ⁻│ 取 ₋tʂʰʅ │ 全 ₋tʂʰuan │ 宣 ₋ʂʅan │ 绝 tʂʅɛ⁼。这类字新派读音的形成过程当是首先从共同语中借入撮口呼读法,然后再折合成 ʅ 类韵母的。考察江淮官话黄孝片方言,发现也存在这类异读现象,如英山方言。

6. 部分合口日母字的异读

城关话和茅坪话中部分日母合口字存在文白异读情况,文读声母为舌尖后浊擦音 ʐ,韵母为合口呼韵母,白读声母为零声母,韵母为撮口呼韵母。这种情况主要集中在遇山臻三摄,城关话和茅坪话异读的范围基本一致。如城关话:

	文读音 ʐu-	白读音 y-
如遇合三	如同 ₋ʐu ₋tʰəŋ、如此 ₋ʐu ⁻tsʅ	不如 ₋pu ₋y、如来佛 ₋y ₋lai ₋fo
儒遇合三	儒雅 ₋ʐu ⁻ia	—
乳遇合三	乳房 ⁻ʐu ₋faŋ、乳牛 ⁻ʐu ₋niɐu	豆腐乳子 təu⁻ ⁻fu ⁻y ₋tsʅ
软山合三	软弱 ⁻ʐuan ₋ʐuo	发软 ₋fa ⁻yan、心软 ₋ɕin ⁻yan
润臻合三	利润 li⁻ ʐuən⁻	润滑 yn⁻ ₋ɕua
闰臻合三	—	闰年 yn⁻ ₋nian、闰月 yn⁻ ₋yɛ

第三章 白河方言的共时音变

一 连读变调

白河城关话和茅坪话中都存在连读变调情况,此处所考察的连读变调只限于不包括轻声的连读变调。

1.1 白河城关话的连读变调

1.1.1 两字组连读变调

白河城关话两字组前字和后字的组合一共有 16 种连调模式,没有连读变调合并的情况。作为前字,阴平和去声在四声之前都变调,阳平和上声在四声前都不变调;作为后字,阴平、阳平、上声和去声都不变调。连读变调共产生三种新调值,即 13 调、21 调和 42 调。

变调情况见下表。1、2、3、4 依次表示阴平、阳平、上声、去声。发生变调的,调值符号加粗。表中有八组前、后字都不变调,八组前字变调。

白河城关话连读变调表

前字＼后字	1 阴平 213	2 阳平 44	3 上声 435	4 去声 41
1 阴平 213	13+213	21+44	21+435	21+41
2 阳平 44	44+213	44+44	44+435	44+41
3 上声 435	435+213	435+44	435+435	435+41
4 去声 41	42+213	42+44	42+435	42+41

前字阴平

11 13+213	飞机 fei tɕi	搬家 pan tɕia	当官儿 taŋ kuɐr
	伤心 ʂaŋ ɕin	绿叶儿 ləu iər	开业 kʰai ȵiɛ
12 21+44	清明 tɕʰin min	耕田 kən tʰian	天堂 tian tʰaŋ
	关门 kuan mən	新闻 ɕin uən	消毒 ɕiau təu
13 21+435	工厂 kuŋ tʂʰaŋ	身体 ʂən tʰi	丰满 fəŋ man
	危险 uei ɕian	浇水 tɕiau ʂuei	抓紧 tʂua tɕin
14 21+41	车票 tʂʰɛ pʰiau	开店儿 kʰai tiɐr	生病 sən pin
	天气 tʰian tɕʰi	接受 tɕiɛ ʂəu	安静 ŋan tɕin

前字阳平

21 44+213	爬山 pʰaʂan	骑车 tɕʰi tʂʰɛ	白痴 pɛ tʂʰʅ
	连接 lian tɕiɛ	平安 pʰin ŋan	流血 liəu ɕiɛ
22 44+44	皮鞋 pʰi xai	农民 ləŋ min	湖南 xu lan
	红糖 xuŋ tʰaŋ	抬头 tʰai tʰəu	零食 lin ʂʅ
23 44+435	门口儿 mən kʰər	朋友 pʰəŋ iəu	局长 tɕy tʂaŋ
	床板 tʂʰuaŋ pan	防火 faŋ xuo	骑马 tɕʰi ma
24 44+41	排队 pʰai tei	皮带 pʰi tai	实际 ʂʅ tɕi
	难过 lan kuo	还账 xuan tʂaŋ	迟到 tʂʰʅ tau

前字上声

31 435+213	打针 ta tʂən	土坯 tʰəu pʰi	礼金 li tɕin
	秒针 miau tʂən	火车 xuo tʂʰɛ	养鸭 iaŋ ia
32 435+44	检查 tɕian tʂʰa	草鞋 tsʰau xai	倒霉 tau mei
	水平 ʂuei pʰin	党员儿 taŋ yɐr	有毒 iəu təu
33 435+435	手表 ʂəu piau	水果 ʂuei kuo	老虎 lau xu
	火腿 xuo tʰei	打水 ta ʂuei	米粉 mi fən
34 435+41	写字 ɕiɛ tsʅ	买票 mai pʰiau	比赛 pi sai
	冷冻 lən təŋ	广告 kuaŋ kau	有效 iəu ɕiau

前字去声

41	42+213	认真 ẓən tʂən	用功 yŋ kuŋ	豆角儿 təu tɕiər
		后山 xəu ʂan	电灯 tian tən	坐车 tsuo tʂʰɛ
42	42+44	问题 uən tʰi	地球 ti tɕʰiəu	酱油 tɕiaŋ iəu
		拜年 pai ȵian	上楼 ʂaŋ ləu	树苗 ʂu miau
43	42+435	代表 tai piau	政府 tʂən fu	字典 tsɿ tian
		户口 xu kʰəu	跳舞 tʰiau u	糯米 luo mi
44	42+41	废话 fei xua	饭店 fan tian	顺利 ʂun li
		过夜 kuo iɛ	买票 mai pʰiau	最近 tsei tɕin

　　白河城关话的两字组连读变调主要体现为前字变调,表现在阴平曲折调213和去声高降调41两类。通过考察,变调情况不以合成词的结构变化而变化,动宾式和非动宾式所体现的规律一致。

　　1.1.2 三字组连读变调

　　白河城关话共有64组三字组连调模式,共有48组发生变调。三字组在两字组的基础上变调,基本规律是:第二字和第三字先组合,变调规律符合两字组连读变调规律。第一字是阴平的,变读为21,第二字经变调后调值已经是21的,第一字变读为13。第一字是阳平和上声的不变。第一字是去声的,变读为42。两个去声相连的,首字变读为42。三个去声相连的,只有首字变读为42。连读变调共产生三种新调值,即13调、21调和42调。

　　下面按照阴平、阳平、上声、去声先后组合顺序举例。

第一字阴平

111	21+13+213	收音机 ʂəu in tɕi	双胞胎 ʂuaŋ pau tʰai
		黑乌蛸—一种黑色的蛇 xɛ uʂau	肩胛骨 tɕian tɕia ku
112	13+21+44	扑灯蛾儿 pʰu təŋ ŋuər	吸铁石 ɕi tʰiɛ ʂɿ
		精光石 tɕin kuaŋ ʂɿ	蜂窝儿煤 fəŋ uər mei
113	13+21+435	黑木耳 xɛ mo ər	天花板 tʰian xua pan
		百分比 pɛ fən pi	落脚点儿 luo tɕio tiər

114	13+21+41	擦脚布 tsʰa tɕio pu	风湿病 fəŋ ʂʅ pin
		结婚证 tɕiɛ xuən tʂən	百家姓 pɛ tɕia ɕin
121	21+44+213	西北风 ɕi pɛ fəŋ	金银儿 tɕin in xuɐr
		眵模糊易被愚弄的人 tʂʅ ma xu	丝光袜丝袜 sʅ kuaŋ ua
122	21+44+44	清明节 tɕʰin min tɕiɛ	吃杨桃 tʂʰʅ iaŋ tʰau
		拖油瓶儿带小孩改嫁的人 tʰuo iəu pʰir	
123	21+44+435	仙人掌 ɕian zən tʂaŋ	玻璃板 po li pan
		千年矮万年青 tɕʰian ȵian ŋai	蒿皮鬼 sɛ pʰi kuei
124	21+44+41	波罗盖儿膝盖 pu ləu kɐr	西红柿 ɕi xuəŋ ʂʅ
		出洋相 tʂʰu iaŋ ɕiaŋ	囟门蛋儿 ɕin mən tɐr
131	21+435+213	伸懒腰 tʂʰən lan iau	发酒疯 fa tɕiəu fəŋ
		莴笋叶儿 uo sən iər	
132	21+435+44	双眼皮儿 ʂuaŋ ian pʰiər	肩膀头儿 tɕian paŋ tʰər
		雪里红 ɕyɛ li xuəŋ	
133	21+435+435	瓜子儿脸 kua tsər lian	新产品 ɕin tʂʰan pʰin
		秋老虎 tɕʰiəu lau xu	喝散酒 xuo san tɕiəu
134	21+435+41	松紧带儿 səŋ tɕin tɐr	居委会 tɕy uei xuei
		拨等伴儿凡事需人催促才知道 做的人 po tən pɐr	
141	21+42+213	鸡蛋清儿 tɕi tan tɕʰiər	月季花儿 yɛ tɕi xuɐr
		压路机 ia ləu tɕi	
142	21+42+44	方向盘 faŋ ɕiaŋ pʰan	当事人 taŋ sʅ zən
		绿豆芽儿 ləu təu iər	塑料盆儿 suo liau pʰər
143	21+42+435	交谊舞 tɕiau i u	鸡翅膀儿 tɕi tʂʰʅ pɐr
		出气筒儿 tʂʰu tɕʰi tʰər	铁饭碗 tʰiɛ fan uan
144	21+42+41	方便面 faŋ pian mian	落地扇 luo ti ʂan
		多用柜儿 tuo yŋ kuər	甲状腺 tɕia tʂuaŋ ɕian

第一字阳平

| 211 | 44+13+213 | 值日生 tʂʅ ər sən | 头发丝儿 tʰəu fa sər |

		诈金花儿 tsa tɕin xuɐr	楼梯间儿 lɐu tʰi tɕiɐr
212	44+21+44	红砖头 xuɐŋ tʂuan tʰəu	年三十 ȵian san ʂʅ
		独木桥 təu mo tɕʰiau	石灰石 ʂʅ xuei ʂʅ
213	44+21+435	葵花子儿 kʰuei xua tsər	红药水儿 xuŋ io ʂuər
		独生女儿 təu sən ȵyər	白木耳 pɛ mo ər
214	44+21+41	毛巾被 mau tɕin pɛ	红烧肉 xuŋ ʂau ʐəu
		农业税 ləŋ ȵiɛ ʂuei	游击队 iəu tɕi tei
221	44+44+213	黄泥汤 xuɐŋ ȵi tʰaŋ	牛蹄筋儿 ȵiəu tʰi tɕiɐr
		不着经人、物不怎么样 pu tʂau tɕin	
222	44+44+44	抬头纹儿 tʰai tʰəu uɐr	实洋格开洋荤 ʂʅ iaŋ kɛ
		难为情 lan uei tɕʰin	
223	44+44+435	牛皮纸 ȵiəu pʰi tʂʅ	滑石粉 xua ʂʅ fər
		白毛女 pɛ mau ȵy	羊头肚儿 iaŋ tʰəu tər
224	44+44+41	龙王庙 ləŋ uaŋ miau	白杨树 pɛ iaŋ ʂu
		牛鼻桊儿 ȵiəu pi tɕyɐr	人行道 ʐən ɕin tau
231	44+435+213	北斗星 pɛ təu ɕin	活揽泡爱瞎掺和的人 xuo lan pʰau
		红领巾儿 xuŋ lin tɕiɐr	长筒儿袜 tʂʰaŋ tʰər ua
232	44+435+44	白火石 pɛ xuo ʂʅ	墨水瓶儿 miɛ ʂuei pʰiər
		凉水壶 liaŋ ʂuei xu	
233	44+435+435	农产品 ləŋ tʂʰan pʰin	不洗脸 pu ɕi lian
		盐老鼠蝙蝠 ian lau ʂu	
234	44+435+41	劳改犯 lau kai fan	流水账 liəu ʂuei tʂaŋ
		传染病 tʂʰuan ʐan pin	
241	44+42+213	人造革 ʐən tsau kɛ	白菜叶儿 pɛ tsʰai iər
		劳动力 lau təŋ li	农副业 ləŋ fu ȵiɛ
242	44+42+44	民政局 min tʂən tɕy	食用油 ʂʅ yŋ iəu
		黄豆芽儿 xuaŋ təu iɐr	
243	44+42+435	肥皂水 fei tsau ʂuei	文化馆儿 uən xua kuɐr

活见鬼 xuo tɕian kuei　　　　油菜籽儿 iəu tsʰai tsər

244 44+42+41　煤气灶 mei tɕʰi tsau　　　杂货铺 tsa xuo pʰu

活受罪 xuo ʂəu tsei　　　　前半夜 tɕʰian pan iɛ

第一字上声

311 435+13+213　雨夹雪 y tɕia ɕyɛ　　　　保质期 pau tʂʅ tɕʰi

巧克力 tɕʰiau kʰɛ li　　　　草木灰 tsʰau mo xuei

312 435+21+44　口香糖 kʰəu ɕian tʰaŋ　　　胆结石 tan tɕiɛ ʂʅ

卷心白 tɕyan ɕin pɛ　　　　有心人 iəu ɕin ʐən

313 435+21+435　体温表 tʰi uən piau　　　老妈儿嘴 lau mɐr tsei

满月酒 man yɛ tɕiəu　　　　眼药水 ian io ʂuei

314 435+21+41　水蒸气 ʂuei tʂən tɕʰi　　　亘裆裤不开裆裤子 kən

taŋ kʰu

武装部 u tʂuaŋ pu　　　　买车票 mai tʂʰɛ pʰiau

321 435+44+213　主题曲 tʂu tʰi tɕʰy　　　五粮液 u liaŋ iɛ

打连枷打场 ta lian tɕia

322 435+44+44　老黄牛 lau xuaŋ ȵiəu　　　满堂红 man tʰaŋ xuəŋ

羽毛球 y mau tɕʰiəu　　　　踩连船跑旱船 tsʰai lian

tʂʰuan

323 435+44+435　混凝土 xuən ȵin tʰəu　　　好朋友 xau pʰəŋ iəu

老婆儿嘴爱唠叨、搬弄是非

的人 lau pʰər tsei

324 435+44+41　顶梁柱 tin liaŋ tʂu　　　枕头套儿 tʂən tʰəu tʰər

懒皇汉懒人 lan xuaŋ xan　　　打麻将 ta ma tɕiaŋ

331 435+435+213　手板心 ʂəu pan ɕin　　　水果刀儿 ʂuei kuo tər

保险丝 pau ɕian sʅ　　　　打火机 ta xuo tɕi

332 435+435+44　老板儿娘 lau pɐr ȵiaŋ　　　水果糖 ʂuei kuo tʰaŋ

火腿肠儿 xuo tʰei tʂʰaŋ　　　

333 435+435+435　手表厂 ʂəu piau tʂʰaŋ　　　买火腿 mai xuo tʰei

母老虎 mo lau xu　　　　炒米粉 tʂʰau mi fən

334 435+435+41　保险柜儿 pau ɕian kuər　　　养老院 iaŋ lau yan

打比赛 ta pi sai　　　　小广告 ɕiau kuaŋ kau

341 435+42+213　紫菜汤 tsʅ tsʰai tʰaŋ　　　炒肉丝 tʂʰau ʐəu sʅ

母夜叉 mo iɛ tʂʰa　　　有效期 iəu ɕiau tɕʰi

342 435+42+44　本命年 pən min n̠ian　　　写字台 ɕiɛ tsʅ tʰai

解放鞋 tɕiɛ faŋ xai　　　板凳娃儿 pan tən uɐr

343 435+42+435　选代表 ɕyan tai piau　　　找政府 tʂau tʂən fu

转户口 tʂuan xu kʰəu　　　董事长 təŋ sʅ tʂaŋ

344 435+42+41　写大字 ɕiɛ ta tsʅ　　　买站票 mai tʂan pʰiau

很顺利 xən ʂun li　　　水电站 ʂuei tian tʂan

第一字去声

411 42+13+213　电冰箱 tian pin ɕiaŋ　　　救生圈 tɕiəu sən tɕʰyan

后山沟儿 xəu ʂan kər　　　电灯泡儿 tian tən pʰɐr

412 42+21+44　汉江鱼 xan tɕiaŋ y　　　菜花蛇—种小花蛇 tsʰai

　　　　　　　　　　　　　　xua ʂɛ

卫生球儿 uei sən tɕʰiər　　　电力局 tian li tɕy

413 42+21+435　斗鸡眼儿 təu tɕi iɐr　　　派出所儿 pʰai tʂʰu suər

卫生纸 uei sən tʂʅ　　　顺风耳 ʂuən fəŋ ər

414 42+21+41　照妖镜 tʂau iau tɕin　　　少先队 ʂau ɕian tei

电风扇 tian fəŋ ʂan　　　肉丝面 ʐəu sʅ mian

421 42+44+213　夜明珠 iɛ min tʂu　　　万年青 uan n̠ian tɕʰin

大团结 ta tʰan tɕiɛ　　　后阳沟 xəu iaŋ kəu

422 42+44+44　卖皮鞋 mai pʰi xai　　　去湖南 tɕʰi xu lan

酱油瓶儿 tɕiaŋ iəu pʰiər

423 42+44+435　半成品 pan tʂʰən pʰin　　　副局长 fu tɕy tʂaŋ

睡门板 ʂuei mən pan

424 42+44+41　大杂烩 ta tsa xuei　　　系皮带 tɕi pʰi tai

斗笔字笔顺错误的字 tʰəu pi tsʅ　　　座谈会 tsuo tʰn xuei

431 42+435+213　做手脚 tsəu ʂəu tɕio　　　后悔药 xəu xuei io

派请帖 pʰai tɕʰin tʰiɛ　　　坐火车 tsuo xuo tʂʰɛ

432 42+435+44　后脑勺儿 xəu lau ʂuər　　　大扫除 ta sau tʂʰu

丈母娘 tʂaŋ mo n̠iaŋ　　　肚母脐儿肚脐眼 təu mo

　　　　　　　　　　　　　　tɕʰiər

433	42+435+435	癞肚鼓癞蛤蟆 lai təu ku	大老板 ta lau pan
		电子表 tian tsๅ piau	户口本儿 xu kʰəu pər
434	42+44+41	个体户儿 kuo tʰi xuər	做好事儿 tsəu xau sər
		上礼拜 ʂaŋ li pai	看比赛 kʰan pi sai
441	42+41+213	救护车儿 tɕiəu xu tʂʰər	赖菢鸡孵蛋的母鸡 lai pau tɕi
		做肉糕 tsəu zๅəu kau	电视塔 tian ʂๅ tʰa
442	42+41+44	大屁虫臭屁虫 ta pʰi tʂʰuaŋ	看问题 kʰan uən tʰi
		电信局 tian ɕin tɕy	气象台 tɕʰi ɕiaŋ tʰai
443	42+41+435	照相馆儿 tʂau ɕiaŋ kuər	胖大海 pʰaŋ ta xai
		近视眼儿 tɕin ʂๅ iɐr	肺气肿 fei tɕʰi tʂuŋ
444	42+41+41	信用社 ɕin yŋ ʂᴇ	过路道儿 kuo ləu tɐr
		电话费 tian xua fei	故事会 ku sๅ xuei

1.1.3 名词重叠式连读变调

1.1.3.1 "AA 儿"式重叠词连读变调

白河城关方言中有很多 AA 式重叠词,这些词通常都以后字儿化的形式出现,带有亲切、细小之义,例如"汤汤儿、蛋蛋儿、米米儿、门门儿、□□儿 ₍tsๅ ₍tsər 橡皮"。这种结构的名词往往根据单字调的不同而表现出不同的连调模式。

白河城关话"AA 儿"式重叠词连读变调表

"AA 儿"式重叠词	连调模式	例词	
阴平+阴平-儿	21+1	蛛蛛儿 tʂu tʂuər	叶叶儿 iᴇ iɐr
		分分儿(钱) fən fər	壳壳儿 kʰuo kʰuər
阳平+阳平-儿	44+3	箩箩儿 luo luər	盆盆儿 pʰən pʰər
		绳绳儿 ʂən ʂər	帘帘儿 lian liɐr
上声+上声-儿	435+4	水水儿 ʂuei ʂuər	米米儿 mi miɐr
		腿腿儿 tʰei tʰər	粉粉儿 fən fər
去声+去声-儿	42+1	缝缝儿 fəŋ fər	线线儿 ɕian ɕiɐr
		豆豆儿 təu tɐr	帽帽儿 mau mɐr

1.1.3.2　"AA 子"式重叠词连读变调

"AA 子"式重叠词连读变调情况较复杂,除第一个音节外,第二个音节也会发生变读。

白河城关话"AA 子"式重叠词连读变调表

"AA 子"式重叠词	连调模式	例词	
阴平+阴平+子	21+14+3	渣渣子 tʂa tʂa tsʅ	刀刀子 tau tau tsʅ
		叉叉子 tʂʰa tʂʰa tsʅ	沟沟子 kəu kəu tsʅ
阳平+阳平+子	44+21+1	帘帘子 lian lian tsʅ	盆盆子 pʰən pʰən tsʅ
		槽槽子 tsʰau tsʰau tsʅ	笼笼子 ləŋ ləŋ tsʅ
上声+上声+子	435+21+1	狗狗子 kəu kəu tsʅ	粉粉子 fən fən tsʅ
		碗碗子 uan uan tsʅ	伙伙子—伙人 xuo xuo tsʅ
去声+去声+子	42+21+1	罐罐子 kuan kuan tsʅ	棍棍子 kuən kuən tsʅ
		盖盖子 kai kai tsʅ	豆豆子 təu təu tsʅ

"AA 子"式重叠词的连读变调依第一个 A 的调型而变化。第一个 A 为降调的,若调值已降到最低,则第二个 A 为升调,"子"缀停留在高点,如阴平"AA 子"式读为 21+14+3;第一个 A 若未降到最低值,第二个 A 调值继续下降,至"子"缀降至 1 度,如去声"AA 子"式读为 42+21+1;第一个 A 为曲折调或平调的,第二个 A 都变读为降调 21,至"子"缀降至最低的 1 度,如上声"AA 子"式读为 435+21+1,阳平"AA 子"式读为 44+21+1。

变调类型中第二个 A 音节的 21 调发音时动程很短。

1.1.3.3 AA(儿)B 式重叠词连读变调

AA(儿)B 式重叠词的连读变调可以分为中字轻声型和中字非轻声型两类,其中的 B 一般不变调,用 D(单字调)表示。中字轻声型的中字一般要儿化,读 21 调,中字非轻声型的中字一般不儿化,读高平调 44。

白河城关话 AA(儿)B 式重叠词连读变调表

AA(儿)B 式重叠词	连调模式	例词
阴平+阴平+B	21+21+D	坡坡儿地 pʰo²¹ pʰər²¹ ti⁴¹ 豁豁儿嘴 xuo²¹ xuər²¹ tsei⁴³⁵
	21+44+D	溜溜板儿滑板车 liəu²¹ liəu⁴⁴ pɐr⁴³⁵
阳平+阳平+B	44+21+D	娃娃儿书 ua⁴⁴ uɐr²¹ ʂu²¹³ 独独儿蒜只有一瓣的蒜头 təu⁴⁴ tər²¹ san⁴¹
上声+上声+B	435+21+D	□□儿锅浅底锅 pʰia⁴³⁵ pʰiɐr²¹ kuo²¹³ 叉叉儿裤开裆裤 tʂa⁴³⁵ tʂɐr²¹ kʰu⁴¹
去声+去声+B	42+21+D	蹦蹦儿车 pəŋ⁴² pər²¹ tʂʰE²¹³ 棍棍儿面 kuən⁴² kuər²¹ mian⁴¹

1.1.4 形容词重叠式连读变调

1.1.4.1 "AA 儿的"式重叠词连读变调

白河城关话在表示性质、状态(单音节形容词)程度较高时常用重叠式,格式为"AA 儿的"。变调情况如下:

白河城关话"AA 儿的"式重叠词连读变调表

"AA 儿的"式重叠词	连调模式	例词
阴平+阴平−儿+的	13+213+2	高高儿的 kau kɐr ti □□儿的稀软的 lən lər ti 窄窄儿的 tsE tsər ti
阳平+阳平−儿+的	44+44+3	长长儿的 tʂʰaŋ tʂʰɐr ti 凉凉儿的 liaŋ liɐr ti
上声+上声−儿+的	435+213+2	好好儿的 xau xɐr ti 冷冷儿的 lən lər ti
去声+去声−儿+的	42+41+1	硬硬儿的 ŋən ŋɐr ti 大大儿的 ta tɐr ti

1.1.4.2 "ABB(儿)" 式重叠词连读变调

"ABB(儿)" 式形容词的连读变调规律同时受 A 和 B 单字调的影响。A 为阴平时变读为 21，A 为其他调时一律不变调。B 为阴平时，B1+B2 变读为 44+213，B1 为词内重音，读高平调。AB 为其他时一律不变调。

白河城关话 ABB 式重叠词连读变调表

ABB 式重叠词		连调模式	例词
A	BB		
阴平	阴平+阴平	21+44+213	酸溜溜儿 san liəu liər 黑黢黢 xɛ tɕʰy tɕʰy 高桩桩细高状 kau tʂuaŋ tʂuaŋ 精溜溜 tɕin liəu liəu
阴平	阳平+阳平 上声+上声 去声+去声	21+D+D	秧屌屌无精打采 iaŋ tiau^{435} tiau^{435} 灰□□ xuei tʰəu^{435} tʰəu^{435} 黑棍棍黝黑的样子 xɛ kuən^{42} kuən^{41} 光蛋蛋光滑的样子 kuaŋ tan^{42} tan^{41}
阳平 上声 去声	阴平+阴平	D+44+213	甜滋滋儿 tʰian^{44} tsʐ tsʐ 黏糊糊 ȵian^{44} xu xu 紧绷绷 tɕin^{435} pəŋ pəŋ 水汪汪 ʂuei^{435} uaŋ uaŋ 乱哄哄 lan^{41} xuəŋ xuəŋ 胖墩墩儿 pʰaŋ^{41} tən tər 亮珠珠儿 liaŋ^{41} tʂu tʂuər 硬梆梆 ŋən^{41} paŋ paŋ
阳平 上声 去声	阳平+阳平 上声+上声 去声+去声	D+D+D	明晃晃 min^{44} xuaŋ^{42} xuaŋ^{41} 肥膪膪肉肥厚流油的样子 fei^{44} tʂʰuai^{42} tʂʰuai^{41} 矮□□非常矮的 ŋai^{435} tsəu^{42} tsəu^{41} 软绵绵 yan^{435} mian^{44} mian^{44} 硬□□非常硬的 ŋən^{41} tɕʰiaŋ^{435} tɕʰiaŋ^{435}

1.1.4.3 AABB 式重叠词连读变调

AABB 式形容词的连调模式中，A1 为阴平时一律变读为 21，A1 为去声时一律变读为 42，A1 为阳平和上声时不变；A2 读轻声，调值随 A1 单字调的变化而变化；B1 和 B2 的变读规律同两字组连读变调，例如：

干干净净 kan²¹³⁻²¹ kan¹ tɕin⁴¹⁻⁴² tɕin⁴¹

坑坑洼洼 kʰən²¹³⁻²¹ kʰən¹ ua²¹³⁻¹³ ua²¹³

神神叨叨 ʂən⁴⁴ʂən³ tau²¹³⁻¹³ tau²¹³

实实在在 ʂʅ⁴⁴ʂʅ³ tsai⁴¹⁻⁴² tsai⁴¹

老老实实 lau⁴³⁵ lau⁴ ʂʅ⁴⁴ ʂʅ⁴⁴

清清楚楚 tɕʰin⁴¹⁻⁴² tɕʰin¹ tsʰəu⁴³⁵ tsʰəu⁴³⁵

顺顺溜溜做事情十分顺利 ʂuən⁴¹⁻⁴² ʂuən¹ liəu²¹³⁻¹³ liəu²¹³

大大方方 ta⁴¹⁻⁴² ta¹ faŋ²¹³⁻¹³ faŋ²¹³

1.1.4.4 A 不 BB 式、A 不 BC 式重叠词连读变调

在 A 不 BB 式形容词和 A 不 BC 式形容词中，A 为阴平时一律变读为 21，A 为去声时一律变读为 42，A 为阳平和上声时不变。中缀"不"读轻声。BB 和 BC 的变读规律同两字组连读变调，例如：

灰不□□颜色很灰 xuei²¹³⁻²¹ pu¹ tʰəu⁴³⁵ tʰəu⁴³⁵

伥不兮兮非常猖狂 tʂaŋ⁴⁴ pu³ ɕi²¹³⁻¹³ ɕi²¹³

粉不□□非常粉的颜色 fən⁴³⁵ pu⁴ tʰəu⁴³⁵ tʰəu⁴³⁵

洋不塌塌爱理不理的 iaŋ⁴⁴ pu³ tʰa²¹³⁻¹³ tʰa²¹³

肉不唧唧做事慢慢腾腾 ʐəu⁴¹⁻⁴² pu¹ tɕi²¹³⁻¹³ tɕi²¹³

黑不溜秋 xɛ²¹³⁻²¹ pu¹ liəu²¹³⁻¹³ tɕʰiəu²¹³

光不溜叽 kuaŋ²¹³⁻²¹ pu¹ liəu²¹³⁻¹³ tɕi²¹³

1.2 白河茅坪话的连读变调

1.2.1 两字组连读变调

茅坪话两字组前字和后字的组合一共有 25 种连调模式。

作为前字,阴平、去声在五个声调前都发生变调,阳平、上声和阳去在五个单字调前都不变调;作为后字,五个单字调都不发生变调。连读变调共产生三种新调值,即 42 调、21 调和 35 调。

变调情况见下表。1、2、3、4、5 依次表示阴平、阳平、上声、阴去和阳去。表中有 15 组前、后字都不变调,10 组前字变调。

白河茅坪话连读变调表

后字　　前字	1 阴平 41	2 阳平 44	3 上声 435	4 阴去 213	5 阳去 22
1 阴平 41	42+41	42+44	42+435	42+213	42+22
2 阳平 44	44+41	44+44	44+435	44+213	44+22
3 上声 435	435+41	435+44	435+435	435+213	435+22
4 阴去 213	21+41	21+44	21+435	35+213	35+22
5 阳去 22	22+41	22+44	22+435	22+213	22+22

前字阴平

11	42+41	开车 kʰai tʂʰɛ	搬家 pan ka
		蜂蜜 fəŋ mi	天黑 tʰian xɛ
12	42+44	新闻 ɕin uən	开门 kʰai mən
		业余 ȵiɛ ʮ	木材 mo tsʰai
13	42+435	工厂 kəŋ tʂʰaŋ	抓紧 tʂʯa tɕin
		热水 ʮɛ ʂʯei	月饼 ʮɛ pin
14	42+213	师范 sʯ fan	开店 kʰai tian
		切菜 tɕʰiɛ tsʰai	木器 mo tɕʰi
15	42+22	开会 kʰai xuei	生活 sən xuo
		铁路 tʰiɛ ləu	入学 ʯ ɕio

前字阳平

21	44+41	磨刀 mo tɔu	流血 liəu ɕiɛ
		年轻 ȵian tɕʰin	读书 təu ʂʮ
22	44+44	前门 tɕʰian mən	抬头 tʰai tʰəu
		防滑 faŋ xua	门帘 mən lian
23	44+435	门口 mən kʰəu	存款 tsʰən kʰuan
		朋友 pʰəŋ iəu	骑马 tɕʰi ma
24	44+213	迟到 tʂʮ tɔu	还账 xuan tʂaŋ
		奇怪 tɕʰi kuai	难过 lan kuo
25	44+22	流汗 liəu xan	绸缎 tʂʰəu tan
		成熟 tʂʰən ʂəu	零食 lin ʂʮ

前字上声

31	435+41	祖宗 tsəu tsəŋ	养鸡 iaŋ tɕi
		口渴 kʰəu kʰuo	打铁 ta tʰiɛ
32	435+44	水壶 ʂ̺uei xu	有钱 iəu tɕʰian
		有毒 iəu təu	党员 taŋ ɥan
33	435+435	打水 ta ʂ̺uei	火腿 xuo tʰi
		米粉 mi fən	养狗 iaŋ kəu
34	435+213	掌舵 tʂaŋ tuo	广告 kuaŋ kɔu
		比赛 pi sai	演戏 ian ɕi
35	435+22	草帽 tsʰɔu mɔu	小学 ɕiɔu ɕio
		有效 iəu ɕiɔu	李白 li pɛ

前字阴去

41	21+41	看书 kʰan ʂʮ	在家 tsai tɕia
		坐车 tsuo tʂʰɛ	信封儿 ɕin fəŋ ər
42	21+44	象棋 ɕiaŋ tɕʰi	拜年 pɛ ȵian
		上楼 ʂaŋ ləu	树苗 ʂʮ miɔu
43	21+435	代表 tai piɔu	中暑 tʂʮŋ ʂʮ
		送礼 səŋ li	跳舞 tʰiɔu u

44	35+213	废话 fei xua	过夜 kuo iɛ
		教训 tɕiɔu ʂuɛn	看戏 kʰan ɕi
45	35+22	性别 ɕin piɛ	坐轿 tsuo tɕiɔu
		放学 faŋ ɕio	性命 ɕin min

前字阳去

51	22+41	电灯 tian tən	卖花 mai xua
		树根 ʂʅ kən	病毒 pin təu
52	22+44	树苗 ʂʅ miɔu	骂人 ma zʅən
		卖鱼 mai ʅ	外行 uai xaŋ
53	22+435	字典 tsʅ tian	卖酒 mai tɕiəu
		命苦 min kʰu	大胆 ta tan
54	22+213	代替 tai tʰi	定价 tin tɕia
		买票 mai pʰiɔu	路费 ləu fei
55	22+22	病重 pin tʂɛŋ	乱动 lan təŋ
		办事 pan sʅ	练习 lian ɕi

茅坪话的两字组连读变调主要体现为前字变调,变调情况不以合成词结构的变化而变化,动宾式和非动宾式所体现的规律一致。

1.2.2　名词重叠式连读变调

1.2.2.1　"AA 子"式重叠词连读变调

和城关话不同,茅坪话中没有"AA 儿"重叠式名词,城关话中的"AA 儿"式名词在茅坪话中都以"A 儿"式或"AA 子"式的形式出现,"A 儿"式名词中的"儿"是典型的儿尾。"A 儿"式或"AA 子"式名词在茅坪话中通常带有短小、亲切之义。"AA 子"式重叠名词往往根据 A 单字调的不同表现出不同的连调模式,除第一个音节外,第二个音节也会发生变读。连调模式中第二个音节的 21 调发音时动程很短,接近 2。

白河茅坪话"AA 子"式重叠词连读变调表

"AA 子"重叠词	连调模式	例词
阴平+阴平+子	42+21+1	渣渣子 tʂa tʂa tsʅ 刀刀子 tɔu tɔu tsʅ 汤汤子 tʰaŋ tʰaŋ tsʅ 沟沟子 kəu kəu tsʅ
阳平+阳平+子	44+21+1	绳绳子 ʂən ʂən tsʅ 盆盆子 pʰən pʰən tsʅ 槽槽子 tsʰɔu tsʰɔu tsʅ 笼笼子 ləŋ ləŋ tsʅ
上声+上声+子	435+21+1	拐拐子弯曲的东西 kuau kuai tsʅ 果果子 kuo kuo tsʅ 碗碗子 uan uan tsʅ 杆杆子 kan kan tsʅ
阴去+阴去+子	21+14+4	罐罐子 kuan kuan tsʅ 棍棍子 kuən kuən tsʅ 盖盖子 kai kai tsʅ 线线子小线头 ɕian ɕian tsʅ
阳去+阳去+子	22+21+1	蛋蛋子 tan tan tsʅ 豆豆子 təu təu tsʅ 洞洞子 təŋ təŋ tsʅ 帽帽子 mɔu mɔu tsʅ

在茅坪话中,如果"名词+子"之后没有后续成分,"子"后缀一般不出现在单音节名词之后,如"刀子、本子、棍子、勺子"等一般都以"刀/本/棍/勺儿"或"刀刀/本本/棍棍/勺勺子"的形式出现,其中儿尾词使用的频率要高一些。

1.2.2.2 "AAB"式重叠词连读变调

茅坪话中没有"AAB"式重叠词,城关话中的"AAB"式名词在茅坪话中都以"A 子 B、BA 子、A 儿 B"式的形式出现,其中的

A 和 B 都读单字调,"子、儿"读轻声。

盒子饭 xuo⁴⁴ tsʅ³ fan²¹³　　　　筒子鞋 tʰəŋ⁴³⁵ tsʅ⁴ xai⁴⁴

柴渣子 tʂʰai⁴⁴ tʂa⁴¹ tsʅ¹　　　　粪水子 fən²¹³ ʂɥei⁴³⁵ tsʅ⁴

坡儿地 pʰo⁴¹ ər⁰ ti²¹³　　　　　娃儿书 ua⁴⁴ ər⁰ʂʅ⁴¹

1.2.3 形容词重叠式连读变调

茅坪话中没有 AA 式重叠形容词,但存在大量的 ABB 式重叠形容词,其中词根 A 为阴平和阴去时分别变读为 42 和 21,BB 为阴平时变读为 42+41。

白河茅坪话 ABB 式重叠词连读变调表

ABB 式重叠词	连调模式	例词
阴平+BB	42+D+D	黑洞洞 xɛ təŋ²² təŋ²²　　灰□□xuei tʰəu⁴³⁵ tʰəu⁴³⁵ 松捞捞 səŋ lɔu⁴² lɔu⁴¹　　酸唧唧 san tɕi⁴² tɕi⁴¹
阳平+BB	44+D+D	明晃晃 min xuaŋ²² xuaŋ²²　　油渍渍 iəu tsʅ⁴² tsʅ⁴¹ 平展展 pʰin tʂan⁴³⁵ tʂan⁴³⁵　　黄亮亮 xuaŋ liaŋ²² liaŋ²²
上声+BB	435+D+D	苦茵茵 ku in⁴³⁵ in⁴³⁵　　懒洋洋 lan iaŋ⁴⁴ iaŋ⁴⁴ 火辣辣 xuo la⁴² la⁴¹　　水汪汪 ʂuei uaŋ⁴² uaŋ⁴¹
阴去+BB	21+D+D	气烘烘 lan xəŋ⁴² xəŋ⁴¹　　胖嘟嘟 pʰaŋ təu⁴² təu⁴¹
阳去+BB	22+D+D	乱烘烘 lan xəŋ⁴² xəŋ⁴¹　　嫩闪闪 lən ʂan⁴³⁵ ʂan⁴³⁵

二　轻声

2.1 白河城关话的轻声和带轻声词的连调模式

轻声现象在白河城关话中非常普遍,非重叠式和重叠式中都有大量轻声词存在。

城关话的轻声词中,轻声字的调值随前字音节调值终点音高的变化而变化,在阴平、阳平、上声、去声后分别为 1、3、4、1。

作为前字,阴平在轻声之前变调,阳平、上声和去声在轻声之前
不变调。

白河城关话非叠字组合成词轻声变调表

非叠字组轻声词	读音模式	例词	
阴平+轻声	21+1	工作 kuŋ tsuo 三个 san kuo 姑娘 ku ȵian	木头 mo tʰəu 书记 ʂu tɕi 钥匙 io ʂʅ
阳平+轻声	44+3	农村 ləŋ tsʰən 颜色 ȵian sᴇ 十个 ʂʅ kuo	莲菜 lian tsʰai 男人 lan ʐən 萝卜 luo pu
上声+轻声	435+4	手艺 ʂəu ȵi 跑去 pʰau tɕʰi 里头 li tʰəu	点心 tian ɕin 苦瓜 kʰu kua 美国 mei kuᴇ
去声+轻声	41+1	办法 pan fa 赚头儿 tʂuan tʰər 做法 tsəu fa	利息 li ɕi 厉害 li xai 那边儿 lᴇ piɐr

很多在普通话中不读轻声的词在城关话中都需要读轻声,
例如:

医生 i²¹³⁻²¹ sən¹　　今年 tɕin²¹³⁻²¹ ȵian¹　　方法 faŋ²¹³⁻²¹ fa¹

颜色 ian⁴⁴ sᴇ³　　名额 min⁴⁴ ŋᴇ³　　国家 kuᴇ⁴⁴ tɕia³

体育 tʰi⁴³⁵ y⁴　　祖宗 tsəu⁴³⁵ tsəŋ⁴　　眼色 ian⁴³⁵ sᴇ⁴

动物 təŋ⁴¹ u¹　　汉族 xan⁴¹ tsʰəu¹　　兴趣 ɕin⁴¹ tɕʰy¹

城关话的重叠式轻声词读法和非重叠式轻声词一致,都是
随前字音节调值终点音高的变化而变化。重叠格式主要有:AA
儿、AA 子、AAB(以上名词)、AABB、A 不 BB、A 不 AB(以上形
容词)等,例如:

蛛蛛儿 tʂu²¹³⁻²¹ tʂuər¹　　　　　盆盆子 pʰən⁴⁴ pʰən⁴⁴⁻²¹ tsʅ¹
高高儿的 kau²¹³⁻¹³ kɛr²¹³ ti²　　　坑坑洼洼 kʰən²¹³⁻²¹ kʰən²¹ ua²¹³⁻¹³ ua²¹³
帘帘儿 lian⁴⁴ liɛr³　　　　　　　腿腿儿 tʰei⁴³⁵ tʰər⁴　狗狗子 kəu⁴³⁵ kəu⁴³⁵⁻²¹ tsʅ¹
线线儿 ɕian⁴¹⁻⁴² ɕiɛr¹　　　　　　硬硬儿的 ŋən⁴¹⁻⁴² ŋər⁴¹ ti²

　　ABB 式重叠形容词中没有轻声。
　　2.2 白河茅坪话的轻声
　　茅坪话的轻声和城关话的轻声基本一致,广泛存在于非叠字组合成词以及各类重叠式名词、动词、形容词的末尾音节中。轻声的读法也是依前字音节的高低而读法略有不同,具体读法见下表。

茅坪话非叠字组合成词轻声变调表

非叠字组轻声词	读音模式	例词
阴平+轻声	41+1	今年 tɕin ȵian　　　医生 i sən 蛛蛛儿 tʂʅ tʂʅər　　方法 faŋ fa 节目 tɕiɛ mo　　　　刀儿 tɔu ər
阳平+轻声	44+3	农村 ləŋ tsʰən　　　厨屋 tʂʰʅ u 颜色 ȵian sɛ　　　　人物 zən u 名额 min ŋɛ　　　　帘儿 lian ər
上声+轻声	435+4	普通 pʰu tʰəŋ　　　保持 pɔu tʂʰʅ 体育 tʰi ʮ　　　　　礼物 li u 眼泪 ȵian li　　　　腿儿 tʰi ər
阴去+轻声	213+2	算盘 san pʰan　教育 tɕiɔu ʮ　线儿 ɕian ər
阳去+轻声	22+1	病人 pin zən　集子 tɕi tsʅ　骨头 ku tʰəu

三　儿化、儿尾

　　1. 白河城关话的儿化
　　城关话共有 38 个韵母,除 uɛ、ər 两个韵母外都有儿化韵,共计 12 个：

ɐr＜ a　ai　au　an　aŋ

iɐr＜ ia　iau　ian　iaŋ

uɐr＜ ua　uai　uan　uaŋ

yɐr＜ yan

ər＜ ʅ　ʅ　ɛ　ei　əu　ən　əŋ

iər＜ i　iɛ　uei　iəu　in

uər＜ u　uən　uəŋ

yər＜ y　yn　yɛ　yŋ

or＜ o

ior＜ io

uor＜ uo

ur＜ u

（1）韵腹是 a o u ɛ 的，直接在原韵母后面加上卷舌动作；韵尾是 u 的，u 丢失，在原韵腹后面加上卷舌动作。例如：

刀把儿 tau²¹ pɐr⁴¹（a）　　　　夹夹儿马夹，马褂 tɕia⁴¹ tɕiɐr¹（ia）

鲜花儿 ɕian¹³ xuɐr²¹³（ua）　　刷刷儿 ʂua²¹ ʂuɐr¹（ua）

钵钵儿 po²¹ por¹（o）　　　　　喜鹊儿 ɕi⁴³⁵ tɕʰior⁴（io）

小桌儿 ɕiau⁴³⁵ tʂuor²¹³（uo）角角儿角落 kuo²¹ kuor¹（uo）

布布儿 pu⁴¹ pur¹（u）　　　　珠珠儿 tʂu²¹ tʂur¹（u）

兜兜儿 təu²¹ tər¹（əu）　　　　加油儿 tɕia²¹ iər⁴⁴（iəu）

钱包儿 tɕʰian⁴⁴ pɐr²¹³（au）　水饺儿 ʂuei⁴³⁵ tɕiɐr⁴³⁵（iau）

车车儿 tʂʰɛ²¹ tʂʰər¹（ɛ）　　　碟碟儿 tiɛ⁴⁴ tiər³（iɛ）

（2）韵腹是 i y 的，在原韵母之后加上央元音 ə 后再卷舌，例如：

小米儿 ɕiau⁴³⁵ miər⁴³⁵（i）　　招娣儿人名 tʂau²¹ tiər⁴¹（i）

蛐蛐儿 tɕʰy²¹ tɕʰyər¹（y）

（3）韵尾是 i 的,韵尾丢失,在原韵腹的基础上加上卷舌动作,例如：

盖盖儿 kai⁴¹ kɐr¹（ai）　　　坏坏儿地 xuai⁴² xuɐr²¹（uai）ti¹

帅帅儿的 ʂuai⁴² ʂuɐr²¹（uai）ti¹　堆堆儿 tei²¹ tɚr¹（ei）

锥锥儿 tʂuei²¹ tʂuɚr¹（uei）

（4）韵母是舌尖元音 ʅ ɿ 的,原韵母变成央元音 ə 后再卷舌,例如：

□□儿橡皮 tsɿ²¹ tsər¹（ɿ）　　　齿齿儿 tʂʰʅ⁴³⁵ tʂʰ ər⁴（ʅ）

（5）韵尾是鼻音 n ŋ 的,鼻音韵尾 n ŋ 脱落,在主要元音的基础上卷舌,其中 in yn uŋ yŋ 韵尾脱落后加上 ə 再卷舌,例如：

杆杆儿 kan⁴³⁵ kɐr⁴（an）　　　　窗帘儿 tʂʰuaŋ²¹ liɐr⁴⁴（ian）

水管儿 ʂuei⁴³⁵ kuɐr⁴³⁵（uan）　转转儿 tʂuan⁴¹ tʂuɐr¹（uan）

园园儿 yan⁴⁴ yɐr³（yan）　　　　墩墩儿 tən²¹ tɚr¹（ən）

电影儿 tian⁴² iɚr⁴³⁵（in）　　　铁棍儿 tʰiɛ²¹ kuɚr⁴¹（uən）

晕晕儿地 yn¹³ yɚr²¹³（yn）ti¹　杠杠儿 kaŋ⁴¹ kɐr¹（aŋ）

箱箱儿 ɕiaŋ²¹ ɕiɐr¹（iaŋ）　　　筐筐儿 kʰuaŋ²¹ kʰuaŋ¹（uaŋ）

洞洞儿 toŋ⁴¹ tɚr¹（əŋ）　　　　空空儿 kʰuəŋ⁴¹ kʰuɚr¹（uəŋ）

虫虫儿 tʂʰuəŋ⁴⁴ tʂʰuɚr³（uəŋ）　绒绒儿的 yŋ⁴⁴ yɚr⁴⁴（yŋ）ti³

2. 白河茅坪话的儿尾

茅坪话中表示小称、爱称一般不用儿化词而用儿尾词,即在原词之后直接加独立的"儿"音节。儿尾现象在江淮官话黄孝片方言中很常见,如英山(陈淑梅 1986)、黄州(汪化云 2004)、九江(张林林)。汉江上游江淮官话区也广泛存在儿尾,如平利南区方言(周政 2009)。

茅坪话中儿尾的构词能力很强,儿尾词非常普遍。城关话很多儿化韵或子缀词在茅坪话中都用儿尾表达,甚至人名都常常用儿尾来表达,如笔者的名字在茅坪话中常被叫做"钢儿

kaŋ⁴¹ ŋər⁰"。比较如下：

城关话	茅坪话
凌冰吊儿 lin⁴² pin²¹³ tiɐr⁴¹	凌冰吊儿 lin²¹ pin⁴¹ tiɔu²¹³ ər⁰
山沟儿 ʂan²¹³ kər²¹³	山沟儿 ʂan⁴² kəu⁴¹ ər⁰
垱子小水坑 taŋ⁴¹ tsʅ⁰	垱儿 taŋ²¹³ ŋər⁰
山坡儿 ʂan¹³ pʰor²¹³	山坡儿 ʂan⁴² pʰo⁴¹ ər⁰
石头娃儿/娃儿 ʂʅ⁴⁴ tʰəu⁰ uɐr⁴⁴/ua⁴⁴ tsʅ⁰	石头娃儿 ʂʅ⁴⁴ tʰəu⁰ ua⁴⁴ ər⁰
今儿 tɕiər²¹³	今儿 tɕin⁴¹ ər⁰
明儿 mər⁴⁴	明儿 min⁴⁴ ər⁰
一堆 i⁴⁴ tei²¹³	一堆儿 i⁴⁴ ti⁴¹ ər⁰
妹妹/妹子 mei⁴¹ mei⁰/mei⁴¹ tsʅ⁰	妹儿 mi²¹³ ər⁰
老婆儿/老婆子 lau⁴³⁵ pʰər⁴⁴/lau⁴³⁵ pʰo⁴⁴ tsʅ⁰	老婆儿 lɔu⁴³⁵ pʰo⁴⁴ ər⁰
鸡子 tɕi²¹³ tsʅ⁰	鸡儿 tɕi⁴¹ ər⁰
桃子 tʰau⁴⁴ tsʅ⁰	桃儿 tʰɔu⁴⁴ ər⁰
牛肚儿 ȵiəu⁴⁴ tər⁴³⁵	牛肚儿 ȵiəu⁴⁴ təu⁴³⁵ ər⁰
壳壳儿 kʰuo²¹³ kʰuər⁰	壳儿 kʰuo⁴¹ ər⁰
酒盅儿/酒盅子 tɕiəu⁴³⁵ tʂuər²¹³/tɕiəu⁴³⁵ tʂuəŋ²¹³ tsʅ⁰	酒盅儿 tɕiəu⁴³⁵ tʂəŋ⁴¹ ŋər⁰
盆盆儿/盆子 pʰən⁴⁴ pʰər⁰/pʰən⁴⁴ tsʅ⁰	盆儿 pʰən⁴⁴ ər⁰
刨子 pʰau⁴⁴ tsʅ⁰	刨儿 pʰɔu⁴⁴ ər⁰
角角儿 kuo²¹³ kuər⁰	角儿 kuo⁴¹ ər⁰
缝缝儿 fəŋ⁴¹ fər⁰	缝儿 fəŋ²¹³ ŋər⁰

　　随着城关话和普通话的日益渗透，儿尾现象在茅坪话内部也产生了差异。在部分地理位置相对便利的乡镇(如茅坪、卡子)，新派方言已经逐渐产生了儿化；而在部分地理位置相对偏远的乡镇(如西营、双河)，方言儿尾现象较稳固，儿尾的范围也更大。很多茅坪新派方言中已经儿化的词在西营话里都是儿尾词，如(前为茅坪话，后为西营话)：苞谷杆儿 pɔu⁴¹ ku⁰ kɐr⁴³⁵—pɔu⁴¹ ku⁰ kan⁴³⁵ ər⁰|背心儿 pi²¹ ɕiər⁴¹—pi²¹ ɕin⁴¹ ər⁰。

　　汉语方言中儿尾词的读音类型多样，尉迟治平将其分为化合式、拼合式、结合式三种类型：化合式不独立成音节，黏着于词根之后，如北京话"孙儿 suər⁵⁵、袋儿 tər⁵¹"；拼合式表现为独立的音节，声韵调俱全，如温州话"刷儿 sø³⁵ ŋ⁵、羊儿 ji¹³ ŋ²"；结合式介于化合式和拼合式之间，"儿"独立成音节，但发音已产生变化，失去原有的调型和音高，如英山话"箩儿 lo⁵⁵ ər⁵、芋儿 ʮ³³ ər³、网儿 uaŋ³⁴ ər⁴"，黄州话"鸡儿 tɕi³³ iɛ⁰、盖儿 kai⁵³ iɛ⁰"，九江话"眼儿 ŋã³²⁴ nə⁰、缝儿 foŋ⁴¹ nə⁰"。三种形式中，化合式的"儿"与词根融合程度最高，拼合式的"儿"独立性最强，"拼合式是化合式的前身，……结合式则提供了二者之间的过渡形式"（尉迟治平）。

茅坪话的儿尾属于结合式，词根的末尾音节未发生卷舌作用，"儿"独立成音节，但一般读轻声，轻声调值会随词根末尾音节调值的高低而变化，变化规律和轻声的变调规律相同。属于陕南江淮官话黄孝片的平利南区方言也属于结合式，"儿尾没有轻声化，而变读为高升调 45"（周政 112）。这种儿尾的"儿"虽然失去原有调型和音高，但不读轻声，故属于结合式中较早的层次。读轻声的儿尾比不读轻声的儿尾虚化程度更高。

白河茅坪方言和平利南区方言儿尾的不同读法显示，儿尾这种江淮官话黄孝片的语音特征在进入汉江上游地区后，受周边方言的影响目前已经形成了差异。相比起来，平利南区远离汉江、316 国道等交通要道，地理位置相对偏僻，受中原官话的影响没有白河茅坪大，故儿尾的演化速度略慢于白河茅坪方言。

茅坪话中，如果词根末尾音节是以舌根鼻音 ŋ 结尾，"儿"常常会发生语音同化，读 ŋər。如上文所举例词"钢儿、挡儿"，又如：

羊儿 iaŋ⁴⁴ ŋər⁰　　　　　　苞谷棒儿 pou⁴¹ ku⁰ paŋ²¹³ ŋər⁰

鹿茸儿 ləu⁴¹ iəŋ⁴⁴ ŋər⁰　　巷儿 xaŋ²¹³ ŋər⁰

茶缸儿 tʂʰa⁴⁴ kaŋ⁴¹ ŋər⁰　　酒盅儿 tɕiəu⁴³⁵ tʂəŋ⁴¹ ŋər⁰

据周政(2009),平利南区方言中儿尾也常常变读为 ŋər,但变读的范围比白河茅坪话广,词根末尾音节以前元音(如:细儿 çi⁻²¹³ ŋər⁴⁵)、央元音(如:马儿 ma⁴⁵ ŋər⁴⁵)、后元音(如:鸟儿 ȵiau⁴⁴⁵ ŋər⁴⁵)、舌尖中鼻音(如:孙儿 sən⁴⁵ ŋər⁴⁵)结尾的都需要变读。

白河茅坪方言的儿尾词主要表现为名词,动词、形容词一般没有儿尾,如城关话中的"喝汤汤儿、高高儿的、咸咸儿的"在茅坪话说"喝汤、箇(么)高、箇(么)咸"。随着普通话和白河城关话的渗透,儿尾在白河茅坪方言中已经逐渐开始向儿化过渡,很多年轻人已经开始使用儿化韵,形容词也开始使用重叠式儿化词。随着语言融合的进行,白河茅坪方言的儿尾也会逐渐由结合式过渡到化合式。

四　其他音变现象

4.1 同化

语音的同化是最常见的一种语流音变现象,它是指不同的音素在语流中相互影响变得发音相同或相似,或者说是为了适应发音动作而增加音素间的共同性。白河方言中的语音同化现象有:

4.1.1. "哟"的同化

"哟"是白河方言中常用的语气词,单独使用时念本音 io⁰。在连读时,"哟"受前一音节末尾音素的影响,读音常发生变化:前一音节末尾音素是 n 时,"哟"变读为 lo⁰;前一音节末尾音素是 ŋ 时,"哟"变读为 ŋo⁰;前一音节末尾音素是后元音 u o 时,"哟"变读为 uo⁰;前一音节末尾音素是其他元音时,"哟"读为 io⁰,例如:

你在搞啥 经做什么哟 lo^0！

今儿一天都冇吃饭，可是饿得很哟 lo^0！

再摸摸蛆蛆 慢慢腾腾，招呼小心赶不上哟 $ŋo^0$！

这女娃子长得好排场哟 $ŋo^0$！

我爸马上就回来了，你赶紧走哟 uo^0！

他在外头跑了一年，现在变得好瘦哟 uo^0！

怪哟 io^0！

你这样儿的怕是搞不好哟 io^0！

4.1.2. 少数音节在某些词语中因受相邻音素的影响而发生同化，而在单念或出现在其他语音环境中仍然读本音，例如：

南瓜 $lan^{44} kua^0$——$laŋ^{44} kua^0$

难怪 $lan^{44} kuai^0$——$laŋ^{44} kuai^0$

难为 $lan^{44} uei^0$——$laŋ^{44} uei^0$

耽误 $tan^{213} u^0$——$taŋ^{213} ku^0$

残坏 残疾 $tsʰan^{44} xuai^0$——$tsʰai^{44} xuai^0$

拿文作武 $la^{44} uən^{44} tsuo^{41} u^{435}$——$lan^{44} uən^{44} tsuo^{41} u^{435}$

泥糊烂浆 $ȵi^{44} xu^0 lan^{41} tɕiaŋ^0$——$ȵi^{44} xu^0 laŋ^{41} tɕiaŋ^0$

"南瓜、难怪"前一音节末尾音素是舌尖中鼻音 n，受后一音节首音素舌根辅音 k 的影响，同化为同部位的舌根鼻音 ŋ；"难为、耽误"前一音节末尾音素为舌尖中鼻音 n 受后一音节首音素 u 的影响，同化为发音部位靠后的舌根鼻音 ŋ；"残坏"前一音节元音受后一音节元音 ai 的影响，同化为 $tsʰai^{44}$；"拿文作武"中的"拿"、"泥糊烂浆"中的"烂"受后字鼻音韵尾的影响分别同化为鼻尾韵 lan^{44}、$laŋ^{41}$；"耽误"一词还发生了双向同化，后一音节又受之前舌根鼻音 ŋ 的影响前加舌根辅音声母 k。

4.2 异化

异化也是语流中常见的一种音变现象，指发音部位、发音方法相同或相近的音素在语流中相互影响变得不同。白河方言中的语音异化有：

坎子 $k^h an^{435} ts\eta^0$——$k^h a\eta^{435} ts\eta^0$

扁铲 $pian^{435} ts^h an^{435}$——$pian^{213} ts^h an^{435}$

"坎子"中第一个音节的末音素是舌尖音 n，受其后音素舌尖音 ts 的影响，发音异化为舌根音 ŋ[1]；"扁铲"两个音节声调的单字调都是435，语流中第一个音节声调异化为213。

---

① 从辅音的发音部位来看，舌尖音 ts 和舌尖音 n 的发音部位比较接近，在口腔中整体偏前，而舌根音 ŋ 发音部位整体偏后。

第四章　比较音韵

一　白河城关话和北京话的比较

白河城关话和北京话都属于官话,语音有很多一致性。本节主要从白河城关人学习普通话的角度进行简单比较。

1.1 声母的比较

白河城关话有 23 个声母,比北京话多了 ȵ ŋ,少了 n。其主要差异有以下几点:

(1)白河城关话中部分舌尖前音 ts tsʰ s 拼 ɿ u əu ən 四个韵母的字(来自遇止流梗摄),北京话声母读作舌尖后音 tʂ tʂʰ ʂ,如:师、梳、争、挣、衬、生。

(2)白河城关话中部分 l 声母拼开口呼韵母的字,北京话读 n 声母,如:拿、奶、南。

(3)白河城关话中的 ŋ 声母字,北京话读零声母的开口呼音节,如:矮、安、熬。

(4)白河城关话部分送气声母 pʰ tsʰ kʰ(来自古並从群母),北京话读相同发音部位的不送气声母 p ts k,如:避、哺、造、族、概、跪。

(5)白河城关话中的 ȵ 声母字,北京话读零声母的齐齿呼音节,如:艺、眼、牙。

(6)白河城关话部分 k x 声母拼 ai an aŋ ən 四个韵母的字

（来自假蟹咸山江梗摄），北京话声母读 tɕ、ɕ，如：解、戒、介、蟹、鞋、杏、项。

白河城关话和北京话的声母比较表

白河城关	北京	例字	白河城关	北京	例字
p	p	比布把波杯班变本帮	tɕ	tɕ	计即局家教酒见娟
pʰ	pʰ	皮普怕破派培票鹏平	tɕʰ	tɕʰ	期区掐却切桥球全
	p	痹避哺捕薄薄荷遍遍地		ɕ	滕祥详降投降像
m	m	米麻骂墨美贸秒门名	ȵ	ŋ	你女虐鸟牛宁娘
f	f	副服法佛费反放粉风		∅	议艺研眼严言仰压牙
t	t	达躲得带到吊担蹲当	ɕ	ɕ	西戏需夏写校先形旬
tʰ	tʰ	体他脱特泰推谭田吞	k	k	骨固瓜国高沟管更钢
l	l	里虑拉列老料六令两		tɕ	解戒界介
	n	拿那糯奶内闹南嫩	kʰ	kʰ	苦裤夸课快砍宽坑空
ts	ts	自杂坐摘灾作咱脏总		k	概溉跪巩
	tʂ	争睁挣	ŋ	∅	矮哀爱奥熬欧安恩
tsʰ	tsʰ	词擦错猜崔草餐村仓	x	x	互湖花合坏灰好喊婚
	ts	造燥族		ɕ	蟹鞋杏项
	tʂʰ	衬		∅	医武语挖牙窝叶烟英
s	s	思撒锁色塞嫂散桑丧	∅	l	吕
	ʂ	师狮蔬数梳生省牲		ʐ	入如软
tʂ	tʂ	知朱炸抓桌债找专真		ʂ	输
tʂʰ	tʂʰ	吃池出戳车踹超占穿			
ʂ	ʂ	时书沙刷说帅稍山栓			
ʐ	ʐ	且如入弱热瑞绕软仍			

1.2 韵母的比较

白河城关话有 38 个韵母,比北京话多了 uɛ io 两个,少了 ɤ iŋ oŋ 三个,其主要差异有以下几点:

(1)白河城关话声母 t tʰ l ts tsʰ s 拼开口韵 ei an ən əŋ 的字,北京话韵母读合口韵 uei uan uən uəŋ,如:对、嘴、岁、团、乱、算、吞、轮、孙、洞、总、从。

(2)白河城关话部分读前鼻音 in ən 的字(来自非组的 ən 韵字除外),北京话读作后鼻音 iŋ əŋ,如:名、宁、姓、等、冷、郑。

(3)白河城关话声母 m 拼韵母 o 的字,北京话韵母读 u 或 əu,如:木、母、亩、谋、某。

(4)白河城关话的部分 ɛ uo 韵字,北京话读 ɤ 韵,如:得、色、蛇、哥、课、河。

(5)白河城关话的 io 韵字,北京话读 yɛ iau 两韵,如:略、学、约、脚、药、钥。

(6)白河城关话的部分 ɛ 韵字,北京话读 ai ei 两韵,如:百、摘、窄、黑、北。

(7)白河城关话部分读 iɛ 韵的字,北京话读 yɛ ai o 三韵,如:血、雪、麦、脉、墨、默。

(8)白河城关话来自古见系开口二等,今为 k x 声母拼 ai 韵母的字,北京话读 iɛ 韵母,如:街、介、戒。

(9)白河城关话声母 t tʰ l ts tsʰ s 拼韵母 əu 的字,北京话韵母读 u,如:毒、路、苏。

(10)白河城关话部分零声母 yŋ 韵字,北京话读 uəŋ 韵母,如:容、荣、绒。

白河城关话韵母和北京话韵母比较表

白河城关	北京	例字	白河城关	北京	例字
ɿ	ɿ	资字词此四思	ai	ai	派带奶灾晒爱
	ʅ	师狮事士		iɛ	街解介界戒蟹鞋
ʅ	ʅ	治之时世吃迟	uai	uai	拽踹摔怪块怀
i	i	鼻批米地机西	ei	ei	杯培美飞雷贼
	y	滤率驴去		uei	对推嘴催虽岁
	ei	备眉	uei	uei	追垂水柜葵回
u	u	普父朱树古呼	au	au	宝猫涛扫超豪
y	y	驴举趣女徐语	iau	iau	漂钓鸟交巧要
	u	宿肃人输	əu	əu	豆偷凑周狗侯
a	a	怕达拿擦炸哈		u	毒土路租苏叔
	ʅ	肢胳肢窝儿	iəu	iəu	刘酒秋牛修有
	ia	下	an	an	盘反单暂山赶
ia	ia	价掐压虾夏牙		uan	段团乱钻窜算
ua	ua	抓耍接瓜夸画	ian	ian	边电天健显燕
o	o	播婆泼莫末佛	uan	uan	转穿软关款换
	u	木目母墓苗牧	yan	yan	捐全劝悬宣院
	uə	谋某牟	ən	ən	本门怎森身肯
io	yɛ	略却确学约阅		uən	顿吞轮尊存孙
	iau	脚药钥		əŋ	彭等冷层郑坑
uo	uo	多挪错桌过火	in	in	品民尽秦新银
	ɤ	哥个柯课河贺		iŋ	并名领宁静姓

续表

白河城关	北京	例字	白河城关	北京	例字
ɚ	ər	而二儿尔饵贰	uən	uən	准春顺滚困婚
	ʅ	<u>日</u>	yn	yn	军俊群寻训云
E	ɣ	得册色者蛇革	aŋ	aŋ	胖访党脏商抗
	ai	白百拍宅摘窄	iaŋ	iaŋ	娘两江强象养
	ei	黑北	uaŋ	uaŋ	装床双光矿黄
iE	iE	别灭铁杰写捏	əŋ	əŋ	蹦泵朋碰风哼
	ai	麦脉		uəŋ	东洞童总送从
	o	墨默	uŋ	uŋ	众冲工供孔红
uE	uo	国或	yŋ	yŋ	窘穷雄兄用
yE	yE	绝决缺靴月越		uŋ	容融荣绒

二　白河城关话和中古音的比较

本节所说中古音指以《切韵》音系为代表的中古音,以中国社会科学院语言研究所《汉语方言调查字表》为准。

2.1 声母的比较

白河城关话与中古音声母的比较见表1、表2。

2.2 韵母的比较

古今韵母的演变与古韵摄、韵母的等、开合口、声母的类型有关。下面以古韵十六摄为序,列表比较古今韵母的分合关系及其条件。表3从古音出发看今白河城关话韵母的分合。表4从今音出发看韵母的来源。

表1　古今声母比较表之一

古声母	清		全浊		次浊	清	全浊	
			平	仄			平	仄
帮组	帮 p	滂 pʰ	並 pʰ	並 p	明 m			
非组（今洪／今细）	非 f	敷 f	奉 f	奉 f	微 ∅			
端泥组（今洪／今细）	端 t	透 tʰ	定 tʰ	定 t	泥 n̠ ∅ 　来 l			
精组	精 ts	清 tsʰ	从 tsʰ	从 ts		心 s	邪 tsʰ（之韵） tɕʰ（尤韵）	邪 s（之韵） ɕ
知组	知 tʂ	彻 tʂʰ	澄 tʂʰ	澄 tʂ		生 ʂ（遇流深曾梗）		
庄组	庄 tʂ	初 tʂʰ	崇 tʂʰ ʂ	崇 tʂ		书 ʂ		
章组	章 tʂ	昌 tʂʰ	船 sʰ s	船 tʂ tʂ			禅 ʂ tʂ	禅 ʂ tʂ
日母（止合口）					日 ʐ ∅ 开／合			
见晓组（今洪）	见 k	溪 kʰ	群 kʰ	群 k	疑 ŋ ∅ 开／合	晓 x	匣 x	匣 x
见晓组（今细）	见 tɕ	溪 tɕʰ	群 tɕʰ	群 tɕ	疑 n̠ ∅ 开／合	晓 ɕ	匣 ɕ	匣 ɕ
影组（今洪／今细）	影 ∅				云 以 ∅			

表 2　古今声母比较表之一

	帮滂並明	非敷奉微	端透定	泥来	精清从心邪	知彻澄	庄初崇生	章昌船书禅	日	见溪群疑	晓匣影云以
p	悲										
pʰ	攀步										
m	麻										
f		分访饭									
t			多谈								
tʰ			透盏								
l				内龙							
ts					走自						
tsʰ					此才						
s					虽松 词		桑				
tʂ						忠	盏	招			
tʂʰ						抽虫	丑柴	充船			
ʂ						丈	事梳 驶	植 食设谁 垂			
ʐ									让		
tɕ					酒 匠					居 巨	
tɕʰ					迁情					丘	
ɲ				尼							
ɕ					雪谢 囚					咬	
k										姑 柜	压
kʰ										宽狂	训限
ŋ										我	爱
x										午	灰后
∅		忘							如		淤卫爷

表 3　古今韵母比较表之一

摄	开合	一等 帮系	一等 端系	一等 见系	二等 帮系	二等 泥组	二等 知庄组	二等 见系	三、四等 帮系	三、四等 端组	三、四等 泥组	三、四等 精组	三、四等 庄组	三、四等 知章组	三、四等 日母	三、四等 见系
果	开	o 波	uo 多 / a 大													yE 茄
果	合			uo 骡												yE 瘸
假	开					a 马		ia 家				iE 借	E 遮	iE 爷		
假	合						ua 要	ua 瓜 / a 瓦								
遇	合	u 步 / o 模	au 兔	u 五					u 夫	y 女			əu 初	u 猪		y 取
蟹	开	ei 贝	ai 胎				ai 排			i 艺				ι 世		i 祭
蟹	合			ei 煨 uei 回 / uai 块			uai 搋	uai 怪 / ua 话	ei 废		ei 泪	ei 脆		uei 缀		uei 蹶
止	开								i 皮		i 离	ʅ 死	ʅ 师	ʅ 知	ar 二	i 器
止	合								ei 肥				uai 帅	uei 水		uei 鬼
效	开		au 毛		au 闹		au 貌	iau 交	iau 表					au 招		iau 要
流	开	o 母 / u 贸	əu	əu 偻					u 浮 / iou 丢		iou 流			eu 抽		iou 酒

续表

摄	开合	一等 帮系	一等 端系	一等 见系	二等 帮系	二等 泥组	二等 知庄组	二等 见系	三、四等 帮系	三、四等 端组	三、四等 泥组	三、四等 精组	三、四等 庄组	三、四等 知章组	三、四等 日母	三、四等 见系
咸舒	开			an 淡			an 站	iam 咸		iam 欠				an 陕		iam 歉
	合				an 凡											
深舒	开									in 品				ən 枕		in 今
山舒	开	an 烂		an 丹			an 山	ian 艰		ian 线				an 缠		ian 研
	合		an 盘	an 乱			uan 闩	uan 关	an 反		ian 恋			uan 传		yan 拳
臻舒	开		ən 寸	ən 吞					ən 轮	in 近	ən 同			ən 神		in 银
	合			ən 稳 / uən 困								yn 菌		un 准		yn 裙
宕舒	开		aŋ 汤								iaŋ 样		aŋ 让	aŋ 张		iaŋ 良
	合			aŋ 汪 / uaŋ 光			uaŋ 窗						uaŋ 爽			aŋ 王 / uaŋ 狂
江舒	开					aŋ 胖	uaŋ 窗	aŋ 港								
曾舒	开	əŋ 朋	ən 邓						in 冰					ən 证		in 兴
	合			uŋ 弘												

续表

摄	开合	一等 帮系	一等 端系	一等 见系	二等 帮系	二等 泥组	二等 知庄组	二等 见系	三、四等 帮系	三、四等 端组	三、四等 泥组	三、四等 精组	三、四等 庄组	三、四等 知章组	三、四等 日母	三、四等 见系
梗舒	开				əŋ 猛	əŋ 冷	əŋ 冷	əŋ 杏 n 坚	in 兵					əŋ 成		in 瓶
梗舒	合							un 横 uŋ 宏								in 营 yŋ 兄
通舒	合	əŋ	əŋ 统	uŋ 红					əŋ 风				uŋ 众		yŋ 熊	uŋ 弓
咸入	开		a 答				a 插	ia 鸭			iE 叶			E 摄		iE 碟
咸入	合								a 法							
深入	开										i 习		E 涩	ʅ 汁 E 蜇		i 立
山入	开		a 辣	uo 喝 uo 渴	a 八		a 杀	ia 瞎		iE 杰				E 热	u 人	iE 铁
山入	合	o 泼	o 泼 uo 活	uo 夺			ua 刷	ua 滑	a 发		yE 月		uo 说			yE 缺
臻入	开		əu 笑								i 乙			ʅ 秩		i 毕
臻入	合	u 骨 o 没		u 不 o 勃					u 物 o 佛				u 出 uai 蟀	u 术		y 橘

续表

	开合	一等 帮系	一等 端系	一等 见系	二等 帮系	二等 泥组	二等 知庄组	二等 见系	三、四等 帮系	三、四等 端组	三、四等 泥组	三、四等 精组	三、四等 庄组	三、四等 知章组	三、四等 日母	三、四等 见系
宕入	开	o 博	uo 鹤								io 脚			uo 弱		io 略
	合			uo 郭					u 缚							yE 钁
江入	开				o 剥 / u 朴		uo 桌	io 学								
	合															
曾入	开		E 北		E 窗 / iE 麦		E 百	E 摘 / uo 扼			i 力		E 色			i 逼
	合			uE 国				uo 获 / uE 馘						ʅ 直		y 域
梗入	开										i 历					i 益 / iE 液
	合													ʅ 只		i 疫
通入	合	u 哭	əu 族	u 屋					u 福			ue 六				y 菊

表4　古今韵母比较表之二

古音	果				假			遇		蟹								止	
	开		合		开		合	合		开				合				开	合
今音	一	三	一	三	二	三	二	一	三	一	二	三	四	一	二	三	四	三	三
ʅ												世						死是	
ɿ																			
i												艺	米					皮	
u								布	猪										
y									女										
a	大				巴		瓦												
ia					价														
ua							瓜								画				
o			波					墓											
uo	多		坐																
io																			
E						社													
iE						爷													
uE																			
yE		茄		靴															
ai										胎	奶								
uai														块	坏				帅
ei										贝				杯		岁	桂	眉	肥
uei														回		稄			吹
au																			
iau																			
əu								奴	助										
iəu																			
an																			
ian																			
uan																			
yan																			
ən																			
in																			
uən																			
yn																			
aŋ																			
iaŋ																			
uaŋ																			
əŋ																			
uŋ																			
yŋ																			

续表

古音＼今音	效				流		咸入					深	山入							
	开				开		开				合	开	开				合			
	一	二	三	四	一	三	一	二	三	四	三	三	一	二	三	四	一	二	三	四
ʅ ɿ												十								
i u y						妇						习入								
a ia ua							拉	眨鸭			乏		达	杀瞎				刷	发	
o uo io					母		合						喝				沫活		说	
E iE uE yE									涉叶	协		涩			设杰	结			悦	缺
ai uai																				
ei uei																				
au iau	毛	包交	赵表	叫	茂															
əu iəu					勾	售丘														
an ian uan yan								站	占欠	念	凡		丹	山奸	战件	显	乱官	弯关	反恋川全	犬吞
ən in uən yn												枕今								
aŋ iaŋ uaŋ																				
əŋ uŋ yŋ																				

续表

今音＼古音	臻入				宕入				江	曾入				梗入						通入	
开合	开		合		开		合		开	开		合		开			合			合	
今音	一	三	一	三	一	三	一	三	二	一	三	一	三	二	三	四	二	三	四	一	三
ʅ		失									式				只						
i		乞	忽	术				缚	朴		力				夕	历		役		哭	伏
u				屈									域								曲
y																					
a																					
ia																					
ua																					
o			勃	佛	博		扩		剥					扼			获				
uo					各				捉												
io						削															
E										北	色			百	液						
iE														麦							
uE												国					虢				
yE				掘				钁													
ai																					
uai				蟀																	
ei																					
uei																					
au																					
iau																					
əu			突																	秃	
iəu																					六
an																					
ian																					
uan																					
yan																					
ən	吞	神								邓	仍			冷	圣						
in		近									兴			茎	兵	定		倾	萤		
uən			寸坤	问顺													横				
yn				晕																	
aŋ					汤	让	汪	王	胖												
iaŋ						良															
uaŋ							广	况	双												
əŋ										朋				猛						从	风
uŋ												弘						虫		工	众
yŋ																		兄	迥		凶

2.3 声调的比较

白河城关话与中古音声调的比较见下表。

古声调＼今声调		阴平	阳平	上声	去声
平声	清	高开乌遮			
	全浊		坛鹅题骑		
	次浊		罗拿儒予		
上声	清			胆典懂本	
	全浊				盾彩淡祸
	次浊			马绕仰览	
去声	清				富探剑骗
	全浊				贱顺份共
	次浊				焰浪谬用
入声	清	搭磕客铁	八哲速各	乞雀啰朴	率错鲫霍
	全浊		杂及达杰		
	次浊	立腊列沫	墨弱六鳄		逆幕液育

2.4 例外字表

2.4.1 声母例外字表

以下是白河城关话古今对应关系中的例外字,以古声母为序,括号内列出按规律今音当读的声母:

帮(p):谱$_\subset p^h u$　庇$_\subset p^h i$　痹$p^h i^\supset$　遍$_{\sim 地}\, p^h ian^\supset$　绊$p^h an^\supset$
　　　迫$_\subset p^h E$　秘泌mi

滂(p^h):玻$_\subset po$　怖$pu^\supset$　扳$_\subset pan$　泊$_\subset po$

並(p):薄$_{\sim 荷}\, p^h o^\supset$　耙$_\subset p^h a$　捕$_\subset p^h u$　佩$p^h ei^\supset$　叛$p^h an^\supset$

仆 ꜞpʰu　瀑曝 pʰuꜝ　辟避 ꜞpʰi

非(f)：脯果～ꜞpʰu

敷(f)：捧 ꜞpʰən

微(∅)：芒 ꜚmaŋ　尾 ꜞi

端(t)：堤 ꜚtʰi　鸟 ꜞȵiau

透(tʰ)：贷 taiꜝ　涕 tiꜝ

定(tʰ)：饨馄～ tənꜝ

　(t)：沓 ꜚtʰa　囤 ꜚtʰən　突 ꜚtʰəu　特 ꜚtʰE　挺艇 ꜞtʰin

精(tɕ)：浸 tɕʰinꜝ　雀 ꜚtɕʰio

清(tsʰ)：撮 ꜚtsuo

从(tsʰ)：蹲 ꜚtən

　(ts)：造 tsʰau　族 ꜚtsʰəu

　(tɕ)：就 ～是 tsəu

心(s)：赐伺 tsꜝɿ　粹 tsʰeiꜝ　珊 ꜚʂan

　(ɕ)：膝 ꜚtɕʰi

知(tʂ)：爹 ꜚtiE

彻(tʂʰ)：撑 ꜚtsʰən　拆 ꜚtsʰE

澄(tʂ)：秩 tʂꜝɿ　术 ʂuꜝ　瞪 tənꜝ

庄(tʂ)：阻 ꜞtsəu　睁争 ꜚtsən　侧 ꜚtsʰE

初(tʂʰ)：初 ꜚtsʰəu　衬 tsʰənꜝ　楚 ꜞtsʰəu　参 ～差不齐 ꜚtsʰən
　　　　篡 tsʰan

崇(tʂʰ)：巢 ꜚtsʰau

　(tʂ)：助骤 tsəuꜝ

生(ʂ)：滫 ～水 sauꜝ

昌(tʂʰ)：枢 ꜚʂu　触 tʂəuꜝ

船(tʂ)：盾 tənꜝ　唇 ꜚtɕʰyn

书(ʂ)：翅 tʂʰꜝɿ　春 ꜚtʂʰuəŋ

禅(tʂʰ)：尝꜀ʂaŋ

见(k)：会～计 kʰaiꜗ 愧 kʰueiꜗ 括꜀kʰuo 扛꜀kʰaŋ 巩
꜀kʰuəŋ 昆꜀kʰuən 矿 kʰuaŋꜗ 癸꜀kʰuei 懈 ɕiɛꜗ
佳꜀tɕia 解～答꜀tɕiɛ

(tɕ)：脸꜀lian

溪(kʰ)：恢꜀xuei

(tɕʰ)：溪꜀ɕi 墟꜀ɕy

群(tɕʰ)：跪 kʰuei 鲸꜀tɕin

疑(ȵ)：倪꜀li

晓(ç)：况 kʰuaŋꜗ 吓꜀xɛ

匣(x)：汞꜀kuəŋ 完丸꜀uan 皖꜀uan

(ç)：蟹꜀xai 鞋꜀xai 降投～꜀tɕʰiaŋ 洽 tɕʰiaꜗ 萤荧
꜀in 迥꜀tɕyŋ

影(∅)：秽 xueiꜗ 哑꜀ȵia 押压 ȵia 蔫꜀ȵian

云(∅)：汇 xueiꜗ 雄熊꜀ɕyŋ

以(∅)：铅꜀tɕʰian 捐꜀tɕyan

2.4.2 韵母例外字表

以下是白河城关话古今对应关系中的例外字，例外字按摄
排列，括号内注明该字古韵(举平声以赅上去)和今按规律应该
读的音。

果：那 lɛꜗ(歌 a)

唾～沫 tʰəu(戈 uo)

假：虾～蟆꜀kʰɛ 吓～一跳꜀xɛ(麻 ia)

斜꜀ɕyɛ(麻 iɛ)

遇：错 tsʰuo(模 əu)

庐꜀ləu 去 tɕʰi(鱼 y)

所꜀suo(鱼 əu)

蟹：咳ₑkʰE(哈 ai)

　　罢 paꜛ　佳ₑtɕia　解讲~ₑtɕiE　懈ɕiEꜛ　歪ₑuai(佳 ai)

　　蛙ₑua(佳 uai)

　　裴ₑpʰi(灰 ei)

　　外 uaiꜛ(泰 ai)

　　畦ₑtɕʰi　携ₑɕiE(齐 uei)

止：徙玺ₑɕi(支 ʅ)

　　厕ₑtsʰE(之 ʅ)

　　汇 xueiꜛ(微 ei)

　　遗ₑi(脂 ei)

效：抓ₑtʂua　爪ₑtʂua(肴 au)

流：谋ₑmo　否ₑfo　矛ₑmau(尤 u)

　　廖 liauꜛ　彪ₑpiau(尤 iəu)

咸：尴ₑkan(咸 ian)

　　腌 ian(业 iE)

深：给ₑkE(缉 i)

山：轩掀ₑɕyan(元 ian)

　　玩丸ₑuan　皖ₑuan(桓 uan)

　　篡 tsʰanꜛ　还~有ₑxai(删 uan)

　　兖ₑian　沿ₑian　铅ₑtɕʰian(仙 yan)

　　县 ɕianꜛ(先 yan)

　　癞 laiꜛ(曷 a)

　　拽 tʂuaiꜛ(薛 iE)

　　捋ₑly(末 uo)

　　挖ₑua(黠 ua)

　　雪ₑɕiE　劣ₑliE(薛 yE)

　　血ₑɕiE　穴ₑɕiE(屑 yE)

臻：讯 ɕyn⊃（真 in）

　　褪 tʰei⊃　逊 ɕyn⊃（魂 ən）

　　遵ᴄtsən　皴ᴄtsʰən　窘ᴄtɕyŋ　润闰 yn⊃　盾 tən⊃（谆 uən）

臻：瑟虱ᴄsᴇ（质 ʅ）

　　日ᴄər（质 ʅ）

　　律率比～ᴄli（术 y）

宕：胳ᴄkᴇ　郝ᴄxau（铎 uo）

江：雹ᴄpau（觉 o）

　　握ᴄuo　壳ᴄkʰuo（觉 io）

曾：孕 yn⊃（蒸 in）

曾：墨ᴄmiᴇ　默ᴄmiᴇ　贼ᴄtsei（德 ᴇ）

　　惑 xuo⊃（德 uᴇ）

梗：烹ᴄpʰən　彭膨ᴄpʰən　盲ᴄmaŋ（庚 əŋ）

　　打ᴄta（庚 ən）

　　盟ᴄməŋ（庚 in）

　　矿 kʰuaŋ⊃（庚 uən）

　　永泳咏ᴄyn　倾ᴄtɕʰyn（庚 yŋ）

梗：帛ᴄpo　陌 mo⊃　吓恐～xuo⊃（陌 ᴇ）

　　剧 tɕy⊃（陌 i）

　　划ᴄxua（麦 uo）

通：穷ᴄtɕʰyŋ（东 uəŋ）

　　嗅 ɕiəu⊃（东 yŋ）

通：木ᴄmo　目牧穆ᴄmo　（屋 u）

　　沃 uo⊃（沃 u）

2.4.3 声调例外字表

古清平

读阳平(13)：

些 ɕiɛ　鬃 tʂua　浮孵 fu　迂 y　堤 tʰi　魁傀 kʰuei　绥 sei
滂 pʰaŋ　妨 faŋ　扛 kʰaŋ　从~容,钟合三清 tsʰəŋ

读上声(2)：

揪 tʂəu　蝙 pian

读去声(6)：

过戈合一见 kuo　俱 tɕy　嵌 tɕʰian　姘 pʰin　纵 tsəŋ　供 kuŋ

古浊平

读阴平(17)：

巫诬 u　殊 ʂu　奚 ɕi　期 tɕʰi　微 uei　涛 tʰau　猫 mau
酣 xan　掂 tʰian　帆 fan　捐 tɕyan　蹲 tən　浑 xuən　鲸 tɕin
聋 ləŋ　庸 yŋ

读上声(3)：

储 tʂʰu　潜 tɕʰian　闽 min

读去声(1)：

楞 lən

古清、次浊上

读阴平(3)：

奶乳房 lai　悄 tɕʰiau　纠 tɕiəu

读阳平(3)：

只~有 tʂʅ　唯 uei　燎 liau

读去声(5)：

懊 ŋau　诱莠 iəu　境 tɕin　矿 kʰuaŋ

古全浊上、古去声

读阴平(13)：

鳔 pʰiau　疏 səu　输 ṣu/y　荔 li　思 sʅ　稍 ʂau　召 tʂau

殴 ŋəu　勘 kʰan　晕 yn　脏 tsaŋ　轰 xuŋ　讽 fəŋ

读阳平(10)：

髓 sei　和 ~面 xuo　咳 kʰE　谊 ȵi　鼻 pi　遂隧 sei　疗
liau　玩 uan　横蛮 ~xuən

读上声(28)：

辅腐釜 fu　雨宇羽禹 y　远 yan　艇挺 tʰin　佐 tsuo　假
请 ~tɕia　捕 pʰu　吐呕 ~tʰəu　薯 ʂu　屡 ly　蔼 ŋai　块会 ~计 kʰ
uai　饵 ər　伪 uei　翡 fei　纬 uei　偶 ŋəu　缆 lan　仅 tɕin
访 faŋ　柄 pin

古全浊入

读阴平(4)：

曰粤 yE　突 tʰəu　剧 ~烈 tɕy

读上声(1)：

蜀 ʂu

读去声(9)：

洽 tɕʰia　弼 pi　术 ʂu　惑 xuo　域 y　剧戏 ~tɕy　射 ʂE　寂
tɕi　瀑 pʰu

古次浊入

读上声(2)：

抹用手 ~mo　颖 in

三　从与中古音及周边方言的比较看
白河方言的归属和性质

3.1 从与中古音的比较看白河城关话的音韵特征

3.1.1 白河城关话声母的音韵特征

古泥母字与来母字在今洪音前相混,都读 l,如:脑 = 老 lau^{435}｜男 = 兰 lan^{44}｜内 = 累 lei^{41}｜怒 = 路 ləu^{41}。在今细音前不混,泥母读 ȵ,来母读 l,如:泥 ȵi^{44} ≠ 梨 li^{44}｜尿 ȵiau^{41} ≠ 料 liau^{41}｜纽 ȵiəu^{435} ≠ 柳 liəu^{435}。

影疑母今洪音字开口读 ŋ,如:爱 ŋai^{41}｜熬 ŋau^{44}｜欧 ŋəu^{213}。疑母开口细音字读 ȵ,疑母合口细音字和影母细音字读 ø,如:艺 ȵi^{41}｜咬 ȵiau^{435}｜业 ȵiɛ^{213}｜鱼 y^{44}｜妖 iau^{213}｜幼 iəu^{41}｜怨 yan^{41}｜雍 yŋ^{213}。

日影云以疑五母合口字在今细音前合流,读零声母,如:如_日_=淤_影_=余_以_=鱼_疑_ y｜软_日_=怨_影_=圆_云_=缘_以_=原_疑_ yan(不计声调)。

古庄组字中北京音读舌尖后音 tʂ 组的部分字,白河城关话读 ts tsʰ s,主要出现在遇止流梗四摄,如:初 tsʰəu^{213}｜助 tsəu^{41}｜师 sʅ^{213}｜事 sʅ^{41}｜瘦 səu^{41}｜漱 səu^{41}｜省 sən^{435}｜争 tsən^{213}。

古蟹摄开口二等见、匣母字白读音今多保留舌根音读法,如:介 kai^{41}｜戒 kai^{41}｜街 kai^{213}｜界 kai^{41}｜解 ~ 开 kai^{435}｜鞋 xai^{44}｜蟹 xai^{435}。

3.1.2 白河城关话韵母的音韵特征

合口字的开口化,主要表现在:

蟹止摄合口端精组字、山臻摄合口端系舒声字韵头 u 脱落,读开口呼,如:推 tʰei^{213}｜催 tsʰei^{213}｜碎 sei^{41}(以上蟹摄)｜嘴

tsei^{435}｜随 sei^{44}（以上止摄）｜短 tan^{435}｜酸 san^{213}（以上山摄）｜墩 tən^{213}｜轮 lən^{44}｜尊 tsən^{213}｜损 sən^{435}（以上臻摄）。

通摄合口一、三等端系舒声字韵头 u 脱落，读开口呼，如：东 təŋ^{213}｜桶 t^{h}əŋ^{435}｜农 ləŋ^{44}｜宗 tsəŋ^{213}｜送 səŋ^{41}（以上一等）｜浓 ləŋ^{44}｜从 ts^{h}əŋ^{44}｜松 səŋ^{213}（以上三等）。

单元音韵母的复元音化，主要表现在两个方面：

古果、宕入一等见晓组字开口与合口合流为 uo，如：哥＝锅 kuo^{213}｜个＝过 kuo^{41}｜各＝郭 kuo^{213}｜鹤＝霍＝xuo^{41}。咸开一见晓组入声字与山合一见晓组入声字合流，如：盒＝活 xuo^{44}｜喝＝豁 xuo^{213}。

古遇合一、流开一、臻合一人、通合一三入端系字合流为 əu，如：都＝督＝兜 təu^{213}｜偷＝突 t^{h}əu^{213}｜醋＝凑＝猝＝促 ts^{h}əu^{41}。通合三知系入声字与流开三知系字合流，如：竹＝洲＝周 tʂəu^{213}｜属＝手 ʂəu^{435}。

古深臻摄与曾梗摄开口舒声字合韵，读 ən in。如：淋＝邻＝陵＝灵 lin^{44}｜沉＝尘＝橙＝诚 tʂ^{h}ən^{44}｜淫＝寅＝蝇＝赢 in^{44}。

古曾开一、梗开二入声字（明母除外）今同读为 ɛ，不与来自蟹、止摄的 ei 韵合流，如：北 pɛ^{44}｜得 tɛ^{44}｜克 k^{h}ɛ^{213}（以上曾摄）｜摘 tsɛ^{44}｜册 ts^{h}ɛ^{213}（以上梗摄）。此外，古假开三知系字、咸开三章组入声字、山开三知系入声字、臻开三庄组入声今都读 ɛ，如：遮 tʂɛ^{213}｜赊 ʂɛ^{213}（以上假摄）｜褶 tʂɛ^{44}｜涉 ʂɛ^{41}（以上山摄）｜虱 sɛ^{213}｜瑟 sɛ^{213}（以上臻摄）。

古曾开一、梗开二明母入声字今读齐齿呼 iɛ，如：墨 miɛ^{44}｜麦 miɛ^{213}。

3.1.3　白河城关话声调的音韵特征

大量古次浊声母入声字派入阴平，如：纳 la^{213}｜灭 miɛ^{213}｜业 ȵiɛ^{213}｜立 li^{213}｜阅 io^{213}｜日 ər^{213}。部分古次浊声母入声字派入

阳平,数量不多,如:墨 mie^{44} | 弱 z_uo^{44} | 六 lou^{44} | 额 $ŋe^{44}$。

古清声母入声字大量派入阴平,约占到清入字总数的 52%,如:塌 t^ha^{213} | 鸽 kuo^{213} | 捉 $tşuo^{213}$ | 削 $çio^{213}$ | 磕 k^huo^{213}(以上北京话派入阴平) | 窄 tse^{213} | 百 pe^{213} | 铁 t^hie^{213} | 渴 k^huo^{213} | 尺 $tş^hʅ^{213}$(以上北京话中派入上声) | 涩 se^{213} | 括 k^huo^{213} | 刻 k^he^{213} | 血 $çie^{213}$ | 客 k^he^{213}(以上北京话中派入去声)。另有约 27% 的清入字派入阳平,如:伯 pe^{44} | 答 ta^{44} | 识 $ʂʅ^{44}$ | 七 $tç^hi^{44}$ | 博 po^{44}(以上北京话派入阳平) | 葛 kuo^{44} | 匹 p^hi^{44} | 北 pe^{44} | 嘱 $tşou^{44}$(以上北京话中派入上声) | 祝 $tşou^{44}$ | 浙 $tşe^{44}$ | 各 kuo^{44} | 速 sou^{44}(以上北京话中派入去声)。

白河城关话声调的演变规律与北京话的不同主要体现在古入声字的走向:全浊入归阳平,次浊入派入阴平、阳平、去声三声,清入派入四声,其中清入派入阴平和阳平的字比北京话多。

3.2 白河城关话与周边方言音韵特征的比较

白河城关话主要通行于白河北部、东部汉江干流南岸的河谷地区,这一带被西南官话鄂北片包围。《中国语言地图集》中西南官话鄂北片方言的范围主要在湖北省北部,以襄樊为中心,东北与中原官话南鲁片相连,西北与陕南旬阳、白河接壤。鄂北襄樊、十堰地区北邻南阳盆地,历史上政治、经济、移民往来密切,故鄂北片和南鲁片不仅地理上相连,方言特征上也有很多相似之处。下面我们将白河城关话与中原官话南鲁片、西南官话鄂北片方言的音韵特征进行比较,观察它们之间的异同。

根据贺巍(2005)对河南、河北、山东、安徽、江苏五省境内中原官话分区做出的调整,把原中原官话郑曹片西南部许昌、平顶山、南阳三个市共 30 个县区的方言独立出来,命名为南鲁片。

其西南部的西峡、淅川、内乡、邓州等县市与鄂西北郧县、郧西县接壤①，距陕南东部地区非常近。南鲁片方言的主要语音特征是：1.古入声清声母和次浊声母今读阴平。2.古精组和见组声母字与细音韵母相拼时不分尖团。3.古知庄章三组字除少数读 ts tsʰ s 外，其他大都读 tʂ tʂʰ ʂ。4.古蟹摄合口一等和止摄合口的端精组字，本片大都不带介音 u，如：堆꜀tei｜对 teiꜛ｜腿꜀tʰei｜退 tʰeiꜛ｜催꜀tsʰei｜醉 tseiꜛ｜虽꜀sei。

白河城关话和这两片方言整体上存在很多共同点，因此白河城关人外出之后常因方言之故被认作是河南人。此处以襄樊、郧西（西南官话鄂北片）、南阳方言（中原官话南鲁片）为参照，从声、韵、调三个方面考察白河城关话与鄂北片、南鲁片的异同：

襄樊方言和郧西方言古清声母和次浊声母入声字今读阴平和阳平两类，全浊声母入声字今读阳平，如郧西：八帮 = 拔並꜀pa｜作精 = 凿从꜀tsuo｜约影꜀io ≠ 药以꜀io｜迫帮꜀pʰɛ ≠ 拍滂꜀pʰɛ。南阳方言古清入字和次浊入声字今全都归入阴平，全浊入声字今读阳平。从调型上看，郧西和白河城关最接近，阴平都是曲折调，阳平是高平调，上声总体是高升调，襄樊和南阳比较接近，阴平都是中升调，阳平都是降调，上声都是高平调，见下表：

	平		上			去		入		
	清	浊	清	次浊	全浊	浊	清	清	次浊	全浊
襄樊	阴平 34	阳平 52	上声 55			去声 31		阴平 34／阳平 52		阳平 52
郧西	阴平 213	阳平 55	上声 35			去声 41		阴平 213／阳平 55		阳平 55
南阳	阴平 35	阳平 31	上声 55			去声 41		阴平 35		阳平 31
白河城关	阴平 213	阳平 44	上声 435			去声 41		阴平 213／阳平 44		阳平 44

---

① 郧县、郧西县方言的历史成因、语音特征等都与白河方言基本相同。

　　古知庄章组声母的今读在南阳分为两种情况：东部地区如邓州、新野、唐河接近中原官话信蚌片，知庄章组字都读 ts 组，和精组字同音；中西部地区如西峡、淅川、内乡古知庄章组字大多读 tʂ 组。襄樊毗邻南阳地区东部，知庄章组字都读 ts 组，如：出＝粗 ⸜tsʰu｜迟＝词 ⸜tsʰ ʅ｜炒＝草 ⸜tsʰou｜山＝三 ⸜san｜产＝惨 ⸜tsʰan。郧西和白河城关接壤，两地方言庄组遇止流梗四摄字今多读 ts tsʰ s，知庄章组其他字读 ts 组。

　　蟹止山臻摄端系合口字在今白河城关话中介音消失，读作开口呼韵母，南阳、襄樊、郧西方言也都具备这一特点。古蟹止山臻摄端系合口字今读开口呼韵母是陕、鄂、豫交界荆襄地区方言的一个区域性特征。

	脆	随	最	短	团	端	寸
襄樊	tsʰei⁼	⸜sei	tsei⁼	ᶜtan	⸜tʰan	⸜tan	tsʰən⁼
郧西	tsʰei⁼	⸜sei	tsei⁼	ᶜtan	⸜tʰan	⸜tan	tsʰən⁼
南阳	tsʰei⁼	⸜sei	tsei⁼	ᶜtan	⸜tʰan	⸜tan	tsʰən⁼
白河城关	tsʰei⁼	⸜sei	tsei⁼	ᶜtan	⸜tʰan	⸜tan	tsʰən⁼

　　张光宇将汉语方言合口介音的消失按声母的次序分为长治型、忻州型、北京型、临清型、武汉型五种类型。荆襄地区方言合口介音的消失属于武汉型，帮组、端组、泥组、精组声母之后介音消失，其他声母之后保存。uei、uən、uan 开口化，uaŋ 不变。以白河城关方言的止摄字为例：

　　帮组：杯 ⸜pei　配 pʰei⁼　梅 ⸜mei　妹 mei⁼　肺 fei⁼　飞 ⸜fei

　　端组：堆 ⸜tei　退 tʰei⁼　对 tei⁼　兑 tei⁼　蜕 tʰei⁼

　　泥组：内 lei⁼　雷 ⸜lei　累 lei⁼　泪 lei⁼　类 lei⁼

　　精组：崔 ⸜tsʰei　碎 sei⁼　最 tsei⁼　脆 tsʰei⁼　岁 sei⁼　虽 ⸜sei

　　知系：缀 tʂuei⁼　税 ʂuei⁼　锥 ⸜tʂuei　水 ᶜʂuei

　　见系：龟 ⸜kuei　葵 ⸜kʰuei　唯 ⸜uei　桂 kuei⁼　惠 xuei⁼

张光宇对这种合口呼韵母开口化运动的解释是:"凡主要元音偏前,合口介音越容易消失。这条规律说明 uen、uei 比 uan、uaŋ 还早丢失合口成分。"而 uen 比 uei 早,uan 比 uaŋ 早是由于韵尾部位偏前的比较倾向于合口成分消失(n 尾是舌尖,而 i 尾是舌面部位)。因此 uen、uei、uan、uaŋ 四个韵母合口介音脱落的顺序是 uen>uei>uan>uaŋ。

古果山入宕入摄见系一等字在南阳及其南临的丹江口、郧县城关方言中演变情况相同,开口字今读开口呼,合口字今读合口呼。沿汉江上溯至陕鄂两省交界的郧西、白河,下沿至汉江中下游襄樊、钟祥、武汉,古果宕咸山摄一等见晓组开合口字合流,见下表:

	贺:货	喝:豁	课:阔	个:过	鹤:霍
襄樊	=	=	=	=	=
郧西	=	=	=	=	=
南阳	≠	≠	≠	≠	≠
白河城关	=	=	=	=	=

可以看出,白河城关话整体上与其东临的鄂北片、南鲁片方言存在很大的相似性,如古清入和次浊入声字有一部分今派入阴平,蟹止山臻摄端系合口字今都读开口,果宕咸山摄一等见晓组字今开合口合流等。

3.3 白河茅坪话的音韵特征

3.3.1 白河茅坪话声母的音韵特征

古泥母字与来母字在今洪音前相混,都读 l,如:努 = 鲁 ləu⁴³⁵ | 奈 = 癞 lai²² | 脑 = 老 lau⁴³⁵ | 男 = 兰 lan⁴⁴。古泥母今细音字读 ȵ,与来母字不混,如:腻 ȵi²² | 捏 ȵiɛ⁴¹ | 纽 ȵiəu⁴³⁵ |

年 ȵian⁴⁴。

古山臻遇摄合口三、四等见晓组字与知系字合流，声母读为 tʂ 组，韵母为 ʮ 类韵，如：拳 = 船 tʂʰʮan⁴⁴｜裙 = 唇 tʂʰʮn⁴⁴｜居 = 拘 = 猪 = 朱 tʂʮ⁴¹。遇摄合口三等见组入声字声母今亦读为 tʂ 组，如：菊 tʂʮ⁴¹｜曲 tʂʰʮ⁴¹。

蟹止摄合口一、三等精组字白读声母为舌面音 tɕ tɕʰ ɕ，如：最 tɕi²¹³｜岁 ɕi²¹³｜嘴 tɕi⁴³⁵｜隧 ɕi²²｜醉 tɕi²¹³。

古影疑母洪音字声母为 ŋ，如：爱 ŋai²¹³｜袄 ŋau⁴³⁵｜按 ŋan²¹³｜恶 ŋuo⁴¹。古影疑母开口二等舒声字白读声母为 ŋ，如：牙 ŋa⁴⁴｜哑 ŋa⁴³⁵｜咬 ŋau⁴³⁵｜鸭 ŋa⁴¹｜眼 ŋan⁴³⁵。

3.3.2 白河茅坪话韵母的音韵特征

古遇山臻摄合口三、四等知见系字合流，韵母今为 ʮ 类韵，如：除 = 渠 = 厨 = 驱 tʂʰʮ⁴⁴｜鼠 = 许 ʂʮ⁴³⁵｜著 = 锯 = 注 = 句 = tʂʮ²¹³｜船 = 拳 = 权 tʂʰʮan⁴⁴｜专 = 捐 tʂʮan⁴¹｜唇 = 裙 tʂʰʮən⁴⁴｜舜 = 训 ʂʮən²¹³。

蟹止摄合口一、三等帮端系字白读韵母为 i，如：赔 pʰi⁴⁴｜妹 mi²²｜堆 ti⁴¹｜雷 li⁴⁴｜罪 tɕi²²｜碎 ɕi²¹³｜岁 ɕi²¹³｜嘴 tɕi⁴³⁵｜虽 ɕi⁴¹｜醉 tɕi²¹³｜泪 li²²。遇山摄合口三等精泥组字（"庐女吕"除外）白读韵母为齐齿呼，如：驴 li⁴⁴｜旅 li⁴³⁵｜徐 ɕi⁴⁴｜絮 ɕi²¹³｜取 tɕʰi⁴³⁵｜聚 tɕi²²｜全 tɕʰian⁴⁴｜宣 ɕian⁴¹｜选 ɕian⁴³⁵｜绝 tɕiɛ²²。

蟹止摄合口端精组字白读韵头 u 脱落，读开口呼，如：推 tʰei⁴¹｜催 tsʰei⁴¹｜碎 sei²¹³｜嘴 tsei⁴³⁵｜随 sei⁴⁴。山（三等除外）臻摄合口端系舒声字韵头 u 亦脱落，如：短 tan⁴³⁵｜酸 san⁴¹｜顿 tən²¹³｜轮 lən⁴⁴｜尊 tsən⁴¹｜损 sən⁴³⁵。

通摄合口一、三等端知见系舒声字韵头今脱落，读 əŋ，如：东 təŋ⁴¹｜总 tsəŋ⁴³⁵｜公 kəŋ⁴¹｜孔 kʰəŋ⁴³⁵｜红 xəŋ⁴⁴｜浓 ləŋ⁴⁴｜松 səŋ⁴¹｜众 tʂəŋ²¹³｜冲 tʂʰəŋ⁴¹｜宫 kəŋ⁴¹｜共 kəŋ²²。梗通摄合

口三等影晓组舒声字("营茔颖嗅"除外)今读为齐齿呼韵母 iəŋ,如:兄 ɕiəŋ⁴¹｜荣 iəŋ⁴⁴｜熊 ɕiəŋ⁴⁴｜融 iəŋ⁴⁴｜胸 ɕiəŋ⁴¹｜容 iəŋ⁴⁴｜用 iəŋ²²。

古深臻摄与曾梗摄开口舒声字合韵,读 ən in,如:林=邻=陵=铃 lin⁴⁴｜沉=陈=橙=城 tʂʰən⁴⁴｜甚=肾=胜=圣ʂən²¹³。

古影疑母开口二等舒声字白读韵母为开口呼,如:牙 ŋa⁴⁴｜崖 ŋai⁴⁴｜咬 ŋou⁴³⁵｜鸭 ŋa⁴¹｜眼 ŋan⁴³⁵｜硬 ŋən²²。

古遇合一、流开一、臻合一、通合一三端系字合流为 əu,如:都=督=兜 təu⁴¹｜偷=突 tʰəu⁴¹｜醋=凑=猝=促 tsʰəu²¹³。通合三知系入声字与流开三知系字合流,如:竹=洲=周 tʂəu⁴¹｜属=受 ʂəu²²。

古果、宕一等见晓组字开口与合口合流为 uo,如:哥=锅 kuo⁴¹｜个=过 kuo²¹³｜各=郭 kuo⁴¹｜鹤=霍=xuo⁴¹。咸开一见晓组入声字与山合一见晓组入声字合流,如:合=活 xuo⁴⁴｜磕=括 kʰuo⁴¹。

3.3.3 白河茅坪话声调的音韵特征

去声分阴阳,古清声母去声字今读阴去,调值为 213;古浊声母去声字和全浊声母上声字今读阳去,调值为 22,如:志=痣 tʂʅ²¹³ ≠ 治=置 tʂʅ²²｜兽ʂəu²¹³ ≠ 寿ʂəu²²｜进 tɕin²¹³ ≠ 尽 tɕin²²｜壮 tʂʮaŋ²¹³ ≠ 状 tʂʮaŋ²²。

古清声母入声字和次浊声母入声字今读阴平,如:湿ʂʅ⁴¹｜接 tɕie⁴¹｜速 səu⁴¹｜纳 la⁴¹。古全浊声母入声字今读阳去,如:获 xuo²²｜舌 ʂɛ²²｜服 fu²²｜逐 tʂəu²²。

3.4 白河茅坪话与周边方言音韵特征的比较

白河茅坪话主要通行于白河南部、西部远离汉江干流的偏远山区。最近的研究结果显示,因历史移民的关系,白河茅坪方言中保留了很多江淮官话黄孝片的音韵特征。汉江上游东部旬阳、汉滨、平利、紫阳、汉阴、岚皋、郧西等县区境内的南北后山地区方言都具有这样的特点,非常普遍。邢向东、周政、刘祥柏、郭沈青、柯西钢等曾对陕南地区这种具有黄孝片特征的方言进行过描写和讨论,分析了它们之间的共同点和差异,明确了其地域范围。

下面将白河茅坪方言与同属陕南江淮官话区的郧西马鞍方言、平利洛河方言(材料取自周政 2009)、旬阳赤岩方言①以及陕南江淮官话的源方言——江淮官话黄孝片方言(以湖北英山为代表点,材料取自陈淑梅 1989)进行比较,观察其相似点:

古遇山臻摄合口三、四等见晓组字与知系字合流,声母都读为 tʂ 组,韵母今读都为 ʮ 类韵,"这个特点类似于黄孝片和部分北部赣语"(刘祥柏 2007)。见下表:

	居	猪	虚	书	拳	船	捐	专	裙	唇	鱼	如
湖北英山	꜀tʂ ʮ		꜀ʂ ʮ		꜀tʂʰ ʮan	꜀tʂ ʮan			꜀tʂʰ ʮn		꜀ʂ ʮ	
郧西马鞍	꜀tʂ ʮ		꜀ʂ ʮ		꜀tʂʰ ʮan	꜀tʂ ʮan			꜀ʂʰ ʮn		꜀ʂ ʮ	
白河茅坪	꜀tʂ ʮ		꜀ʂ ʮ		꜀tʂʰ ʮ				꜀tʂʰ ʮn			
旬阳赤岩	꜀tʂ ʮ		꜀ʂ ʮ		꜀tʂʰ ʮan	꜀tʂ ʮan			꜀tʂʰ ʮn		꜀ʂ ʮ	
平利洛河	꜀tʂ ʮ		꜀ʂ ʮ		꜀tʂʰ ʮan	꜀tʂ ʮan			꜀tʂʰ ʮn		꜀ʂ ʮ	

古蟹止摄合口一、三等帮端系字今白读韵母基本都为 i,平利洛河读 ei,其中精组字白读声母为舌面音 tɕ tɕʰ ɕ:

	赔	妹	堆	腿	泪	最	碎	嘴
湖北英山	꜀pʰi	miꜛ	꜀ti	꜀tʰi	liꜛ	tɕiꜛ	ɕiꜛ	꜀tɕi
郧西马鞍	꜀pʰi	miꜛ	꜀ti	꜀tʰi	liꜛ	tɕiꜛ	ɕiꜛ	꜀tɕi

---

① 这三个点都和白河毗邻,郧西马鞍、旬阳赤岩材料系笔者调查所得。

白河茅坪	꜀pʰi	mi²	꜀ti	꜀tʰi	li²	tɕi²	ɕi²	꜀tɕi
旬阳赤岩	꜀pʰi	mi²	꜀ti	꜀tʰi	li²	tɕi²	ɕi²	꜀tɕi
平利洛河	꜀pʰei	mei²	꜀tei	꜀tʰei	lei²	tsei²	sei²	꜀tsei

古影疑母开口二等字白读声母为舌根鼻音 ŋ：

	牙	伢儿	哑	鸭	压	眼	咬
湖北英山	꜀ŋa	꜀ŋɐr	꜀ŋa	ŋaʔ²	ŋaʔ²	꜀ŋan	꜀ŋau
郧西马鞍	꜀ŋa	꜀ŋɐr	꜀ŋa	꜀ŋa	꜀ŋa	꜀ŋan	꜀ŋɔu
白河茅坪	꜀ŋa	꜀ŋɐr	꜀ŋa	꜀ŋa	꜀ŋa	꜀ŋan	꜀ŋɔu
旬阳赤岩	꜀ŋa	꜀ŋɐr	꜀ŋa	꜀ia	꜀ia	꜀ŋan	꜀ŋɑu
平利洛河	꜀ŋa	꜀ŋɐr	꜀ŋa			꜀ŋan	꜀ŋau

古梗通摄合口三等影晓组字韵母都读 iəŋ，平利洛河读 oŋ；曾梗摄开口一二等帮组字、通摄合口知系、见组字今都读 əŋ，平利洛河读 ioŋ 如：

	胸	穷	用	朋	宋	中	宠	供
湖北英山	꜀ɕiəŋ	꜀tɕʰiəŋ	iəŋ²	꜀pʰəŋ	səŋ²	꜀tʂəŋ	꜀tʂʰəŋ	kəŋ²
郧西马鞍	꜀ɕiəŋ	꜀tɕʰiəŋ	iəŋ²	꜀pʰəŋ	səŋ²	꜀tʂəŋ	꜀tʂʰəŋ	kəŋ²
白河茅坪	꜀ɕiəŋ	꜀tɕʰiəŋ	iəŋ²	꜀pʰəŋ	səŋ²	꜀tʂəŋ	꜀tʂʰəŋ	kəŋ²
旬阳赤岩	꜀ɕiəŋ	꜀tɕʰiəŋ	iəŋ²	꜀pʰəŋ	səŋ²	꜀tʂəŋ	꜀tʂʰəŋ	kəŋ²
平利洛河	꜀ɕioŋ	꜀tɕʰioŋ	ioŋ²	꜀pʰoŋ	soŋ²	꜀tʂoŋ	꜀tʂʰoŋ	koŋ²

　　汉江上游东部南北山区方言中这种语音现象非常普遍，像丹江口、郧县城关方言。通摄见晓组字读作开口呼，合口呼韵母的开口化运动连舌根声母这"保留合口呼的最后堡垒"也突破了，这与张光宇所归纳的四种类型都有所不同。

　　江淮官话黄孝片古去声字根据声母的清浊今读阴去和阳去两类，有独立的入声调类。白河茅坪、郧西马鞍、旬阳赤岩、平利洛河有五个单字调，古去声字的今读类型和江淮官话黄孝片相同，古清入、次浊入字今读阴平，古全浊入字今读阴平、阳平、阳

去。两类方言阴平、阳平、上声和阳去四个单字调的调型基本一致,调值略有差别。见下表:

	平		上			去		入		
	清	浊	清	次浊	全浊	浊	清	清	次浊	全浊
湖北英山	阴平 31	阳平 55	上声 34	阳去 33		阴去 35		入声 213		
郧西马鞍	阴平 51	阳平 44	上声 35	阳去 22		阴去 213		阴平 51	阴平 51/阳平 44	
白河茅坪	阴平 41	阳平 44	上声 435	阳去 22		阴去 213		阴平 41	阳去 22	
旬阳赤岩	阴平 41	阳平 44	上声 35	阳去 22		阴去 213		阴平 41	阴平 41/阳去 22	
平利洛河	阴平 31	阳平 52	上声 445	阳去 22		阴去 214		阴平 31	阳平 52	

可以看出,白河茅坪方言和江淮官话黄孝片方言的音韵特征存在很多共同点,结合历史上的行政归属、移民迁徙等材料,方言研究者将这一片方言区确定为江淮官话黄孝片在汉江上游东部山区的变体。

3.5 白河方言的混合性质

从前面的比较可以看出,白河城关话和茅坪话都具有很强的混合性质。

在迁入后三四百年繁衍生息的过程中,"老民"与"黄州佬"互相交流,语言不断交融,形成了现在"你中有我,我中有你"的特点。

城关话的很多语音特征表现出这种方言的底层应属于中原官话南鲁片,如从古入声字的归属看,古清入声字和次浊入声字今读阴平和阳平两类,古全浊入声字今读阳平。其他如古知庄章组字(除少数庄组开口字)今读 tʂ 组,蟹止山臻摄端系合口字介音今全部脱落读开口呼等特征也与中原官话南鲁片基本相同。

同时,城关话在发展过程中也接纳了后山地区江淮官话的部分特征,尤其是知系合口字主要元音或韵头读 ʅ 这一特点,在白河城关话中非常明显。不过从音类看,城关话并未出现"书=虚、篆=倦"的音类合并,说明这种影响还处于音值的层次。

茅坪话应划归江淮官话黄孝片。湘语、赣语等江南地区方言的特征在茅坪话中也有零星体现,如第三人称代词用"渠 ᵪkʰε"、家禽的性别描述用"鸡公、鸭婆"等。

因城关地区是白河政治、经济、文化中心,城关话凭借其强势地位对茅坪话施加着影响,这一点在调值方面表现尤为明显。"老民话"和"黄州佬的话"两类方言阳平和上声两个声调调值完全相同,阳平都是高平调44,上声都是中升调435。阴平和去声两个调值刚好相反,"老民话"阴平为曲折调213,去声是高降调41,"黄州佬的话"阴平为高降调41,去声是曲折调213。这说明两类方言在长期的接触交融过程中,调值已经极大程度上同化了。但另一方面,这两类方言的调类至今仍然不混,保持着非常完整的源方言调类体系。有可能再经过几百年的互相影响和渗透,两类方言调类之间的差别会越来越小,甚至融为一体。

除了内部"老民话"和"黄州佬的话"互相影响外,白河境内这两类方言还接受着周边地区方言及普通话的影响。这其中以西南官话的影响最甚。

白河地处陕南,整个陕南地区除北部隔秦岭和关中地区相连外,几乎都被西南官话区包围:南部、西部紧邻面积广大的西南官话成渝片,东部分布着西南官话鄂北片。加之历史上陕南地区和西南官话的核心区域成都平原在政治、军事、经济、文化、移民等方面联系密切,交流甚多。西南官话的影响在陕南各地非常明显,尤其是陕南西部地区,方言具有典型的成渝片方言的特点,如宁强、南郑、西乡、城固等地方言古入声字今都读阳平、去声今读曲折调213/214等。

白河虽地处陕南东端,距川蜀较远,但方言中也有很强的西南官话的烙印,如城关话和茅坪话古果咸山入宕入摄见系一等开口字与合口字今都读 uo(以下为茅坪话):哥＝锅 kuo⁴¹｜个＝过 kuo²¹³｜各＝郭 kuo⁴¹｜合＝活 xuo⁴⁴｜磕＝括 kʰuo⁴¹。受西南官话古入声字今读阳平这一特点的影响,城关话和茅坪话中也有大量古入声字今读阳平(以下为城关话):墨 miɛ⁴⁴｜弱 ʐuo⁴⁴｜六 ləu⁴⁴｜额 ŋɛ⁴⁴(以上为古次浊入)｜伯 pɛ⁴⁴｜答 ta⁴⁴｜识 ʂʅ⁴⁴｜葛 kuo⁴⁴｜匹 pʰi⁴⁴｜北 pɛ⁴⁴｜祝 tʂəu⁴⁴｜各 kuo⁴⁴｜速 səu⁴⁴(以上为古清入)。

词汇方面,城关话和茅坪话中也保留着很多西南官话词语,如:扯闪闪电、儿娃子男孩儿、脑壳头、倒拐子胳膊肘、逮猫儿捉迷藏、绊到了跌倒、甩扔、牵牵挂、想念、日唪骂、造孽可怜,等。

除西南官话外,白河城关话和茅坪话还受到中原官话关中片和秦陇片方言的渗透与影响。

陕南地区与关中虽隔有秦岭天险,但库谷、锡谷、蓝武、子午等秦岭古驿道仍将南北两侧紧密联系在一起。因秦岭中段崇山峻岭较多,南宋以前陕南地区与秦岭以北区的联系主要集中在西部。南宋以后,随着多条秦岭驿道的不断开辟和完善,白河等陕南东部地区和关中在政治、经济、文化等方面的交往越来越密切,尤其是元代陕南地区和关中属于同一个省级行政区以后。在这样的历史背景下,关中片、秦岭片方言的语音特征不断渗透、影响着陕南东部白河一带的方言。

关中片方言古德陌麦韵开口一、二等字与来自蟹止摄的合口字今合流,白河城关话和茅坪话也具有这种特征,不同的是关中片方言这两类字今读复元音韵母 ei/əi,如西安城区话:德 ₌tei｜肋 ₌lei｜策 ₌tsʰei｜革 ₌kei｜麦 ₌mei｜窄 ₌tsei;而白河方言这两类字今读前元音 ɛ/ɛ 或 iɛ/iɛ,如城关话:北 pɛ⁴⁴｜克 kʰɛ²¹³｜

墨 miɛ⁴⁴｜摘 tsɛ⁴⁴｜册 tsʰɛ²¹³｜麦 miɛ²¹³。

秦陇片方言的显著特点之一是古泥来母今洪音字都读边音l，泥母今细音字读 ȵ，来母今细音字读 l。白河方言古泥来母字的今读类型与秦陇片完全相同，这也是《中国语言地图集》把白河方言归入秦陇片的主要依据，如茅坪话：脑 = 老 lau⁴³⁵｜男 = 兰 lan⁴⁴｜怒 = 路 ləu²²｜年 ȵian⁴⁴ ≠ 连 lian⁴⁴｜纽 ȵiəu⁴³⁵ ≠ 柳 liəu⁴³⁵。

总之，因为特殊的地理位置以及"整体杂居、局部聚居"的特殊移民状况，白河方言在形成、发展过程中受到中原官话南鲁片、关中片、秦陇片，江淮官话，西南官话，湘语，赣语等各种方言的影响，具有非常鲜明的混合性质。

四　白河方言的 ʮ

赵元任把湖北省东部的 17 个县和西北角的竹山、竹溪共 19 个县的方言都划在"第二区"，并指出"这第二区可以算作典型的楚语——如果要独立一种楚语的名目的话"。赵先生认为"楚语"重要语音特征之一就是"书虚、篆倦"同音，知系字逢合口韵时跟见系合口字相混，韵母的主要元音或韵头读 ʮ。据调查，这种现象广泛存在于鄂东及周边赣、皖、豫部分地区。湖北省东部"除黄梅外，存在 ʮ 和以 ʮ 开头的一系列韵母，与北京方言撮口呼韵母、声母为 tʂ 组的多数合口呼韵母以及部分声母为 ʐ 的音节对应"（汪化云 2004）。江西九江、瑞昌，河南新县、光山方言有舌尖后元音韵母 ʮ。安徽西部"潜怀方言区的潜山、宿松、岳西、桐城、枞阳等县都有 ʮ 及 ʮ 类韵"，"安庆地区与桐城交界的怀宁县，与枞阳隔江相对的贵池县、青阳县、东至县的部分地区，也都有 ʮ 与 ʮ 一类韵母存在"（李金陵），其中桐城方言"遇摄合口三等、山摄合口三四等、臻摄合口三等、通摄合口三等见系和知章组字韵母相同"（孙宜志2006b），安庆方言虽然没有 ʮ 类韵，但"见系合口三等遇摄的'居举区'等字韵母都文读 y，白读 u"（孙宜志2006a）。

　　汉江上游地区从陕西省石泉县往东至湖北省郧县广大地区方言的韵母系统里也存在 ʮ。这一江淮官话黄孝片的典型语音特征应是在清代随湖广填四川的移民运动进入汉江上游地区的。因为地理位置、移民来源等原因，ʮ 的分布呈现出复杂的特点：西部石泉全县方言基本都存在 ʮ 类韵；中部汉阴、汉滨、旬阳、郧西等县区远离汉江的南北岸山区方言都有 ʮ 类韵，靠近汉江的河谷地区虽没有 ʮ 类韵，但合口呼韵母与舌尖后音声母 tʂ tʂʰ ʂ ʐ 相拼时 u 音值接近 ʮ，存在 ʮ 音值；南部紫阳全县方言都没有 ʮ 类韵，存在 ʮ 音值；东部郧县城关话中也存在 ʮ 音值。另外，据郭沈青和孟万春的调查，在商洛市的镇安、柞水、商州、山阳等县区也有 ʮ 类韵母。

　　白河方言中的 ʮ 也表现为两种情况：茅坪话存在 ʮ 类韵母，知系合口字与见系遇山臻合口三、四等字都读 ʮ 类韵。如：著＝锯＝注＝句 tʂʮꜛ ｜ 船＝拳 ꞈtʂʰʮan ｜ 唇＝裙 ꞈtʂʰʮən。城关话中知系合口字的读音很特别，合口呼韵母 u ua uo uai uei uan uən uaŋ uŋ 与舌尖后音声母 tʂ tʂʰ ʂ ʐ 相拼，介音 u 发音时舌体后缩，实际音值为 ʮ。见系遇山臻合口三、四等字今读撮口呼韵母，如：鼠 ꞈʂʮ ≠ 许 ꞈɕy ｜ 船 ꞈtʂʰʮan ≠ 拳＝权 ꞈtɕʰyan ｜ 专 ꞈtʂʮan ≠ 捐 ꞈtɕyan ｜ 舜 ʂʮənꜛ ≠ 训 ɕynꜛ。城关话中 ʮ 的分布范围没有茅坪话大，只存在 ʮ 的发音特征，不存在如江淮官话黄孝片那样的 ʮ 音类，因此在整理音系时只是将其处理为合口呼韵母与舌尖后音声母 tʂ tʂʰ ʂ ʐ 相拼时的变体，不把它作为 ʮ 类韵母列出。

　　汉江河谷是汉江上游地区的政治、经济中心，故在全县范围内，城关中原官话的优势地位比较明显，在交融过程中会把自己的特点施加于山区的江淮官话，同时也会吸收江淮官话的特征，其中最明显的表现就是知系合口字的读音。

　　江淮官话黄孝片方言中 ʮ 类韵的发音特征非常明显，当与其他方言接触时，这一特征很快就会被接受并互相影响。白河境内，江淮官话在与中原官话的接触过程中很容易把 ʮ 这一语音特征施加于后者，使后者的语音系统里合口呼韵母 u ua uo uai uei uan uən uaŋ uŋ 在与舌尖后音声母 tʂ tʂʰ ʂ ʐ 相拼时发生变化。ʮ 是舌尖后高圆唇元音，tʂ tʂʰ ʂ ʐ 的发音部位也是舌尖后，tʂ tʂʰ ʂ ʐ+ʮ 和 tʂ tʂʰ ʂ ʐ + u 相比，前者的拼合在发音部位上更加符合发音习惯。加之 u 和 ʮ 都是后高元音，u 向 ʮ 的转化也十分自然。因此白河城关话里，受江淮官话 ʮ 的同化，合口呼韵母的介音 u 发音时舌头很容易后缩，变得与声母同部位的舌尖后元音 ʮ 相同。这种发音机理也使得白河城关地区方言的知系合口字中的 u 在语言接触过程中逐渐同化为 ʮ。

　　至于见系字，因为白河城关方言属于中原官话，其语音系统中的 tɕy- tɕʰy- ɕy-与 tʂu- tʂʰu- ʂu-已经形成区别明显的两类音，而且有其他中原官话的强大后盾，加之"tɕy-这样的音节组合是和谐的"（孙宜志 2006b），因此除非黄孝片迁来的移民在当地占绝对优势，在目前的情况下是不可能与知系合口字合流为 tʂʮ- tʂʰʮ- ʂʮ-的，tɕy- tɕʰy- ɕy-在语音系统中仍然非常完整。在这样的接触和融合中，白河城关话逐渐形成了具有 ʮ 音值但不具有 ʮ 音类的语音特点。

　　而在白河的后山地区，因为由江淮官话黄孝片地区迁来的移民占绝对优势，虽然在与城关地区的交往中，方言会受中原官话的影响逐渐吸收对方的部分语音特征，但江淮官话黄孝片典型特征——ʮ 类韵仍然保持得很完整。白河城关地区和后山地区两类官话不同的接触和演变过程是 ʮ 两种不同表现的根本原因。这种现象在汉江上游陕鄂交界地区汉阴、汉滨、旬阳、郧西等地都非常普遍，如湖北郧西城关话：语ᶜy ≠ 乳ᶜʮ｜军ᴄtɕyn ≠

谆 $_⊂$tʂuən；郧西马鞍（后山乡镇）话：鱼＝如 $_⊂$ʮ｜全＝传 $_⊂$tʂʰʮan。

安徽安庆、枞阳方言见系合口字的读音体现了 ʮ 这一江淮官话黄孝片方言的典型特征在多方言接触、融合过程中的另一种情况。这两地方言"举、拳、训"等见系遇山臻摄合口字和知系合口字白读相混，读 tʂu- tʂʰu- ʂu-。而在文读音系统里，见系遇山臻摄合口字读撮口呼韵母。也就是说白读系统"书虚、篆倦"同音，但不读 ʮ 类韵而读合口呼韵母。与安庆、枞阳毗邻的桐城方言表现的还是黄孝片的典型特征，ʮ 类韵非常完整。从地理上看，这三个县区地处江淮官话黄孝片和洪巢片的交界地带，其中"安庆和枞阳是外围"（孙宜志 2006b）。两地方言受共同语及其南部的吴语、赣语影响，见系遇山臻摄合口字在接触、演变过程中逐渐产生变化：白读系统中音类仍然保持不变，和知系合口字混，但音值已不再读 ʮ 类韵而读 u 类韵；文读系统中音类已经开始变化，存在撮口呼韵母，"'居举区'等字韵母都文读 y，白读 u"（孙宜志 2006a）。桐城的地理位置因为更接近江淮官话的核心区域，方言中见系遇山臻摄合口字音类和音值都没有发生演变，目前 ʮ 类韵非常完整。至于 ʮ 在安庆、枞阳两地方言里的演变过程，孙宜志（2006b）认为"ʮ- 类介音发展为 y- 类，只要将舌尖平放，发展为 u- 类只要将撮唇改为圆唇，变化比较简单"。

至于在接触、演变过程中是只借入 ʮ 音值而 u 音类保持完整，还是只借入 u 音值而 ʮ 音类保持完整，基础方言起着重要作用。白河城关方言是中原官话，目前 u 音类保持完整，只借入了江淮官话黄孝片的 ʮ 音值，安庆、枞阳方言是江淮官话，故而 ʮ 音类保持完整，只是受 u 音值的影响不再读 ʮ 而读 u 了。

白河及其附近地区和安庆、枞阳地区与 ʮ 有关的语音演变过程说明，在方言与方言的接触中，音值之间的相互感染和交融是首先发生的，发音特征很容易改变，而音类系统比较稳定，互相之间的相互感染和交融必须经过长期的演变过程,互相感染的进程比音值要慢得多。而对同一个点的方言而言,文读系统里音类的变化比白读系统要更快一些。

第五章　白河方言分类词表

说明

（1）本词表以《现代汉语方言大词典》调查表，即《方言词汇调查条目表》（《方言》2003 年第 1 期）为蓝本，并适当作了调整和补充，共计收入白河方言词语约 4500 条。

（2）词语按意义分为 29 类，各类内部再分小类。

（3）词表中将意义相同的词列在一起，第一条顶格，其余诸条缩一格排列。顺序大致按照使用频率排列，最常用的词在前，依次类推。"（　　）"代表词中的音节可以省略。

（4）每词先写汉字，后用国际音标注音。如未加注明，词条按白河城关话注音。声调标实际调值，有连读变调的直接标变调。调值用数字表示，位于音节右上角。轻声的调值有 21、1 等，为简明起见，本词表一律用 0 标注。

（5）有音无字或本字不明的音节用"□"代替。一般不用同音代替字。

（6）下划线"＿＿"表示合音，如"<u>女娃</u>子"表示"女娃"合音。

（7）例句中，用"～"代替该词语；例句中个别难懂的方言词，用小字注释。

（8）如词条后未加注明，则为白河城关话和茅坪话共用词语，有的词条在右下角注"茅坪"，表示该说法为茅坪话词语。

一　天文

(1) 日、月、星

太阳 tʰai⁴¹ iaŋ⁰

　太爷 tʰai²¹³ iɛ⁴⁴ 茅坪

　日头 ər⁴¹ tʰəu⁰ 茅坪

太阳地的 tʰai⁴¹ iaŋ⁰ ti⁴¹ ti⁰

朝阳 tʂʰau⁴⁴ iaŋ⁴⁴

　阳坡 iaŋ⁴⁴ pʰo⁰

阴凉 in²¹ liaŋ⁴⁴

　阴坡 in²¹³ pʰo⁰

天狗吃太阳 tʰian²¹ kəu⁴³⁵ tʂʂ²¹³ tʰai⁴¹ iaŋ⁰

　黑天 xɛ¹³ tʰian²¹³

太阳长毛 tʰai⁴¹ iaŋ⁰ tʂaŋ⁴³⁵ mau⁴⁴
　日晕

　太阳带枷 tʰai²¹³ iaŋ⁰ tai²¹ tɕia⁴¹ 茅坪

光线 kuaŋ²¹³ ɕian⁰ 阳光

月亮 yɛ²¹³ liaŋ⁰

月亮地的 yɛ²¹³ liaŋ⁰ ti⁴¹ ti⁰

天狗吃月亮 tʰian²¹ kəu⁴³⁵ tʂʂ¹³ yɛ²¹³ liaŋ⁰

月亮长毛 yɛ²¹³ liaŋ⁰ tʂaŋ⁴³⁵ mau⁴⁴
　月晕

星宿 ɕin²¹³ ɕiəu⁰

北斗星 pɛ⁴⁴ təu⁴³⁵ ɕin⁰

启明星 tɕʰi⁴³⁵ min⁴⁴ ɕin⁰

　大命星 ta⁴² min⁴¹ ɕin⁰

天河 tʰian²¹ xuo⁴⁴ 银河

星宿厄屎 ɕin²¹³ ɕiəu⁰ pa⁴³⁵ ʂʂ⁴³⁵
　流星坠落

扫把星 sau⁴¹ pa⁰ ɕin⁰ 彗星

(2) 风、云、雷、雨

风 fəŋ²¹³

大风 ta⁴¹ fəŋ²¹³

狂风 kʰuaŋ⁴⁴ fəŋ²¹³

　暴风 pau⁴¹ fəŋ²¹³

台风 tʰai⁴⁴ fəŋ²¹³

悠悠儿的风 iəu⁴⁴ iər⁴⁴ ti⁰ fəŋ²¹³

　微风 uei¹³ fəŋ²¹³

　溜溜儿的风 liəu²¹ liər⁴³⁵ ti⁰ fəŋ²¹³

漩涡子风 ɕyan⁴⁴ uo²¹³ tsʂ⁰ fəŋ²¹³

鬼风 kuei⁴³⁵ fəŋ²¹³

　阴风 in¹³ fəŋ²¹³

迎风 in⁴⁴ fəŋ²¹³

逆风 ȵi⁴⁴ fəŋ²¹³

顺风 ʂun⁴¹ fəŋ²¹³

刮风 kua¹³ fəŋ²¹³

起风 tɕʰi⁴³⁵ fəŋ²¹³

吹风 tʂʰuei²¹³ fəŋ²¹³

风停了 fəŋ²¹ tʰin⁴⁴ lau⁰

　住风 tʂu⁴¹ fəŋ²¹³

云 yn⁴⁴

黑云 xɛ²¹ yn⁴⁴

霞 ɕia⁴⁴

　早霞 tsau⁴³⁵ ɕia⁴⁴

　朝霞 tʂau²¹ ɕia⁴⁴

晚霞 uan⁴³⁵ ɕia⁴⁴

放霞 faŋ⁴² ɕia⁴⁴ 出现霞光

炸雷 tʂa⁴² lei⁴⁴

　响雷 ɕiaŋ⁴³⁵ lei⁴⁴

打雷 ta⁴³⁵ lei⁴⁴

叫雷劈(打)了 tɕiau⁴¹ lei⁴⁴ pʰi²¹³
(ta⁴³⁵)lau⁰

扯闪 tʂʰɛ⁴³⁵ ʂan⁴³⁵ 闪电(动宾)

　扯火 tʂʰɛ⁴³⁵ xuo⁴³⁵ 茅坪

白雨 pɛ⁴⁴ y⁴³⁵ 夏季一边出太阳一边
　下的雨

下雨 ɕia⁴² y⁴³⁵

　雨来了 y⁴³⁵ lai⁴⁴ lau⁰

　掉点儿了 tiau⁴² tiɐr⁴³⁵ lau⁰

　□雨了 fən⁴² y⁴³⁵ lau⁰

小雨 ɕiau⁴³⁵ y⁴³⁵

　麻□儿 ma⁴⁴ fɚ⁴¹

　毛毛儿雨 mau⁴⁴ mɚ⁰ y⁴³⁵

　濛濛儿雨 məŋ⁴⁴ mɚ⁰ y⁴³⁵

大雨 ta⁴² y⁴³⁵

暴雨 pau⁴² y⁴³⁵

　瓢泼大雨 pʰiau⁴⁴ pʰo²¹³ ta⁴² y⁴³⁵

走暴 tsəu⁴³⁵ pau⁴¹ 下暴雨

连阴雨 lian⁴⁴ in²¹³ y⁴³⁵

　游山雨 iəu⁴⁴ ʂan⁴² y⁴³⁵ 茅坪

　海行雨 xai⁴³⁵ ɕin⁴⁴ y⁴³⁵ 茅坪

下连阴 ɕia⁴² lian⁴⁴ in²¹³

雷阵雨 lei⁴⁴ tʂən⁴² y⁴³⁵

雨停了 y⁴³⁵ tʰin⁴⁴ lau⁰

　住雨了 tʂu⁴² y⁴³⁵ lau⁰

　开天了 kʰai¹³ tʰian²¹³ lau⁰

虹 tɕiaŋ⁴¹/kaŋ⁴¹

淋雨(动宾)lin⁴⁴ y⁴³⁵

　□雨 tʂʰua⁴⁴ y⁴³⁵

天亮的了 tʰian²¹ liaŋ⁴¹ tɛ⁰ lau⁰
天快亮了

(3)冰、雪、霜、露

冰 pin²¹³

凌冰吊儿 lin⁴² pin²¹ tiɐr⁴¹ 挂在屋
檐下的冰锥

结冰 tɕiɛ¹³ pin²¹³

　上凌 ʂaŋ⁴² liŋ⁴¹

冷子 ləŋ⁴³⁵ tsʅ⁰ 冰雹

雪 ɕyɛ²¹³/ɕiɛ²¹³

下雪 ɕia⁴² ɕyɛ²¹³

大雪 ta^{42} ɕyE^{213}

雪子儿 ɕyE^{21} tsər^{435} 雪珠子，米粒状的雪

雨夹雪 y^{435} tɕia^{13} ɕyE^{213}

化雪 xua^{42} ɕyE^{213}

露水 ləu^{42} ʂuei$^{·435}$

有露水了 iəu^{435} ləu^{42}ʂuei^{0} lau^{0} 下露

霜 ʂuaŋ^{213}

上霜 ʂaŋ^{42} ʂuaŋ^{213}

雾 u^{41}

　雾气 u^{41} tɕʰi^{0}

起雾 tɕʰi$^{·435}$ u^{41} 下雾

（4）气候

天气 tʰian^{213} tɕi^{0}

晴天 tɕʰin^{44} tʰian^{0}

　开天了 kʰai^{13} tʰian^{213} lau^{0} 天晴了

阴天 in^{213} tʰian^{0}

（天气）热 z̪E^{213}

（天气）冷 lən^{435}

伏天 fu^{44} tʰian^{0}

　三伏天 san^{21} fu^{44} tʰian^{0}

进伏 tɕin^{42} fu^{44}

头伏 tʰəu^{44} fu^{44}

二伏 ər^{42} fu^{44}

三伏 san^{21} fu^{44}

天干 tʰian^{13} kan^{213}

雨涝 y^{435} lau^{41}

二　地理

（1）地

平地 pʰin^{44} ti$^{·41}$平原

　大坪 ta^{42} pʰin^{44}

　平坝子 pʰin^{44} pa^{213} tsʅ^{0}茅坪

旱地 xan^{42} ti^{41}

月亮地 ʮʑɛ^{42} liaŋ^{22} ti^{22}贫瘠的土地（茅坪）

水田 ʂuei^{435} tʰian^{44}

水地 ʂuei$^{·435}$ ti^{41}

菜园子 tsʰai^{42} yan^{44} tsʅ^{0}

荒地 xuaŋ^{21} ti^{41}

　荒山 xuaŋ^{13}ʂan^{213}

沙地 ʂa^{21} ti^{41}

坡地 pʰo^{21} ti^{41}

　薄壳儿地 po^{44} kʰuo^{41} ər^{0} ti^{22}茅坪

圣像牌子地 ʂən^{41} ɕiaŋ^{0} pʰai$^{·44}$

ts$ʅ^0$ ti^{22}茅坪

盐碱地 ian^{44} tɕian^{435} ti^{41}

河坝 xuo^{44} pʰa^{44}河滩

山地 ʂan^{21} ti^{41}

（2）山

山 ʂan^{213}

半山腰儿 pan^{42} ʂan^{13} iɐr^{213}

　半山上 pan^{42} ʂan^{213} ʂaŋ^0

山下 ʂan^{21} ɕia^{41}

筲箕地 ʂɤu^{41} tɕi^0 ti^{22}山坳（茅坪）

　卧垱子 o^{435} taŋ^{41} ts$ʅ^0$茅坪

沟卡子 kəu^{21} tɕʰia^{435} ts$ʅ^0$山谷

　（茅坪）

沟峡 kəu^{21} ɕia^{44}山涧（茅坪）

坝子 pa^{41} ts$ʅ^0$山坳（山间的平地）

山沟儿 ʂan^{13} kər^{213}

坡上 pʰo^{213} ʂaŋ^0

梁子 liaŋ^{44} ts$ʅ^0$山头

□ pʰa^{44}草木丛生的地方

山顶儿 ʂan^{21} tiɐr^{435}

　山包包儿 ʂan^{13} pau^{213} pɐr^0

崖 ŋai^{44}

（3）江、河、湖、海、水

河 xuo^{44}

河的 xuo^{44} ti^{0}河里

堰渠 ian^{42} tɕʰy^{44}水渠

堰道 ian^{42} tau^{41}

堰沟 ian^{42} kəu^{213}

水沟 ʂuei^{435} kəu^{213}

湖 xu^{44}

水塘 ʂuei^{435} tʰaŋ^{44}

　潭子 tʰan^{44} ts$ʅ^0$

　堰塘 ian^{42} tʰaŋ^{44}

坑 kʰən^{213}

海 xai^{435}

岸 ŋan^{41}

　河边儿 xuo^{44} piɐr^{213}

堤 tʰi^{44}

坝 pa^{41}河中拦水的建筑物

河滩 xuo^{44} tʰan^{213}

　河坝 xuo^{44} pʰa^{44}

水 ʂuei^{435}

清水 tɕʰin^{21} ʂuei^{435}

浑水 xuən^{21} ʂuei^{435}

　麻浑水 ma^{44} xuən^{21} ʂuei^{435}

雨水 y^{435} ʂuei^{435}

大水 ta^{42} ʂuei^{435}洪水

涨水 tʂaŋ^{435} ʂuei^{435}发大水

洪峰 xuəŋ^{44} fəŋ^{213}

　水头 ʂuei^{435} tʰəu^{44}

冷水 lən^{435} ʂuei^{435}

泉水 tɕʰyan^{44} ʂuei^{435}

热水 zɛ^{21} ʂuei^{435}

温热儿水 uən¹³ ʐər²¹³ ʂuei⁴³⁵

温咕嘟子 uən²¹ ku⁴³⁵ təu²¹³ tsʅ⁰

开水 kʰai²¹ ʂuei⁴³⁵

（4）石沙、土块、矿物

石头 ʂʅ⁴⁴ tʰəu⁰

面子石 mian⁴¹ tsʅ⁰ ʂʅ⁴⁴

精光石 tɕin¹³ kuaŋ²¹³ ʂʅ⁴⁴

大石头 ta⁴² ʂʅ⁴⁴ tʰəu⁰

石头娃儿 ʂʅ⁴⁴ tʰəu⁰ uɐr⁴⁴ 小石头

石板 ʂʅ⁴⁴ pan⁴³⁵

石头子儿 ʂʅ⁴⁴ tʰəu⁰ tsər⁴³⁵ 鹅卵石

  狗卵子石 kəu⁴³⁵ lan⁴³⁵ tsʅ⁰ ʂʅ⁴⁴

  火石蛋子 xuo⁴³⁵ ʂʅ⁴⁴ tan²¹³ tsʅ⁰ 茅坪

白火石 pɛ⁴⁴ xuo⁰ ʂʅ⁴⁴ 火石

沙 ʂa²¹³

  沙子儿 ʂa²¹ tsər⁴³⁵

  沙土 ʂa²¹ tʰəu⁴³⁵

沙滩 ʂa¹³ tʰan²¹³

  河坝 xuo⁴⁴ pʰa⁴⁴

土坯子 tʰəu⁴³⁵ pʰei²¹³ tsʅ⁰

砖坯子 tʂuan¹³ pʰei²¹³ tsʅ⁰

砖 tʂuan²¹³

红砖 xuŋ⁴⁴ tʂuan²¹³

青砖 tɕʰin¹³ tʂuan²¹³

灰沙砖 xuei²¹ ʂa¹³ tʂuan²¹³

水泥砖 ʂuei⁴³⁵ ȵi⁴⁴ tʂuan²¹³

砌块儿 tɕʰi⁴⁴ kʰuɐr⁴³⁵ 水泥砖

亘砖 kən¹³ tʂuan²¹³

半截子砖 pan⁴² tɕiɛ⁴⁴ tsʅ⁰ tʂuan²¹³

砖头子 tʂuan²¹ tʰəu⁴⁴ tsʅ⁰

瓦 ua⁴³⁵

破瓦 pʰo⁴² ua⁴³⁵

灰 xuei²¹³ 灰尘

  扬尘 iaŋ⁴⁴ tʂʰən⁰

泥巴汤子 ȵi⁴⁴ pa⁰ tʰaŋ²¹³ tsʅ⁰

  泥巴浆子 ȵi⁴⁴ pa⁰ tɕiaŋ²¹³ tsʅ⁰

土巴 tʰəu⁴³⁵ pa⁰ 干泥土

（黄）泥巴（xuaŋ⁴⁴）ȵi⁴⁴ pa⁰

金子 tɕin²¹³ tsʅ⁰

银子 in⁴⁴ tsʅ⁰

铜 tʰəŋ⁴⁴

铁 tʰiɛ²¹³

锡 ɕi²¹³

煤 mei⁴⁴

煤油 mei⁴⁴ iəu⁴⁴

汽油 tɕʰi⁴² iəu⁴⁴

石灰 ʂʅ⁴⁴ xuei²¹³

  白灰 pɛ⁴⁴ xuei²¹³

水泥 ʂuei⁴³⁵ ȵi⁴⁴

吸铁石 ɕi⁴⁴ tʰiɛ²¹ ʂʅ⁴⁴ 磁铁

玉石 y⁴² ʂʅ⁴⁴

木炭 mo²¹ tʰan⁴¹

白炭 pɛ⁴⁴ tʰan⁴¹

黑炭 xɛ²¹ tʰan⁴¹

花藜炭 xua²¹³ li⁰ tʰan⁴¹ 花藜木烧
制而成的炭,也泛指质量较好的木炭

杂木炭 tsa⁴⁴ mo⁰ tʰan⁴¹ 质量较差
的木炭

麸炭 fu⁴⁴ tʰan⁴¹ 烧柴后形成的炭,质
地松软,多做引火用

煤球儿 mei⁴⁴ tɕʰiər⁴⁴

　煤炭 mei⁴⁴ tʰan⁴¹

　坨子 tʰuo⁴⁴ tsʐ⁰

蜂窝儿煤 fəŋ¹³ uər²¹³ mei⁴⁴

(5)城乡处所

地方 tʰi⁴¹ fɐr⁰ 例:他是什么地方人?

　哪儿下儿 lɐr⁴³⁵ xɐr⁴³⁵ 什么地方

城里头 tʂʰən⁴⁴ li⁰ tʰəu⁰

城里 tʂʰən⁴⁴ li⁴³⁵ ①对乡村而言②对
城外而言。

城墙 tʂʰən⁴⁴ tɕʰiaŋ⁴⁴

沟 kəu²¹³

城外 tʂʰən⁴⁴ uai⁴¹

城门洞儿 tʂʰən⁴⁴ mən⁴⁴ tər⁴¹

巷道儿 xaŋ⁴² tɐr⁴¹

农村 ləŋ⁴⁴ tsʰən⁰

　乡的 ɕiaŋ²¹³ ti⁰

后山脑儿 xəu⁴¹ ʂan²¹ lɐr⁴³⁵ 偏僻
的山村

　山脑头儿 ʂan²¹ lau⁴³⁵ tʰər⁴⁴

家乡 tɕia¹³ ɕiaŋ²¹³

　老家 lau⁴³⁵ tɕia⁰

赶场 kan⁴³⁵ tʂʰaŋ⁴⁴ 赶集

街道 kai²¹ tau⁴¹

　街 kai²¹³

路 ləu⁴¹

大路 ta⁴² ləu⁴¹

毛狗子路 mau⁴⁴ kəu⁴³⁵ tsʐ⁰ ləu⁴¹
小路

三　时令、时间

(1)季节

春天 tʂʰuən¹³ tʰian²¹³

热天 ʐɛ¹³ tʰian²¹³

秋天 tɕʰiəu¹³ tʰian²¹³

冷天 lən⁴³⁵ tʰian²¹³

立春 li¹³ tʂʰuən²¹³

雨水 y⁴³⁵ ʂuei⁴³⁵

惊蛰 tɕin²¹ tʂɛ⁴¹

春分 tʂʰən¹³ fən²¹³

清明 tɕʰin²¹ min⁴⁴

谷雨 ku²¹ y⁴³⁵

立夏 li²¹ ɕia⁴¹

小满 ɕiau⁴³⁵ man⁴³⁵

芒种 maŋ⁴⁴ tʂuəŋ⁴¹

夏至 ɕia⁴² tʂʅ⁴¹

小暑 ɕiau⁴³⁵ ʂu⁴³⁵

大暑 ta⁴² ʂu⁴³⁵

立秋 li¹³ tɕʰiəu²¹³

处暑 tʂʰu⁴² ʂu⁴³⁵

白露 pɛ⁴⁴ ləu⁴¹

秋分 tɕʰiəu¹³ fən²¹³

寒露 xan⁴⁴ ləu⁴¹

霜降 ʂuaŋ²¹ tɕiaŋ⁴¹

立冬 li¹³ təŋ²¹³

小雪 ɕiau⁴³⁵ ɕyɛ²¹³

大雪 ta⁴² ɕyɛ²¹³

冬至 təŋ²¹ tʂʅ⁴¹

小寒 ɕiau⁴³⁵ xan⁴⁴

大寒 ta⁴² xan⁴⁴

历书 li¹³ ʂu²¹³

　皇历 xuaŋ⁴⁴ li⁰

　皇历簿儿 xuaŋ⁴⁴ li⁰ pɐr⁴³⁵

　通书 tʰəŋ⁴² ʂu⁴¹茅坪

阴历 in²¹³ li⁰

阳历 iaŋ⁴⁴ li⁰

（2）节日

（大年）三十（夜）（ta⁴² ɳian⁴⁴）

san²¹ ʂʅ⁴⁴（iɛ⁴¹）

初一 tsʰəu²¹ i⁴⁴专指大年初一

拜年 pai⁴² ɳian⁴⁴

正月十五 tʂən²¹³ yɛ⁰ ʂʅ⁴⁴ u⁴³⁵

五月端午儿 u⁴³⁵ yɛ⁰ tan²¹³ uər⁰

八月十五 pa⁴⁴ yɛ⁰ ʂʅ⁴⁴ u⁴³⁵

七月半儿 tɕʰi̇⁴⁴ yɛ⁰ pɐr⁴¹

老年节 lau⁴³⁵ ɳian⁴⁴ tɕiɛ⁴⁴重阳节

（3）年

今年 tɕin²¹³ ɳian⁰

去年 tɕʰy⁴¹ ɳian⁰

明年 min⁴⁴ ɳian⁰

前年 tɕʰian⁴⁴ ɳian⁰

上前年 ʂaŋ⁴² tɕʰian⁴⁴ ɳian⁰大前年

　向前年 ɕiaŋ²¹ tɕʰ ian⁴⁴ ɳian⁰
　　茅坪

往年 uaŋ⁴³⁵ ɳian⁰

后年 xəu⁴¹ ɳian⁰

老后年 lau⁴³⁵ xəu⁴¹ nian⁰

每年 mei⁴³⁵ ɳian⁰

　年年 ɳian⁴⁴ ɳian⁰

开年 kʰai²¹³ ɳian⁰年初

年底 ɳian⁴⁴ ti̇⁴³⁵

前半年 tɕʰian⁴⁴ pan⁴¹ ɳian⁰

后半年 xəu⁴¹ pan⁴¹ ɳian⁰

一年到头儿 i⁴⁴ ɳian⁴⁴ tau⁴² tʰɐr⁴⁴

全年 tɕʰyan⁴⁴ n̠ian⁴⁴

（4）月

正月 tʂən¹³ yE²¹³

腊月 la¹³ yE²¹³

冬月 təŋ¹³ yE⁰ 农历十一月

月初 yE¹³ tsʰəu²¹³

　月头儿 yE²¹ tʰər⁴⁴

月中 yE¹³ tʂuŋ²¹³

月尾儿 yE²¹ uər⁴³⁵

一个月 i⁴⁴ kuo⁴¹ yE²¹³

上上个月 ʂaŋ⁴² ʂaŋ⁴¹ kuo⁰ yE²¹³

上个月 ʂaŋ⁴¹ kuo⁰ yE²¹³

这个月 tʂE²¹³ kuo⁰ yE²¹³

下个月 ɕia⁴¹ kuo⁰ yE²¹³

每个月 mei⁴³⁵ kuo⁰ yE²¹³

　月月 yE¹³ yE²¹³

上旬 ʂaŋ⁴² ɕyn⁴⁴

中旬 tʂuŋ²¹ ɕyn⁴⁴

下旬 ɕia⁴² ɕyn⁴⁴

月大 yE²¹ ta⁴¹

月小 yE²¹ ɕiau⁴³⁵

（5）日、时

今儿 tɕiər²¹³

明儿 mər⁴⁴

明昼 min⁴⁴ tʂəu⁰ 茅坪

后儿 xər⁴¹

老后儿 lau⁴³⁵ xər⁴¹

　老后儿天 lau⁴³⁵ xər⁴¹ tʰian⁰

昨儿 tsuər⁴⁴

第二天 ti⁴² ər⁴¹ tʰian²¹³

前儿 tɕʰiɐr⁴⁴

上前儿 ʂaŋ⁴² tɕʰiɐr⁴⁴ 大前天

前一向 tɕʰian⁴⁴ i⁰ ɕian⁴¹ 前几天

二回 ər⁴¹ xuei⁰ 以后

礼拜天 li⁴³⁵ pai⁴¹ tʰian²¹³

一个礼拜 i⁴⁴ kuo⁴¹ li⁴³⁵ pai⁴¹

一天 i⁴⁴ tʰian²¹³

成天 tʂʰən⁴⁴ tʰian⁰

　天天 tʰian¹³ tʰian²¹³

上十天 ʂaŋ⁴² ʂʅ⁴⁴ tʰian²¹³

十几天 ʂʅ⁴⁴ tɕi⁴³⁵ tʰian⁰

半天 pan⁴¹ tʰian⁰

大半天 ta⁴¹ pan⁰ tʰian⁰

一黑早 i⁴⁴ xE²¹ tsau⁴³⁵ 凌晨

　五更天的 u⁴³⁵ kən¹³ tʰian²¹³ ti⁰

早起 tsau⁴³⁵ tɕʰi⁰ 清晨

上午 ʂaŋ⁴¹ u⁰

　前半儿 tɕʰian⁴⁴ pɐr⁰

　前半天 tɕʰian⁴⁴ pan⁴¹ tʰian²¹³

　上昼 ʂaŋ²² tʂəu²¹³ 茅坪

下午 ɕia⁴¹ u⁰

　后半儿 xəu⁴¹ pɐr⁰

后半天 xəu⁴² pan⁴¹ tʰian²¹³

下昼 xa²² tʂəu²¹³ 茅坪

晌午 ʂaŋ⁴³⁵ u⁰

后半儿黑的 xəu⁴¹ par⁰ xε²¹³ ti⁰ 黄昏

撒黑儿 sa⁴³⁵ xər⁰

麻子影儿 ma⁴⁴ tsʅ⁰ iər⁴³⁵

黑夜 xε²¹ iε⁴¹

黑的 xε²¹³ ti⁰

白儿的 pər⁴⁴ ti⁰

半夜 pan⁴² iε⁴¹

几夜深 tɕi⁴³⁵ iε⁴¹ ʂən²¹³

前半夜 tɕʰian⁴⁴ pan⁴² iε⁴¹

后半夜 xəu⁴² pan⁴¹ iε⁴¹

成黑的 tʂʰən⁴⁴ xε²¹³ ti⁰ 整夜

每天黑的 mei⁴³⁵ tʰian⁰ xε²¹³ ti⁰

(6)其他时间概念

年 ɳian⁴⁴

月 yε²¹³

日 ər²¹³

先头儿 ɕian²¹ tʰər⁴⁴ 先前

后来 xəu⁴² lai⁴⁴

往传儿 uaŋ⁴³⁵ tʂʰuɐn⁴¹ 很久以前

这时会儿 tʂε⁴² ʂuər⁴⁴ 现在

这阵儿 tʂε⁴¹ tʂər⁰

三天两早起 san¹³ tʰian²¹³ liaŋ⁴³⁵ tsau⁴³⁵ tɕʰi⁰ 比喻时间很短，不能持之以恒。

四 农业（包括农林牧渔）

(1)农事

春耕 tʂʰuən¹³ kən²¹³

大忙 ta⁴² maŋ⁴⁴

挖春地 ua⁴² tʂʰʮən⁴¹ ti²² 茅坪

夏收 ɕia⁴² ʂəu²¹³

抢午季 tɕʰiaŋ⁴³⁵ u⁴³⁵ tɕi⁰ 茅坪

收秋 ʂəu¹³ tɕʰiəu²¹³ 秋收

大秋 ta⁴² tɕʰiəu²¹³ 早秋

小秋 ɕiau⁴³⁵ tɕʰiəu²¹³ 晚秋

翻地 fan²¹ ti⁴¹

播种 po²¹ tʂuŋ⁴³⁵

栽秧 tsai¹³ iaŋ²¹³

薅草 xau²¹ tsʰau⁴³⁵

谷子 ku²¹³ tsʅ⁰ 稻穗

割谷子 kuo¹³ ku²¹³ tsʅ⁰

割麦子 kuo¹³ miε²¹³ tsʅ⁰

打场 ta⁴³⁵ tʂʰaŋ⁴⁴

打麦子 ta⁴³⁵ miε²¹³ tsʅ⁰

打连枷 ta⁴³⁵ lian⁴⁴ tɕia⁰

道场 tau⁴² tʂʰaŋ⁴⁴ 场院

院坝 yan⁴² pa⁴¹

锄地 tsʰəu⁴⁴ ti⁴¹

翻土 fan²¹ tʰəu⁴³⁵

倒地 tɔu²¹ ti²² 茅坪

上肥 ʂaŋ⁴³⁵ fei⁴⁴

浇粪 tɕiau²¹ fən⁴¹

上粪 ʂaŋ⁴² fən⁴¹

粪池子 fən⁴² tʂʰʅ⁴⁴ tsʅ⁰

积粪 tɕi²¹ fən⁴¹

捡粪 tɕian⁴³⁵ fən⁴¹

大粪 ta⁴² fən⁴¹ 人的粪便

小粪 ɕiau⁴³⁵ fən⁴¹ 家畜、家禽的粪便

渣滓肥 tʂa²¹ tsʅ⁰ fei⁴⁴ 各种垃圾沤成的肥

家粪 tɕia⁴² fən²¹³ 茅坪

肥料儿 fei⁴⁴ liɐr⁰

氮肥 tan⁴² fei⁴⁴

磷肥 lin⁴⁴ fei⁴⁴

浇水 tɕiau²¹ ʂuei·⁴³⁵

洒水 sa⁴³⁵ ʂuei⁴³⁵

灌水 kuan⁴² ʂuei·⁴³⁵

添水 tʰian²¹ ʂuei·⁴³⁵

点 tian⁴³⁵ 种

划柴 xua²¹ tʂʰai⁴⁴ 劈柴

排水 pʰai·⁴⁴ ʂuei·⁴³⁵

打水 ta⁴³⁵ ʂuei⁴³⁵ 从井里或河里取水

水井 ʂuei⁴³⁵ tɕin⁴³⁵

垱儿 taŋ²¹³ ŋər⁰ 不规则的小水井（茅坪）

水窖 ʂuei⁴³⁵ tɕiau⁴¹

（2）农具

水桶 ʂuei⁴³⁵ tʰəŋ⁴³⁵

水车 ʂuei⁴³⁵ tʂE²¹³

大车 ta⁴² tʂE²¹³

小车 ɕiau⁴³⁵ tʂʰE²¹³

架子车 tɕia⁴¹ tsʅ⁰ tʂʰE²¹³

牛轭头 ȵiəu⁴⁴ ŋE²¹³ təu⁰

牛笼头 ȵiəu⁴⁴ lən⁴⁴ tʰəu⁰ 牛笼嘴

牛鼻桊儿 ȵiəu⁴⁴ pi⁴⁴ tɕyɐr⁴¹ 穿在牛鼻子里的木棍或铁环

犁 li⁴⁴

犁身子 li⁴⁴ ʂən²¹³ tsʅ⁰

犁把子 li⁴⁴ pa⁴¹ tsʅ⁰

犁面子 li⁴⁴ mian⁴¹ tsʅ⁰

耙子 pʰa⁴⁴ tsʅ⁰

薅耙儿 xɔu⁴² pʰɐr⁴⁴ 茅坪

围席 uei⁴⁴ ɕi⁴⁴ 用篾片编的席子，可以围起来囤粮食

缸 kaŋ²¹³

风扇 fəŋ²¹ ʂan⁴¹ 扇车，使米粒与稻壳分离的农具

风车 fən¹³ tʂʰE²¹

碾磙 ȵian⁴³⁵ kuən⁴³⁵

石碾子 ʂʅ^{44} n̠ian^{435} tsʅ^0

□桶 kʰuan^{42} təŋ^{435} 砻,脱去稻谷壳的农具

磨子 mo^{41} tsʅ^0 石墨

大磨 ta^{42} mo^{41}

小磨 ɕiau^{435} mo^{41}

磨盘儿 mo^{42} pʰɐr^{44}

磨缸 mo^{42} kaŋ^{41} 磨把儿

磨脐儿 mo^{42} tɕʰiər^{44} 磨扇中心的铁轴

筛子 ʂai^{21} tsʅ^0

箩 luər^{44} 筛粉末状细物用的器具

箩筛 luo^{44} ʂai^{213}

连盖 lian^{44} kai^{41} 连枷

碓窝子 tei^{42} uo^{213} tsʅ^0 碓,指整体

舂窝子 tʂuŋ^{13} uo^{213} tsʅ^0

碓头 tei^{42} tʰəu^{44} 碓杵

舂头子 tʂuŋ^{21} tʰəu^{44} tsʅ^0

钉钯 tin^{21} pʰa^{44}

洋镐 iaŋ^{44} kau^{213}

板锄 pan^{435} tsʰəu^{44}

铡刀 tʂa^{44} tau^{213}

镰刀 lian^{44} tau^{213}

砍刀 kʰan^{435} tau^{213}

弯刀 uan^{13} tau^{213}

木锨 mo^{13} ɕian^{213}

木铲 mo^{21} tʂʰan^{435}

铁锨 tʰiɛ^{13} ɕian^{213}

铁铲 tʰiɛ^{21} tʂʰan^{435}

扁铲 pian^{21} tʂʰan^{435}

簸箕 po^{41} tɕi^0

木筲 mo^{13} ʂau^{213} 木缸

撮撮儿 tʂʰuo^{213} tʂʰuər^0 撮箕,撮垃圾用

灰撮子 xuei^{13} tʂʰuo^{213} tsʅ^0

渣滓 tʂa^{213} tsʅ^0 垃圾

箩筐 luo^{44} kʰuaŋ^{213}

扁担 pian^{435} tan^0

挑挑子 tʰiau^{13} tʰiau^{213} tsʅ^0

扫把 sau^{42} pa^{435}

笤箒 tʰiau^{44} tʂʰu^0

笤帚 tʰiau^{44} tʂəu^{435}

五　植物

（1）农作物

庄稼 tʂuaŋ^{213} tɕia^0

粮食 liaŋ^{44} ʂʅ^0

五谷 u^{435} ku^{213}

麦子 miɛ^{213} tsʅ^0

大麦 ta⁴² miɛ²¹³

小麦 ɕiau⁴³⁵ miɛ²¹³

燕麦 ian⁴² miɛ²¹³

荞麦 tɕʰiau⁴⁴ miɛ²¹³

苦荞 kʰu⁴³⁵ tɕʰiau⁴⁴

甜荞 tʰian⁴⁴ tɕʰiau⁴⁴

麦茬子 miɛ²¹ tʂʰa⁴⁴ tsʅ⁰

小米 ɕiau⁴³⁵ mi·⁴³⁵

　粟谷 ɕiəu⁴¹ ku⁰ 茅坪

谷子 ku²¹³ tsʅ⁰ 稻子,指子实

苞谷 pau²¹³ ku⁰ 玉米

高粱 kau²¹ liaŋ⁴⁴

稻子 tau⁴¹ tsʅ⁰

早稻 tsau⁴³⁵ tau⁴¹

晚稻 uan⁴³⁵ tau⁴¹

稗子 pai⁴¹ tsʅ⁰　·

秕子 pʰiɛ⁴³⁵ tsʅ⁰

白米 pɛ⁴⁴ mi·⁴³⁵

酒米 tɕiəu⁴³⁵ mi·⁴³⁵ 糯米

早米 tsau⁴³⁵ mi·⁴³⁵

晚米 uan⁴³⁵ mi·⁴³⁵

粗米 tsʰəu²¹ mi·⁴³⁵ 碾得不精细的米

细米 ɕi⁴² mi·⁴³⁵ 碾过的米

棉花 mian⁴⁴ xua⁰

棉花桃子 mian⁴⁴ xua⁰ tʰau⁴⁴ tsʅ⁰

（芝）麻秆儿（tʂʅ²¹）ma⁴⁴ kɐr⁴³⁵

芝麻 tʂʅ²¹ ma⁴⁴

葵花 kʰuei⁴⁴ xua²¹³

葵花子儿 kʰuei⁴⁴ xua²¹³ tsər⁴³⁵

红薯 xuəŋ⁴⁴ ʂu²¹³

红心儿红薯 xuŋ⁴⁴ ɕiər⁰ xuŋ⁴⁴ ʂu⁰

白心儿红薯 pɛ⁴⁴ ɕiər⁰ xuŋ⁴⁴ ʂu⁰

洋芋 iaŋ⁴⁴ y⁰

芋头 y⁴¹ tʰəu⁰

山药 ʂan²¹³ io⁰

莲菜 lian⁴⁴ tsʰai⁰

莲子儿 lian⁴⁴ tsər⁴³⁵

（2）豆类、菜蔬

黄豆 xuaŋ⁴⁴ təu⁰

绿豆 ləu²¹ təu⁰

黑豆 xɛ²¹³ təu⁰

红小豆 xuŋ⁴⁴ ɕiau⁴³⁵ təu⁰

　麻豇豆 ma⁴⁴ tɕiaŋ²¹³ təu⁰

豌豆 uan²¹³ təu⁰

豇豆 tɕiaŋ²¹³ təu⁰

四季豆儿 sʅ²¹³ tɕi⁰ tər⁴¹ 扁豆

蚕豆 tsʰan⁴⁴ təu⁴¹

　胡豆 xu⁴⁴ təu⁴¹

茄子 tɕʰyɛ⁴⁴ tsʅ⁰

黄瓜 xuaŋ⁴⁴ kua⁰

菜瓜 tsʰai⁴¹ kua⁰

丝瓜 sʅ²¹³ kua⁰

苦瓜 kʰu⁴³⁵ kua⁰

南瓜 laŋ⁴⁴ kua⁰

冬瓜 təŋ²¹³ kua⁰

葫芦 xu⁴⁴ ləu⁰

瓠子 xu⁴¹ tsʐ⁰

葱 tsʰəŋ²¹³

洋葱 iaŋ⁴⁴ tsʰəŋ²¹³

葱叶儿 sʰəŋ¹³ iər²¹³

葱白儿 tsʰəŋ²¹ pər⁴⁴

蒜 san⁴¹

　大蒜 ta⁴² san⁴¹

蒜头 san⁴² tʰəu⁴⁴

蒜苗儿 san⁴² miɐr⁴⁴

蒜泥 san⁴² ŋi⁴⁴

韭菜 tɕiəu⁴³⁵ tsʰai⁰

韭黄 tɕiəu⁴³⁵ xuaŋ⁴⁴

西红柿 çi²¹ xuŋ⁴⁴ ʂʐ⁴¹

　洋辣子 iaŋ⁴⁴ la²¹³ tsʐ⁰

　洋茄子 iaŋ⁴⁴ tɕʰiɛ⁴⁴ tsʐ⁰茅坪

姜 tɕiaŋ²¹³

菜辣子 tsʰai⁴² la²¹³ tsʐ⁰柿子椒

辣子 la²¹³ tsʐ⁰辣椒

辣(椒)面子 la²¹(tɕiau⁰)mian⁴¹ tsʐ⁰

芥末 tɕiɛ⁴¹ mo⁰

胡椒 xu⁴⁴ tɕiau²¹³

芥菜 kai⁴² tsʰai˙⁴¹

菠菜 po²¹³ tsʰai˙⁰

白菜 pɛ⁴⁴ tsʰai˙⁰

包包儿菜 pau²¹³ pɐr⁰ tsʰai⁰洋白菜

　卷心白 tɕyan⁴³⁵ çin⁰ pɛ⁴⁴

白菜娃儿 pɛ⁴⁴ tsʰai⁰ uɐr⁴⁴小白菜

莴笋 uo²¹ sən⁴³⁵

莴笋叶儿 uo²¹ sən⁴³⁵ iər²¹³

生菜 sən²¹ tsʰai˙⁴¹

芹菜 tɕʰin⁴⁴ tsʰai˙⁴¹

芫荽 ian⁴⁴ çi⁰

蒿子秆儿 xau²¹³ tsʐ⁰ kɐr⁴³⁵

萝卜 luo⁴⁴ pu⁰

空心了 kʰuŋ¹³ çin²¹³ lau⁰(萝卜)

　糠了

萝卜叶子 luo⁴⁴ pu⁰ iɛ²¹³ tsʐ⁰

萝卜干儿 luo⁴⁴ pu⁰ kɐr²¹³

胡萝卜 xuŋ⁴⁴ luo⁴⁴ pu⁰

油菜 iəu⁴⁴ tsʰai⁰

(油)菜苔儿(iəu⁴⁴)tsʰai⁴² tʰɐr⁴⁴

菜籽 tsʰai⁴² tsər⁴³⁵

荠菜 tɕi⁴² tsʰai˙⁴¹

(3)树木

树 ʂu⁴¹

树林子 ʂu⁴² lin⁴⁴ tsʐ⁰

树苗儿 ʂu⁴² miɐr⁴⁴

树梢 ʂu⁴² ʂau²¹³

树根 ʂu⁴² kən²¹³

　树蔸子 ʂu⁴² təu²¹³ tsʐ⁰

树叶儿 ʂu⁴² iər²¹³

枝桠子 tʂʅ²¹³ ia⁰ tsʅ⁰

栽树 tsai²¹ ʂu⁴¹

砍树 kʰan⁴³⁵ ʂu⁴¹

松树 səŋ²¹ ʂu⁴¹

松针 səŋ¹³ tʂən²¹³

　松叶儿 səŋ¹³ iər²¹³

松子儿 səŋ²¹ tsər⁴³⁵

松香 səŋ¹³ ɕiaŋ²¹³

杉树 ʂa²¹ ʂu⁴¹

杉针 ʂa¹³ tʂən²¹³

　杉叶儿 ʂa¹³ iər²¹³

桑树 saŋ²¹ ʂu⁴¹

桑枣儿 saŋ²¹ tsər⁴³⁵

桑叶儿 saŋ¹³ iər²¹³

杨树 iaŋ⁴⁴ ʂu⁴¹

柳树 liəu⁴³⁵ ʂu⁴¹

花藜树 xua²¹³ li⁰ ʂu⁴¹

椿树 tʂʰuən²¹ ʂu⁴¹

槐树 xuai˙⁴⁴ ʂu⁴¹³

夹竹桃 tɕia²¹ tʂəu⁴⁴ tʰau⁴⁴

花椒树 xua²¹³ tɕiau⁰ ʂu⁴¹

桃子树 tʰau⁴⁴ tsʅ⁰ ʂu⁴¹

梨子树 li⁴⁴ tsʅ⁰ ʂu⁴¹

杏子树 xən⁴¹ tsʅ⁰ ʂu⁴¹

橘子树 tɕy²¹³ tsʅ⁰ ʂu⁴¹

桑树 saŋ²¹ ʂu⁴¹

榆树 y⁴⁴ ʂu⁴¹

荆条 tɕin²¹ tʰiau⁴⁴

桐子树 tʰəŋ⁴⁴ tsʅ⁴³⁵ ʂu⁴¹

　泡桐树 pʰau⁴¹ tʰəŋ⁰ ʂu⁴¹

桐子儿 tʰəŋ⁴⁴ tsər⁴³⁵

桐油 tʰəŋ⁴⁴ iəu⁴⁴

竹子 tʂəu²¹³ tsʅ⁰

水竹子 ʂuei⁴³⁵ tʂəu²¹³ tsʅ⁰

山竹子 ʂan²¹³ tʂəu²¹³ tsʅ⁰

笋子 sən⁴³⁵ tsʅ⁰ 竹笋

笋叶儿 sən⁴³⁵ iər²¹³

竹竿儿 tʂəu¹³ kɐr²¹³

竹叶儿 tʂəu¹³ iər²¹³

篾片儿 miɛ²¹ pʰiɐr⁴³⁵

篾黄儿 miɛ²¹ xuɐr⁴⁴

篾青儿 miɛ¹³ tɕʰiər²¹³

(4) 瓜果

水果 ʂuei˙⁴³⁵ kuo⁴³⁵

　果木 kuo⁴³⁵ mo⁰

干果 kan²¹ kuo⁴³⁵

桃子 tʰau⁴⁴ tsʅ⁰

杏子 xən⁴¹ tsʅ⁰

苹果 pʰin⁴⁴ kuo⁴³⁵

沙果儿 ʂa²¹ kuər⁴³⁵

枣子 tsau⁴³⁵ tsʅ⁰

梨子 li⁴⁴ tsʅ⁰

枇杷 pʰi˙⁴⁴ pʰa⁰

柿子 ʂʅ⁴¹ tsʅ⁰

柿饼 ʂʅ⁴¹ pin⁴³⁵

石榴 ʂʅ⁴⁴ liəu⁰

柚子 iəu⁴¹ tsʅ⁰

橘子 tɕy²¹³ tsʅ⁰

柑子 kan²¹³ tsʅ⁰

橘子筋 tɕy²¹ tsʅ⁰ tɕin²¹³

金钱橘 tɕin²¹ tɕʰian⁴⁴ tɕy²¹³

橙子 tʂʰən⁴⁴ tsʅ⁰

木瓜 mo²¹ kua⁰

杨桃 iaŋ⁴⁴ tʰau⁴⁴ 猕猴桃

刺杷儿 tsʰʅ⁴² pɐr²¹³ 一种小野果,果
树带刺

拐枣儿 kuai⁴³⁵ tsɐr⁴³⁵

桂圆 kuei⁴² yan⁴⁴

桂圆肉 kuei⁴² yan⁴⁴ ʐəu⁴¹

荔枝 li¹³ tʂʅ²¹³

芒果 maŋ⁴⁴ kuo⁴³⁵

菠萝 po²¹³ luo⁰

橄榄 kan⁴³⁵ lan⁴³⁵

银杏 in⁴⁴ xən⁴¹

板栗子 pan⁴³⁵ li²¹³ tsʅ⁰

毛栗子 mau⁴⁴ li²¹³ tsʅ⁰ 野生的小
板栗

核桃 xɛ⁴⁴ tʰau⁰

西瓜 ɕi²¹³ kua⁰

瓜子儿 kua²¹ tsər⁴³⁵

甜瓜 tʰian⁴⁴ kua²¹³

荸荠儿 pu⁴⁴ tɕiər⁴¹

甘蔗 kan²¹³ tsa⁰

花生 xua¹³ sən²¹³

花生米儿 xua¹³ sən²¹³ miər⁴³⁵

花生皮皮儿 xua¹³ sən²¹³ pʰi⁴⁴
pʰiər⁰

(5)花草、菌类

桂花 kuei⁴¹ xua⁰

菊花 tɕy⁴⁴ xua⁰

梅花 mei⁴⁴ xua⁰

指甲花 tʂʅ²¹³ tɕia⁰ xua⁰ 凤仙花

荷花 xuo⁴⁴ xua⁰

荷叶儿 xuo⁴⁴ iər²¹³

茉莉花 mo²¹ li⁴⁴ xua²¹³

害羞花 xai⁴¹ ɕiəu²¹³ xua²¹³

喇叭花 la⁴³⁵ pa⁰ xua²¹³

杜鹃花 təu⁴¹ tɕyan⁰ xua²¹³

千年矮 tɕʰian²¹ ȵian⁴⁴ ŋai⁴³⁵ 万
年青

仙人掌 ɕian²¹ ʐən⁴⁴ tʂaŋ⁴³⁵

花苞苞儿 xua¹³ pau²¹³ pɐr⁰

花瓣儿 xua²¹ pɐr⁴¹

花心儿 xua¹³ ɕiər²¹³

芦苇 ləu⁴⁴ uei⁴³⁵

香菇 ɕiaŋ¹³ ku²¹³

草菇 tsʰau⁴³⁵ ku²¹³

蘑菇 mo⁴⁴ ku⁰

菌子 tɕyn⁴¹ tsʅ⁰

冬菇 təŋ¹³ ku²¹³

青苔 tɕʰin²¹ tʰai⁴⁴

六 动物

（1） 动物

畜牲 tʂʰəu²¹³ sən⁰ 牲口

公马 kuŋ²¹ ma⁴³⁵

母马 mo⁴³⁵ ma⁴³⁵

骚犍子 sau²¹ tɕian⁴¹ tsʅ⁰ 未阉过的公牛

牛牯子 ȵiəu⁴⁴ ku⁴³⁵ tsʅ⁰ 茅坪

犍牛 tɕian⁴² ȵiəu⁴⁴ 阉过的公牛

母牛 mo⁴³⁵ ȵiəu⁴⁴

黄牛 xuaŋ⁴⁴ ȵiəu⁴⁴

水牛 ʂuei⁴³⁵ ȵiəu⁴⁴

牛娃儿 ȵiəu⁴⁴ uɐr⁴⁴

牛娃子 ȵiəu⁴⁴ ua⁴⁴ tsʅ⁰

驴子 ly⁴⁴ tsʅ⁰

公驴 kuŋ²¹ ly⁴⁴

母驴 mo⁴³⁵ ly⁴⁴

骡子 luo⁴⁴ tsʅ⁰

骆驼 luo²¹³ tʰuo⁰

公羊 kuŋ²¹ iaŋ⁴⁴

羊牯子 iaŋ⁴⁴ ku⁴¹ tsʅ⁰ 茅坪

母羊 mo⁴³⁵ iaŋ⁴⁴

羊婆 iaŋ⁴⁴ pʰo⁴⁴ 茅坪

绵羊 mian⁴⁴ iaŋ⁴⁴

羊子 iaŋ⁴⁴ tsʅ⁰ 山羊

羊娃儿 iaŋ⁴⁴ uɐr⁴⁴

狗子 kəu⁴³⁵ tsʅ⁰

伢狗 ia⁴⁴ kəu⁴³⁵ 公狗

草狗 tsʰau⁴³⁵ kəu⁴³⁵ 母狗

狗娃儿 kəu⁴³⁵ uɐr⁴⁴

哈巴狗儿 xa⁴³⁵ pa⁰ kər⁴³⁵

猫子 mau²¹³ tsʅ⁰

男猫儿 lan⁴⁴ mɐr²¹³ 公猫

女猫儿 ȵy⁴³⁵ mɐr²¹³ 母猫

伢猪 ia⁴⁴ tʂu²¹³ 公猪

种猪 tʂuŋ⁴³⁵ tʂu²¹³

角猪 tɕio¹³ tʂu²¹³

母猪 mo⁴³⁵ tʂu⁰

草猪 tsʰau⁴³⁵ tʂu⁰

猪娃儿 tʂu²¹ uɐr⁴⁴

劁猪 tɕʰiau¹³ tʂu²¹³

兔子 tʰəu⁴¹ tsʅ⁰

鸡子 tɕi²¹³ tsʅ⁰

公鸡头子 kuŋ¹³ tɕi²¹³ tʰəu⁴⁴ tsʅ⁰

鸡公头子 tɕi⁴² kəŋ⁴¹ tʰəu⁴⁴ tsʅ⁰ 茅坪

公鸡娃儿 kuŋ¹³ tɕi²¹³ uɐr⁴⁴

母鸡 mo⁴³⁵ tɕi²¹³

鸡婆 tɕi⁴² pʰo⁴⁴ 茅坪

菢窝鸡 pau⁴¹ uo⁰ tɕi²¹³ 正在孵蛋的母鸡

赖菢鸡 lai⁴² pau⁴¹ tɕi²¹³

骟鸡 ʂan⁴² tɕi²¹³ 阉过的公鸡

母鸡娃儿 mo⁴³⁵ tɕi²¹³ uɐr⁴⁴

鸡娃儿 tɕi²¹ uɐr⁴⁴

鸡伢儿 tɕi⁴² ŋɐr⁴⁴ 茅坪

鸡蛋 tɕi²¹ tan⁴¹

嫩蛋 fan⁴² tan⁴¹

菢 pau⁴¹ 孵

鸡冠子 tɕi¹³ kuan²¹³ tsʅ⁰

鸡爪子 tɕi²¹ tʂua⁴³⁵ tsʅ⁰

抓钱手儿 tʂua²¹ tɕʰian⁴⁴ ʂər⁴³⁵ 鸡爪,菜品

鸭子 ia²¹³ tsʅ⁰

公鸭 kuŋ²¹³ ia⁰

鸭公 ia⁴² kəŋ⁴¹ 茅坪

母鸭 mo⁴³⁵ ia²¹³

鸭婆 ia⁴² pʰo⁴⁴ 茅坪

鸭子娃儿 ia²¹³ tsʅ⁰ uɐr⁴⁴

鸭伢儿 ia⁴² ŋɐr⁴⁴ 茅坪

鸭蛋 ia²¹ tan⁴¹

鹅儿 ŋuər⁴⁴

鹅娃儿 ŋuo⁴⁴ uɐr⁴⁴

(2)鸟、兽

野兽 iɛ⁴³⁵ ʂəu⁴¹

野物 iɛ⁴³⁵ u⁰

狮子 sʅ²¹³ tsʅ⁰

老虎 lau⁴³⁵ xu⁴³⁵

母老虎 mo⁴³⁵ lau⁴³⁵ xu⁴³⁵

狼 laŋ⁴⁴

狼巴子 laŋ⁴⁴ pa²¹³ tsʅ⁰

猴子 xəu⁴⁴ tsʅ⁰

熊 ɕyŋ⁴⁴

豹子 pau⁴¹ tsʅ⁰

狐狸 xu⁴⁴ li⁰

毛狗子 mau⁴⁴ kəu⁴³⁵ tsʅ⁰

黄鼠狼子 xuaŋ⁴⁴ ʂu⁴³⁵ laŋ²¹³ tsʅ⁰

果子狸 kuo⁴³⁵ tsʅ⁰ li⁴⁴

猪獾子 tʂu¹³ xuan²¹³ tsʅ⁰

老鼠 lau⁴³⁵ ʂu⁰

蛇 ʂɛ⁴⁴

长虫 tʂʰaŋ⁴⁴ tʂʰuŋ⁰

菜花蛇 tsʰai⁴² xua²¹ ʂɛ⁴⁴ 一种无毒的小花蛇

青竹镖 tɕʰin¹³ tʂəu⁴⁴ piau²¹³ 蛇名,青色,有毒

土布袋 tʰəu⁴³⁵ pu⁴² tai⁴¹ 蛇名,土黄色,无毒

黑乌蛸 xɛ²¹ u¹³ ʂau²¹³

四脚蛇 sγ^{42} tɕio^{21} ʂɛ^{44}

　蛇郎丈 ʂɛ^{44} laŋ^{44} tʂaŋ^0 茅坪

雀雀儿 tɕ^{h}io^{435} tɕ^{h}ior^0 鸟

　雀儿 tɕ^{h}io^{435} ər^0 茅坪

老鸹 lau^{435} ua^0 乌鸦

喜鹊儿 ɕi^{435} tɕ^{h}ior^0

麻雀儿 ma^{44} tɕ^{h}ior^{435}

燕子 ian^{41} tsγ^0

大雁 ta^{42} ian^{41}

斑鸠 pan^{213} tɕiəu^0

鸽子 kuo^{213} tsγ^0

鹌鹑 ŋan^{213} tʂ^{h}uən^0

点水雀儿 tian^{435} ʂuei^{435} tɕ^{h}io^{435}

　白鹈鸰,一种水鸟

水老鸹 ʂuei^{435} lau^{435} ua^0 鸬鹚

布谷鸟 pu^{42} ku^{213} ȵiau^{435}

啄木鸟 tʂuo^{213} mo^0 ȵiau^{435}

　啄米倌儿 tʂuo^{42} mi^{435} kuɐr^{41}
　茅坪

猫头鹰 mau^{21} t^{h}əu^{44} in^{213}

　哼呼鹰 xəŋ^{21} xu^{44} in^{213}

　猫儿头 mau^{41} ər^0 t^{h}əu^{44} 茅坪

鹦鹉 in^{21} u^{435}

　豌豆八哥儿 uan^{21} təu^{41} pa^{213}
　kuor^0

八哥儿 pa^{213} kuor^0

鹤儿 xuor^{41}

老鹰 lau^{435} in^{213}

野鸡 iɛ^{435} tɕi^{213}

野鸭 iɛ^{435} ia^{213}

鹭鸶 ləu^{41} sγ^0

盐老鼠 ian^{44} lau^{435} ʂu^{435} 蝙蝠

翅膀儿 tʂ^{h}ɿ^{42} pɐr^{213}

(鸟类之)嘴 tsei^{435}

鸟窝 ȵiau^{435} uo^{213}

(3)虫类

蚕 ts^{h}an^{44}

蚕蛹儿 ts^{h}an^{44} yər^{435}

蚕屎 ts^{h}an^{44} sγ^{435}

蛛蛛儿 tʂu^{213} tʂuər^0 蜘蛛

蚂蚁 ma^{435} ȵi^0

土狗儿 t^{h}əu^{435} kər^{435} 蝼蛄

土鳖子 t^{h}əu^{435} piɛ^{213} tsγ^0

曲蜷 tɕ^{h}y^{44} tɕ^{h}yan^0 蚯蚓

　抽蛇儿 tʂ^{h}əu^{42} ʂɛ^{44} ər^0 茅坪

螺丝瘌儿 luo^{44} sγ^0 tɕiər^{41} 蜗牛

屎巴牛儿 sγ^{435} pa^0 ȵiər^{44} 蜣螂

蜈蚣 u^{44} kuŋ^0

草□爬子 ts^{h}au^{435} p^{h}a^{44} p^{h}a^{44}

　tsγ^0 一种多足小虫,比蜈蚣小,身体
　黑灰相间

蝎子 ɕiɛ^{213} tsγ^0

马蛇子 ma^{435} ʂɛ^0 tsγ^0 壁虎

毛毛儿虫 mau^{44} mɐr^0 tʂ^{h}uŋ^{44}

肉虫 ʐəu⁴² tʂʰuŋ⁴⁴

蛆蚜子 tɕʰy²¹ ia⁴⁴ tsɿ⁰

蚊子 uən⁴⁴ tsɿ⁰ 苍蝇

　饭蚊子 fan⁴² uən⁴⁴ tsɿ⁰

　绿蚊子 ləu²¹ uən⁴⁴ tsɿ⁰

夜蚊子 iɛ²¹ uən⁴⁴ tsɿ⁰ 蚊子

末子 mo²¹³ tsɿ⁰ 蚊蚋

跟头虫儿 kən²¹ tʰəu⁰ tʂʰuɐr⁴⁴ 孑孓

　水步虫儿 ʂuei⁴³⁵ pu⁴² tʂʰuɐr⁴⁴

虱子 sɛ²¹³ tsɿ⁰

臭虱 tʂʰəu⁴¹ sɛ²¹³ 臭虫

虼蚤 kɛ²¹ tsau⁴³⁵ 跳蚤

牛末子 ȵiəu⁴⁴ mo²¹³ tsɿ⁰ 牛虻

蛐蛐儿 tɕʰy²¹³ tɕʰyɚr⁰ 蟋蟀

灶蚂子 tsau⁴¹ ma⁰ tsɿ⁰ 灶蟋蟀，似蟋蟀，常出没于厨房

蟑螂 tʂaŋ²¹ laŋ⁴⁴

蝗虫 xuaŋ⁴⁴ tʂʰuŋ⁴⁴

大蛐蛐儿 ta⁴² tɕʰy²¹³ tɕʰyɚr⁰ 螳螂

知了子 tʂʅ²¹³ la⁰ tsɿ⁰ 蝉

糖蜂子 tʰaŋ⁴⁴ fəŋ²¹³ tsɿ⁰ 蜜蜂

（马）蜂子（ma⁴³⁵）fəŋ²¹³ tsɿ⁰

葫芦包 xu⁴⁴ ləu⁰ pau²¹³ 马蜂窝

锥人 tʂuei²¹ ʐən⁴⁴ 蜇人

蜂子窝 fəŋ²¹³ tsɿ⁰ uo²¹³

　蜂子包 fəŋ²¹³ tsɿ⁰ pau²¹³

蜂糖 fəŋ²¹ tʰaŋ⁴⁴ 蜂蜜

明火虫儿 min⁴⁴ xuo⁴³⁵ tʂʰuɐr⁴⁴ 萤火虫

　亮花虫儿 liaŋ⁴¹ xua²¹³ tʂʰuɐr⁴⁴

臭屁虫 tʂʰəu⁴¹ pʰi⁴¹ tʂʰuŋ⁴⁴ 臭大姐

　大屁虫 ta⁴¹ pʰi⁴¹ tʂʰuŋ⁴⁴

扑灯蛾子 pʰu¹³ təŋ²¹³ ŋuo⁴⁴ tsɿ⁰

蝴蝶儿 xu⁴⁴ tʰiɚr²¹³

蜻蜓 tɕʰin²¹ tʰin⁴⁴

新姑娘儿 ɕin²¹³ ku⁰ ȵiɐr²¹³ 花大姐，学名"瓢虫"

茄虱 tɕʰyɛ⁴⁴ sɛ⁴¹ 瓢虫的幼虫

（4）鱼虾类

鱼 y⁴⁴

鲤鱼 li⁴³⁵ y⁴⁴

草鱼 tsʰau⁴³⁵ y⁴⁴

　塘子鱼 tʰaŋ⁴⁴ tsɿ⁰ y⁴⁴

汉江鱼 xan⁴² tɕiaŋ²¹ y⁴⁴ 白条鱼，多产于汉江

翘口 tɕʰiau⁴² kʰəu⁴³⁵ 白丝鱼，多产于汉江

泥鳅（棍子）ȵi⁴⁴ tɕʰiəu⁰（kuən⁴¹ tsɿ⁰）

黄鳝 xuaŋ⁴⁴ ʂan⁴¹

鲫鱼 tɕi⁴² y⁴⁴

　鳜鱼 kuei⁴² y⁴⁴

鲇鱼 ȵian⁴⁴ y⁴⁴

鳊鱼 pian²¹ y⁴⁴ 武昌鱼

黄花儿鱼 xuaŋ⁴⁴ xuɐr²¹ y⁴⁴ 黄鱼

鲈鱼 lǝu⁴⁴ y⁴⁴

带鱼 tai⁴² y⁴⁴

墨鱼 miɛ²¹ y⁴⁴

鱿鱼 iǝu⁴⁴ y⁴⁴

金鱼 tɕin²¹ y⁴⁴

干鱼 kan²¹ y⁴⁴

鱼鳞甲 y⁴⁴ lin⁴⁴ tɕia⁰

鱼刺 y⁴⁴ tsʰʅ⁴¹

鱼泡儿 y⁴⁴ pʰɐr⁴¹ 鱼鳔

鱼鳃 y⁴⁴ sai²¹³

鱼子儿 y⁴⁴ tsǝr⁴³⁵ 鱼的卵

小鱼娃儿 ɕiau⁴³⁵ y⁴⁴ uɐr⁴⁴

娃娃儿鱼 ua⁴⁴ uɐr⁰ y⁴⁴ 大鲵

钓鱼 tiau²¹ y⁴⁴

鱼竿儿 y⁴⁴ kɐr²¹³

鱼钩儿 y⁴⁴ kǝr²¹³

鱼篓儿 y⁴⁴ lǝr⁴³⁵

网 uaŋ⁴³⁵

虾 ɕia⁴⁴

虾仁儿 ɕia⁴⁴ ʐǝr⁴⁴

虾米 ɕia⁴⁴ mi⁴³⁵

虾子儿 ɕia⁴⁴ tsǝr⁴³⁵

乌龟 u²¹³ kuei⁰

鳖 piɛ²¹³

　王八 uaŋ⁴⁴ pa⁰

螃蟹 pʰan⁴⁴ xai⁴³⁵

青蛙 tɕʰin¹³ ua²¹³

蛤蟆胡豆儿 kʰɛ⁴⁴ ma⁰ xu⁴⁴ tǝr⁴¹
　蝌蚪

　蛤蟆豆儿 kʰɛ⁴⁴ ma⁰ tǝu²¹³ ǝr⁰
　茅坪

癞蛤蟆 lai⁴² kʰɛ⁴⁴ ma⁰ 蟾蜍

　癞肚鼓 lai⁴² tǝu⁴³⁵ ku⁴³⁵

蚂蟥 ma⁴³⁵ xuaŋ⁰

螺蛳 luo⁴⁴ sʅ⁰

蚌壳儿 pan⁴¹ kʰuǝr⁰ 蚌

七　房舍

(1)房子

盖 kai⁴¹ 建造房屋

房子(整座)faŋ⁴⁴ tsʅ⁰

　庄子 tʂuaŋ²¹³ tsʅ⁰

屋(单间)u⁴⁴

院坝 yan⁴² pa⁴¹ 院子

围墙 uei⁴⁴ tɕʰiaŋ⁴⁴

　院墙 yan⁴² tɕʰiaŋ⁴⁴

照壁墙 tʂau⁴² pi⁴¹ tɕʰiaŋ⁴⁴ 影壁

外间儿 uai⁴² tɕiɐr²¹³

里间儿 li⁴³⁵ tɕiɐr²¹³

正房 tʂən⁴² faŋ⁴⁴

厢房 ɕiaŋ²¹ faŋ⁴⁴

　偏厦儿 pʰian²¹ ʂɐr⁴³⁵

堂屋 tʰaŋ⁴⁴ u⁰ 客厅

房屋 faŋ⁴⁴ u⁰ 卧室

平房 pʰin⁴⁴ faŋ⁴⁴

楼房 ləu⁴⁴ faŋ⁴⁴

楼上 ləu⁴⁴ ʂaŋ⁴¹

楼下 ləu⁴⁴ ɕia⁴¹

门楼儿 mən⁴⁴ lɐr⁴⁴

梯子 tʰi²¹³ tsʅ⁰

楼梯间儿 ləu⁴⁴ tʰi¹³ tɕiɐr²¹³ ①梯
　子②楼道

阳台 iaŋ⁴⁴ tʰai⁴⁴

　凉台 liaŋ⁴⁴ tʰai⁴⁴

　晒台 ʂai⁴² tʰai⁴⁴

（2）房屋结构

房脊 faŋ⁴⁴ tɕi²¹³

房顶儿 faŋ⁴⁴ tiɐr⁴³⁵

屋檐儿 u²¹ iɐr⁴⁴

梁 liaŋ⁴⁴

　屋梁 u²¹ liaŋ⁴⁴

檩子 lin⁴³⁵ tsʅ⁰

椽子 tʂʰuan⁴⁴ tsʅ⁰

柱头 tʂu⁴¹ tʰəu⁰ 柱

磉墩 saŋ¹³ tən²¹³ 柱下石

坎子 kʰaŋ⁴³⁵ tsʅ⁰ 台阶

天花板 tʰian¹³ xua²¹³ pan⁴³⁵

大门儿 ta⁴² mɐr⁴⁴

后门儿 xəu⁴² mɐr⁴⁴

边门儿 pian²¹ mɐr⁴⁴

　耳门儿 ər⁴³⁵ mɐr⁴⁴

门坎儿 mən⁴⁴ kʰɐr⁴³⁵

门闩子 mən⁴⁴ ʂuan²¹³ tsʅ⁰

锁子 suo⁴³⁵ tsʅ⁰

钥匙 io²¹³ ʂʅ⁰

窗眼儿 tʂʰuan²¹ iɐr⁴³⁵ 窗户

窗台儿 tʂʰuan²¹³ tʰɐr⁰

走廊 tsəu⁴³⁵ laŋ⁴⁴

　走廊道儿 tsəu⁴³⁵ laŋ⁴⁴ tɐr⁴¹

过路道儿 kuo⁴² ləu⁴¹ tɐr⁴¹ 过道

楼板 ləu⁴⁴ pan⁴³⁵

（3）其他设施

厨屋 tʂʰu⁴⁴ u⁰ 厨房

　伙房 xuo⁴³⁵ faŋ⁴⁴

　灶屋 tsɔu²¹³ u⁰ 茅坪

　灶下 tsɔu²¹³ xa⁰ 茅坪

灶 tsɑu⁴¹

茅厕 mau⁴⁴ sʅ²¹³ 厕所

　厕所儿 tsʰɛ²¹ suor⁴³⁵

磨房 mo⁴² faŋ⁴⁴

牛栏 ȵiəu⁴⁴ lan⁴⁴ 牛圈　　　鸡窝 tɕi¹³ uo²¹³

猪圈 tʂu²¹ tɕyan⁴¹　　　　　鸡笼 tɕi²¹ ləŋ⁴⁴

　猪槽 tʂu²¹ tsʰau⁴⁴　　　　柴堆子 tʂʰai⁴⁴ tei²¹³ tsʅ⁰

羊栏 iaŋ⁴⁴ lan⁴⁴　　　　　　阴沟 in¹³ kəu²¹³

狗窝 kəu⁴³⁵ uo²¹³　　　　　后阳沟 xəu⁴¹ iaŋ⁴⁴ kəu²¹³

八　器具、用品

（1）一般家具

家业 tɕia²¹³ ȵiɛ⁰ 家具

柜子 kuei⁴¹ tsʅ⁰

大衣柜儿 ta⁴² i²¹³ kuər⁴¹

高低柜儿 kau¹³ ti²¹³ kuər⁴¹

多用柜儿 tuo²¹ yŋ⁰ kuər⁴¹

碗柜儿 uan⁴³⁵ kuər⁴¹

桌子 tʂuo²¹³ tsʅ⁰

圆桌儿 yan⁴⁴ tʂuor²¹³

方桌儿 faŋ¹³ tʂuor²¹³

写字台 ɕiɛ⁴³⁵ tsʅ⁴² tʰai⁴⁴

饭桌儿 fan⁴² tʂuor²¹³

茶几子 tʂʰa⁴⁴ tɕi²¹³ tsʅ⁰

桌布子 tʂuo²¹ pu⁴¹ tsʅ⁰

抽屉(斗儿) tʂʰəu²¹ tʰi⁴¹(tər⁴³⁵)

椅子 i⁴³⁵ tsʅ⁰

躺椅 tʰaŋ⁴³⁵ i⁴³⁵

椅子背儿 i⁴³⁵ tsʅ⁰ pər⁴¹

板凳 pan⁴³⁵ tʰən⁴¹

独凳儿 təu⁴⁴ tər⁴¹ 方凳

板凳娃儿 pan⁴³⁵ tʰən⁰ uər⁴⁴

夹椅儿 tɕia²¹ iər⁴³⁵ 类似幼儿餐椅之类的家具

摇窝儿 iau⁴⁴ uor²¹³ 摇篮

（2）卧室用具

床 tsʰuaŋ⁴⁴

床铺 tʂʰuaŋ⁴⁴ pʰu⁰

铺板 pʰu²¹ pan⁴³⁵ 用来拼搭床铺的木板

床板 tʂʰuaŋ⁴⁴ pan⁴³⁵

竹床 tʂəu²¹ tʂuaŋ⁴⁴

蚊帐子 uən⁴⁴ tʂaŋ⁴¹ tsʅ⁰

帐钩儿 tʂaŋ⁴² kər²¹³

帐檐儿 tʂaŋ⁴² iər⁴⁴

毛毯 mau⁴⁴ tʰan⁴³⁵

被褥 pei⁴¹ u⁰

铺盖 pʰu²¹³ kai⁰

铺盖篓儿 pʰu²¹³ kai⁰ lər⁴³⁵ 被窝

被(褥)里子 pei⁴¹(u⁰) li⁴³⁵ tsʐ⁰

　铺盖里子 pʰu²¹³ kai⁰ li⁴³⁵ tsʐ⁰

被(褥)面 pei⁴¹(u⁰) mian⁴¹ tsʐ⁰

　铺盖面子 pʰu²¹³ kai⁰ mian⁴¹ tsʐ⁰

棉花套 mian⁴⁴ xua²¹ tʰau⁴¹ 棉花胎,棉被的胎

　被(褥)套 pei⁴¹(u⁰)tʰau⁴¹

衬单儿 tsʰən⁴¹ tɐr²¹³

　单子 tan²¹³ tsʐ⁰

垫被褥 tian⁴² pei⁴¹ u⁰

　垫铺盖 tian⁴² pʰu²¹³ kai⁰

草席子 tsʰau⁴³⁵ ɕi⁴⁴ tsʐ⁰

竹席子 tʂəu²¹ ɕi⁴⁴ tsʐ⁰

枕头 tʂən⁴³⁵ tʰəu⁰

枕套 tʂən⁴³⁵ tʰau⁴¹

枕头瓢子 tʂən⁴³⁵ tʰəu⁰ z̩aŋ⁴⁴ tsʐ⁰

梳妆台 səu¹³ tʂuaŋ²¹³ tʰai⁴⁴

镜子 tɕin⁴¹ tsʐ⁰

箱子 ɕiaŋ²¹³ tsʐ⁰

衣裳架儿 i²¹³ ʂaŋ⁰ tɕiɐr⁴¹

桶子 tʰəŋ⁴³⁵ tsʐ⁰ 马桶

尿盆儿 ȵiau⁴² pʰər⁴⁴

　尿壶 ȵiau⁴² xu⁴⁴

火盆儿 xuo⁴³⁵ pʰər⁴⁴

火箱儿 xuo⁴³⁵ ɕiɐr²¹³

火钵儿 xuo⁴³⁵ pər²¹³

电火盆 tian⁴² xuo⁴³⁵ pʰən⁴⁴

热水瓶儿 z̩ᴇ²¹ ʂuei⁴³⁵ pʰiər⁴⁴ 汤壶,盛热水后放在被中取暖

电壶 tian⁴² xu⁴⁴ 暖水瓶

电壶□儿 tian⁴² xu⁴⁴ tsər⁴¹ 暖水瓶盖儿

(3)炊事用具

风箱 fəŋ¹³ ɕiaŋ²¹³

火钳儿 xuo⁴³⁵ tɕʰiɐr⁴⁴

麦秆儿 miᴇ²¹ kɐr⁴³⁵

高粱秆儿 kau²¹ liaŋ⁰ kɐr⁴³⁵

豆秆儿 təu⁴² kɐr⁴³⁵

稻草杆儿 tau⁴² tsʰau⁴³⁵ kɐr⁴³⁵

引火柴 in⁴³⁵ xuo⁴³⁵ tʂʰai⁴⁴ 柴草

锯末灰 tɕy⁴² mo¹³ xuei²¹³

刨花子 pʰau⁴⁴ xua²¹³ tsʐ⁰

火柴 xuo⁴³⁵ tʂʰai⁴⁴

　洋火儿 iaŋ⁴⁴ xuər⁴³⁵

锅马/巴烟子 kuo²¹ ma⁰/ pa⁰ ian²¹³ tsʐ⁰ 锅烟子

烟囱 ian¹³ tʂʰuŋ²¹³

　冒儿烟 mau²¹³ ər⁰ ian⁴¹ 茅坪

锅 kuo²¹³

灶 tsau⁴¹

灶台 tsau⁴² tʰai⁴⁴

闭火罐子 pi⁴² xuo⁴³⁵ kuan⁴¹ tsʐ⁰

钢精锅儿 kaŋ²¹³ tɕin⁰ kuor²¹³

砂锅儿 ʂa¹³ kuor²¹³

大锅儿 ta^{42} kuor^{213}
小锅儿 ɕiau^{435} kuor^{213}
锅盖 kuo^{21} kai^{41}
锅铲儿 kuo^{21} tʂ^{h}ɐr^{435}
水壶 ʂuei^{435} xu^{44}
碗 uan^{435}
洋瓷碗 iaŋ^{44} ts^{h}ɿ^{44} uan^{435}
汤碗 t^{h}aŋ^{21} uan^{435}
茶碗儿 tʂ^{h}a^{44} uɐr^{435} 茶杯
碟子 tiᴇ^{44} tsɿ^{0}
　菜碟儿 ts^{h}ai^{42} tiər^{44}
饭勺儿 fan^{42} ʂuor^{44}
　铲子 tʂan^{435} tsɿ^{0}
调羹儿 t^{h}iau^{44} kər^{213} 羹匙
筷子 k^{h}uai^{41} tsɿ^{0}
筷笼儿 k^{h}uai^{42} lər^{435}
碟碟儿 t^{h}iᴇ^{44} tiər^{0} 茶托
盖碗儿 kai^{42} uɐr^{435}
酒盅儿 tɕiəu^{435} tʂuər^{213}
盘子 p^{h}an^{44} tsɿ^{0}
酒壶 tɕiəu^{435} xu^{44}
坛子 t^{h}an^{44} tsɿ^{0}
罐子 kuan^{41} tsɿ^{0}
瓢 p^{h}iau^{44}
　水舀子 ʂuei^{435} iau^{435} tsɿ^{0}
葫芦瓢 xu^{44} ləu^{0} p^{h}iau^{44}
擢瓢 tʂ^{h}uo^{21} p^{h}iau^{44} 敞口、木制的铲粮食的瓢

笊篱 tʂau^{41} li^{0}
筲箕筐儿 ʂau^{41} tɕi^{0} k^{h}uar^{213} 淘米用的竹器
瓶子 p^{h}in^{44} tsɿ^{0}
瓶子盖儿 p^{h}in^{44} tsɿ^{0} kɐr^{41} 瓶盖儿
萝卜擦子 luo^{44} pu^{0} ts^{h}a^{213} tsɿ^{0} 礤床儿，把萝卜擦成丝的用具
菜刀 ts^{h}ai^{42} tau^{213}
案板 ŋan^{42} pan^{435} 面板，做面食用的
砧板儿 tʂən^{21} pɐr^{435} 菜板
水桶 ʂuei^{435} t^{h}əŋ^{435}
研槽 ȵian^{435} ts^{h}au^{44} 研船，铁制研药材用具
饭桶 fan^{42} t^{h}əŋ^{435}
蒸笼 tʂən^{21} ləŋ^{44}
笼格子 ləŋ^{44} kᴇ^{213} tsɿ^{0}
笆笆儿 pa^{213} pɐr^{0} 箅子
水缸 ʂuei^{435} kaŋ^{213}
潲水桶 sau^{42} ʂuei^{435} t^{h}əŋ^{435} 泔水缸
潲水 sau^{42} ʂuei^{435} 泔水
抹布子 ma^{21} pu^{41} tsɿ^{0}
　搌布子 tʂan^{435} pu^{213} tsɿ^{0} 茅坪
拖把 t^{h}uo^{21} pa^{435}

(4)工匠用具

刨子 p^{h}au^{44} tsɿ^{0}
斧子 fu^{435} tsɿ^{0}
　斧头 fu^{435} t^{h}əu^{0}

开山子 k^hai^{213} $ʂan^0$ $tsʅ^0$

锛子 $pən^{213}$ $tsʅ^0$

锯子 $tɕy^{41}$ $tsʅ^0$

凿子 $tsuo^{44}$ $tsʅ^0$

曲尺 $tɕ^hy^{13}$ $tʂ^hʅ^{213}$

摺尺 $tʂɛ^{44}$ $tʂ^hʅ^{213}$

卷尺 $tɕyan^{435}$ $tʂ^hʅ^{213}$

墨斗 $miɛ^{44}$ $təu^{435}$

墨斗线 $miɛ^{44}$ $təu^{435}$ $ɕian^{41}$

钉子 tin^{213} $tsʅ^0$

钳子 $tɕ^hian^{44}$ $tsʅ^0$

老虎钳子 lau^{435} xu^{435} $tɕ^hian^{44}$ $tsʅ^0$

钉锤儿 tin^{21} $tʂ^huər^{44}$

镊子 $ȵiɛ^{213}$ $tsʅ^0$

绳子 $ʂən^{44}$ $tsʅ^0$

合叶儿 xuo^{44} $iər^{213}$

灰刀 $xuei^{213}$ tau^{213} 瓦刀

搪子 $t^haŋ^{213}$ $tsʅ^0$ 抹子

灰板儿 $xuei^{21}$ $pɐr^{435}$ 泥板，瓦工用
来放抹墙物的木板

麻刀 ma^{44} tau^{213}

灰兜子 $xuei^{13}$ $təu^{213}$ $tsʅ^0$

錾子 $tsan^{41}$ $tsʅ^0$

砧子 $tʂən^{435}$ $tsʅ^0$ 打铁时垫铁块用

剃头刀儿 t^hi^{41} $t^həu^{44}$ $tɐr^{213}$

推子 t^hei^{213} $tsʅ^0$

剪子 $tɕian^{435}$ $tsʅ^0$

梳子 $səu^{213}$ $tsʅ^0$

鐾刀布 pei^{42} tau^{213} pu^{41}

椅子 i^{435} $tsʅ^0$

缝纫机 $fəŋ^{44}$ $zən^{44}$ $tɕi^{213}$

剪子 $tɕian^{435}$ $tsʅ^0$

　剪刀儿 $tɕian^{435}$ $tɐr^{213}$

尺子 $ʂʅ^{213}$ $tsʅ^0$

熨斗 yn^{42} $təu^{435}$

烙铁 luo^{13} $t^hiɛ^{213}$

棉花弓子 $mian^{44}$ xua^{213} $kuŋ^{213}$

　$tsʅ^0$ 弓子，弹棉花用

纺车 $faŋ^{435}$ $tʂ^hɛ^{213}$

织布机 $tʂʅ^{21}$ pu^{41} $tɕi^{213}$

梭子 suo^{213} $tsʅ^0$

（5）其他生活用品

东西 $təŋ^{213}$ $ɕi^0$

洗澡盆儿 $ɕi^{435}$ $tsau^{435}$ $pər^{44}$

洗脸架儿 $ɕi^{435}$ $lian^{435}$ $tɕiɐr^{41}$

洗脸水 $ɕi^{435}$ $lian^{435}$ $ʂuei^{435}$

香皂 $ɕiaŋ^{21}$ $tsau^{41}$

肥皂 fei^{44} $tsau^{41}$

　胰子 i^{44} $tsʅ^0$

　洋碱 $iaŋ^{44}$ $tɕian^{435}$

洗衣粉儿 $ɕi^{435}$ i^0 $fər^{435}$

泡沫 p^hau^{42} mo^{213}

　波子 po^{41} $tsʅ^0$ 茅坪

洗脸盆儿 ¢i⁴³⁵ lian⁴³⁵ phər⁴⁴

手巾 ʂəu⁴³⁵ tɕin⁰ 毛巾

洗脸手巾 ¢i⁴³⁵ lian⁴³⁵ ʂəu⁴³⁵ tɕin⁰

洗脚盆儿 ¢i⁴³⁵ tɕio²¹³ pʰər⁴⁴

洗脚手巾 ¢i⁴³⁵ tɕio²¹³ ʂəu⁴³⁵ tɕin⁰

煤油灯儿 mei⁴⁴ iəu⁴⁴ tər²¹³

汽灯 tɕʰi⁴² təŋ²¹³

　马灯 ma⁴³⁵ təŋ²¹³

蜡 la²¹³

　洋蜡 iaŋ⁴⁴ la²¹³

灯芯儿 təŋ¹³ ¢iər²¹³

　灯捻子 təŋ²¹ n̠ian⁴³⁵ tsʅ⁰

电杠 tian⁴² kaŋ⁴¹ 日光灯

灯罩儿 təŋ²¹ tʂɐr⁴¹

灯盏 təŋ²¹ tʂan⁴³⁵

灯草 təŋ²¹ tsʰau⁴³⁵

灯油 təŋ²¹ iəu⁴⁴

灯笼 təŋ²¹³ ləŋ⁰

　胳皮子 pʰɔu⁴² pʰi⁴⁴ tsʅ⁰ 茅坪

钱包儿 tɕʰian⁴⁴ pɐr²¹³

　手提包儿 ʂəu⁴³⁵ tʰi⁰ pɐr²¹³

章子 tʂaŋ²¹³ tsʅ⁰ 图章

望远镜 uaŋ⁴² yan⁴³⁵ tɕin⁴¹

浆子 tɕiaŋ⁴¹ tsʅ⁰ 糨糊

顶针儿 tin⁴³⁵ tʂər⁰

线轴辘儿 ¢ian⁴² ku²¹³ lər⁰

针鼻骨 tʂən²¹ pʰi⁴¹ ku⁰

针尖儿 tʂən¹³ tɕiɐr²¹³

针脚 tʂən²¹³ tɕio⁰

穿针 tʂʰuan¹³ tʂən²¹³

锥子 tʂuei²¹³ tsʅ⁰

挖耳子 ua²¹ ər⁴³⁵ tsʅ⁰

搓衣(裳)板儿 tsɹio¹³ i²¹³ (ʂaŋ⁰) pɐr⁴³⁵

棒槌 paŋ⁴¹ tʂʰuei⁰

鸡毛掸子 tɕi²¹ mau⁴⁴ tan⁴³⁵ tsʅ⁰

扇子 ʂan⁴¹ tsʅ⁰

蒲(叶)扇 pʰu⁴⁴ (iɛ⁰) ʂan⁴¹

拐棍儿 kuai⁴³⁵ kuər⁴¹

擦屁股纸 tsʰa²¹ pʰi⁴¹ ku⁰ tʂʅ⁴³⁵

　卫生纸 uei⁴² sən²¹³ tʂʅ⁰

罢罢 pa⁴² pa⁴¹ 剩下的东西

　罢脚子 pa⁴¹ tɕio⁰ tsʅ⁰

九　称谓

（1）一般称谓

男的 lan⁴⁴ ti⁰ 男人

男人 lan⁴⁴ z̠ən⁰

女的 n̠y⁴³⁵ ti⁰ 女人

女人 n̠y⁴³⁵ z̠ən⁰

毛娃儿 mau⁴⁴ uɐr²¹³婴儿

　月娃子 yɛ²¹³ ua⁰ tsʅ⁰

　毛蛋儿 mɔu⁴⁴ tɐr²¹³茅坪

小娃子 ɕiau⁴³⁵ ua⁰ tsʅ⁰小孩儿

　娃子娃儿 ua⁴⁴ tsʅ⁰ uɐr⁴⁴

　娃子 ua⁴⁴ tsʅ⁰

　伢儿 ŋɐr⁴⁴茅坪

　伢儿砣子 ŋɐr⁴⁴ tʰuo⁴⁴ tsʅ⁰
　茅坪

儿娃子 ər⁴⁴ ua⁰ tsʅ⁰男孩儿

女娃子 nya⁴⁴ tsʅ⁰女孩儿

大人佬 ta⁴² ʐən⁴⁴ lau⁴³⁵像大人一
　样成熟的小孩儿

老汉头儿 lau⁴³⁵ xan⁰ tʰər⁴⁴

　老汉 lau⁴³⁵ xan⁰

　老头儿 lau⁴³⁵ tər⁴⁴

老婆儿 lau⁴³⁵ pʰər⁴⁴

　老婆子 lau⁴³⁵ pʰo⁴⁴ tsʅ⁰

小伙儿 ɕiau⁴³⁵ xuor⁰

城里人 tʂʰən⁴⁴ li⁰ ʐən⁰

　街上人 kai²¹³ ʂaŋ⁰ ʐən⁰

乡巴佬 ɕiaŋ²¹³ pa⁰ lau⁴³⁵带贬义

　乡棒 ɕiaŋ²¹ paŋ⁴¹

　土包子 tʰəu⁴³⁵ pau²¹³ tsʅ⁰

农村人 ləŋ⁴⁴ tsʰən⁰ ʐən⁰中性

一家子 i⁴⁴ tɕia²¹³ tsʅ⁰同宗同姓
　的人

外地人 uai⁴¹ ti⁰ ʐən⁰

当地人 taŋ²¹ ti⁴¹ ʐən⁰

老外 lau⁴³⁵ uai⁴¹

自己人 tsʅ⁴² tɕi⁴³⁵ ʐən⁰

外人 uai⁴¹ ʐən⁰

客 kʰɛ²¹³

老庚儿 lau⁴³⁵ kər²¹³同庚

行家 xaŋ⁴⁴ tɕia⁰

外行 uai⁴² xaŋ⁴⁴

半吊子 pan⁴² tiau⁴¹ tsʅ⁰半瓶醋

单身汉儿 tan¹³ ʂən²¹³ xɐr⁴¹

　光棍儿 kuaŋ²¹ kuɐr⁴¹

老姑娘 lau⁴³⁵ ku⁰ ȵiaŋ⁰

小媳妇儿 ɕiau⁴³⁵ ɕi⁴⁴ fər⁰童养媳

二婚头子 ər⁴¹ xun⁰ təu⁴⁴ tsʅ⁰

寡妇 kua⁴³⁵ fu⁰

婊子 piau⁴³⁵ tsʅ⁰

　破鞋 pʰo⁴² xai⁴⁴

　卖肉的 mai⁴² ʐəu⁴¹ ti⁰

野男/女人 iɛ⁴³⁵ lan⁴⁴/ȵy⁴³⁵ ʐən⁰
　姘头

私娃子 sʅ²¹³ ua⁰ tsʅ⁰私生子

俏婆儿 tɕʰiau⁴⁴ pʰər⁴⁴爱打扮之人

嘴倌儿 tsei⁴³⁵ kuɐr⁰爱耍嘴皮子
　的人

懒皇汉 lan⁴³⁵ xuaŋ⁴⁴ xan⁴¹懒人

劳改犯 lau⁴³⁵ kai⁴³⁵ fan⁴¹

　犯人 fan⁴¹ ʐən⁰

衙门头子 ia⁴⁴ mən⁰ tʰəu⁴⁴ tsʅ⁰

衙役

陡发户 təu⁴³⁵ fa⁰ xu⁴¹ 暴发户

狠子包 xən⁴³⁵ tsɿ⁰ pau²¹³ 吝啬鬼

　　狠子 xən⁴³⁵ tsɿ⁰

　　抠掐屎 kʰɕu²¹³ tɕʰiaº piˑ²¹³

　　啬皮鬼 sᴇ²¹ pʰi⁴⁴ kuei⁴³⁵

　　瘌么头 tɕiəu⁴¹ məº tʰəu⁴⁴

　　铁公鸡 tʰiᴇ²¹ kuŋ¹³ tɕiˑ²¹³

败家子儿 pai⁴¹ tɕʰiaº tsər⁴³⁵

　　菢结子儿 pau⁴² tɕiᴇ²¹ tsər⁴³⁵

叫花子 tɕiau⁴² xua²¹³ tsɿ⁰

　　讨米子 tʰau⁴⁴ mi⁴³⁵ tsɿ⁰

　　要饭的 iau⁴² fan⁴¹ tiº

江湖混的 tɕiaŋ²¹ xu⁴⁴ xun⁴¹ tiº

　　走江湖的

骗子 pʰian⁴¹ tsɿ⁰

二流子 ər⁴² liəu²¹³ tsɿ⁰

　　轻身彪子 tɕʰin²¹³ ʂənº piau²¹³ tsɿ⁰

　　逍身彪子 ɕiau²¹³ ʂənº piau²¹³ tsɿ⁰

土匪 tʰəu⁴³⁵ fei⁴³⁵

强盗 tɕʰiaŋ⁴⁴ tau⁴¹

贼娃子 tɕei⁴⁴ uaº tsɿ⁰

　　小偷儿 ɕiau⁴³⁵ tʰər²¹³

　　三只手儿 san²¹³ tʂɿ⁰ ʂər⁴³⁵

　　绺子手儿 liəu²¹³ tsɿ⁰ ʂər⁴³⁵

　　扒手儿 pʰa⁴⁴ ʂər⁴³⁵

奴娃儿 ləu⁴⁴ uɐrº 奴颜卑膝的人

跕不烂 pan⁴³⁵ pu⁴⁴ lan⁴¹ 无可救药

的人

二半彪子 ər⁴¹ panº piau²¹³ tsɿ⁰

　　举止粗俗、鲁莽的人

　　彪子枪 piau²¹³ tsɿ⁰ tɕʰiaŋ²¹³

脬皮子 pʰau²¹³ piº tsɿ⁰ 不稳重、轻

　　浮的人

　　二脬 ər⁴² pʰau²¹³

红砖头 xuəŋ⁴⁴ tʂuan²¹³ tʰəu⁴⁴ 暴

躁、易发怒的人

二杆子 ər⁴¹ kan⁴³⁵ tsɿ⁰

　　二球 ər⁴² tɕʰiəu⁴⁴

脓包 ləŋ¹³ pau²¹³ 无用的人

□种 pʰiᴇ⁴¹ tʂuŋ⁴³⁵ 孬种

老□子 lau⁴³⁵ tʂuai⁴³⁵ tsɿ⁰ 任何人，

　　虚指：~才信你的鬼话！

活揽泡 xuo⁴⁴ lan⁴³⁵ pʰau²¹³ 不务

　　正业，喜欢跟随、附和的人

拨等伴儿 po²¹ tən⁴³⁵ pɐr⁴¹ 没有眼

　　色，不说不知道做的人

麻迷儿 ma⁴⁴ miər⁴⁴ 不讲理的人

眵模糊 tʂʰɿ²¹ ma⁴⁴ xu²¹³ 糊涂、容

　　易被愚弄的人

眨巴眼 tʂa⁴³⁵ paº iɐr⁴³⁵ 患有眼疾、

　　需频繁眨眼的人。

得罗儿西 tᴇ⁴⁴ luərº ɕi²¹³ 衣冠不

　　整、邋里邋遢的样子。

□货篓子 pan⁴³⁵ xuoº ləu⁴³⁵ tsɿ⁰

　　形容没出息的人。

□经 pan⁴³⁵ tɕin²¹³

机个儿 tɕi²¹³ kuər⁰ 很机灵、很敏感
的人

硬睁眼子 ŋən⁴² tsən²¹ ian⁴³⁵

tsʅ⁰ 比喻倔强、一根筋的人

干□皮 kan²¹ tʂʰan⁴² pʰiˑ⁴⁴ 形容舍
不得投入本钱但妄图盈利的人

下□皮 ɕia⁴² tʂʰua⁴³⁵ pʰiˑ⁴⁴ 无赖，
不讲道理的人

□包儿 sən⁴³⁵ pɐr⁰ 衣衫不整的人

□□汤 tən⁴⁴ tən⁴⁴ tʰaŋ²¹³ 比喻容
易被忽悠的人

（2）职业称谓

工作 kuŋ²¹³ tsuo⁰

活路 xuo⁴⁴ ləu⁰ 也泛指活儿

工人 kuŋ²¹³ ʐən⁰

做活的 tsəu⁴¹ xuo⁴⁴ ti⁰

打工的 ta⁴³⁵ kuŋ²¹³ ti⁰ 雇工

长工 tʂʰaŋ⁴⁴ kuŋ²¹³

半常年 pan²¹ tʂʰaŋ⁴⁴ n̠ian⁰

短工 tan⁴³⁵ kuŋ²¹³

临时工 lin⁴⁴ ʂʅ⁴⁴ kuŋ²¹³

农民 ləŋ⁴⁴ min⁴⁴

种地的 tʂuŋ⁴² ti⁴¹ ti⁰

做生意的 tsəu⁴² ʂən²¹³ i⁰ ti⁰

开铺子的 kʰai²¹ pʰu⁴¹ tsʅ⁰ ti⁰

老板儿 lau⁴³⁵ pɐr⁴³⁵

东家 təŋ²¹³ tɕia⁰

主户 tʂu⁴³⁵ xu⁰

老板娘 lau⁴³⁵ pɐr⁴³⁵ n̠iaŋ⁴⁴

伙计 xuo⁴³⁵ tɕi⁰

帮忙的 paŋ²¹ maŋ⁴⁴ ti⁰

跑堂的 pʰau⁴³⁵ tʰaŋ⁴⁴ ti⁰

打工的 ta⁴³⁵ kuŋ²¹³ ti⁰

学徒 ɕio⁴⁴ tʰəu⁴⁴

徒弟娃子 tʰəu⁴⁴ ti⁰ ua⁴⁴ tsʅ⁰

学手艺的 ɕio⁴⁴ ʂəu⁴³⁵ n̠i⁰ ti⁰

顾客 ku⁴² kʰE²¹³

买货/东西的 mai⁴³⁵ xuo⁴¹/
təŋ²¹³ ɕi⁰ ti⁰

小贩儿 ɕiau⁴³⁵ fɐr⁴¹

做小生意的 tsəu⁴² ɕiau⁴³⁵
sən²¹³ i⁰ ti⁰

摆摊儿的 pai⁴³⁵ tʰɐr²¹³ ti⁰

先生 ɕian²¹³ sən⁰

老师 lau⁴³⁵ sʅ²¹³

教书的 tɕiau¹³ ʂu²¹³ ti⁰

学生 ɕio⁴⁴ sən⁰

学生娃子 ɕio⁴⁴ sən⁰ ua⁴⁴ tsʅ⁰

学娃子 ɕio⁴⁴ ua⁰ tsʅ⁰ 茅坪

同学 tʰəŋ⁴⁴ ɕio⁴⁴

朋友儿 pʰəŋ⁴⁴ iər⁴³⁵

伙计 xuo⁴³⁵ tɕi⁰

哥们儿 kuo²¹³ mər⁰

当兵的 taŋ¹³ pin²¹³ ti⁰

警察 tɕin⁴³⁵ tʂʰa⁴⁴

　公安局的 kuŋ²¹³ ŋan⁰ tɕy⁴⁴ ti⁰

医生 i²¹³ sən⁰

　大夫 tai⁴¹ fu⁰

　郎丈 laŋ⁴⁴ tʂaŋ⁰ 茅坪

　先生 ɕian²¹³ sən⁰

　看病的 kan⁴² pin⁴¹ ti⁰

司机 sɿ¹³ tɕi²¹³

　开车的 kʰai¹³ tʂʰɛ²¹³ ti⁰

　师傅 sɿ²¹³ fu⁰

手艺人 ʂəu⁴³⁵ ȵi⁴² zən⁴⁴

木匠 mo²¹³ tɕiaŋ⁰

　做木活的 tsəu⁴² mo²¹³ xuo⁴⁴ ti⁰

瓦匠 ua⁴³⁵ tɕiaŋ⁰

锡匠 ɕi²¹³ tɕiaŋ⁰

铜匠 tʰəŋ⁴⁴ tɕiaŋ⁰

铁匠 tʰiɛ²¹³ tɕiaŋ⁰

补锅匠 pu⁴³⁵ kuo²¹³ tɕiaŋ⁴¹

　修锅的 ɕiəu¹³ kuo²¹³ ti⁰

洋铁匠 iaŋ⁴⁴ tʰiɛ²¹³ tɕiaŋ⁴¹

裁缝 tsʰai⁴⁴ fəŋ⁰

　做衣裳的 tsəu⁴² i²¹³ ʂaŋ⁰ ti⁰

理发的 li⁴³⁵ fa²¹³ ti⁰

　剃头的 tʰi⁴² tʰəu⁴⁴ ti⁰

　剪头的 tɕian⁴³⁵ tʰəu⁴⁴ ti⁰

杀猪的 ʂa¹³ tʂu²¹³ ti⁰

搬运工 pan²¹ yn⁴¹ kuŋ²¹³

　脚子班儿 tɕio²¹³ tsɿ⁰ pɐr²¹³

挑挑子的 tʰiau¹³ tʰiau²¹³ tsɿ⁰ ti⁰
　挑夫

抬轿子的 tʰai⁴⁴ tɕiau⁴¹ tsɿ⁰ ti⁰
　轿夫

船太工 tʂʰuan⁴⁴ tʰai⁴² kuŋ²¹³ 艄公

　驾船的 tɕia⁴² tʂʰuan⁴⁴ ti⁰

当家的 taŋ¹³ tɕia²¹³ ti⁰

　内当家 lei⁴¹ taŋ¹³ tɕia²¹³

合伙儿的 xuo⁴⁴ xuor⁴³⁵ ti⁰ 伙计,合
作的人

伙伴儿 xuo⁴³⁵ pɐr⁴¹

厨子 tʂʰu⁴⁴ tsɿ⁰

　做菜的 tsəu⁴² tsʰai⁴¹ ti⁰

　炒菜的 tʂʰau⁴³⁵ tsʰai⁴¹ ti⁰

　红案儿 xuŋ⁴⁴ ŋɐr⁴¹ 喜事时请的
厨师

　白案儿 pɛ⁴⁴ ŋɐr⁴¹ 丧事时请的
厨师

马夫 ma⁴³⁵ fu⁰

放牛娃子 faŋ⁴² ȵiəu⁴⁴ ua⁴⁴ tsɿ⁰

喂猪的 uei⁴² tʂu²¹³ ti⁰

喂鸡子的 uei⁴² tɕi²¹³ tsɿ⁰ ti⁰

奶妈儿 lai⁴³⁵ mɐr²¹³

月母子 yɛ²¹ mo⁴³⁵ tsɿ⁰ 坐月子的
女人

丫鬟 ia²¹³ xuan⁰

　请的女娃子 tɕʰin⁴³⁵ ti⁰ ȵya⁴⁴

ts $ʐ^0$

听叫的 t^hin^{41} $tɕiɔu^{213}$ ti^0 茅坪

佣人 $yŋ^{41}$ $ʐ̩ən^0$

　保姆 pau^{435} mo^{435}

女佣人 $ȵy^{435}$ $yŋ^{42}$ $ʐ̩ən^{44}$

接生婆儿 $tɕiɛ^{13}$ $sən^{213}$ $p^hər^{44}$

喜娘 $ɕi^{435}$ $ȵiaŋ^{44}$ 茅坪

接生员儿 $tɕiɛ^{13}$ $sən^{213}$ $yɐr^{44}$

和尚头儿 xuo^{44} $ʂaŋ^0$ $t^hər^{44}$

　和尚蛋儿 xuo^{44} $ʂaŋ^0$ $tɐr^{41}$

尼姑婆儿 $ȵi^{44}$ ku^0 $p^hər^{44}$

道士 tau^{41} $sʐ^0$

十　亲属

（1）长辈

老辈子 lau^{435} pei^{41} $tsʐ^0$ 长辈

老太 lau^{435} t^hai^{41} ①曾祖父；②曾
祖母

老太爷 lau^{435} t^hai^{42} $iɛ^{44}$

　太爷 t^hai^{42} $iɛ^{44}$ 茅坪

　太奶 t^hai^{42} lai^{435} 茅坪

爷 $iɛ^{44}$ 祖父

　爹 $tiɛ^{41}$ 茅坪

　公 $kəŋ^{41}$ 茅坪

奶 lai^{435} 祖母

外爷 uei^{42} $iɛ^{44}$ 外祖父

　家爷 ka^{42} $iɛ^{44}$ 茅坪

婆 p^ho^{44} 外祖母

　家婆 ka^{42} p^ho^{44} 茅坪

爸 pa^{213} 父亲

　大 ta^{44}

伯 $pɛ^{44}$

爹 $tiɛ^{213}$

爷 ia^{44}

妈 ma^{213} 母亲

　娘 $ȵiaŋ^{44}$

　婶儿 $ʂər^{435}$

　姨 i^{44}

丈老 $tʂaŋ^{42}$ lau^{435} 岳父（背称）

　爸 pa^{213}（面称）

丈母娘 $tʂaŋ^{42}$ mo^{435} $ȵiaŋ^{44}$（背
称）

　妈 ma^{213}（面称）

老公公 lau^{435} $kuŋ^{213}$ $kuŋ^0$（背称）

　爸 pa^{213}（面称）

老婆子 lau^{435} p^ho^{44} $tsʐ^0$ 婆婆（背
称）

　妈 ma^{213} 婆婆（面称）

后爸 $xəu^{42}$ pa^{213} 背称

　爸 pa^{213}（面称）

继父老子 tɕi^{41} fu^{0} lau^{435} tsʐ^{0} 背称

伯爷 pɛ^{44} iɛ^{0} 茅坪（面称）

后妈 xəu^{42} ma^{213}（背称）

妈 ma^{213}（面称）

伯娘 pɛ^{44} ȵiaŋ^{0} 茅坪（面称）

（大、二…）伯/爸（ta^{41}、ər^{41}…）pɛ^{44}/pa^{213} 伯父

（大、二…）妈（ta^{41}、ər^{41}…）ma^{44}/ma^{213} 伯母

娘老子 niaŋ^{44} lau^{435} tsʐ^{0} 父母

佬佬 lau^{435} lau^{435} 叔父

叔老子 ʂəu^{44} lau^{435} tsʐ^{0} 背称

叔 ʂəu^{44}

婶儿 ʂər^{435} 叔母

叔娘 ʂəu^{44} ȵiaŋ^{0} 茅坪

舅 tɕiəu^{41}

舅娘 tɕiəu^{42} ȵiaŋ^{44}

舅母 tɕiəu^{213} mo^{0} 茅坪

娘儿 ȵiɐr^{213} 姑母

姑（妈）ku^{13}（ma^{213}）

姨 i^{44}

姨娘 i^{44} ȵiaŋ^{0} 茅坪

姑夫 ku^{213} fu^{0}

姑爹 ku^{13} tiɛ^{213}

姨夫 i^{44} fu^{0}

干佬儿 kan^{21} lɐr^{435} 姻伯：弟兄的岳父，姐妹的公公

干妈 kan^{213} ma^{0} 弟兄的岳母，姐妹的婆婆

姑奶 ku^{21} lai^{435}

姨奶 i^{44} lai^{435}

（2）平辈

平般是辈儿（的）pʰin^{44} pan^{213} ʂʐ^{0} pər^{41}（ti^{0}）平辈

两口儿 liaŋ^{435} kʰər^{435} 夫妻

两口子 liaŋ^{435} kʰəu^{435} tsʐ^{0}

爱人儿 ŋai^{41} zʐr^{0} 丈夫

男人 lan^{44} zʐn^{0}

丈夫 tʂaŋ^{41} fu^{0}

老汉 lau^{435} xan^{0}

外头人 uai^{41} tʰəu^{0} zʐn^{0}

娃子他爸 ua^{44} tsʐ^{0} tʰa^{13} pa^{213}

爱人儿 ŋai^{41} zʐr^{0} 妻子

女人 ȵy^{435} zʐn^{0}

媳妇儿 ɕi^{44} fər^{0}

老婆儿 lau^{435} pʰər^{0}

婆娘 pʰo^{44} ȵiaŋ^{0}

屋的人 u^{44} ti^{0} zʐn^{44}

娃子他妈 ua^{44} tsʐ^{0} tʰa^{13} ma^{213}

细老汉 ɕi^{21} lau^{435} xan^{0} 茅坪

伯伯子（哥）pɛ^{44} pɛ^{44} tsʐ^{0}（kuo^{213}）大伯子

叔佬子 ʂəu^{44} lau^{0} tsʐ^{0} 小叔子

大姑子姐 ta^{42} ku^{213} tsʐ^{0} tɕiɛ^{435}

大姑子，夫之姐

小姑子 ɕiau¹³ ku²¹³ tsʅ⁰

舅佬倌儿 tɕiəu⁴² lau⁴³⁵ kuɐr²¹³
　内兄弟，妻之兄弟

姨姐子 i⁴⁴ tɕiE⁴³⁵ tsʅ⁰ 大姨子

姨妹子 i⁴⁴ mei⁴¹ tsʅ⁰ 小姨子

弟兄伙的 ti⁴¹ ɕyŋ⁰ xuo⁰ ti⁰ 弟兄

姊妹伙的 tsʅ⁴³⁵ mei⁰ xuo⁰ ti⁰
　姊妹

哥 kuo⁴³⁵
　瓢把子 pʰiau⁴⁴ pa⁴¹ tsʅ⁰ 背称

嫂子 sau⁴³⁵ tsʅ⁰
　姐 tɕiE⁴³⁵

兄弟 ɕyŋ²¹³ ti⁰ 弟弟

兄弟媳妇儿 ɕyŋ²¹³ ti⁰ ɕi⁴⁴ fər⁰
　弟媳

姐 tɕiE⁴³⁵

姐夫哥 tɕiE⁴³⁵ fu⁰ kuo²¹³
　姐夫 tɕiE⁴³⁵ fu⁰
　哥 kuo²¹³

妹妹 mei⁴¹ mei⁰

妹夫子 mei⁴¹ fu⁰ tsʅ⁰

兄弟 ɕyŋ²¹³ ti⁰ 堂兄弟

姊妹 tsʅ⁴³⁵ mei⁰ 堂姊妹

表兄弟 piau⁴³⁵ ɕyŋ²¹³ ti⁰

表姊妹 piau⁴³⁵ tsʅ⁴³⁵ mei⁰

（3）晚辈

晚辈子 uan⁴³⁵ pei⁰ tsʅ⁰

儿女 ər⁴⁴ ȵy⁴³⁵ 子女

儿子 ər⁴⁴ tsʅ⁰

大儿子 ta⁴² ər⁴⁴ tsʅ⁰

小儿子 ɕiau⁴³⁵ ər⁴⁴ tsʅ⁰

继子儿 tɕi⁴¹ tsʅ⁰ ər⁴⁴ 养子
　引的娃子 in⁴³⁵ ti⁰ ua⁴⁴ tsʅ⁰

儿子媳妇儿 ər⁴⁴ tsʅ⁰ ɕi⁴⁴ fər⁰

女儿 ȵyər⁴³⁵

女婿 ȵy⁴³⁵ ɕi⁰

孙娃子 sən²¹³ ua⁰ tsʅ⁰

孙娃子媳妇儿 sən²¹³ ua⁰ tsʅ⁰ ɕi⁴⁴ fər⁰

孙女儿 sən²¹ ȵyər⁴³⁵

孙女婿 sən²¹ ȵy⁴³⁵ ɕi⁰

重孙儿 tʂuŋ⁴⁴ sər²¹³

提溜孙子 ti²¹³ liəu⁰ sən²¹³ tsʅ⁰ 重孙以下的孙子

重孙女儿 tʂuŋ⁴⁴ sən²¹³ ȵyər⁴³⁵

外孙子 uai⁴² sən²¹³ tsʅ⁰
　外孙儿 uai⁴¹ sər⁰

外孙女儿 uai⁴² sən²¹ ȵyər⁴³⁵

外甥子 uai⁴² sən²¹³ tsʅ⁰
　外甥儿 uai⁴¹ sər⁰

外甥女儿 uai⁴² sən²¹ ȵyər⁴³⁵

侄儿子 tʂʅ⁴⁴ ər⁰ tsʅ⁰

侄女儿 tʂʅ⁴⁴ ȵyər⁴³⁵

表侄子 piau⁴³⁵ tʂʅ⁴⁴ tsʅ⁰ 妻子的兄弟之子

表侄女儿 piau⁴³⁵ tʂʅ⁴⁴ n̠yər⁴³⁵ 妻子的兄弟之女

（4）其他

挑担 tʰiau²¹³ tan⁰ 连襟
亲家 tɕʰin⁴¹ tɕia⁰
亲家母 tɕʰin⁴¹ tɕia⁰ mo⁴³⁵
亲家公 tɕʰin⁴¹ tɕia⁰ kuŋ²¹³
亲戚 tɕʰin²¹³ tɕʰi⁰

走亲戚 tsəu⁴³⁵ tɕʰin²¹³ tɕʰi⁰
　串亲戚 tʂʰuan⁴¹ tɕʰin²¹³ tɕʰi⁰
带的娃子 tai⁴¹ ti⁰ ua⁴⁴ tsʅ⁰ 带犊儿，妇女改嫁带的儿女
娘屋 n̠iaŋ⁴⁴ u⁰
婆屋 pʰo⁴⁴ u⁰
男方 lan⁴⁴ faŋ⁰
女方 n̠y⁴³⁵ faŋ⁰

十一　身体

（1）五官

身体 ʂən²¹ tʰi⁴³⁵
身材 ʂən²¹³ tsʰai⁰
　身个儿 ʂən²¹ kuor⁰
样范儿 iaŋ⁴¹ fɐr⁰
　模样儿 mo⁴⁴ iɐr⁰
头 tʰəu⁴⁴
　脑壳 lau⁴³⁵ kʰuo⁰
　脑袋（瓜子）lau⁴³⁵ tai⁰（kua²¹³ tsʅ⁰）
光蛋儿 kuaŋ²¹ tɐr⁴¹ 秃头
　光蛋儿头 kuaŋ²¹ tɐr⁴² tʰəu⁴⁴
脑壳顶儿 lau⁴³⁵ kʰuo⁰ tiɐr⁴³⁵
后脑勺儿 xəu⁴¹ lau⁴³⁵ ʂuor⁴⁴
后颈窝儿 xəu⁴¹ tɕin⁴³⁵ uor²¹³

颈脖儿 tɕin⁴³⁵ pər⁴⁴
头毛 tʰəu⁴⁴ mau⁴⁴
　头发 tʰəu⁴⁴ fa⁰
少年白 ʂau⁴¹ n̠ian⁰ pɛ⁴⁴ 少白头
掉头发 tiau⁴¹ tʰəu⁴⁴ fa⁰
额头 ŋɛ²¹³ tʰəu⁰
脑囟门 lau⁴³⁵ ɕin²¹ mən⁴⁴
　囟门蛋儿 ɕin²¹ mən⁴⁴ tɐr⁴¹
鬓角儿 pin⁴¹ tɕiɐr⁰
毛辫儿 mau⁴⁴ piɐr⁴¹
　毛角儿 mau⁴⁴ tɕiɐr⁴⁴
　毛刷子 mau⁴⁴ ʂua²¹³ tsʅ⁰
笆笆儿 pa²¹³ pɐr⁰ 髻，中老年盘在脑后的鬏
连毛叶儿 lian⁴⁴ mau⁴⁴ iɐr²¹³ 刘海儿
脸 lian⁴³⁵

脸蛋儿 lian⁴³⁵ tɐr⁴¹

　　脸兜子 lian⁴³⁵ təu²¹³ tsʅ⁰

　　脸巴子 lian⁴³⁵ pa²¹³ tsʅ⁰

颧骨 ɕyan⁴⁴ ku²¹³

酒窝儿 tɕiəu⁴³⁵ uor²¹³

人中 ʐən⁴⁴ tʂuŋ²¹³

腮巴子 sai²¹³ pa⁰ tsʅ⁰ 腮帮子

眼 n̠ian⁴³⁵/ian⁴³⁵

　　眼睛 n̠ian⁴³⁵/ian⁴³⁵ tɕin⁰

　　眼窝儿 n̠ian⁴³⁵/ian⁴³⁵ uor⁰

眼睛框子 n̠ian⁴³⁵/ian⁴³⁵ tɕin⁰
　　kʰuaŋ²¹³ tsʅ⁰

眼睛珠子 n̠ian⁴³⁵/ian⁴³⁵ tɕin⁰
　　tʂu²¹³ tsʅ⁰

白眼仁儿 pɛ⁴⁴ n̠ian⁴³⁵/ian⁴³⁵ ʐər⁴⁴

黑眼仁儿 xɛ²¹ n̠ian⁴³⁵/ian⁴³⁵ ʐər⁴⁴

瞳仁儿 tʰəŋ⁴⁴ ʐər⁴⁴

眼（睛）角儿 n̠ian⁴³⁵/ian⁴³⁵
　　（tɕin⁰）kuor²¹³

大眼角儿 ta⁴² n̠ian⁴³⁵/ian⁴³⁵ kuər²¹³

眼圈子 n̠ian⁴³⁵/ian⁴³⁵ tɕʰyan⁰ tsʅ⁰

　　眼眶子 n̠ian⁴³⁵/ian⁴³⁵ kʰuaŋ²¹³
　　tsʅ⁰

眼泪 n̠ian⁴³⁵/ian⁴³⁵ lei⁰

　　眼睛水 n̠ian⁴³⁵/ian⁴³⁵ tɕin⁰ ʂuei⁴³⁵

眼睛屎 n̠ian⁴³⁵/ian⁴³⁵ tɕin⁰ ʂʅ⁴³⁵

眼皮子 n̠ian⁴³⁵/ian⁴³⁵ pʰi⁴⁴ tsʅ⁰

单眼皮儿 tan²¹ n̠ian⁴³⁵/ian⁴³⁵ pʰiɐr⁴⁴

　　单眼子 tan²¹ n̠ian⁴³⁵/ian⁴³⁵ tsʅ⁰

双眼皮儿 ʂuaŋ²¹ n̠ian⁴³⁵/ian⁴³⁵
　　pʰiɐr⁴⁴

　　双眼子 ʂuaŋ²¹ n̠ian⁴³⁵/ian⁴³⁵ tsʅ⁰

睫毛 tɕiɛ⁴⁴ mau⁴⁴

　　眼睛毛 n̠ian⁴³⁵/ian⁴³⁵ tɕin⁰ mau⁴⁴

眉毛 mi⁴⁴/mei⁴⁴ mau⁰

皱眉头 tsəŋ⁴² mei⁴⁴ tʰəu⁴⁴

鼻子 pi⁴⁴ tsʅ⁰

鼻涕儿 pi⁴⁴ tiɐr⁴¹

鼻涕壳子 pi⁴⁴ tin⁰ kʰuo²¹³ tsʅ⁰ 干
　　鼻涕

鼻子窟窿儿 pi⁴⁴ tsʅ⁰ kʰu⁰ lɐr⁴³⁵

　　鼻子窟眼儿 pi⁴⁴ tsʅ⁰ kʰu⁴⁴ iɐr⁴³⁵

鼻子毛 pi⁴⁴ tsʅ⁰ mau⁴⁴

鼻子尖儿 pi⁴⁴ tsʅ⁰ tɕiɐr²¹³

　　鼻子头儿 pi⁴⁴ tsʅ⁰ tʰər⁴⁴

鼻子尖 pi⁴⁴ tsʅ⁰ tɕian²¹³ 嗅觉灵敏

鼻子梁儿 pi⁴⁴ tsʅ⁰ liɐr⁴⁴

嘴 tsei⁴³⁵

嘴唇儿 tsei⁴³⁵·tɕʰyɐr⁴⁴

　　嘴唇子 tsei⁴³⁵ tɕʰyn⁴⁴ tsʅ⁰

唾沫 tʰəu⁴¹ mo⁰

　　□tsʰan⁴⁴

□包子 tsʰan⁴⁴ pau²¹³ tsʅ⁰ 腮帮子

唾沫星子 tʰəu⁴¹ mo⁰ ɕin²¹³ tsʅ⁰

涎水 xan²¹³ ʂuei⁴³⁵

舌头 ʂɛ⁴⁴ tʰəu⁰

舌苔 ʂɛ⁴⁴ tʰai²¹³

夹舌子 tɕia²¹³ ʂɛ⁴⁴ tʂʅ⁰ 大舌头，口
齿不清

门牙 mən⁴⁴ ia⁴⁴

大牙 ta⁴¹ ia⁴⁴

　板牙 pan⁴³⁵ ia⁴⁴

虎牙 xu⁴³⁵ ia⁴⁴

牙屎 ia⁴⁴ ʂʅ⁴³⁵ 牙垢

牙床 ia⁴⁴ tʂʰuaŋ⁴⁴

　牙瓣儿 ia⁴⁴ pɐr⁴³⁵

虫牙 tʂʰuŋ⁴⁴ ia⁴⁴

耳朵 ər⁴³⁵ təu⁰

耳朵眼儿 ər⁴³⁵ təu⁰ iɐr⁴³⁵

耳朵屎 ər⁴³⁵ təu⁰ ʂʅ⁴³⁵

耳朵背背儿 ər⁴³⁵ təu⁰ pei⁴¹ pər⁰
耳朵背

下巴壳儿 ɕia⁴¹ pa⁰ kʰuor²¹³

喉咙管儿 xəu⁴⁴ ləŋ⁰ kuɐr⁰ 喉咙

　喉咙管子 xəu⁴⁴ ləŋ⁰ kuan⁴³⁵
tsʅ⁰

胡子 xu⁴⁴ tsʅ⁰ ①胡须的统称②专指
下巴须

串脸胡子 tʂʰuaiʲ⁴¹ lian⁴³⁵ xu⁴⁴ tsʅ⁰
络腮胡子

八字胡 pa²¹³ tsʅ⁰ xu⁴⁴

（2）手、脚、胸、背

肩膀头儿 tɕian²¹ paŋ⁴³⁵ tʰ ər⁴⁴

锁子骨 suo⁴³⁵ tsʅ⁰ ku²¹³ 肩胛骨

□膀子 tʰia⁴³⁵ paŋ⁴³⁵ tsʅ⁰ 溜肩膀

胳膊 kɛ⁴⁴ po⁰

（手）膀子（ʂəu⁴³⁵）paŋ⁴³⁵ tsʅ⁰

倒拐子 tau⁴¹ kuai⁴³⁵ tsʅ⁰ 胳膊肘

胳肢窝儿 kɛ²¹³ tʂa⁰ uər²¹³

手脖子 ʂəu⁴³⁵ po⁴⁴ tsʅ⁰ 手腕子

　手颈脖儿 ʂəu⁴³⁵ tɕin⁴³⁵ pər⁴⁴

反手 fan⁴³⁵ ʂəu⁴³⁵

顺手 ʂun⁴² ʂəu⁴³⁵

手指头儿 ʂəu⁴³⁵ tʂʅ²¹³ tʰər⁰

　手指拇儿 ʂəu⁴³⁵ tʂʅ²¹³ mər⁰

指关节儿 tʂʅ¹³ kuan²¹³ tɕiər⁰

　指头缝儿 tʂʅ²¹³ tʰəu⁰ fər⁴¹

指头缝子 tʂʅ²¹³ tʰəu⁰ fəŋ⁴¹ tsʅ⁰

茧子 tɕiaŋ⁴³⁵ tsʅ⁰ 手蹄子，也叫老
茧子

大指头儿 ta⁴² tʂʅ²¹³ tʰər⁰ 大拇指

二指头儿 ər⁴² tʂʅ²¹³ tʰər⁰ 食指

中指头儿 tʂuŋ¹³ tʂʅ²¹³ tʰər⁰

无名指 u⁴⁴ min⁴⁴ tʂʅ²¹³

小指头儿 ɕiau⁴³⁵ tʂʅ²¹³ tʰər⁰

指甲盖儿 tʂʅ²¹³ tɕia⁰ kɐr⁴¹

指头蛋儿 tʂʅ²¹³ tʰəu⁰ tɐr⁴¹ 手指
头肚

　指头蛋子 tʂʅ²¹³ tʰəu⁰ tan⁴¹ tsʅ⁰

　指拇蛋儿 tʂʅ²¹ mər⁰ tɐr⁴¹

锤头子 tʂʰuei⁴⁴ təu⁰ tsʅ⁰ 拳头

锤头鼓子 tʂʰuei⁴⁴ təu⁰ ku⁴³⁵ tsʅ⁰

手巴掌儿 ʂəu⁴³⁵ pa⁰ tʂɐr⁴³⁵

耳巴子 ər⁴³⁵ pa⁰ tsʅ⁰ 巴掌

手板心儿 ʂəu⁴³⁵ pan⁴³⁵ ɕiər²¹³

手背 ʂəu⁴³⁵ pei⁴¹

腿 tʰei⁴³⁵

　连二杆子 lian⁴⁴ ər⁴² kan⁴³⁵ tsʅ⁰ 茅坪

大腿 ta⁴² tʰei⁴³⁵

　大胯 ta⁴² kʰua⁴³⁵

　胯子 kʰua⁴³⁵ tsʅ⁰

□tɕʰia⁴¹ 大腿根

小腿 ɕiau⁴³⁵ tʰei⁴³⁵

腿肚子 tʰei⁴³⁵ təu⁴³⁵ tsʅ⁰

波罗盖儿 pu²¹ ləu⁴⁴ kɐr⁴¹ 膝盖

　磕膝包儿 kʰɛ⁴⁴ tɕʰiᵒ pou⁴¹ ər⁰ 茅坪

胯子骨 kua⁴³⁵ tsʅ⁰ ku⁴³⁵

□裆 tɕʰia⁴² taŋ²¹³ 两腿之间

尻子 kəu²¹³ tsʅ⁰ 屁股

屁眼儿 pʰi⁴² iɐr⁴³⁵

屁股蛋儿 pʰi⁴¹ ku⁰ tɐr⁴¹

　屁股蛋子 pʰi⁴¹ ku⁰ tan⁴¹ tsʅ⁰

　尻蛋子 kəu²¹ tan⁴¹ tsʅ⁰

尾椎骨 uei⁴³⁵ tʂuei⁰ ku²¹³

　尾巴桩儿 uei⁴³⁵ pa⁰ tʂuɐr²¹³

鸡巴 tɕi²¹³ pa⁰ 男阴

雀子 tɕʰio⁴³⁵ tsʅ⁰

垂子 tʂʰuei⁴⁴ tsʅ⁰

鸡娃子 tɕi²¹³ ua⁰ tsʅ⁰

麻雀儿 ma⁴⁴ tɕʰyər⁴³⁵

屌 tiau⁴³⁵

裸 luo⁴³⁵

鸡娃儿 tɕi²¹ uɐr⁴⁴ 鸡鸡，赤子阴

卵蛋儿 lan⁴³⁵ tɐr⁴¹ 睾丸

卵子 lan⁴³⁵ tsʅ⁰

蛋 tan⁴¹

　蛋包子 tan⁴¹ pau⁰ tsʅ⁰ 阴囊

雀子毛 tɕʰio⁴³⁵ tsʅ⁰ mau⁴⁴

屄 pi·²¹³ 女阴

屄毛 pi²¹ mau⁴⁴

尻屄 kʰau¹³ pi²¹³ 交合

俶 səŋ⁴⁴ 精液

脚脖子 tɕio²¹ po⁴⁴ tsʅ⁰

螺丝骨 luo⁴⁴ sʅ⁰ ku²¹³ 踝子骨

脚 tɕio²¹³

打（赤）脚片儿 ta⁴³⁵（tʂʰʅ⁰）tɕio⁰ pʰiɐr⁴³⁵

脚背 tɕio²¹ pei⁴¹

脚巴掌儿 tɕio²¹³ pa⁰ tʂar⁴³⁵

　脚片子 tɕio²¹ pʰian⁴³⁵ tsʅ⁰

脚心儿 tɕio¹³ ɕiər²¹³

脚尖儿 tɕio¹³ tɕiɐr²¹³

脚指头 tɕio¹³ tsʅ²¹³ tʰər⁰

脚趾甲 tɕio¹³ tsʅ²¹³ tɕia⁰

脚后跟儿 tɕio^{21} xəu^{41} kər^{213}

　脚墩儿 tɕio^{13} tər^{213}

　脚苑子 tɕio^{13} təu^{213} tsʅ^{0}

脚印子 tɕio^{21} in^{41} tsʅ^{0}

鸡眼儿 tɕi^{21} iɐr^{435} 一种脚病

　脚疔 tɕio^{42} tin^{41} 茅坪

心口儿 ɕin^{21} kər^{435}

　胸口窝儿 ɕyŋ^{21} kʰəu^{435} uər^{213}

胸脯子 ɕyŋ^{21} pʰu^{44} tsʅ^{0}

肋条骨 lɛ^{21} tʰiau^{44} ku^{213}

　排子骨 pʰai^{44} tsʅ^{0} ku^{213}

奶 lai^{213} ①乳房②奶汁

妈 ma^{41} 乳房(茅坪)

　妈儿 ma^{41} ər^{0} 茅坪

　奶水儿 lai^{21} ʂuər^{435}

肚子 təu^{435} tsʅ^{0}

小肚子 ɕiau^{435} təu^{435} tsʅ^{0}

肚母脐儿 təu^{42} mo^{435} tɕʰiɐr^{44} 肚脐眼

腰 iau^{213}

脊背 tɕi^{21} pei^{41}

　背 pei^{41}

脊梁骨 tɕi^{21} liaŋ^{44} ku^{213}

(3)其他

旋 ɕyan^{44} 头发旋儿

箩儿 luor^{44} ①指纹②圆形的指纹

簸箕 po^{41} tɕi^{0} 簸箕形的指纹

汗毛 xan^{44} mau^{44}

毛眼儿 mau^{44} iɐr^{435}

痣 tsʅ^{41}

　蚊子屎 uən^{44} tsʅ^{0} ʂʅ^{435}

　记 tɕi^{41}

骨头 ku^{213} tʰəu^{0}

筋 tɕin^{213}

血 ɕyɛ^{213}/ɕiɛ^{213}

血管儿 ɕyɛ^{21}/ɕiɛ^{21} kuɐr^{435}

脉 miɛ^{44}

心 ɕin^{213}

肝 kɐr^{213}

肺 fei^{41}

苦胆 kʰu^{435} tan^{435}

脾 pʰi^{44}

肚子 təu^{435} tsʅ^{0} 胃

腰子 iau^{213} tsʅ^{0} 肾

肠子 tʂʰaŋ^{44} tsʅ^{0}

大肠 ta^{42} tʂʰaŋ^{44}

小肠 ɕiau^{435} tʂʰaŋ^{44}

尿脬子 ȵiau^{41} pʰau^{0} tsʅ^{0} 膀胱

十二　疾病、医疗

（1）一般用语

害病 xai⁴² pin⁴¹ 生病

不好过 pu⁴⁴ xau⁴³⁵ kuo⁴¹

拿不严儿 la⁴⁴ pu⁰ iɐr⁴⁴

不舒服 pu⁴⁴ ʂu²¹³ fu⁰

变狗 pian⁴² kəu⁴³⁵ 专指小孩生病

病得很 pin⁴¹ ti⁰ xən⁴³⁵ 重病

不行了 pu⁴⁴ ɕin⁴⁴ lau⁰

强点儿了 tɕʰiaŋ⁴⁴ tiɐr⁰ lau⁰ 病轻了

好点儿了 xau⁴³⁵ tiɐr⁰ lau⁰

好了 xau⁴³⁵ lau⁰

请先生 tɕʰin⁴³⁵ ɕian²¹³ sən⁰ 请医生

摆治 pai⁴³⁵ tʂʅ⁰ 医病

□治 pei⁴³⁵ tʂʅ⁰

看病 kʰan⁴² pin⁴¹

号脉 xau⁴⁴ miɛ⁴⁴

摸脉 mo²¹ miɛ⁴⁴

拿脉 la⁴⁴ miɛ⁴⁴

开药方子 kʰai²¹ io¹³ faŋ²¹³ tʂʅ⁰

小单方儿 ɕiau⁴³⁵ tan¹³ fɐr²¹³ 偏方

抓药 tʂua¹³ io²¹³

拣药 tɕian⁴³⁵ io⁴¹ 茅坪

买药 mai⁴³⁵ io²¹³

药铺子 io²¹ pʰu⁴¹ tʂʅ⁰

药店儿 io²¹ tiɐr⁴¹

药引子 io²¹ in⁴³⁵ tsʅ⁰

药罐子 io²¹ kuan⁴¹ tsʅ⁰

熬药 ŋau⁴⁴ io²¹³

煎药 tɕian⁴¹ io²¹³

药膏儿 io¹³ kɐr²¹³

膏药 kau²¹³ io⁰ 中药

药面子 io²¹ mian⁴¹ tsʅ⁰

抹药 mo⁴³⁵ io²¹³

上药 ʂaŋ⁴¹ io²¹³

发汗 fa²¹ xan⁴¹

凉了 liaŋ⁴⁴ lau⁰ 感冒

去风 tɕʰy⁴² fəŋ²¹³

下火 ɕia⁴² xuo⁴³⁵ 去火

清火 tɕʰin²¹ xuo⁴³⁵

去湿 tɕʰy⁴² ʂʅ²¹³

消毒 ɕiau²¹ təu⁴⁴

消化 ɕiau²¹ xua⁴¹

打针 ta⁴³⁵ tʂən²¹³

拔火罐子 pa⁴⁴ xuo⁴³⁵ kuan⁴¹ tsʅ⁰

（2）内科

拉肚子 la²¹ təu⁴³⁵ tsʅ⁰

拉稀 la¹³ ɕi²¹³

厕肚子 uo²¹ təu⁴³⁵ tsๅ⁰

厕稀 uo¹³ ɕi²¹³

跑肚子 pʰau⁴³⁵ təu⁴³⁵ tsๅ⁰ 茅坪

发烧 fa¹³ ʂau²¹³

起鸡毛疹子 tɕʰi⁴³⁵ tɕi²¹ mau⁴⁴ tsʰən⁴³⁵ tsๅ⁰

伤风 ʂaŋ¹³ fəŋ²¹³

受了风 ʂəu⁴¹ lau⁰ fəŋ²¹³

□kʰaŋ⁴³⁵ 咳嗽

咳 kʰE⁴⁴

□kʰa⁴³⁵

齁 xəu²¹³ 喘

齁包儿 xəu²¹³ pɐr⁰ 哮喘病患者

气管儿炎 tɕʰi⁴² kuɐr⁴³⁵ ian⁴⁴

中暑 tʂuŋ⁴² ʂu⁴³⁵

热坏了 ʐE²¹ xuai⁴¹ lau⁰

发火气 fa²¹ xuo⁴³⁵ tɕʰi⁰ 上火

淤气 y²¹ tɕʰi⁴¹ 积滞

肚子疼 təu⁴³⁵ tsๅ⁰ tʰəŋ⁴⁴

胸口疼 ɕyŋ²¹ kʰəu⁴³⁵ tʰəŋ⁴⁴

头晕 tʰəu⁴⁴ yn²¹³

头昏 tʰəu⁴⁴ xuən²¹³

发晕 fa¹³ yn²¹³

晕车 yn¹³ tʂʰE²¹³

晕船 yn²¹ tʂʰuan⁴⁴

脑壳疼 lau⁴³⁵ kʰuo⁰ tən⁴⁴ 头疼

发恶心 fa¹³ ŋuo²¹³ ɕin⁰

嬎猪娃儿 fan⁴² tʂu²¹ uɐr⁴⁴ 吐了

吐了 tʰəu⁴³⁵ lau⁰

打□ta⁴³⁵ ʐua⁴³⁵ 干哕

气包卵 tɕʰi⁴¹ pau⁰ lan⁴³⁵ 疝气

掉肛 tiau⁴² kaŋ²¹³ 脱肛

吊茄子 tiau⁴² tɕʰyE⁴⁴ tsๅ⁰ 子宫脱垂

打摆子 ta⁴³⁵ pai⁴³⁵ tsๅ⁰ 发疟子

出瘊子 tʂʰu¹³ fu²¹³ tsๅ⁰ 出麻疹

出水痘子 tʂʰu²¹ ʂuei⁴³⁵ təu⁴¹ tsๅ⁰ 出水痘

(出)天花儿 (tʂʰu²¹³) tʰian¹³ xuɐr²¹³

种牛痘儿 tʂuŋ⁴² ȵiəu⁴⁴ tər⁴¹

点痘儿 tian⁴³⁵ tər⁴¹

伤寒病 ʂaŋ²¹ xan⁴⁴ pin⁴¹

黄疸 xuaŋ⁴⁴ tan⁴³⁵

肝炎 kan²¹ ian⁴⁴

肺炎 fei⁴² ian⁴⁴

肺气肿 fei⁴² tɕʰi⁴¹ tʂuŋ⁴³⁵

肺痨 fei⁴² lau⁴⁴

胃病 uei⁴² pin⁴¹

肺心病 fei⁴² ɕin²¹ pin⁴¹ 痨病,中药指结核病

(3)外科

跘倒了 pan⁴³⁵ tau⁰ lau⁰ 跌伤

跘坏了 pan⁴³⁵ xuai⁴¹ lau⁰

跘跤了 pan⁴³⁵ tɕiau²¹³ lau⁰

跘个扑爬 pan⁴³⁵ kuo⁰ pʰu²¹³
　pʰa⁴⁴

碰坏了 pʰəŋ⁴² xuai⁴¹ lau⁰ 碰伤

跐破了 tsɿ²¹ tʂʰɿ²¹ pʰo⁴¹ lau⁰ 蹭
　破皮

　跐个口子 tsɿ²¹³ tʂʰɿ²¹³ kuo⁰ kʰ
　əu⁴³⁵ tsɿ⁰

流血 liəu⁴⁴ ɕiɛ²¹³

淤血 y¹³ ɕiɛ²¹³

红肿 xuŋ⁴⁴ tʂuŋ⁴³⁵

灌脓 kuan⁴² ləŋ⁴⁴ 溃脓

结壳壳儿 tɕiɛ¹³ kʰuo²¹³ kʰuor⁰
　结痂

　结疤疤儿 tɕiɛ¹³ pa²¹³ pɐr⁰

　结痂痂儿 tɕiɛ¹³ tɕia²¹³ tɕiɐr²

喉包儿 xɐr⁴⁴ pɐr²¹³ 腮腺炎

　蛤蟆气 kʰɛ⁴⁴ ma⁰ tɕʰi²¹³ 茅坪

长疮 tʂaŋ⁴³⁵ tʂʰuaŋ²¹³

害眼睛 xai⁴² ian⁴³⁵ tɕin⁰ 患有眼疾

长火嘴子 tʂaŋ⁴³⁵ xuo⁴³⁵ tsei⁴³⁵
　tsɿ⁰ 长疔

痔疮 tʂɿ⁴¹ tʂʰuaŋ⁰

疥(瘊)疮 kai⁴¹(lau⁴⁴) tʂʰuaŋ²¹³
　疥疮

癣 ɕian⁴³⁵

痱子 fei⁴¹ tsɿ⁰

汗斑 xan⁴² pan²¹³

瘊子 xəu⁴⁴ tsɿ⁰

酒刺 tɕiəu⁴³⁵ tsʰɿ⁴¹ 粉刺

狐臭 xu⁴⁴ tʂʰəu⁴¹

口臭 kʰəu⁴³⁵ tʂʰəu⁴¹

长引包(砣子) tʂaŋ⁴³⁵ in⁴³⁵ pau⁰
　(tʰuo⁴⁴ tsɿ⁰) 大脖子,甲状腺肿

齉鼻子 ləŋ²¹ pi⁴⁴ tsɿ⁰ 鼻子不通气,
　发音不清

麻杆儿腰 ma⁴⁴ kar⁴³⁵ iau²¹³ 水蛇腰

南瓜腔儿 lan⁴⁴ kua⁰ tɕʰiɐr²¹³ 公
　鸭嗓

独眼儿龙 təu⁴⁴ iɐr⁴³⁵ ləŋ⁴⁴

近视眼儿 tɕin⁴¹ ʂɿ⁰ ȵiɐr⁴³⁵/iɐr⁴³⁵

远视眼儿 yan⁴¹ ʂɿ⁰ ȵiɐr⁴³⁵/iɐr⁴³⁵

眼睛发了 ȵian⁴³⁵/ian⁴³⁵ tɕin⁰ fa²¹³
　lau⁰ 老花眼

肿眼泡儿 tʂuŋ⁴³⁵ ȵian⁴³⁵/ian⁴³⁵
　pʰɐr²¹³

斗鸡眼儿 təu⁴² tɕi²¹³ ȵiɐr⁴³⁵/iɐr⁴³⁵

斜眼儿 ɕyɛ⁴⁴ ȵiɐr⁴³⁵/iɐr⁴³⁵

鸡羞眼 tɕi²¹ ɕiəu⁴⁴ ȵiɐr⁴³⁵/iɐr⁴³⁵
　畏光

(4)残疾等

残坏 tsʰai⁴⁴ xuai⁰ 残疾

羊角儿疯 iaŋ⁴⁴ kər⁴³⁵ fəŋ²¹³ 癫痫

抽筋 tʂʰəu¹³ tɕin²¹³

抽风 tʂʰəu¹³ fəŋ²¹³

中风 tʂuŋ⁴² fəŋ²¹³

瘫子 t^han^{213} $tsๅ^0$

跛子 pai^{213} $tsๅ^0$

含肩 xan^{44} $t\varphi ian^{213}$ 驼背

驼背子 t^huo^{44} pei^{41} $tsๅ^0$

聋子 $l\partial ŋ^{213}$ $tsๅ^0$

哑巴 ia^{435} pa^0

　哑巴瓜子 ia^{435} pa^0 kua^{435} $tsๅ^0$

结巴子 $t\varphi i\varepsilon^{213}$ pa^0 $tsๅ^0$

瞎子 φia^{213} $tsๅ^0$

　瞎眼子 φia^{21} ian^{435} $tsๅ^0$

□头儿 φin^{435} $t^h\partial r^0$ 傻子

　瓜子 kua^{435} $tsๅ^0$

　□□ $t^h\partial ŋ^{41}$ φin^0

拽子 $tʂuai^{41}$ $tsๅ^0$ 手残者

秃子 $t^h\partial u^{213}$ $tsๅ^0$

　癫痫壳子 la^{213} li^0 k^huo^{213} $tsๅ^0$

麻子 ma^{44} $tsๅ^0$ 人出天花后留下的疤痕

麻子怪 ma^{44} $tsๅ^0$ $kuai^{41}$ 脸上有麻
　子的人

豁豁儿 xuo^{213} $xuor^0$ 豁唇子

豁牙齿 xuo^{21} ia^{44} $tʂ^hๅ^{435}$

老妈儿嘴 lau^{435} $m\varepsilon r^{213}$ $tsei^{435}$ 成人
　不生须的

六指子 $l\partial u^{44}$ $tʂๅ^{213}$ $tsๅ^0$

左撇子 $tsuo^{435}$ $p^hi\varepsilon^{435}$ $tsๅ^0$

十三　衣服、穿戴

（1）服装

穿戴 $tʂ^huan^{21}$ tai^{41}

打扮 ta^{435} pan^0

　收拾 $ʂ\partial u^{213}$ $ʂๅ^0$

衣裳 i^{213} $ʂaŋ^0$

幌褂儿 $xuaŋ^{42}$ $ku\varepsilon r^{41}$ 上衣

制服 $tʂๅ^{42}$ fu^{44}

中山装 $tʂuŋ^{21}$ $ʂan^{13}$ $tʂuaŋ^{213}$

西服 φi^{21} fu^{44}

长袍儿 $tʂ^haŋ^{44}$ $p^h\varepsilon r^{44}$

马褂儿 ma^{435} $ku\varepsilon r^{41}$

旗袍儿 $t\varphi^hi^{44}$ $p^h\varepsilon r^{44}$

袄子 $ŋau^{435}$ $tsๅ^0$

皮袄儿 p^hi^{44} $ŋ\varepsilon r^{435}$

大衣 ta^{42} i^{213}

　大氅 ta^{42} $tʂ^haŋ^{435}$

衬衣 $tsʰ\partial n^{42}$ i^{213}

外套儿 uai^{42} $t^h\varepsilon r^{41}$

秋衣 $t\varphi^hi\partial u^{13}$ i^{213}

秋裤 $t\varphi^hi\partial u^{21}$ k^hu^{41}

夹夹儿 $t\varphi ia^{41}$ $t\varphi i\varepsilon r^0$ 坎肩

褂褂儿 kua⁴¹ kuɐr⁰针织圆领衫
　汗衫儿 xan⁴² ʂɐr²¹³
背心儿 pei⁴² ɕiər²¹³
衣裳边儿 i˙²¹³ ʂaŋ⁰ piɐr⁴³⁵衣襟儿
大襟 ta⁴¹ tɕin⁰
小襟 ɕiau⁴³⁵ tɕin⁰
对襟 tei⁴¹ tɕin⁰
下摆 ɕia⁴² pai˙⁴³⁵
领子 lin⁴³⁵ tsʅ⁰
袖子 ɕiəu⁴¹ tsʅ⁰
长袖儿 tʂʰaŋ⁴⁴ ɕiər⁴¹
短袖儿 tan⁴³⁵ ɕiər⁴¹
　半□儿袖子 pan⁴² tsʰuor⁴¹
　ɕiəu⁴¹ tsʅ⁰
贴边儿 tʰiɛ¹³ piɐr²¹³贴边
　打边儿 ta¹³ piɐr²¹³
裙子 tɕʰyn⁴⁴ tsʅ⁰
衬裙儿 tsʰən⁴² tɕʰyər⁴⁴
裤子 kʰu⁴¹ tsʅ⁰
单裤 tan²¹ kʰu⁴¹
裤衩儿 kʰu⁴² tʂʰɐr⁴³⁵
大裤衩儿 ta⁴² kʰu⁴¹ tʂɐr⁴³⁵穿在外
面的短裤
裤子 kʰu⁴¹ tsʅ⁰
连脚儿裤 lian⁴⁴ tɕior⁰ kʰu⁴¹
开裆裤 kʰai¹³ taŋ²¹³ kʰu⁴¹
　叉裆裤 tʂʰa⁴³⁵ taŋ²¹³ kʰu⁴¹
　破裆裤 pʰo⁴² taŋ²¹³ kʰu⁴¹

亘裆裤 kən⁴³⁵ taŋ²¹ kʰu⁴¹
裤裆 kʰu⁴² taŋ²¹³
　过裆 kuo⁴² taŋ²¹³
裤腰 kʰu⁴² iau²¹³
裤腰带 kʰu⁴² iau²¹³ tai⁴¹
裤腿儿 kʰu⁴² tʰər⁴³⁵
兜兜儿 təu²¹³ tər⁰
　荷包儿 xuo⁴⁴ pɐr²¹³
扣坨儿 kʰəu⁴² tʰuɐr⁴⁴中式的纽扣
扣环儿 kʰəu⁴² xuɐr⁴³⁵
　扣襻儿 kʰəu⁴² pʰɐr⁴¹
扣子 kʰəu⁴¹ tsʅ⁰
扣眼儿 kʰəu⁴² iɐr⁴³⁵西式的

(2)鞋帽

鞋 xai˙⁴⁴
拖鞋 tʰuo²¹ xai˙⁴⁴
　撒板儿 sa²¹ pɐr⁴³⁵
靴子 ɕyɛ²¹³ tsʅ⁰棉鞋
皮鞋 pʰi˙⁴⁴ xai˙⁴⁴
布鞋 pu⁴² xai⁴⁴
鞋底子 xai⁴⁴ ti⁴³⁵ tsʅ⁰
鞋帮子 xai⁴⁴ paŋ²¹³ tsʅ⁰
鞋楦子 xai⁴⁴ ɕyan⁴¹ tsʅ⁰
鞋拔子 xai⁴⁴ pa⁴⁴ tsʅ⁰
筒筒儿鞋 tʰəŋ⁴³⁵ tʰər⁰ xai⁴⁴雨鞋
　胶鞋 tɕiau²¹ xai⁴⁴

鞋带儿 xai⁴⁴ tɐr⁴¹

袜子 ua²¹³ tsʅ⁰

线袜子 ɕian⁴² ua²¹³ tsʅ⁰

丝光袜子 sʅ²¹ kuaŋ¹³ ua²¹³ tsʅ⁰

长筒儿袜 tʂʰaŋ⁴⁴ tʰər⁴³⁵ ua²¹³

短袜子 tan⁴³⁵ ua²¹³ tsʅ⁰

袜带子 ua²¹ tai⁴¹ tsʅ⁰

尖尖儿鞋 tɕian²¹³ tɕiɐr⁰ xai⁴⁴ 旧
时裹脚妇女穿的鞋

小脚鞋 ɕiau⁴³⁵ tɕio⁰ xai⁴⁴

裹脚 kuo⁴³⁵ tɕio⁰

裹腿 kuo⁴³⁵ tʰei⁴³⁵

帽子 mau⁴¹ tsʅ⁰

帽儿 mɐr⁴¹

皮帽儿 pʰi⁴⁴ mɐr⁴¹

礼帽儿 li⁴³⁵ mɐr⁴¹

瓜皮帽儿 kua²¹ pʰi⁴⁴ mɐr⁴¹

军帽儿 tɕyn²¹ mɐr⁴¹

大盖帽儿 ta⁴² kai⁴¹ mɐr⁴¹

草帽儿 tsʰau⁴³⁵ mɐr⁴¹

凉帽儿 liaŋ⁴⁴ mɐr⁴¹

斗笠(壳儿)təu⁴³⁵ li⁰(kʰuor²¹³)

帽檐儿 mau⁴² iɐr⁴⁴

（3）装饰品

手镯儿 ʂəu⁴³⁵ tʂuɐr⁴⁴

亘子 kən⁴³⁵ tsʅ⁰

戒指 tɕiɛ⁴¹/kai⁴¹ tsʅ⁰

箍子 ku²¹³ tsʅ⁰

项链儿 ɕiaŋ⁴²/xaŋ⁴² liɐr⁴¹

项圈 ɕiaŋ⁴¹/xaŋ⁴¹ tɕʰyan⁰

百家锁 pɛ²¹³ tɕia⁰ suo⁴³⁵

别针儿 piɛ⁴⁴ tʂɐr²¹³

簪子 tsan²¹³ tsʅ⁰

耳环子 ər⁴³⁵ xuan⁴⁴ tsʅ⁰

胭脂儿 ian²¹³ tʂər⁰

粉 fən⁴³⁵

（4）其他穿戴用品

围腰子 uei⁴⁴ iau²¹³ tsʅ⁰ 围裙

围脖儿 uei⁴⁴ pər²¹³ 围嘴儿

围氅儿 uei⁴⁴ tʂʰɐr⁴³⁵

(尿)片子(ȵiau⁴²) pʰian⁴¹ tsʅ⁰

手帕儿 ʂəu⁴³⁵ pʰɐr²¹³

围巾 uei⁴⁴ tɕin⁴³⁵

手袜子 ʂəu⁴³⁵ ua²¹³ tsʅ⁰ 手套

眼镜儿 ȵian⁴³⁵/ian⁴³⁵ tɕiɐr⁴¹

伞 san⁴³⁵

蓑衣 suo¹³ i²¹³

雨衣 y⁴³⁵ i²¹³

(手)表(ʂəu⁴³⁵) piau⁴³⁵

十四　饮食

（1）伙食

吃饭 tʂʰʅ²¹ fan⁴¹

　吃□□tʂʰʅ¹³ i²¹³ ləu⁰ 带贬义

　塞饭 sai⁴⁴ fan⁴¹ 带贬义

　塞□□sai⁴⁴ i²¹³ ləu⁰ 带贬义

　攒饭 tsan⁴³⁵ fan⁴¹ 带贬义

　攒□□tsan⁴³⁵ i²¹³ ləu⁰ 带贬义

早上饭 tsau⁴³⁵ʂaŋ⁰ fan⁴¹

　早点 tsau⁴³⁵ tian⁴³⁵

中午饭 tʂuŋ²¹³ u⁰ fan⁴¹

　晌午饭 ʂaŋ⁴³⁵ u⁰ fan⁴¹

黑了饭 xɛ²¹³ lau⁰ fan⁴¹

　黑夜饭 xɛ²¹ iɛ⁴¹ fan⁴¹

打尖 ta⁴³⁵ tɕian²¹³ 途中吃点东西

吃的 tʂʰʅ²¹³ ti⁰ 食物

　吃货儿 tʂʰʅ²¹³ xuər⁰

零嘴子 lin⁴⁴ tsei⁴³⁵ tsʅ⁰ 零食

　段嘴儿 tan⁴² tsər⁴³⁵

点心 tian⁴³⁵ ɕin⁰

气馏儿水 tɕʰi⁴² liər⁴⁴ ʂuei⁴³⁵ 蒸馏水

（2）米食

干饭 kan²¹³ fan⁰ 米饭

剩饭 ʂən⁴² fan⁴¹

现饭 ɕian⁴² fan⁴¹ 前一（几）顿做的饭

糊了 xu⁴⁴ lau⁰

□了 xa²¹³ lau⁰（饭）馊了

　□气了 sʅ²¹³ tɕʰi⁰ lau⁰

锅巴 kuo²¹³ pa⁰

米汤 mi⁴³⁵ tʰaŋ⁰ 粥

米汤水 mi⁴³⁵ tʰaŋ⁰ ʂuei⁴³⁵ 煮饭滗出来的汤汁

米糊糊儿 mi⁴³⁵ xu⁴¹ xur⁰

粽子 tsəŋ⁴¹ tsʅ⁰

糊涂儿 xu⁴⁴ tər⁴¹ 苞谷糁稀饭

苞谷花儿 pau²¹³ ku⁰ xuɐr²¹³ 一种零食，将干玉米粒爆炒至开花状

浆巴 tɕian²¹³ pa⁰ 用新鲜玉米发酵而成的带酸味的食品

煠 xan²¹³ 用微火焖或煮

（3）面食

灰面 xuei²¹ mian⁴¹ 面粉

面条儿 mian⁴² tʰiɐr⁴⁴

挂面 kua⁴² mian⁴¹

　机器面 tɕi²¹³ tɕʰi⁰ mian⁴¹

宽（挂）面 kʰuan²¹（kuan⁴²）mian⁴¹ → an^{41}

细（挂）面 çi^{42}（kuan^{42}）mian^{41}

（手）擀面（ʂəu^{435}）kan^{435} mi-an^{41}

扯面 tʂʰᴇ^{435} mian^{41}

拉面 la^{21} mian^{41}

臊子面 sau^{41} tsʅ^{0} mian^{41}

面片儿 mian^{42} pʰiɐr^{435}

面叶儿 mian^{42} iɐr^{213}

面鱼子 mian^{42} y^{44} tsʅ^{0} 一种面食，面疙瘩

面籽儿 mian^{42} tsər^{435} 一种面食，比面鱼子小

面糊子 mian^{42} xu^{41} tsʅ^{0} 面糊，用面做成的糊状食物

面浆子 mian^{42} tçiaŋ^{41} tsʅ^{0}

凉面 liaŋ^{44} mian^{41}

卤面 ləu^{44} mian^{41}

实疙瘩儿 ʂʅ^{44} kᴇ^{44} tɐr^{213} 馒头

火烧馍 xuo^{435} ʂaŋ^{0} mo^{44} 锅盔馍

包子 pau^{213} tsʅ^{0}

　馍 mo^{44}

油果儿 iəu^{44} kuor^{435} 油条

饼子 pin^{435} tsʅ^{0}

花卷儿 xua^{21} tçyɐr^{435}

饺子 tçiau^{435} tsʅ^{0}

元宝 yan^{44} pau^{435} 大年初一的饺子

扁食 pian^{435} ʂʅ^{0}

煮角子 tʂu^{435} tçio^{0} tsʅ^{0}

馅子 çyan^{41} tsʅ^{0}

馄饨 xuən^{44} tən^{0}

蛋糕 tan^{42} kau^{213}

汤圆儿 tʰaŋ^{213} yɐr^{0} 用湿粉团搓成的，有馅

　元宵 yan^{44} çiau^{0}

月饼 yᴇ^{21} pin^{435}

饼干 pin^{435} kan^{213}

麻叶儿 ma^{44} iɐr^{213} 一种面点，菱形，油炸而成，多在春节期间就醪糟食用。

杂果儿 tsa^{44} kuor^{435} 一种甜点，将面团搓成棍状，油炸后裹糖即可

面酵子 mian^{42} tçiau^{41} tsʅ^{0}

（4）　肉、蛋

肉丁儿 ʐəu^{42} tiər^{213}

肉片儿 ʐəu^{42} pʰiɐr^{213}

肉丝儿 ʐəu^{42} sər^{213}

肉末儿 ʐəu^{42} mər^{213}

肉皮 ʐəu^{42} pʰi^{44}

肉松 ʐəu^{42} səŋ^{213}

肘子 tʂəu^{435} tsʅ^{0}

（猪）蹄子（tʂu^{213}）tʰi^{44} tsʅ^{0}

　猪脚 tʂu^{13} tçio^{213}

里脊 li^{435} tçi^{0}

蹄筋儿 tʰi^{44} tçiər^{213}

猪转（赚）头儿 tʂu^{21} tʂuan^{41} tʰər^{0}

猪舌头

牛转(赚)头儿 ȵiəu⁴⁴ tʂuan⁴¹ tʰər⁰
牛舌头

下水 çia⁴¹ʂuei⁰指猪牛羊的内脏
杂碎 tsa⁴⁴ sei⁰

板油 pan⁴³⁵ iəu⁴⁴

肺 fei⁴¹

前夹缝 tɕʰian⁴⁴ tɕia⁴⁴ fəŋ⁴¹猪
前腿

泡膆 pʰau⁴² tʂʰuai⁴¹猪肥膘

(猪)大肠(tʂu²¹³) ta⁴¹ tʂʰaŋ⁴⁴

排骨 pʰai⁴⁴ ku⁰

毛肚儿 mau⁴⁴ tər⁴³⁵牛肚儿,带毛状
物的那种

牛肚儿 ȵiəu⁴⁴ tər⁴³⁵牛肚儿,光滑
的那种

羊头肚儿 iaŋ⁴⁴ tʰəu⁴⁴ tər⁴³⁵羊头
肉和羊肚肉

猪肝儿 tʂu¹³ kɐr²¹³

猪腰子 tʂu¹³ iau²¹³ tsɿ⁰
腰花儿 iau¹³ xuɐr²¹³

鸡杂 tɕi²¹ tsa⁴⁴

鸡肫子 tɕi²¹ tɕyn⁴¹ tsɿ⁰

猪血 tʂu¹³ çiE²¹³

鸡血 tɕi¹³ çiE²¹³

炒鸡蛋 tʂʰau⁴³⁵ tɕi²¹ tan⁴¹
鸡蛋子儿 tɕi²¹ tan⁴² tsɿ⁴³⁵

荷包儿蛋 xuo⁴⁴ pɐr⁴² tan⁴¹

煮鸡蛋 tʂu⁴³⁵ tɕi²¹ tan⁴¹

蒸鸡蛋 tʂəŋ¹³ tɕi²¹ tan⁴¹

变蛋 pian⁴² tan⁴¹松花蛋

咸鸡蛋 çian⁴⁴ tɕi²¹³ tan⁴¹

咸鸭蛋 çian⁴⁴ ia²¹³ tan⁴¹

香肠儿 çiaŋ²¹ tʂʰɐr⁴⁴
灌肠儿 kuan⁴² tʂʰɐr⁴⁴

鸡蛋汤 tɕi²¹ tan⁴¹ tʰaŋ²¹³

腊肉 la²¹ ʐəu⁴¹

肉糕 ʐəu⁴² kau²¹³白河特色菜,用肥
肉绞碎加蛋清、淀粉等蒸制而成,状
如糕点

八大件儿 pa⁴⁴ ta⁴² tɕiɐr⁴¹白河常
见的酒席名,以八个热菜、八个凉菜
为主

三点儿水 san²¹ tiɐr⁴³⁵ʂuei⁴³⁵白河
常见的酒席名,以一个汤菜(包括甜
汤)为中心,两边置两碗清水供洗涮
调羹

(5)菜

(下饭)菜(çia⁴² fan⁴¹) tsʰai⁴¹

素菜 səu⁴² tsʰai⁴¹

荤菜 xuən²¹ tsʰai⁴¹

小菜 çiau⁴³⁵ tsʰai⁴¹
压碟儿菜 ia²¹ tiɐr⁴⁴ tsʰai⁴¹

豆腐 təu⁴¹ fu⁰

豆油 təu⁴² iəu⁴⁴豆腐皮,可以用来做
腐竹

豆腐皮子 təu⁴¹ fu⁰ pʰi⁴⁴ tsʅ⁰ 千张,薄的豆腐干片

豆腐干儿 təu⁴¹ fu⁰ kɐr²¹³

豆腐泡儿 təu⁴¹ fu⁰ pʰɐr⁴¹

豆腐脑儿 təu⁴¹ fu⁰ lɐr⁴³⁵

豆浆 təu⁴² tɕiaŋ²¹³

(臭)豆腐乳子 (tʂʰəu⁴¹) təu⁴¹ fu⁰ y⁴³⁵ tsʅ⁰ 豆腐乳

粉带 fən⁴³⁵ tai⁴¹

粉条儿 fən⁴³⁵ tʰiɐr⁴⁴

面筋 mian⁴² tɕin²¹³

凉粉儿 liaŋ⁴⁴ fər⁴³⁵

藕粉 ŋəu⁴³⁵ fən⁴³⁵

豆豉个儿 təu⁴¹ ʂʅ⁰ kuor⁴¹ 豆豉

　豆豉个子 təu⁴¹ ʂʅ⁰ kuo⁴¹ tsʅ⁰

　臭豆豉 tʂʰəu⁴² təu⁴¹ʂʅ⁰

粉芡 fən⁴³⁵ tɕʰian⁴¹

黑木耳 xɛ¹³ mo²¹³ ər⁴³⁵

银耳 in⁴⁴ ər⁴³⁵

　白木耳 pɛ⁴⁴ mo⁰ ər⁴³⁵

黄花儿菜 xuaŋ⁴⁴ xuɐr²¹³ tsʰai⁴¹

海参 xai⁴³⁵ sən²¹³

海带 xai⁴³⁵ tai⁴¹

海蜇 xai⁴³⁵ tʂɛ⁴⁴

(6)油盐作料

味道儿 uei⁴¹ tɐr⁰ 滋味,吃的滋味

气味儿 tɕʰi⁴¹ uər⁰ 气味,闻的气味

颜色 ian⁴⁴ sɛ⁰

猪油 tʂu²¹ iəu⁴⁴

　大油 ta⁴² iəu⁴⁴

花生油 xua¹³ sən²¹³ iəu⁴⁴

茶油 tʂʰa⁴⁴ iəu⁴⁴

菜油 tsʰai⁴² iəu⁴⁴

香油 ɕiaŋ²¹ iəu⁴⁴

小磨香油 ɕiau⁴³⁵ mo⁴¹ ɕiaŋ²¹ iəu⁴⁴

盐 ian⁴⁴

粗盐 tsʰəu²¹ ian⁴⁴

　大角盐 ta⁴² tɕio²¹ ian⁴⁴

　大颗子盐 ta⁴² kʰuo⁴³⁵ tsʅ⁰ ian⁴⁴

碘盐 tian⁴³⁵ ian⁴⁴

酱油 tɕiaŋ⁴² iəu⁴⁴

芝麻酱 tʂʅ²¹³ ma⁰ tɕiaŋ⁴¹

豆瓣儿酱 təu⁴² pɐr⁴¹ tɕiaŋ⁴¹

醋 tsʰəu⁴¹

料酒 liau⁴² tɕiəu⁴³⁵

红糖 xuŋ⁴⁴ tʰaŋ⁴⁴

白糖 pɛ⁴⁴ tʰaŋ⁴⁴

冰糖 pin²¹ tʰaŋ⁴⁴

水果糖 ʂuei⁴³⁵ kuo⁰ tʰaŋ⁴⁴ 一种用纸包装好的糖块

花生糖 xua¹³ sən²¹³ tʰaŋ⁴⁴

麦芽糖 miɛ²¹ ia⁴⁴ tʰaŋ⁴⁴

相料儿 ɕiaŋ⁴¹ liɐr⁰ 作料

八角 pa⁴⁴ tɕio²¹³

粉面子 fən⁴³⁵ mian⁴¹ tsʐ⁰ 淀粉

花椒 xua²¹³ tɕiau⁰

桂皮 kuei⁴² pʰi·⁴⁴

大茴 ta⁴² kʰuei⁴⁴

草果 tsʰau⁴³⁵ kuo⁴³⁵

胡椒粉儿 xu⁴⁴ tɕiau²¹ fər⁴³⁵

(7)烟、茶、酒

烟 ian²¹³

烟叶子 ian¹³ iɛ²¹³ tsʐ⁰

烟丝儿 ian¹³ sər²¹³

烟 ian²¹³ 香烟

旱烟 xan⁴² ian²¹³

水烟袋 suei⁴³⁵ ian²¹ tai⁴¹ 铜制的

烟袋锅子 ian²¹ tai⁴¹ kuo²¹³ tsʐ⁰

　旱烟袋，细竹杆儿做的烟具

烟盒儿 ian²¹ xuor⁴⁴

烟屎 ian²¹ sʐ⁴³⁵ 烟油子

烟灰 ian¹³ xuei²¹³

打牌子 ta⁴³⁵ pʰai⁴⁴ tsʐ⁰ 给别人发烟

火钳儿 xuo⁴³⁵ tɕʰiɐr⁴⁴

纸煤儿 tsʐ⁴³⁵ mər⁴⁴

茶 tsʰa⁴⁴ 沏好的茶水

　水 suei·⁴³⁵

茶叶 tsʰa⁴⁴ iɛ²¹³

开水 kʰai²¹ suei⁴³⁵

泡茶 pʰau⁴² tsʰa⁴⁴

倒茶 tau⁴² tsʰa⁴⁴

辣酒 la²¹ tɕiu⁴³⁵ 白酒

　烧酒 sau²¹ tɕiəu⁴³⁵

甜酒 tʰian⁴⁴ tɕiəu⁴³⁵ 红酒

啤酒 pʰi⁴⁴ tɕiəu⁴³⁵

黄酒 xuaŋ⁴⁴ tɕiəu⁴³⁵ 米酒

　甜酒 tʰian⁴⁴ tɕiəu⁴³⁵

十五　红白大事

(1)婚姻、生育

喜事 ɕi·⁴³⁵ sʐ⁰

　红事 xuŋ⁴⁴ sʐ⁰

做媒 tsəu⁴² mei⁴⁴

　介绍 tɕiɛ⁴² sau⁴¹

媒婆儿 mei⁴⁴ pʰər⁰

　介绍人 tɕiɛ⁴¹ sau⁰ zʐn⁴⁴

相亲 ɕiaŋ¹³ tɕʰin²¹³

　见面儿 tɕian⁴² miɐr⁴¹

长相 tsaŋ⁴³⁵ ɕiaŋ⁰

　面相 mian⁴² ɕiaŋ⁴¹

　相貌儿 ɕiaŋ⁴¹ mər⁰

年龄 ŋian⁴⁴ lin⁰

　年纪 ŋian⁴⁴ tɕi⁰

岁数儿 sei⁴¹ sər⁰

定婚 tin⁴² xuən²¹³

订婚礼 tin⁴² xuən²¹³ li⁴³⁵

　认房礼 z̥ən⁴¹ faŋ⁴⁴ li⁴³⁵

结婚那两天 tɕiɛ¹³ xuən²¹³ lɛ⁴²
liaŋ²¹³ tʰian⁰ 喜期，结婚的日子

喜酒 ɕi⁴³⁵ tɕiəu⁴³⁵

送嫁妆 səŋ⁴² tɕia⁴¹ tʂuaŋ⁰ 过嫁妆

　挑嫁妆 tʰiau²¹ tɕia⁴¹ tʂuaŋ⁰

接媳妇儿 tɕiɛ²¹ ɕi⁴⁴ fər⁰（男子）
　娶亲

出嫁 tʂʰu²¹ tɕia⁴¹

　嫁女子 tɕia⁴² n̠y⁴³⁵ tsʅ⁰

　嫁女儿 tɕia⁴² n̠yər⁴³⁵

　出阁 tʂʰu²¹ kuo⁴⁴

结婚 tɕiɛ¹³ xuən²¹³

轿子 tɕiau⁴¹ tsʅ⁰

拜天地 pai⁴² tʰian²¹ ti⁴¹

新郎官儿 ɕin²¹ laŋ⁴⁴ kuɐr²¹³

新姑娘儿 ɕin²¹ ku⁴⁴ niɐr²¹³

新房 ɕin²¹ faŋ⁴⁴

　洞房 təŋ⁴² faŋ⁴⁴

交杯酒 tɕiau¹³ pei²¹³ tɕiəu⁴³⁵

暖床铺 lan⁴³⁵ tʂʰuaŋ⁴⁴ pʰu⁰ 暖房

回门儿 xuei⁴⁴ mər⁴⁴

改嫁 kai⁴³⁵ tɕia⁴¹

　出门 tʂʰu²¹ mən⁴⁴

娶二房 tɕʰy⁴³⁵ ər⁴² faŋ⁴⁴

填房 tʰian⁴⁴ faŋ⁴⁴

有（喜）了 iəu⁴³⁵（ɕi⁴³⁵）lau⁰ 怀
孕了

　驮肚子 tʰuo⁴⁴ təu⁴³⁵ tsʅ⁰

害喜 xai⁴² ɕi⁴³⁵

孕妇 yn⁴³⁵ fu⁰

早产 tsau⁴³⁵ tʂʰan⁴³⁵

　小月子 ɕiau⁴³⁵ yɛ²¹³ tsʅ⁰

生娃子 sən²¹ ua⁴⁴ tsʅ⁰

接生 tɕiɛ¹³ sən²¹³

胎盘 tʰai²¹ pʰan⁴⁴

　衣包子 i²¹³ pau⁰ tsʅ⁰

坐月子 tsuo⁴² yɛ²¹³ tsʅ⁰

满月 man⁴³⁵ yɛ²¹³

头生子 tʰəu⁴⁴ sən²¹³ tsʅ⁴³⁵ 头胎

双生子 ʂuaŋ⁴¹ sən⁰ tsʅ⁰ 双胞胎

流了（他）liəu⁴⁴ lau²¹³（tʰa⁰）
　打胎

吃奶 tʂʰʅ¹³ lai²¹³

奶头儿 lai²¹ tʰər⁴⁴

　奶嘴儿 lai²¹ tsər⁴³⁵

尿湿了 n̠iau⁴² ʂʅ²¹³ lau⁰（小孩子）
尿床

　画地图 xua⁴² ti⁴¹ tʰəu⁴⁴

（2）寿辰、丧礼

过生 kuo⁴² sən²¹³

做生 tsəu⁴² sən²¹³ 做生日

祝寿 tʂəu⁴⁴ ʂəu⁴¹

寿星老 ʂəu⁴¹ ɕin⁰ lɐr⁴³⁵

　寿仙老 ʂəu⁴² ɕian²¹ lɐr⁴³⁵

丧事 saŋ²¹³ sʅ⁰

　白事 pɛ⁴⁴ sʅ⁰

老了人看一下 lau⁴³⁵ lau⁰ ʐən⁴⁴ kʰan⁴¹ i⁰ xa⁰奔丧

老了 lau⁴³⁵ lau⁰死了

　走了 tsəu⁴³⁵ lau⁰

□/凑份子 təu⁴²/tsʰəu⁴² fən⁴¹ tsʅ⁰合起来送礼

榻板儿 tʰa²¹ pɐr⁴³⁵灵床

　（下）榻（ɕia⁴²）tʰa²¹³

棺木 kuan²¹³ mo⁰棺材

　料 liau⁴¹

寿料 ʂəu⁴² liau⁴¹寿材，生前预制的棺材

　寿方 ʂəu⁴² faŋ²¹³

进材 tɕin⁴² tsʰai⁴⁴

灵堂 lin⁴⁴ tʰaŋ⁰

守灵 ʂəu⁴³⁵ lin⁴⁴

　守夜 ʂəu⁴³⁵ iɛ⁴¹

过七 kuo⁴² tɕʰi⁴⁴做七

　印七 in⁴² tɕʰi⁴⁴

守孝 ʂəu⁴³⁵ ɕiau⁴¹

戴孝 tai⁴² ɕiau⁴¹

卸孝 ɕiɛ⁴² ɕiau⁴¹除孝

孝子 ɕiau⁴² tsʅ⁴³⁵

孝孙 ɕiau⁴² sən²¹³

出灵 tʂʰu²¹ lin⁴⁴出殡

送葬 səŋ⁴² tsaŋ⁴¹

哭丧棒 kʰu²¹³ saŋ⁰ paŋ⁴¹

灵屋子 lin⁴⁴ u²¹³ tsʅ⁰纸扎，用纸扎的人、马、房子等

纸钱 tʂʅ⁴³⁵ tɕʰian⁴⁴

坟地 fən⁴⁴ ti⁴¹

坟 fən⁴⁴

碑 pei²¹³

碑记 pei²¹³ tɕi⁰墓碑

上坟 ʂaŋ⁴² fən⁴⁴

　上亮 ʂaŋ⁴² liaŋ⁴¹

自杀 tsʅ⁴² ʂa²¹³

跳河 tʰiau⁴² xuo⁴⁴投水（自尽）

　跳井 tʰiau⁴² tɕin⁴³⁵

上吊 ʂaŋ⁴² tiau⁴¹

　吊颈 tiau⁴² tɕin⁴³⁵

尸首 ʂʅ²¹³ ʂəu⁰

　尸体 ʂʅ²¹³ tʰi⁴³⁵

骨灰盒儿 ku¹³ xuei²¹³ xuor⁴⁴

（3）迷信

天老爷 tʰian²¹ lau⁴³⁵ iɛ⁰

灶师爷 tsau⁴¹ sʅ⁰ iɛ⁰

老爷 lau⁴³⁵ iɛ⁰佛

菩萨 pʰu⁴⁴ sa⁰

龙王小姐 lən⁴⁴ uaŋ⁰ ɕiau⁴³⁵ tɕiɛ⁰
　龙王的女儿,白河当地常敬的神

红军老祖 xuŋ⁴⁴ tɕyn⁰ lau⁴³⁵
　tsəu⁴³⁵红军烈士,白河当地常敬的神

观音菩萨 kuan²¹³ in⁰ pʰu⁴⁴ sa⁰

土地庙 tʰəu⁴³⁵ ti⁰ miau⁴¹

关爷庙 kuan²¹³ iɛ⁰ miau⁴¹

城隍庙 tʂʰən⁴⁴ xuaŋ⁰ miau⁴¹

阎王爷 ian⁴⁴ uaŋ⁰ iɛ⁴⁴

祠堂 tsʰ̩⁴⁴ tʰaŋ⁰

神龛儿 ʂən⁴⁴ kʰɚ²¹³

香案儿 ɕiaŋ²¹ ŋɚ⁴¹

供香馍 kuŋ⁴² ɕiaŋ²¹³ mo⁴⁴上供

蜡台 la²¹ tʰai⁴⁴

蜡 la²¹³

香 ɕiaŋ²¹³ 线香,敬神的那种
　签子香 tɕʰian²¹³ ts̩⁰ ɕiaŋ²¹³

香炉 ɕiaŋ²¹ ləu⁴⁴

烧香 ʂau¹³ ɕiaŋ²¹³
　上香 ʂaŋ⁴¹ ɕiaŋ²¹³

签幅 tɕʰian²¹³ fu⁰签诗,印有谈吉凶
　的诗文的纸条

摇签子 iau⁴⁴ tɕʰian²¹³ ts̩⁰求签

嚇到了 xɛ⁴⁴ tau⁰ lau⁰受到惊吓而
　失魂

立筷子 li²¹ kʰuai⁴¹ ts̩⁰一种祈神
　佑护的方式,将三根筷子立在盛清水
　的碗中

算卦 san⁴² kua⁴¹

卦 kua⁴¹

阴卦 in²¹ kua⁴¹

阳卦 iaŋ⁴⁴ kua⁴¹

做道 tsəu⁴² tau⁴¹做道场
　做开荐 tsəu⁴² kʰai⁴¹ tɕian⁰茅坪

念经 ȵian⁴² tɕin²¹³

看地 kʰan⁴² ti⁴¹看风水

算命 san⁴² min⁴¹

算命仙儿 san⁴² min⁴¹ ɕiɚ²¹³
　算命瞎子 san⁴² min⁴¹ ɕia²¹³ ts̩⁰

看相的 kʰan⁴² ɕiaŋ⁴¹ ti⁰

神婆儿 ʂən⁴⁴ pʰɚ⁴¹

说余 ʂuo²¹³ y⁴¹说法,来历:这样做是
　有～的,莫犟。

言子 ian⁴⁴ ts̩⁰某种固定的说法

十六　日常生活

(1)衣

穿衣裳 tʂʰuan¹³ i²¹³ ʂaŋ⁰

脱衣裳 tʰuo¹³ i²¹³ ʂaŋ⁰

脱脚 tʰuo¹³ tɕio²¹³脱鞋

换脚 xuan⁴² tɕio²¹³换鞋

印衣裳 in⁴² i·²¹³ ʂaŋ⁰ 量衣服

做衣裳 tsəu⁴² i·²¹³ ʂaŋ⁰

打边儿 ta⁴³⁵ piɐr²¹³ 贴边，缝在衣服
　里子边上的窄条

缘边儿 yan⁴⁴ piɐr²¹³ 绲边，在衣服、
　布鞋等的边缘特别缝制的一种圆棱的
　边儿

锁边儿 suo⁴³⁵ piɐr²¹³

鞔鞋帮子 yan⁴¹ xai·⁴⁴ paŋ²¹³ tsʅ⁰

纳鞋底子 la²² xai⁴⁴ ti·⁴³⁵ tsʅ⁰

□扣子 tsai⁴² kʰəu⁴¹ tsʅ⁰ 钉扣子

扎花 tʂa¹³ xua²¹³ 绣花儿

补疤 pu⁴³⁵ pa⁰ 补丁

缝补丁儿 fəŋ⁴⁴ pu⁴³⁵ tiər⁰

　打补疤 ta⁴³⁵ pu⁴³⁵ pa⁰

装被褥 tʂuaŋ⁴² pei⁴¹ u⁰ 做被褥

洗衣裳 ɕi·⁴³⁵ i·²¹³ ʂaŋ⁰

洗一水 ɕi·⁴³⁵ i⁰ ʂuei⁴³⁵

投 tʰəu⁴¹ 用清水漂洗

晒衣裳 ʂai⁴² i·²¹³ ʂaŋ⁰

晾衣裳 liaŋ⁴² i·²¹³ ʂaŋ⁰

浆衣裳 tɕiaŋ¹³ i·²¹³ ʂaŋ⁰

熨衣裳 yn⁴² i·²¹³ ʂaŋ⁰

（2）食

□火 təu⁴² xuo⁴³⁵ 生火

做饭 tsəu⁴² fan⁴¹

淘米 tʰau⁴⁴ mi·⁴³⁵

发面 fa²¹ mian⁴¹

和面 xuo⁴⁴ mian⁴¹

揉面 ʐəu⁴⁴ mian⁴¹

擀面 kan⁴³⁵ mian⁴¹

扯面 tʂʰE⁴³⁵ mian⁴¹

蒸馍 tʂən²¹ mo⁴⁴

择菜 tsE⁴⁴ tsʰai⁴¹

做菜 tsəu⁴² tsʰai⁴¹

做汤 tsəu⁴² tʰaŋ²¹³

　打汤 ta⁴³⁵ tʰaŋ²¹³

饭好了 fan⁴¹ xau⁴³⁵ lau⁰ 包括饭菜

夹生 tɕia¹³ sən²¹³

舀饭 iau⁴³⁵ fan⁴¹ 盛饭

吃饭 tʂʰʅ²¹ fan⁴¹

夹菜 tɕia²¹ tsʰai⁴¹

　撬菜 tɕʰiau⁴³⁵ tsʰai⁴¹

舀汤 iau⁴³⁵ tʰaŋ²¹³

吃早点 tʂʰʅ²¹ tsau⁴³⁵ tian⁴³⁵

　吃早晨 tʂʰʅ²¹ tʂau⁴³⁵ ʂən⁰

　吃早上 tʂʰʅ²¹ tsau⁴³⁵ ʂaŋ⁰

　过早 kuo⁴² tsəu⁴³⁵ 茅坪

吃中午 tʂʰʅ¹³ tʂuŋ²¹³ u⁰

　吃晌午 tʂʰʅ²¹ ʂaŋ⁴³⁵ u⁰

吃夜饭 tʂʰʅ²¹ iE⁴² fan⁴¹

吃零嘴子 tʂʰʅ²¹ lin⁴⁴ tsei⁴³⁵ tsʅ⁰
吃零食

　搭嘴食 ta⁴² tsei⁴³⁵ ʂʅ⁰ 茅坪

用筷子 yŋ⁴² kʰuai⁴¹ tsʅ⁰

没有煮熟 mei⁴⁴ iəu⁴³⁵ tʂu⁴³⁵ ʂəu⁴⁴ 肉不烂

咬不动 n̦iau⁴³⁵ pu⁰ təŋ⁴¹

噙 tɕʰin⁴⁴ 含在嘴里

哽到了 kən⁴³⁵ tau⁴¹ lau⁰（吃饭）噎住了

　顶 tin⁴⁴

打嗝 ta⁴³⁵ kɛ⁴³⁵

打嗝肚儿 ta⁴³⁵ kɛ⁰ tər⁴³⁵ 呃逆

胀到了 tʂaŋ⁴² tau⁴¹ lau⁰

喝茶 xuo²¹ tʂʰa⁴⁴

喝酒 xuo²¹ tɕiəu⁴³⁵

吃烟 tʂʰʅ¹³ ian²¹³

饿了 ŋuo⁴¹ lau⁰

□儿 tɕiɐr⁰ 指做事的本事、能力，前多加动词：吃~（吃的能力）、喝~（喝的本事）

场合儿 tʂʰaŋ⁴³⁵ xuor⁰ 特指饭局、聚会等

（3）住

起来 tɕʰi⁴³⁵ lai⁰ 起床

洗手 ɕi⁴³⁵ ʂəu⁴³⁵

洗脸 ɕi⁴³⁵ lian⁴³⁵

漱嘴 səu⁴² tsei⁴³⁵ 漱口

　涮嘴 ʂuan⁴² tsei⁴³⁵

刷牙 ʂua²¹ ia⁴⁴

梳头 səu²¹ tʰəu⁴⁴

绑毛辫儿 paŋ⁴³⁵ mau⁴⁴ piɐr⁴¹ 梳辫子

梳笆笆儿 səu¹³ pa²¹ pɐr⁰ 梳髻

剪指甲 tɕian¹³ tʂʅ²¹³ tɕia⁰

挖耳朵 ua²¹ ər⁴³⁵ tuo⁰

洗澡 ɕi⁴³⁵ tsau⁴³⁵

搓背 tsʰuo²¹ pei⁴¹

解大手 kai⁴³⁵ ta⁴¹ ʂəu⁴³⁵

　屙屎 pa⁴³⁵ ʂʅ⁴³⁵

解小手 kai⁴³⁵ ɕiau⁴³⁵ ʂəu⁴³⁵

　屙尿 uo²¹ n̦iau⁴¹

乘凉儿 tʂʰən⁴⁴ liar²¹³

晒太阳 ʂai⁴² tʰai⁴¹ iaŋ⁰

烤火 kʰau⁴³⁵ xuo⁴³⁵ 取暖

点灯 tʰian⁴³⁵ təŋ²¹³

吹灯 tʂʰuei¹³ təŋ²¹³ 熄灯

歇一下儿 ɕiɛ²¹³ i⁰ xɐr⁴³⁵

　歇一伙 ɕiɛ²¹³ i⁰ xuo⁴³⁵

□瞌睡 tʂuŋ²¹ kuo⁴⁴ ʂuei⁰ 打盹儿

　□盹 tsʰan²¹ təŋ⁴³⁵

打呵欠 ta⁴³⁵ xuo²¹³ ɕian⁰

乏了 fa⁴⁴ lau⁰

铺床 pʰu²¹ tʂʰuaŋ⁴⁴

　牵床 tɕʰian²¹ tʂʰuaŋ⁴⁴

睡到 ʂuei⁴¹ tau⁰ 躺下

睏 kʰuən²¹³ 茅坪

　睏醒 kʰuən²¹ ɕin⁴³⁵ 茅坪

　睏着了 kʰuən²¹ tʂuo⁴⁴ lau⁰ 茅坪

睏觉 kʰuən¹³ kɔu²¹³ 茅坪

睡酣了 ʂuei⁴² xan²¹³ lau⁰

打鼾 ta⁴³⁵ xan²¹³

　打呼噜儿 ta⁴³⁵ xu²¹³ lər⁰

睡不着 ʂuei⁴² pu⁰ tʂuo⁴⁴

睡午觉 ʂuei⁴² u⁴³⁵ tɕiau⁴¹

　吊中 tiɔu²¹ tʂəŋ⁴¹ 茅坪

仰倒睡 ȵiaŋ⁴³⁵/iaŋ⁴³⁵ tau⁰ ʂuei⁴¹

侧棱儿睡 tsɛ²¹ lər⁴⁴ ʂuei⁴¹ 侧面睡

趴倒睡 pʰa⁴⁴ tau⁰ ʂuei⁴¹

颈脖儿扭了 tɕin⁴³⁵ pər⁴⁴ ȵiəu⁴¹

　lau⁰ 落枕

抽筋儿 tʂʰəu¹³ tɕiər²¹³

　瘕筋 tɕiəu⁴² tɕin²¹³

做梦 tsəu⁴² məŋ⁴¹

　扯黄粱子 tʂʰɛ⁴³⁵ xuaŋ⁴⁴ liaŋ⁰

　tsɿ⁰

说梦话 ʂuo²¹ məŋ⁴² xua⁴¹

迷住了 mi⁴⁴ tʂu⁴¹ lau⁰ 魇住了

熬夜 ŋau⁴⁴ iɛ⁴¹

加夜班儿 tɕia²¹ iɛ⁴² pɐr²¹³

（4）行

上坡 ʂaŋ⁴² pʰo²¹³ 下地干活

做活 tsəu⁴² xuo⁴⁴ 上工

放工 faŋ⁴² kuŋ²¹³

出去了 tʂʰu⁴⁴ tɕʰi⁴¹ lau⁰

回来了 xuei⁴⁴ lai⁰ lau⁰

压马路 ia⁴²/ȵia⁴² ma⁴³⁵ ləu⁴¹

　逛街

转一下儿 tʂuan⁴¹ i⁰ xɐr⁴³⁵ 散步

出差 tʂʰu¹³ tʂʰai²¹³

有一间 iəu⁴³⁵ i⁴⁴ tɕian²¹³ 有一段

　距离

搭一间 ta²¹ i⁴⁴ tɕian²¹³ 搭一段顺车

下十堰 ɕia⁴² ʂɿ⁴⁴ ian⁴¹

上安康 ʂaŋ⁴² ŋan²¹³ kʰaŋ⁰

十七　讼事

上法院 ʂaŋ⁴² fa²¹ yan⁴¹ 打官司

告状 kau⁴² tʂuaŋ⁴¹

原告 yan⁴⁴ kau⁴¹

被告 pei⁴² kau⁴¹

坐堂 tsuo⁴² tʰaŋ⁴⁴

退堂 tʰei⁴² tʰaŋ⁴⁴

问案 uən⁴² ŋan⁴¹

上堂 ʂaŋ⁴² tʰaŋ⁴⁴ 过堂

　审判 ʂən⁴³⁵ pʰan⁴¹

证明人 tʂən⁴² min⁴⁴ z̩ən⁴⁴

对证 tei⁴² tʂən⁴¹ 对质

律师 ly¹³ sʐ²¹³

代写 tai⁴² ɕiɛ⁴³⁵

起诉 tɕʰi⁴³⁵ səu⁴¹

判了 pʰan⁴¹ lau⁰

承认 tʂʰən⁴⁴ z̩ən⁴¹

同伙儿 tʰɤŋ⁴⁴ xuor⁴³⁵

有意的 iəu⁴³⁵ i⁴¹ ti⁰

无意的 u⁴⁴ i⁴¹ ti⁰

违法 uei⁴³⁵ fa²¹³

有罪 iəu⁴³⁵ tsei⁴¹

诬陷 u²¹ ɕian⁴¹

牵连 tɕʰian²¹ lian⁴⁴ 连坐

逮到 tai⁴³⁵ tau⁰ 逮捕

　抓住 tʂua²¹ tʂu⁴¹

押送 ia²¹ səŋ⁴¹

清官儿大老爷 tɕʰin¹³ kuɐr²¹³
　ta⁴¹ lau⁴³⁵ iɛ⁴⁴

贪官儿 tʰan¹³ kuɐr²¹³

受贿 ʂəu⁴² xuei⁴¹

塞黑 sɛ¹³ xɛ²¹³ 行贿

罚款 fa⁴⁴ kʰuan⁴³⁵

杀了 ʂa²¹³ lau⁰

　砍头 kʰan⁴³⁵ tʰəu⁴⁴

枪决 tɕian²¹ tɕyɛ⁴⁴

插标 tʂʰa¹³ piau²¹³ 斩条,插在死囚
　　背后验明正身的木条

上刑 ʂaŋ⁴² ɕin⁴⁴

手铐儿 ʂəu⁴³⁵ kʰɐr⁴¹

捆起来 kʰuən⁴³⁵ tɕʰi⁰ lai⁰

关起来 kuan²¹ tɕʰi⁰ lai⁰

坐牢 tsuo⁴² lau⁴⁴

看监 kʰan⁴² tɕian²¹³

逃跑 tʰau⁴⁴ pʰau⁴³⁵ 越狱

写字据 ɕiɛ⁴³⁵ tsʐ⁴² tɕy⁴¹

签名儿 tɕʰian²¹ miər⁴⁴

按手印儿 ŋan⁴² ʂəu⁴³⁵ iər⁴¹

税 ʂuei⁴¹

课 kʰuo⁴¹ 地租

契约 tɕʰi⁴² io²¹³

　红约 xuŋ⁴⁴ io²¹³

纳税 la²¹ ʂuei⁴¹

公告 kuŋ²¹ kau⁴¹

移交 i⁴⁴ tɕiau²¹³

就任 tɕiəu⁴² z̩ən⁴¹

下台 ɕia⁴² tʰai⁴⁴

栽了 tsai²¹³ lau⁰

　抹了 ma²¹³ lau⁰

档案 taŋ⁴² ŋan⁴¹

传票 tʂʰuan⁴⁴ pʰiau⁴¹

十八　交际

应酬 in^{41} tʂʰəu^{0}

招待 tʂau^{213} tʰai^{0}

　招呼 tʂau^{213} xu^{0}

来往 lai^{44} uaŋ^{435}

看一下 kʰan^{41} i^{0} xa^{41} 看望,拜访

还礼 xuan^{44} li^{435} 回拜

客 kʰ$_ɛ$^{213}

请客 tɕʰin^{435} kʰ$_ɛ$^{213}

　接客 tɕiɛ^{13} kʰ$_ɛ$^{213}

男客 lan^{44} kʰ$_ɛ$^{213}

女客 n̩y^{435} kʰ$_ɛ$^{213}

送礼 səŋ^{42} li^{435}

礼物 li^{435} u^{0}

人情 z̩ən^{44} tɕʰin^{44}

转智 tʂuan^{41} tʂʅ^{41} 随机应变的能力

礼性 li^{435} çin^{0} 礼节、礼数

爬席 pʰa^{44} çi^{44} 做客

招待客 tʂau^{213} tai^{0} kʰ$_ɛ$^{213}

陪客 pʰei^{44} kʰ$_ɛ$^{213}

送客 səŋ^{42} kʰ$_ɛ$^{213}

慢慢儿走 man^{42} mɐr^{213} tsəu^{435} 主
人送客说的客气话

　过细点儿 kuo^{21} çi^{41} tiɐr^{435}

谢谢 çiɛ^{41} çiɛ^{0}

不客气 pu^{44} kʰ$_ɛ$^{44} tɕʰi^{0}

点心 tian^{435} çin^{0}

倒茶 tau^{42} tʂʰa^{44}

接(一席)客 tɕiɛ^{21} (i^{44} çi^{44}) kʰ$_ɛ$^{213}
摆酒席

一席（客）i^{44} çi^{44}（kʰ$_ɛ$^{213}）一桌
酒席

请帖儿 tɕʰin^{435} tʰiər^{213}

送请帖儿 səŋ^{42} tɕʰin^{435} tʰiər^{213}

入席 y^{21} çi^{44}

　架势 tɕia^{21} ʂʅ^{41}

上菜 ʂaŋ^{42} tsʰai^{41}

斟酒 tʂən^{21} tɕiəu^{435}

　筛酒 sai^{21} tɕiəu^{435}

黏酒 z̩an^{44} tɕiəu^{435} 劝酒

喝起 xuo^{21} tɕʰi^{435} 干杯

　干了它 kan^{213} lau^{0} tʰa^{0}

划拳 xua^{44} tɕʰyan^{44}

　酒司令 tɕiəu^{435} sʅ^{0} lin^{41}

无名帖子 u^{44} min^{44} tʰi$_ɛ$^{213} tsʅ^{0}

不和 pu^{44} xuo^{44}

　不过 pu^{44} kuo^{213}

　过孽 kuo^{21} n̩iɛ^{41} 茅坪

对头 tei^{41} tʰəu^{0}

　仇人 tʂʰəu^{44} z̩ən^{0}

看不过眼儿的 kʰan⁴¹ pu⁰ kuo⁴¹
　iɐr⁴³⁵ ti⁰ 不平

冤枉 yan²¹³ uaŋ⁰

多嘴 tuo²¹ tsei⁴³⁵ 插嘴

做作 tsəu⁴¹ tsuo⁰
　假狗 tɕia⁴³⁵ kəu⁴³⁵
　假斯文儿 tɕia⁴³⁵ sʅ²¹ uɐr⁴⁴

拽架子 tʂuai⁴³⁵ tɕia⁴¹ tsʅ⁰ 摆架子
　拽文儿 tʂuai⁴³⁵ uɐr⁴⁴
　臭腻 tʂʰəu⁴² n̠i⁴¹

装眯瞪儿 tʂuaŋ²¹ mi⁴⁴ tər⁰ 装傻

出丑儿 tʂʰu²¹ tʂʰər⁴³⁵ 出洋相

丢人 tiəu²¹ ʐən⁴⁴
　掉档 tiau⁴² taŋ⁴³⁵

舔沟子 tʰian⁴³⁵ kəu²¹³ tsʅ⁰ 巴结

浪门子 laŋ⁴² mən⁴⁴ tsʅ⁰ 串门儿

　游魂 iəu⁴⁴ xuən⁴⁴

煽经 ʂan⁴² tɕin²¹³ 说大话，套近乎

看得起 kʰan⁴¹ tɛ⁰ tɕʰi⁴³⁵

看不起 kʰan⁴¹ pu⁰ tɕʰi⁴³⁵

搅伙儿 tɕiau⁴³⁵ xuor⁴³⁵

答应 ta⁴⁴ in⁴¹

不同意 pu⁴⁴ tʰəŋ⁴⁴ i⁴¹

赶出去 kan⁴³⁵ tʂʰu²¹³ tɕʰi⁰

十九　商业、交通

（1）经商行业

牌子 pʰai⁴⁴ tsʅ⁰ 字号

招牌 tʂau²¹³ pʰai⁰

广告 kuaŋ⁴³⁵ kau⁴¹

开店儿 kʰai²¹ tiɐr⁴¹

门面 mən⁴⁴ mian⁰

摆摊儿 pai⁴³⁵ tʰɐr²¹³

挑脚 tʰiau¹³ tɕio²¹³ 跑单帮

做生意 tsəu⁴² sən²¹³ i⁰

　营业 in⁴⁴ n̠iɛ²¹³

旅舍 li⁴³⁵ ʂɛ⁴¹

饭店儿 fan⁴² tiɐr⁴¹
　食堂 ʂʅ⁴⁴ tʰaŋ⁴⁴
　馆子 kuan⁴³⁵ tsʅ⁰

下食堂 çia⁴² ʂʅ⁴⁴ tʰaŋ⁴⁴
　下馆子 çia⁴² kuan⁴³⁵ tsʅ⁰

卖布的 mai⁴² pu⁴¹ ti⁰ 布店

卖百货的 mai⁴² pɛ²¹ xuo⁴¹ ti⁰ 百
　货店

卖杂货的 mai⁴² tsa⁴⁴ xuo⁴¹ ti⁰ 杂
　货店

卖油盐的 mai⁴² iəu⁴⁴ ian⁴⁴ ti⁰ 油
　盐店

卖粮的 mai⁴² liaŋ⁴⁴ ti⁰ 粮店

卖盘子碗的 mai⁴² pʰan⁴⁴ tsʅ⁰

　　uan⁴³⁵ ti⁰瓷器店

卖本子笔的 mai⁴² pən⁴³⁵ tsʅ⁰

　　pi⁴⁴ ti⁰文具店

卖茶的 mai⁴² tʂʰa⁴³⁵ ti⁰茶馆儿

剃头的 tʰi⁴²˙ tʰəu⁴⁴ ti⁰理发店

剃头 tʰi⁴²˙ tʰəu⁴⁴

刮胡子 kua²¹ xu⁴⁴ tsʅ⁰

卖肉的 mai⁴² ʐəu⁴¹ ti⁰肉铺

杀猪 ʂa¹³ tʂu²¹³

卖油的 mai⁴² iəu⁴⁴ ti⁰油坊

当铺 taŋ⁴¹ pʰu⁰

课房子 kʰuo⁴² faŋ⁴⁴ tsʅ⁰租房子

卖煤的 mai⁴² mei⁴⁴ ti⁰煤铺

　　煤场儿 mei⁴⁴ tʂʰɐr⁴³⁵

（2）经营、交易

开张 kʰai¹³ tʂaŋ²¹³

停业 tʰin⁴⁴ ȵiɛ²¹³

盘点 pʰan⁴⁴ tian⁴³⁵

柜台儿 kuei⁴² tʰɐr⁴⁴

说个价 ʂuo²¹³ kuo⁰ tɕia⁴¹开价

　　喊价 xan⁴³⁵ tɕia⁴¹

还价 xuan⁴⁴ tɕia⁴¹

便宜 pʰian⁴⁴ i⁰

贵 kuei⁴¹

合适 xuo⁴⁴ ʂʅ⁴¹（价钱）公道

关到门卖 kuan²¹³ tau⁰ mən⁴⁴

　　mai⁴¹剩下的全部买了

生意好 sən²¹³ i⁰ xau⁴³⁵

生意不咋样儿 sən²¹³ i⁰ pu⁴¹

　　tsa⁴³⁵ iɐr⁴¹买卖清淡

　生意不咋行 sən²¹³ i⁰ pu⁴¹

　　tsa⁴³⁵ ɕin⁴⁴

工钱 kuŋ²¹³ tɕʰian⁰

本儿 pər⁴³⁵

保本儿 pau⁴³⁵ pər⁴³⁵

削价 ɕio²¹ tɕia⁴¹降价

赚钱 tʂuan⁴² tɕʰian⁴⁴

　长钱 tʂʰaŋ⁴⁴ tɕʰian⁴⁴

折本儿 ʂɛ⁴⁴ pər⁴³⁵

盘缠 pʰan⁴⁴ tʂʰan⁰

　路费 ləu⁴² fei⁴¹

利息 li⁴¹ ɕi⁰

运气好 yn⁴¹ tɕʰi⁰ xau⁴³⁵

该 kai²¹³欠：~他三元钱

争 tʂən²¹³差：~五角十元,即九元

　五角

押金 ȵia¹³／ia¹³ tɕin²¹³

合到 xuo⁴³⁵ tau⁰合伙

（3）账目、度量衡

账房 tʂaŋ⁴² faŋ⁴⁴

两不该 lian⁴³⁵ pu⁰ kai²¹³开清

清账 tɕʰin²¹ tʂaŋ⁴¹

收(余)账 ʂəu²¹(y⁴⁴) tʂaŋ⁴¹ 记收
　　入的账

支出账 tʂʅ¹³ tʂʰu²¹³ tʂaŋ⁴¹ 记付出
　　的账

欠账 tɕʰian⁴² tʂaŋ⁴¹

　该账 kai²¹ tʂaŋ⁴¹

要账 iau⁴² tʂaŋ⁴¹

死账 sʅ⁴³⁵ tʂaŋ⁴¹ 烂账，要不来的账

记事牌 tɕi⁴² sʅ⁴¹ pʰai⁴⁴ 水牌，临时
　　记账用的木牌或铁牌

发票 fa²¹ pʰiau⁴¹

收据 ʂəu²¹ tɕy⁴¹

(零)毛毛儿钱 lin⁴⁴ mau⁴⁴ mɐr⁰
　　tɕʰian⁴⁴

亘钱 kən⁴³⁵ tɕʰian⁴⁴ 整钱

钱 tɕʰian⁴⁴

　票子 pʰiau⁴¹ tsʅ⁰

圆钱娃儿 yan⁴⁴ tɕʰian⁴⁴ uɐr⁴⁴
　　硬币

　钱角子 tɕʰian⁴⁴ kuo⁴⁴ tsʅ⁰

麻钱儿 ma⁴⁴ tɕʰiɐr⁴⁴ 铜板儿

银元 in⁴⁴ yan⁴⁴

一块钱 i⁴⁴ kʰuai⁴³⁵ tɕʰian⁰

一毛钱 i⁴⁴ mau⁴⁴ tɕʰian⁰

一分儿钱 i⁴⁴ fər²¹³ tɕʰian⁰

十块钱 ʂʅ⁴⁴ kʰuai⁴³⁵ tɕʰian⁰

一张钱 i⁴⁴ tʂaŋ²¹ tɕʰian⁴⁴ 一张
钞票

一个麻钱儿 i⁴⁴ kuo⁴¹ ma⁴⁴ tɕʰiɐr⁴⁴
　一个铜板儿

一百块钱 i⁴⁴ pe²¹³ kʰuai⁴³⁵ tɕʰian⁴⁴

　么洞洞 iau²¹ təŋ⁴¹ təŋ⁴¹

　老人头 lau⁴³⁵ ʐən⁴⁴ tʰəu⁴⁴

算盘 san⁴¹ pʰan⁰

秤 tʂʰən⁴¹

磅秤 paŋ⁴² tʂʰən⁴¹

称盘儿 tʂʰən⁴² pʰɐr⁴⁴

秤星儿 tʂʰən⁴² ɕiɐr²¹³

秤杆儿 tʂʰən⁴² kɐr⁴³⁵

秤钩儿 tʂʰən⁴² kər²¹³

秤砣 tʂʰən⁴² tʰuo⁴⁴

旺一点儿 uaŋ⁴¹ i⁰ tiɐr⁴³⁵ 称物时，
　称尾高

　撅起杆子 tɕyɛ²¹ tɕʰi⁴³⁵ kan⁴³⁵
　tsʅ⁰

留一点儿 liəu²¹³ i⁰ tiɐr⁴³⁵ 称物时，
　称尾低，分量不足

　不够秤 pu⁴⁴ kəu⁴¹ tʂʰən⁴¹

　把不住坨 pa²¹³ pu⁰ tʂu⁴¹ tʰuo⁴⁴

(4)交通

铁路 tʰiɛ²¹ ləu⁴¹

铁轨 tʰiɛ¹³ kuei²¹³

火车 xuo⁴³⁵ tʂʰɛ²¹³

火车站 xuo⁴³⁵ tʂʰɛ²¹³ tʂan⁴¹

公路 kuŋ²¹ ləu⁴¹

　马路 ma⁴³⁵ ləu⁴¹

汽车 tɕʰi⁴² tʂʰɛ²¹³

拉客的车 la¹³ kʰɛ²¹³ ti⁰ tʂʰɛ²¹³

　客车

货车 xuo⁴² tʂʰɛ²¹³

　敞车 tʂʰaŋ⁴³⁵ tʂʰɛ²¹³

小车 ɕiau⁴³⁵ tʂʰɛ²¹³ 小轿车

　小卧车 ɕiau⁴³⁵ uo⁰ tʂʰɛ²¹³

　轿子车 tɕiau⁴¹ tsʐ⁰ tʂʰɛ²¹³

　屎巴牛儿 ʂʐ⁴³⁵ pa⁰ ȵiɚ⁴⁴

摩托车儿 mo²¹³ tʰuo⁰ tʂʰɚ²¹³

三轮车儿 san²¹ lən⁴⁴ tʂʰɚ²¹³

架子车儿 tɕia⁴¹ tsʐ⁰ tʂʰɚ²¹³

自行车儿 tsʐ⁴² ɕin⁴⁴ tʂʰɚ²¹³

　脚踏车 tɕio²¹ tʰa⁴⁴ tʂʰɚ²¹³

马车 ma⁴³⁵ tʂʰɛ⁰

船 tʂʰuan⁴⁴

划子 xua⁴⁴ tsʐ⁰ 小型的无篷的船

楸子船 tɕʰiəu⁴¹ tsʐ⁰ tʂʰuan⁴⁴

　茅坪

脚划子 tɕio²¹ xua⁴⁴ tsʐ⁰ 跟在大船

　后面的小船

篷 pʰəŋ⁴⁴

桅杆儿 uei⁴⁴ kɐr²¹³

舵 tuo⁴¹

橹 ləu⁴³⁵

桨 tɕiaŋ⁴³⁵

篙子 kau²¹³ tsʐ⁰

跳板 tʰiau⁴² pan⁴³⁵ 上下船用

打渔的船 ta⁴³⁵ y⁴⁴ ti⁰ tʂʰuan⁴⁴

渡船 təu⁴² tʂʰuan⁴⁴

汽划子 tɕʰi⁴² xua⁴⁴ tsʐ⁰ 轮船

过船 kuo⁴² tʂʰuan⁴⁴ 坐船过河

　过河 kuo⁴² xuo⁴⁴

渡船口儿 təu⁴² tʂʰuan⁴⁴ kʰɚr⁴³⁵

　渡口

二十　文化教育

（1）学校

学校 ɕio⁴⁴ ɕiau⁴¹

　学堂 ɕio²² tʰaŋ⁴⁴ 茅坪

上学 ʂaŋ⁴² ɕio⁴⁴

放学 faŋ⁴² ɕio⁴⁴

逃学 tʰau⁴⁴ ɕio⁴⁴

　旷课 kʰuaŋ⁴² kʰuo⁴¹

幼儿园 yuɐr²¹ yuan⁴⁴

私学 sʅ²¹ ɕio⁴⁴

　蒙童馆儿 mən⁴⁴ tʰəŋ⁴⁴ kuɐr⁴³⁵
　　茅坪

传馆儿 tʂʰuan⁴⁴ kuɐr⁴³⁵ 茅坪

学（杂）费 ɕio⁴⁴（tsa⁴⁴）fei⁴¹

放假 faŋ⁴² tɕia⁴³⁵

暑假 ʂu²¹ tɕia⁴³⁵

　歇伏 ɕiɛ²¹ fu⁴⁴ 茅坪

寒假 xan⁴⁴ tɕia⁴³⁵

　年假 n̠ian⁴⁴ tɕia⁴³⁵ 茅坪

请假 tɕʰin⁴³⁵ tɕia⁴³⁵

（2）教室、文具

教室 tɕiau⁴² ʂʅ⁴⁴

上课 ʂaŋ⁴² kʰuo⁴¹

下课 ɕia⁴² kʰuo⁴¹

讲台 tɕiaŋ⁴³⁵ tʰai⁴⁴

黑板 xɛ²¹ pan⁴³⁵

　粉牌 fən⁴³⁵ pʰai˙⁴⁴

粉锭儿 fən⁴³⁵ tiər⁴¹ 粉笔

黑板刷子 xɛ²¹ pan⁴³⁵ ʂua²¹³ tsʅ⁰

　粉牌刷子 fən⁴³⁵ pʰai˙⁴⁴ ʂua²¹³ tsʅ⁰

名册子 min⁴⁴ tsʰɛ²¹³ tsʅ⁰ 点名册

戒尺 tɕiɛ⁴² tʂʰʅ⁴³⁵

　板子 pan⁴³⁵ tsʅ⁰

本子 pən⁴³⁵ tsʅ⁰

作业本 tsuo¹³ n̠iɛ²¹³ pən⁴³⁵

书 ʂu²¹³ 课本

铅笔 tɕʰian²¹ pi⁴⁴

□□儿 tsʅ²¹³ tsər⁰ 橡皮

转笔刀儿 tʂuan⁴² pi⁴⁴ tɐr²¹³

圆规 yan⁴⁴ kuei²¹³

三角板儿 san¹³ tɕio²¹³ pɐr⁴³⁵

压阀儿 ia²¹ fɐr⁴⁴ 镇纸

　压条儿 ia²¹ tʰiɐr⁴⁴

作文本儿 tsuo²¹ uən⁴⁴ pɐr⁴³⁵

大字本儿 ta⁴² tsʅ⁴¹ pɐr⁴³⁵

隐格儿 in⁴³⁵ kɐr⁰ 红模子

钢笔 kaŋ²¹ pi⁴⁴

　水笔 ʂuei⁴³⁵ pi˙⁴⁴

毛笔 mau⁴⁴ pi˙⁴⁴

圆珠笔 yan⁴⁴ tʂu²¹ pi˙⁴⁴

　圆子笔 yan⁴⁴ tsʅ⁰ pi˙⁴⁴

铅笔 tɕʰian²¹ pi˙⁴⁴

蜡笔 la²¹ pi˙⁴⁴

　十二色 ʂʅ⁴⁴ ər²¹ sɛ⁴⁴

水彩笔 ʂuei⁴³⁵ tsʰai⁴³⁵ pi⁴⁴

笔头筒儿 pi⁴⁴ tʰəu⁴⁴ tʰər²¹³ 笔帽

笔筒筒儿 pi⁴⁴ tʰəŋ⁴³⁵ tʰər⁴³⁵

砚台 ian⁴¹ tʰai⁰

　墨盘儿 miɛ⁴⁴ pʰɐr⁴⁴

搋墨 ŋai⁴⁴ miɛ⁴⁴ 研墨

墨盒儿 miɛ⁴⁴ xuor⁴⁴

墨汁 miɛ⁴⁴ tʂʅ²¹³

捵笔 tʰian⁴³⁵ pi⁴⁴

墨水儿 miɛ⁴⁴ ʂuɚ⁴³⁵

　钢笔水 kaŋ²¹ pi⁴⁴ ʂuei⁴³⁵

书包 ʂu¹³ pau²¹³

（3）读书识字

有文化的人 iəu⁴³⁵ uən⁴⁴ xua⁴¹ ti⁰ ʐ̩ən⁴⁴ 读书人

　认得字的 ʐ̩ən⁴² tɛ⁴⁴ tsʅ⁴¹ ti⁰

认不得字的 ʐ̩ən⁴¹ pu⁰ tɛ⁴⁴ tsʅ⁴¹ ti⁰

看书 kʰan⁴² ʂu²¹³ 读书

　念书 ȵian⁴² ʂu²¹³

复习 fu⁴⁴ ɕi⁴⁴ 温书

背书 pei⁴² ʂu²¹³

考学 kʰau⁴³⁵ ɕio⁴⁴

考场 kʰau⁴³⁵ tʂʰaŋ⁴³⁵

进场 tɕin⁴² tʂʰaŋ⁴³⁵ 进考场

考试 kʰau⁴³⁵ ʂʅ⁰

卷子 tɕyan⁴¹ tsʅ⁰

一百分儿 i⁴⁴ pɛ¹³ fɚ²¹³

零（光）蛋 lin⁴⁴（kuaŋ²¹³）tan⁴¹

出榜了 tʂʰu²¹ paŋ⁴³⁵ lau⁰

第一名儿 ti⁴⁴ i⁴⁴ miɚ⁴⁴

老末 lau⁴³⁵ mo²¹³ 末名

　末罢角子 mo²¹³ pa⁰ tɕio²¹³ tsʅ⁰

最后一名儿 tsei⁴² xəu⁴¹ i⁰ miɚ⁴⁴

毕业 pi⁴⁴ ȵiɛ²¹³

读了半截儿 təu⁴⁴ lau⁰ pan⁴¹ tɕiɚ⁴⁴ 肄业

文凭 uən⁴⁴ pin⁰

（4）写字

大字 ta⁴² tsʅ⁴¹ 大楷

小字 ɕiau⁴³⁵ tsʅ⁴¹ 小楷

字帖儿 tsʅ⁴² tʰiɚ²¹³

照帖子写 tʂau⁴² tʰ iɛ²¹³ tsʅ⁰ ɕiɛ⁴³⁵ 临帖

抹了 mo⁴³⁵ lau⁰ 涂了

　杠了 kaŋ⁴¹ lau⁰

白字老先儿 pɛ⁴⁴ tsʅ⁴¹ lau⁴³⁵ ɕiɚ²¹³ 常写白字的人

写斗笔字 ɕiɛ⁴³⁵ təu⁴¹ pi⁴⁴ tsʅ⁴¹ 笔顺写错的字

掉字 tiau⁴² tsʅ⁴¹

草稿儿 tsʰau⁴³⁵ kɐr⁴³⁵

打草稿儿 ta⁴³⁵ tsʰau⁴³⁵ kɐr⁴³⁵

誊清 tʰən⁴⁴ tɕʰin²¹³

一点儿 i⁴⁴ tiɚ⁴³⁵ 一点

一横 i⁴⁴ xuən⁴⁴

一竖 i⁴⁴ ʂu⁴¹

一撇 i⁴⁴ pʰiɛ²¹³

一捺 i⁴⁴ la²¹³

一勾儿 i⁴⁴ kər²¹³

一提 i⁴⁴ tʰi⁴⁴ —挑

一画 i⁴⁴ xua⁴¹

偏旁儿 pʰian²¹ pʰɐr⁴⁴

单人儿 tan²¹ z̩ər⁴⁴ 单人旁

　单立人儿 tan²¹³ li⁰ z̩ər⁰

双立人 ʂuan²¹³ li⁰ z̩ər⁴⁴

弓长张 kuŋ²¹ tʂʰaŋ⁴⁴ tʂaŋ²¹³

立早章 li²¹ tsau⁴³⁵ tʂaŋ²⁴¹³

禾苗程 xuo⁴⁴ miau⁴⁴ tʂʰən⁴⁴

国字边儿 kuo⁴⁴ tsʅ⁰ piɐr²¹³ 四框栏

宝盖头儿 pau⁴³⁵ kai⁴¹ tʰər⁴⁴

扛脑儿 kʰaŋ⁴³⁵ lɐr⁴³⁵ 秃宝盖儿

竖心旁 ʂu⁴¹ ɕin²¹³ pʰaŋ⁴⁴

反犬旁 fan⁴³⁵ tɕʰyan⁴³⁵ pʰaŋ⁴⁴

（单）抱耳（tan²¹³）pau⁴¹ ər⁴³⁵ 单

耳刀儿

（双）抱耳（ʂuan²¹³）pau⁴¹ ər⁴³⁵
双耳刀儿

反文旁 fan⁴³⁵ uən⁴⁴ pʰaŋ⁴⁴

王字旁 uaŋ⁴⁴ tsʅ⁰ pʰaŋ⁴⁴

提土旁 tʰi⁴⁴ tʰəu⁴³⁵ pʰaŋ⁴⁴

竹字头儿 tʂəu²¹³ tsʅ⁰ tʰər⁴⁴

火字旁 xuo⁴³⁵ tsʅ⁰ pʰaŋ⁴⁴

四点底 sʅ⁴² tian⁴³⁵ ti⁴³⁵

三点儿水 san²¹ tiɐr⁴³⁵ ʂuei⁴³⁵

两点儿水 lian²¹ tiɐr⁴³⁵ ʂuei⁴³⁵

病字头儿 pin⁴¹ tsʅ⁰ tʰər⁴⁴

走之底 tsəu⁴³⁵ tʂʅ²¹³ ti⁴³⁵

绞丝旁 tɕiau⁴³⁵ sʅ²¹³ pʰaŋ⁴⁴

提手旁 tʰi⁴⁴ ʂəu⁴³⁵ pʰaŋ⁴⁴

　提手儿 tʰi⁴⁴ ʂər⁴³⁵

草字头儿 tsʰau⁴³⁵ tsʅ⁰ tʰər⁴⁴

二十一　文体活动

（1）游戏、玩具

风筝儿 fəŋ²¹³ tʂər⁰

逮猫儿 tai⁴³⁵ mɐr²¹³ 寻找预先藏匿在某个角落的同伴

踢毽儿 tʰi²¹ tɕiɐr⁴¹

打毽儿 ta⁴³⁵ tɕiɐr⁴¹

抓子儿 tʂua²¹ tsər⁴³⁵ 用几个小沙包或小石子儿、扔起其一，做规定动作后再接住

打豆儿 ta⁴³⁵ tər⁴¹ 弹球儿

　绷豆儿 pəŋ²¹ tər⁴¹

打水飘儿 ta⁴³⁵ ʂuei⁴³⁵ pʰiɐr²¹³

跳碗儿 tʰiau⁴² uɐr⁴³⁵ 跳房子

盖饭饭儿 kai⁴² fan⁴¹ fɐr⁴³⁵ 过家家

翻叉 fan¹³ tʂʰa²¹³ 翻绳，两人轮换翻
　动手指头上的细绳，变出各种花样

打□ ta⁴³⁵ pia²¹³ 儿童用纸折的玩具，
　多呈三角形或正方形，互相拍击，以
　翻转者为胜

划拳 xua⁴⁴ tɕʰyan⁴⁴

斗鸡 təu⁴² tɕi²¹³ 游戏名，一只腿蜷
　起，用单腿蹦跳并用蜷起的膝盖顶、
　压对方

挤暖和儿 tɕi⁴³⁵ lan⁴³⁵ xuor⁰ 游戏
　名，多人依墙角挤撞，挤出队伍着
　为负

打谜儿 ta⁴³⁵ mər⁴¹ 出谜语

猜谜儿 tsʰai²¹ mər⁴¹

麻将 ma⁴⁴ tɕiaŋ⁴¹

掷色子 tʂʅ⁴⁴ sɛ²¹³ tsʅ⁰

　甩色子 ʂuai⁴³⁵ sɛ²¹³ tsʅ⁰

压宝 ia²¹ pau⁴³⁵

　猜宝 tsʰai²¹ pau⁴³⁵

炮子 pʰau⁴¹ tsʅ⁰ 爆竹

放炮子 faŋ⁴² pʰau⁴¹ tsʅ⁰

双响炮儿 ʂuaŋ²¹ ɕiaŋ⁴³⁵ pʰer⁴¹
　二踢脚

花子 xua²¹³ tsʅ⁰ 烟火

放花子 faŋ⁴² xua²¹³ tsʅ⁰ 放花炮

（2）体育

象棋 ɕiaŋ⁴² tɕʰi⁴⁴

下棋 ɕia⁴² tɕʰi⁴⁴

老将儿 lau⁴³⁵ tɕiɐr⁴¹ 将

老帅 lau⁴³⁵ ʂuai⁴¹ 帅

士 sʅ⁴¹

象 ɕiaŋ⁴¹

相 ɕiaŋ⁴¹

车 tɕy²¹³

马 ma⁴³⁵

炮 pʰau⁴¹

卒娃子 tsəu⁴⁴ ua⁰ tsʅ⁰ 兵、卒

拱卒儿 kuŋ⁴³⁵ tsər⁴⁴ 拱卒

上士 ʂaŋ⁴² sʅ⁴¹ 士走上去

下士 ɕia⁴² sʅ⁴¹ 落士，士走下来

走象 tsəu⁴³⁵ ɕiaŋ⁴¹ 飞象

下象 ɕia⁴² ɕiaŋ⁴¹ 落象

将军 tɕiaŋ¹³ tɕyn²¹³

围棋 uei⁴⁴ tɕʰi⁴⁴

黑子儿 xɛ²¹ tsər⁴³⁵

白子儿 pɛ⁴⁴ tsər⁴³⁵

和了 xuo⁴⁴ lau⁰ 和棋

拔河 pa⁴⁴ xuo⁴⁴

游泳 iəu⁴⁴ yŋ⁴³⁵

　下河洗澡 ɕia⁴² xuo⁴⁴ ɕi⁴³⁵
　tsau⁴³⁵

仰泳 iaŋ⁴³⁵ yŋ⁴³⁵

蛙泳 ua²¹ yŋ⁴³⁵

狗刨 kəu⁴³⁵ pʰau⁴⁴ 自由泳

潜水 tɕʰian⁴³⁵ ʂuei⁴³⁵

　钻眯子 tsan²¹ mi⁴¹ tsʅ⁰

放抱跤 faŋ⁴² pau⁴³⁵ tɕiau²¹³ 摔跤

打球 ta⁴³⁵ tɕʰiəu⁴⁴

比赛 pʰi⁴³⁵ sai⁴¹

乒乓儿球 pʰin⁴⁴ pʰɐr⁰ tɕʰiəu⁴⁴

篮球 lan⁴⁴ tɕʰiəu⁴⁴

排球 pʰai⁴⁴ tɕʰiəu⁴⁴

足球 tsəu⁴⁴ tɕʰiəu⁴⁴

羽毛球 y⁴³⁵ mau⁴⁴ tɕʰiəu⁴⁴

跳远 tʰiau⁴² yan⁴³⁵

跳高 tʰiau⁴² kau⁴³⁵

麻将 ma⁴⁴ tɕiaŋ⁴¹

牌 pʰai⁴⁴ 专指扑克牌

□儿牌 tʂʰuɐr²¹ pʰai⁴⁴ 类似于桥牌
的一种牌游戏

诈金花儿 tsa⁴⁴ tɕin¹³ xɐr²¹³ 一种
扑克牌游戏,比花色和大小

接竹竿儿 tɕiɛ²¹ tʂəu⁴⁴ kɐr²¹³ 类
似于接龙的一种扑克牌游戏

吹牛 tʂʰuei²¹ ɲiəu⁴⁴ 一种扑克牌游
戏,以比大小的方式决定输赢

抽王八 tʂʰəu²¹ uaŋ⁴⁴ pa⁰ 一种扑克
牌游戏,抽取对方的牌,成对儿的扔
掉,最后保留王和红桃八为输家

（3）武术、舞蹈

翻跟头 fan¹³ kən²¹³ tʰəu⁰

打鹞子 ta⁴³⁵ iau⁴¹ tsʅ⁰ 直立横着
侧翻

竖阳桩 ʂu⁴² iaŋ⁴⁴ tʂuaŋ²¹³ 倒立

玩狮子 uan⁴⁴ ʂʅ²¹³ tsʅ⁰

玩龙 uan⁴⁴ ləŋ⁴⁴

玩船 uan⁴⁴ tʂʰuan⁴⁴ 跑旱船

　踩连船 tsʰai⁴³⁵ lian⁴⁴ tʂʰuan⁴⁴

踩高跷 tsʰai¹³ kau¹³ tɕʰiau²¹³

玩刀 uan⁴⁴ tau²¹³

玩枪 uan⁴⁴ tɕʰiaŋ²¹³

扭秧歌儿 ɲiəu⁴² iaŋ²¹³ kuor⁰

打腰鼓 ta⁴³⁵ iau²¹³ ku⁴³⁵

跳舞 tʰiau⁴² u⁴³⁵

（4）戏剧

秦腔儿 tɕʰin⁴⁴ tɕʰier²¹³

汉调二黄 xan⁴² tiau⁴¹ ər⁴² xuaŋ⁴⁴
即汉剧,俗称山二黄、土二黄,我国四大
戏曲声腔之一,盛行于汉江流域

花鼓戏 xua²¹ ku⁴³⁵ ɕi⁴¹

木偶儿戏 mo²¹ ŋər⁴³⁵ ɕi⁴¹

皮影儿戏 pʰi⁴⁴ iər⁴³⁵ ɕi⁴¹

唱大戏 tʂʰaŋ⁴² ta⁴¹ ɕi⁴¹ 大戏,大型
戏曲、角色多、乐器多、演唱内容复杂

京戏 tɕin²¹ ɕi⁴¹

现代剧 ɕian⁴¹ tai⁰ tɕy⁴¹ 话剧

戏园子 ɕi⁴² yan⁴⁴ tsʅ⁰

戏台子 ɕi⁴² tʰai⁴⁴ tsʅ⁰

演员儿 ian⁴³⁵ yɐr⁴⁴

玩把戏 uan⁴⁴ pa⁴³⁵ ɕi⁰ 变戏法，魔术

　耍把戏 ʂua⁴³⁵ pa⁴³⁵ ɕi⁰

说书 ʂuo²¹ ʂu²¹³

花脸 xua²¹ lian⁴³⁵

丑角儿 tʂʰəu⁴³⁵ tɕior⁰

老生 lau⁴³⁵ sən⁰

小生 ɕiau⁴³⁵ sən⁰

武生 u⁴³⁵ sən⁰

武旦 u⁴³⁵ tan⁴¹

老婆儿 lau⁴³⁵ pʰər⁴⁴ 老旦

青衣旦 tɕʰin¹³ i²¹³ tan⁴¹

花旦 xua²¹ tan⁴¹

丫鬟 ia²¹³ xuan⁰

跑腿儿的 pʰau⁴³⁵ tʰər⁴³⁵ ti⁰ 跑龙套的

二十二　动作

（1）一般动作

站 tʂan⁴¹

　竖 ʂu⁴¹

　□ təu⁴⁴

　□ tʂuai²¹³ 蹲

　□ tʂua⁴⁴ 踢，踹

　□起来 lai⁴³⁵ tɕʰi⁰ lai⁰ 爬起来

摆头 pai⁴³⁵ tʰəu⁴⁴

　□头 tʂuŋ²¹ tʰəu⁴⁴ 点头

昂头 ŋaŋ⁴⁴ tʰəu⁴⁴

　仰到 iaŋ⁴³⁵ tau⁰

低头 ti²¹ tʰəu⁴⁴

　头勾到 təu⁴⁴ kəu²¹³ tau⁰

回头 xuei⁴⁴ tʰəu⁰

头调过来 tʰəu⁴⁴ tʰiau⁴³⁵ kuo⁰ lai⁰

脸调过来 lian⁴³⁵ tʰiau⁴³⁵ kuo⁰ lai⁰ 脸转过去

睁眼儿 tsən²¹ ȵiɐr⁴³⁵/iɐr⁴³⁵

　眼睛扒到大大儿的 ȵian⁴³⁵/ian⁴³⁵ tɕin⁰ pa²¹³ tau⁰ ta⁴¹ tɐr⁴¹ ti⁰

睖 lən⁴⁴ 瞪眼

眯眼儿 mi²¹ ȵiɐr⁴³⁵/iɐr⁴³⁵ 闭眼

　眼睛眯到 ȵian⁴³⁵/ian⁴³⁵ tɕin⁰ mi²¹³ tau⁰

伸懒腰 tʂʰən²¹ lan⁴³⁵ iau⁰

挤眼儿 tɕi⁴³⁵ ȵiɐr⁴³⁵/iɐr⁴³⁵

眨眼儿 tʂa⁴³⁵ ȵiɐr⁴³⁵/iɐr⁴³⁵

遇到了 y^{42} tau^{41} lau^{0}

碰到了 p^{h}əŋ^{42} tau^{41} lau^{0}

瞅 tʂ^{h}əu^{435}

望 uaŋ^{41}

眼睛仁儿乱转 ȵian^{435}/ian^{435} tɕin^{0} ʐər^{44} lan^{42} tʂuan^{41}

流眼睛(水) liəu^{44} ȵian^{435}/ian^{435} tɕin^{0}(ʂuei^{435})

张嘴 tʂaŋ^{21} tsei^{435}

嘴张到 tsei^{435} tʂaŋ^{213} tau^{0}

嘴□到 tsei^{435} ʐua^{435} tau^{0}

闭嘴 pi^{42} tsei^{435}

嘴抿到 tsei^{435} min^{435} tau^{0}

噘嘴 tɕyᴇ^{21} tsei^{435}

架势 tɕia^{21} ʂʅ^{41}开始做……

举手 tɕy^{435} ʂəu^{435}

手举到 səu^{435} tɕy^{435} tau^{0}

摆手 pai^{435} ʂəu^{435}

摇手 iau^{44} ʂəu^{435}

□手 sai^{435} ʂəu^{435}甩手

伸手 tʂ^{h}ən^{21} ʂəu^{435}

手伸过来 ʂəu^{435} tʂ^{h}ən^{21} kuo^{41} lai^{0}

拍手 p^{h}ᴇ^{21} ʂəu^{435}

手缏到背后 ʂəu^{435} pian^{435} tau^{0} pei^{42} xəu^{41}背着手

抱膀子 pau^{42} paŋ^{435} tsʅ^{0}叉着手，两手交叉在胸前

手筒到 ʂəu^{435} t^{h}əŋ^{44} tau^{0}笼着手，双手交叉伸到袖筒里

坐墩 tsuo^{42} tən^{435}屁股墩

拔拉 pu^{213} la^{0}

捂到 u^{435} tau^{0}

擢痒 xuo^{21} iaŋ^{435}抓痒

捋 ly^{435}

□k^{h}uan^{41}双手拎起使劲往下顿

□扭 k^{h}u^{44} ȵiəu^{0}不停地扭动

掫 tʂəu^{435}用手托着向上

搊 ts^{h}əu^{213} ①慢慢推起、扶起②用力推

搡 səŋ^{435}用力推

□miᴇ^{435}掰，折

端屎 tan^{21} ʂʅ^{435}把持小儿双腿，哄他大便

提屉 t^{h}i^{44} pa^{435}茅坪

端尿 tan^{21} ȵiau^{41}把尿

提尿 t^{h}i^{44} ȵiau^{41}茅坪

扒到 pa^{213} tau^{0}扶着

□到 ts^{h}ən^{435} tau^{0}按着

弹指头儿 t^{h}an^{44} tʂʅ^{213} t^{h}ər^{0}

绷指头儿 pəŋ^{13} tʂʅ^{213} tər^{0}

攥个锤头子 tsan^{41} kuo^{0} tʂ^{h}uei^{44} t^{h}əu^{0} tsʅ^{0}攥拳头

□脚 pia^{44} tɕio^{213}跺脚

踮脚 tian^{13} tɕio^{213}

大腿翘二腿 ta⁴² tʰei⁴³⁵ tɕʰiau²¹³ ər⁴² tʰei⁴³⁵

腿□到 tʰei⁴³⁵ tɕiəu⁴¹ tau⁰ 蜷腿

□ian⁴¹把煤灰等洒在湿的垃圾上使之变干

撷 səu⁴³⁵抖腿

猴 xəu⁴⁴弯腰

　弓 kuŋ²¹³

伸腰 tsʰən¹³ iau²¹³

撑腰 tsʰən¹³ iau²¹³支持

撅沟子 tɕyɛ¹³ kəu²¹³ tsʅ⁰

捶背 tsʰuei⁴⁴ pei⁴¹

擤鼻子 ɕin⁴³⁵ pi⁴⁴ tsʅ⁰擤鼻涕

吸（流）鼻 子 ɕi²¹³（ liəu⁰） pi⁴⁴ tsʅ⁰

打喷嚏 ta⁴³⁵ fən⁴¹ tɕʰi⁰

闻 uən⁴⁴

嫌 ɕian⁴⁴

□ŋaŋ²¹³哭

　哭嘴 kʰu²¹ tsei⁴³⁵

　嚎 xau⁴⁴

摺 liau⁴¹扔:把没用东西~了

　甩 ʂuai⁴³⁵

说 ʂuo²¹³

跑 pʰau⁴³⁵

走 tsəu⁴³⁵

□təŋ⁴³⁵胡弄

□təu⁴⁴①站:你~到门口干啥? ②

　放:~到桌上

　搁 kuo⁴³⁵放

搀 tsʰan²¹³酒里~水

　兑 tei⁴¹

整理 tsʅən⁴³⁵ li⁴³⁵收拾(东西)

　捯饬 tau⁴⁴ tsʅ⁰

　拣拾 tɕian⁴³⁵ ʂʅ⁰

选择 ɕian⁴³⁵ tsɛ⁴⁴

　相□ɕian⁴¹ taŋ⁰

提溜起来 ti²¹³ liəu⁰ tɕʰi⁴³⁵ lai⁰提起来

　提起来 tʰi⁴⁴ tɕʰi⁴³⁵ lai⁰

拿起来 la⁴⁴ tɕʰi⁴³⁵ lai⁰捡起来

　拾起来 ʂʅ⁴⁴ tɕʰi⁴³⁵ lai⁰

　捡起来 tɕian⁴³⁵ tɕʰi⁴³⁵ lai⁰

抹了(它) ma²¹³ lau⁰(tʰa⁰)擦掉

　跳掉 tsʅ²¹ tiau⁴¹

莫见了 mo⁴⁴ tɕian⁴¹ lau⁰丢失

□iɛ⁴¹洒,散落

嗲 tia⁴³⁵撒娇

掉了 tiau⁴¹ lau⁰落,因忘而把东西遗放在某处

找到了 tsau⁴³⁵ tau⁰ lau⁰找着了

找不到 tsau⁴³⁵ pu⁰ tau⁴⁴①找不着 ②不知道

(把东西)藏(起来)tɕʰiaŋ⁴⁴

躲 tuo⁴³⁵

码起来 ma⁴³⁵ tɕʰi⁰ lai⁰

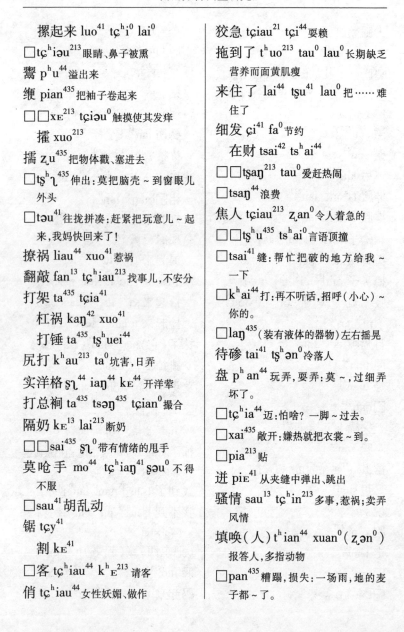

摞起来 luo⁴¹ tɕʰi⁰ lai⁰

□tɕʰiəu²¹³ 眼睛、鼻子被熏

鬻 pʰu⁴⁴ 溢出来

缠 pian⁴³⁵ 把袖子卷起来

□□xE²¹³ tɕiəu⁰ 触摸使其发痒

攉 xuo²¹³

擩 ʐu⁴³⁵ 把物体戳、塞进去

□tʂʰʅ⁴³⁵ 伸出：莫把脑壳～到窗眼儿
   外头

□təu⁴¹ 往拢拼凑：赶紧把玩意儿～起
   来，我妈快回来了！

撩祸 liau⁴⁴ xuo⁴¹ 惹祸

翻敲 fan¹³ tɕʰiau²¹³ 找事儿，不安分

打架 ta⁴³⁵ tɕia⁴¹

   杠祸 kaŋ⁴² xuo⁴¹

   打锤 ta⁴³⁵ tʂʰuei⁴⁴

尻打 kʰau²¹³ ta⁰ 坑害，日弄

实洋格 ʂʅ⁴⁴ iaŋ⁴⁴ kE⁴⁴ 开洋荤

打总裯 ta⁴³⁵ tsəŋ⁴³⁵ tɕian⁰ 撮合

隔奶 kE¹³ lai²¹³ 断奶

□□sai⁴³⁵ ʂʅ⁰ 带有情绪的甩手

莫呛手 mo⁴⁴ tɕʰiaŋ⁴¹ ʂəu⁰ 不得
   不服

□sau⁴¹ 胡乱动

锯 tɕy⁴¹

   割 kE⁴¹

□客 tɕʰiau⁴⁴ kʰE²¹³ 请客

俏 tɕʰiau⁴⁴ 女性妖媚、做作

狡急 tɕiau²¹ tɕi⁴⁴ 耍赖

拖到了 tʰuo²¹³ tau⁰ lau⁰ 长期缺乏
   营养而面黄肌瘦

来住了 lai⁴⁴ tʂu⁴¹ lau⁰ 把……难
   住了

细发 ɕi⁴¹ fa⁰ 节约

   在财 tsai⁴² tsʰai⁴⁴

□□tʂaŋ²¹³ tau⁰ 爱赶热闹

□tsaŋ⁴⁴ 浪费

焦人 tɕiau²¹³ ʐan⁰ 令人着急的

□□tʂu⁴³⁵ tsʰai⁰ 言语顶撞

□tsai⁴¹ 缝：帮忙把破的地方给我～
   一下

□kʰai⁴¹ 打：再不听话，招呼（小心）～
   你的。

□laŋ⁴³⁵ （装有液体的器物）左右摇晃

待碜 tai⁴¹ tʂʰən⁰ 冷落人

盘 pʰan⁴⁴ 玩弄，耍弄：莫～，过细弄
   坏了。

□tɕʰia⁴¹ 迈：怕啥？一脚～过去。

□xai⁴³⁵ 敞开：嫌热就把衣裳～到。

□pia²¹³ 贴

进 piE⁴¹ 从夹缝中弹出、跳出

骚情 sau¹³ tɕʰin²¹³ 多事，惹祸；卖弄
   风情

填唤（人）tʰian⁴⁴ xuan⁰（ʐən⁰）
   报答人，多指动物

□pan⁴³⁵ 糟蹋，损失：一场雨，地的麦
   子都～了。

瘦 tɕiəu⁴¹ 缩：天冷，把手～到袖子
　里头

忽计 xu²¹³ tɕi⁰ 忽略

搂揽 ləu⁴⁴ lan⁰ 爱给自己揽事的

花搅 xua²¹³ tɕiau⁰ 戏弄

弹□ tʰan⁴⁴ tʂʰən⁰ 瞎忙活

扛 kʰaŋ⁴⁴
　拷 lau⁴³⁵

□ kʰuan⁴¹ 双手拎起自上而下用力

须顾 ɕy⁴⁴ ku⁰ 注意，留神

养活 iaŋ⁴³⁵ xuo⁰ 抚养

经佑 tɕin²¹³ iəu⁰ 照料

惯侍 kuan⁴¹ ʂʅ⁰ 娇惯、宠爱

耽误 taŋ²¹³ ku⁰

理识 li⁴³⁵ ʂʅ⁰ 搭理
　□识 luo⁴³⁵ ʂʅ⁰

搪嘻 tʰaŋ²¹³ ɕi⁰ 敷衍了事，不认真，
　不庄重

屁干 pʰi⁴² kan²¹³ 管闲事，干涉别人

□ tʂʰan⁴¹ 随意地处置

□ tɕʰio²¹³ 占便宜，剥削

缺 tɕʰyE⁴³⁵ 缺少某条件使暂时陷于
　困境

发气 fa²¹ tɕʰi⁴¹
　垮脸 kʰua⁴³⁵ lian⁴³⁵
　生气 səŋ²¹ tɕʰi⁴¹

干□ kan⁴¹ tɕʰi⁰ 管他干吗？

假马 tɕia⁴³⁵ ma⁴³⁵ 假装

耍牌子 ʂua⁴³⁵ pʰai⁴⁴ tsʅ⁰ 摆阔

讲礼 tɕiaŋ⁴³⁵ li⁴³⁵ 客套、客气

（2）心理活动

晓得 ɕiau⁴³⁵ tE⁰ ①知道②懂

懂得了 təŋ⁴³⁵ tE⁰ lau⁰

明当 min⁴⁴ taŋ⁰ 以为：我～你会来
　的，等了你半天

会了 xuei⁴¹ lau⁰

认得 ʐən⁴¹ tE⁰

认不得 ʐən⁴¹ pu⁰ tE⁴⁴

认得字 ʐən⁴¹ tE⁰ tsʅ⁴¹ 识字

想一下 ɕiaŋ⁴³⁵ i⁰ xa⁰

估计 ku⁴³⁵ tɕi⁰ ①估量②料定
　须摩 ɕy⁴⁴ mo⁰ 估量
　括摩 kʰuo⁴¹ mo⁰

谨估 tɕin⁴³⁵ ku⁰ 注意，留心

想办法 ɕiaŋ⁴³⁵ pan⁴¹ fa⁰

猜 tsʰai²¹³

主张 tʂu⁴³⁵ tʂaŋ⁰

（相）信（ɕiaŋ²¹³）ɕin⁴¹

怀疑 xuai⁴⁴ ȵi⁴⁴

颇起来想 pʰo⁴³⁵ tɕʰi⁴³⁵ lai⁰ ɕiaŋ⁴³⁵
　使劲想

甩起来想 ʂuai⁴³⁵ tɕʰi⁴³⁵ lai⁰
　ɕiaŋ⁴³⁵

硕起来想 ʂuo⁴² tɕʰi⁴³⁵ lai⁰
　ɕiaŋ⁴³⁵

狠起来想 xən⁴² tɕʰi˙⁴³⁵ lai⁰ ɕiaŋ⁴³⁵

侭到想 tɕin⁴³⁵ tau⁰ ɕiaŋ⁴³⁵

□ɕin⁴¹ 犹疑

□ɕin²¹³ 种植，栽养：莫得事在院坝里头～了点儿花儿

过细 kuo²¹ ɕi⁴¹ 小心，留神

注意 tʂu⁴² i⁴¹

瞅到点儿 tʂʰəu⁴³⁵ tau⁰ tiɐr⁴³⁵

吓到了 xɛ⁴⁴ tau⁰ lau⁰

怕 pʰa⁴¹

着急 tʂuo²¹ tɕi⁴⁴

牵 tɕʰian⁴¹ 挂念

放心 faŋ⁴² ɕin²¹³

心的定定儿的 ɕin²¹³ ti⁰ tin⁴² tiɐr⁴¹ ti⁰

盼望 pʰaŋ⁴² uaŋ⁴¹

巴(揽)不得 pa²¹³(lan⁰)pu⁴⁴ tɛ⁴⁴

等不得 tən⁴³⁵ pu⁰ tɛ⁴⁴

记到 tɕi⁴¹ tau⁰ 记着

忘记了 uaŋ⁴² tɕi⁴¹ lau⁰

想到了 ɕiaŋ⁴³⁵ tau⁰ lau⁰ 想起来了

眼红 ȵian⁴³⁵/ian⁴³⁵ xuŋ⁴⁴ 嫉妒

红眼儿 xuəŋ⁴⁴ ȵiɐr⁴³⁵/iɐr⁴³⁵

见不得 tɕian⁴¹ pu⁰ tɛ⁰ 讨厌

嫌人 ɕian⁴⁴ ʐən⁰

恨 xən⁴¹

◢tsʰau⁴⁴ 吃了不合适的东西使人感到胃里难受

羡慕 ɕian⁴² mo⁴¹

眼气 ȵian⁴³⁵/ian⁴³⁵ tɕʰi˙⁰

偏向 pʰian⁴¹ ɕiaŋ⁴¹ 偏心

爱见 ŋai⁴¹ tɕian⁰ 喜欢

妒嫉 təu⁴¹ tɕi⁰ 嫉妒

挤报 tɕi⁴³⁵ pau⁰

怄气 ŋəu⁴² tɕʰi⁴¹

埋怨 man⁴⁴ yan⁰

憋气 piɛ²¹ tɕʰi˙⁴¹

斗经 təu⁴² tɕin²¹³ 故意刁难，作对

发火儿 fa²¹ xuor⁴³⁵

发毛 fa²¹ mau⁴⁴

心疼 ɕin²¹³ tʰən⁰ (对人)疼爱

高兴 kau²¹ ɕin⁴¹

拿不严儿 la⁴⁴ pu⁰ iɐr⁴⁴ 受不了

撒急 sa²¹ tɕi⁴⁴

谢谢 ɕiɛ⁴¹ ɕiɛ⁰

念计 ȵian⁴¹ tɕi⁰ 惦记着

迁就 tɕʰian²¹³ tɕiəu⁰

(3)语言动作

说话 ʂuo²¹ xua⁴¹

谝 pʰian⁴³⁵ 聊天

谝广子 pʰian⁴³⁵ kuaŋ⁴³⁵ tsʅ⁰ 茅坪

拍 pʰɛ²¹³

拍古今儿 pʰɛ²¹ ku⁴³⁵ tɕiər⁰

打岔 ta⁴³⁵ tʂʰa⁴¹

不做声 pu⁴⁴ tsəu⁴² ʂən²¹³

日弄 z̩ʅ²¹³ ləŋ⁰ 骗

　哄 xuŋ⁴³⁵

煽经 ʂan⁴² tɕin²¹³ 吹牛

给你说 kɛ⁴³⁵ n̠i⁴³⁵ ʂuo²¹³ 告诉

求乞 tɕʰiəu⁴⁴ tɕʰi⁰ 乞求

捡嘴 tɕian⁴³⁵ tsei⁴³⁵ 事后搬弄是非

争见 tsən²¹³ tɕian⁰ 争论

抬杠 tʰai⁴⁴ kaŋ⁴¹

　争嘴 tsən²¹ tsei⁴³⁵

　犟嘴 tɕiaŋ⁴² tsei⁴³⁵

扯经 tʂʰɛ⁴³⁵ tɕin²¹³ 扯皮

黏经 z̠an⁴⁴ tɕin²¹³ 纠缠

对嘴 tei⁴² tsei⁴³⁵ 顶嘴

吵嘴 tʂʰau⁴³⁵ tsei⁴³⁵

嗛 tɕyɛ⁴⁴ 破口骂

　日嗛 z̩ʅ²¹³ tɕyɛ⁰

嗛人 tɕyɛ⁴⁴ z̠ən⁴⁴ 骂人

戳拐 tʂʰuo⁴³⁵ kuai⁴³⁵ 出坏主意

啜嘴 tʂʰuo²¹ tsei⁴³⁵ 搬弄是非

挨嗛 ŋai⁴⁴ tɕyɛ⁴⁴

嘱咐 tʂəu⁴⁴ fu⁰

謰謰 luo⁴³⁵ lian⁰ 啰唆，唠叨

批评 pʰi²¹³ pʰin⁰

　巴眼儿 pa²¹ iɐr⁴³⁵

　头子 tʰəu⁴⁴ tsʅ⁰

□弹 pau²¹³ tʰan⁰ 评论

挨头子 ŋai⁴⁴ tʰəu⁴⁴ tsʅ⁰ 挨批评

　挨巴眼儿 ŋai⁴⁴ pa²¹ iɐr⁴³⁵

　挨训 ŋai⁴⁴ ɕyn⁴¹

　挨话 ŋai⁴⁴ xua⁴¹

　受话 ʂəu⁴² xua⁴¹

噍 tɕiau⁴⁴ 胡说八道

噍牙巴骨 tɕiau⁴⁴ ia⁴⁴ pa⁰ ku²¹³

呭 tɕʰin⁴¹

喊 xan⁴³⁵ ①叫、让：～他来②大声喊叫

　□ya⁴¹ 大声喊叫

　□蛾子 ya⁴² ŋuo⁴⁴ tsʅ⁰

　□嚎 ɕiɛ⁴⁴ xau⁰

淡不溜子 tan⁴¹ pu⁰ liəu²¹³ tsʅ⁰ 无聊的话

□təŋ⁴⁴ 忽悠别人

□□儿□li⁴⁴ kər⁰ ləŋ²¹³ 耍花招儿

把子 pa⁴¹ tsʅ⁰ 说话时习惯带的附加语，多为脏话

二十三　位置

高头 kau²¹³ tʰəu⁰ ①上面②之上

底下 ti⁴³⁵ ɕia⁰ ①下面②之下

　下头 ɕia⁴¹ tʰəu⁰

地下 ti⁴¹ ɕia⁰ 地面以上

天上 tʰian²¹³ ʂaŋ⁰

山上 ʂan²¹³ ʂaŋ⁰

路上 ləu⁴¹ ʂaŋ⁰

街上 kai²¹³ ʂaŋ⁰

墙上 tɕʰiaŋ⁴⁴ ʂaŋ⁰

门上 mən⁴⁴ ʂaŋ⁰

桌子上 tʂuo²¹³ tsⳠ⁰ ʂaŋ⁰

椅子上 i⁴³⁵ tsⳠ⁰ ʂaŋ⁰

边儿上 piɐr²¹³ ʂaŋ⁰

里头 li⁴³⁵ tʰəu⁰

外头 uai⁴¹ tʰəu⁰

手里头 ʂəu⁴³⁵ li⁰ tʰəu⁰

心里头 ɕin²¹³ li⁰ tʰəu⁰

　心的 ɕin²¹³ ti⁰

水里头 ʂuei⁴³⁵ li⁰ tʰəu⁰

　水的 ʂuei⁴³⁵ ti⁰

镇上 tʂən⁴¹ ʂaŋ⁰

山上 ʂan²¹³ ʂaŋ⁰ 野外

大门外 ta⁴¹ mən⁴⁴ uai⁴¹

门儿外 mər⁴⁴ uai⁴¹

墙外 tɕʰiaŋ⁴⁴ uai⁴¹

窗眼儿外头 tʂʰuaŋ²¹ iɐr⁴³⁵ uai⁴¹
　tʰəu⁰ 窗户外头

车上 tʂʰe²¹³ ʂaŋ⁰

车外头 tʂʰe²¹ uai⁴¹ tʰəu⁰

前头 tɕʰian⁴⁴ tʰəu⁰

后头 xəu⁴¹ tʰəu⁰

山前 ʂan²¹ tɕʰian⁴⁴

山后 ʂan²¹ xəu⁴¹

车前头 tʂʰe²¹ tɕʰian⁴⁴ tʰəu⁰

车后头 tʂʰe²¹ xəu⁴¹ tʰəu⁰

房背后 faŋ⁴⁴ pe⁴¹ xəu⁴¹

背后 pe⁴² xəu⁴¹

侧棱子 tse²¹³ lən⁰ tsⳠ⁰ 侧面

以前 i⁴³⁵ tɕʰian⁴⁴

以后 i⁴³⁵ xəu⁴¹

以上 i⁴³⁵ ʂaŋ⁴¹

以下 i⁴³⁵ ɕia⁴¹

后来 xəu⁴¹ lai⁴⁴ 指过去某事之后

从今往后 tsʰəŋ⁴⁴ tɕin²¹³ uaŋ⁴³⁵
　xəu⁴¹

　二会 ər⁴¹ xuei⁰

东南 təŋ²¹ lan⁴⁴

东北 təŋ²¹ pe⁴⁴

西南 ɕi²¹ lan⁴⁴

西北 ɕi²¹ pe⁴⁴

路边儿的 ləu⁴² piɐr²¹³ ti⁰

中间 tʂuŋ¹³ tɕian²¹³

床铺底下 tʂʰuaŋ⁴⁴ pʰu⁰ ti⁴³⁵ ɕia⁰

楼底下 ləu⁴⁴ ti⁴³⁵ ɕia⁰

脚底下 tɕio²¹ ti⁴³⁵ ɕia⁰

碗底儿 uan⁴³⁵ tiɐr⁴³⁵

　碗底下 uan⁴³⁵ ti⁴³⁵ ɕia⁰

锅底儿 kuo²¹ tiɐr⁴³⁵

　锅底下 kuo²¹ ti⁴³⁵ ɕia⁰

缸底儿 kaŋ²¹ tiɐr⁴³⁵

　缸子底下 kaŋ²¹³ tsʅ⁰ ti⁴³⁵ ɕia⁰

边的 piɐr²¹³ ti⁰ 旁边

　边儿上 piɐr²¹³ ʂaŋ⁰

　（近）跟前（tɕin⁴¹）kən²¹³
tɕʰian⁴¹附近

左边儿 tsuo⁴³⁵ piɐr⁰

　左面儿 tsuo⁴³⁵ miɐr⁰

右边儿 iəu⁴¹ piɐr⁰

　右面儿 iəu⁴¹ miɐr⁰

望里走 uaŋ⁴² li⁴³⁵ tsəu⁴³⁵

　朝里走 tʂʰau⁴⁴ li⁴³⁵ tsəu⁴³⁵

望外走 uaŋ⁴² uai⁴¹ tsəu⁴³⁵

　朝外走 tʂʰau⁴⁴ uai⁴¹ tsəu⁴³⁵

望东走 uaŋ⁴² təŋ²¹ tsəu⁴³⁵

　朝东走 tʂʰau⁴⁴ təŋ²¹ tsəu⁴³⁵

望西走 uaŋ⁴² ɕi²¹ tsəu⁴³⁵

　朝西走 tʂʰau⁴⁴ ɕi²¹ tsəu⁴³⁵

望回走 uaŋ⁴² xuei⁴⁴ tsəu⁴³⁵

　朝回走 tʂʰau⁰ xuei⁴⁴ tsəu⁴³⁵

望前走 uaŋ⁴² tɕʰian⁴⁴ tsəu⁴³⁵

　朝前走 tʂʰau⁴⁴ tɕʰian⁴⁴ tsəu⁴³⁵

以东 i⁴³⁵ təŋ²¹³

　东边儿 təŋ²¹³ piɐr⁰

以西 i⁴³⁵ ɕi²¹³

　西边儿 ɕi²¹³ piɐr⁰

以南 i⁴³⁵ lan⁴⁴

　南边儿 lan⁴⁴ piɐr⁰

以北 i⁴³⁵ pɛ⁴⁴

　北边儿 pɛ⁴⁴ piɐr⁰

以内 i⁴³⁵ lei⁴¹

以外 i⁴³⁵ uai⁴¹

以来 i⁴³⁵ lai⁴⁴

二十四　代词等

我 ŋuo⁴³⁵

　自家 tsʅ²¹ ka⁴¹茅坪

你 ȵi⁴³⁵

他 tʰa²¹³

　渠 kʰɛ⁴⁴茅坪

我们 ŋuo⁴³⁵ mən⁰

我们几个 ŋuo^{435} mən^{0} tɕi^{435} kuo^{41}

你们 n̠i^{435} mən^{0}

　你们几个 n̠i^{435} mən^{0} tɕi^{435} kuo^{41}

他们 tʰa^{435} mən^{0}

　他们几个 tʰa^{435} mən^{0} tɕi^{435} kuo^{41}

　渠们 kʰɛ^{44} mən^{0} 茅坪

我的 ŋuo^{435} ti^{0}

人家 zən^{44} tɕia^{0}

　别人 piɛ^{44} zən^{0}

大家 ta^{41} tɕia^{213}

　我们 ŋuo^{435} mən^{0}

哪(一)个 la^{435}(i^{0}) kuo^{41} 谁

这个 tʂɛ^{41} kuo^{0}

那个 lɛ^{41} kuo^{0}

这些 tʂɛ^{41} ɕiɛ^{0}

那些 lɛ^{41} ɕiɛ^{0}

□pɛr^{435} 远指，只能单用

哪些 la^{435} ɕiɛ^{0}

这儿下儿 tʂɛr^{41} xɤr^{0} 这里

　这儿 tʂɛr^{41}

那儿下儿 lɛr^{41} xɤr^{0} 那里

　那儿 lɛr^{41}

别那儿 piɛ^{44} lɛr^{41} 别的地方

啥地方 ʂa^{42} ti^{41} fɤr^{0}

　哪儿下儿 lɛr^{435} xɤr^{213}

　哪儿 lɛr^{435}

　哪岸儿 la^{435} ŋɤr^{41}

哪一路 la^{435} i^{44} ləu^{41}

　么事地方儿 mo^{435} sʐ^{0} ti^{213} fɤr^{0} 茅坪

啥时会儿 ʂa^{42} ʂuɤr^{44}

　几时 tɕi^{435} sʐ^{44}

　啥么早儿 ʂa^{41} mo^{0} tʂɤr^{43}

　么事时会儿 mo^{435} sʐ^{0} sʐ^{44} xuɤr^{0} 茅坪

这么(高、大、长) tʂɛ^{41} mən^{0}

那们(高、大、长) lɛ^{41} mən^{0}

　管几(高、大、长) kuan^{435} tɕi^{0}

　好(高、大、长)？ xau^{435} 多(高、大、长)？

　几(高、大、长)？ tɕi^{435} 茅坪

这样的 tɕiɤr^{41} ti^{0} 这么(做)

　箇样/么 kuo^{435} iaŋ^{0}/mə^{0} 茅坪

那样的 liɤr^{41} ti^{0} 那么(做)

咋儿 tsɤr^{41} 怎么

　咋儿法儿 tsɤr^{435} fɤr^{213}

　么样 mə^{22} iaŋ^{213} 茅坪

咋儿办 tsɤr^{435} pan^{41} 怎么办

　咋办 tsa^{435} pan^{41}

为啥 uei^{42} ʂa^{41} 为什么

　为么裸 uei^{213} mo^{435} luo^{435} 茅坪

　为么哪 uei^{213} mo^{435} lɛ^{435} 茅坪

　为么□ uei^{213} mo^{435} tɛ^{435} 茅坪

　为么事 uei^{213} mo^{435} sʐ^{0} 茅坪

啥 ʂa⁴¹ 什么

　么裸 mo⁴³⁵ luo⁴³⁵ 茅坪

　么哪 mo⁴³⁵ lɛ⁴³⁵ 茅坪

　么□ tɛ⁴³⁵ 茅坪

　么事 mo⁴³⁵ sʅ⁰ 茅坪

好些 xau⁴³⁵ ɕiɛ⁴⁴ 多少（钱）?

　几多 tɕi⁴³⁵ tuo⁴¹ 茅坪

我们两个（人）ŋuo⁴³⁵ mən⁰ liaŋ⁴³⁵

　kuo⁰（ʐˌən⁰）我们俩, 咱们俩

你们 两 个 （ 人 ）n̩i⁴³⁵ mən⁰
liaŋ⁴³⁵ kuo⁰（ʐən⁰）

他们 两 个 （ 人 ）tʰa²¹³ mən⁰
liaŋ⁴³⁵ kuo⁰（ʐən⁰）

夫妻两个 fu²¹³ tɕʰi⁰ liaŋ⁴³⁵ kuo⁰

　两口儿 liaŋ⁴³⁵ kʰər⁴³⁵

　两口子 liaŋ⁴³⁵ kʰəu⁴³⁵ tsʅ

娘母 两个 n̩iaŋ⁴⁴ mo⁰ liaŋ⁴³⁵

　kuo⁰ 娘儿俩, 母亲和子女

爷儿两个 i⁴⁴ ər⁰ liaŋ⁴³⁵ kuo⁰ 爷儿
俩, 父亲和子女

爷孙伙的 iɛ⁴⁴ sən⁰ xuo⁴¹ ti⁰

　爷孙两个 iɛ⁴⁴ sən⁰ liaŋ⁴³⁵
　　kuo⁰

妯娌伙的 tʂəu⁴⁴ li⁰ xuo⁴¹ ti⁰

　妯娌两个 tʂəu⁴⁴ li⁰ liaŋ⁴³⁵
　　kuo⁰

姑嫂伙的 ku²¹³ sau⁰ xuo⁴¹ ti⁰

姑嫂两个 ku²¹³ sau⁰ liaŋ⁴³⁵
　kuo⁰

婆媳伙的 pʰo⁴⁴ ɕi⁰ xuo⁴¹ ti⁰

　婆媳两个 pʰo⁴⁴ ɕi⁰ liaŋ⁴³⁵ kuo⁰

弟兄伙的 ti⁴¹ ɕyŋ⁰ xuo⁴¹ ti⁰

　弟兄两个 ti⁴¹ ɕyŋ⁰ liaŋ⁴³⁵ kuo⁰

姊妹伙的 tsʅ⁴³⁵ mei⁰ xuo⁴¹ ti⁰

　姊妹两个 tsʅ⁴³⁵ mei⁰ liaŋ⁴³⁵ kuo⁰

兄妹伙的 ɕyŋ²¹³ mei⁰ xuo⁴¹ ti⁰

　兄妹两个 ɕyŋ²¹³ mei⁰ liaŋ⁴³⁵
　　kuo⁰

姐弟伙的 tɕiɛ⁴³⁵ ti⁰ xuo⁴¹ ti⁰

　姐弟两个 tɕiɛ⁴³⁵ ti⁰ liaŋ⁴³⁵
　　kuo⁰

舅甥伙的 tɕiəu⁴¹ sən⁰ xuo⁴¹ ti⁰

　舅甥两个 tɕiəu⁴¹ sən⁰ liaŋ⁴³⁵
　　kuo⁰

姑侄伙的 ku²¹³ tʂʅ⁰ xuo⁴¹ ti⁰

　姑侄两个 ku²¹³ tʂʅ⁰ liaŋ⁴³⁵
　　kuo⁰

叔侄伙的 ʂəu⁴⁴ tʂʅ⁰ xuo⁴¹ ti⁰

　叔侄两个 ʂəu⁴⁴ tʂʅ⁰ liaŋ⁴³⁵
　　kuo⁰

师徒伙的 sʅ²¹³ tʰəu⁰ xuo⁴¹ ti⁰

　师徒两个 sʅ²¹³ tʰəu⁰ liaŋ⁴³⁵
　　kuo⁰

老师学生们 lau⁴³⁵ sʅ²¹³ ɕio⁴⁴

sən⁰ mən⁰ | 师生伙的 sʅ²¹³ sən⁰ xuo⁴¹ ti⁰

二十五　形容词

强 tɕʰiaŋ⁴⁴ 好：这个比哪个～些

　　硬扎 ŋən⁴¹ tʂa⁰

　　可以 kʰuo⁴³⁵ i⁰

　　要得 iau²¹³ tɛ⁰ 茅坪

差不多儿 tʂʰa²¹³ pu⁰ tuor²¹³

　　争不多儿 tsən²¹³ pu⁰ tuor²¹³

　　还好 xai⁴⁴ xau⁴³⁵

不咋样儿 pu⁴⁴ tsa⁴³⁵ iɐr⁴¹ 不怎

么样

　　不强 pu⁴⁴ tɕʰiaŋ⁴⁴

　　莫得用 mo⁴⁴ tɛ⁴⁴ yŋ⁴¹

　　板经 pan⁴³⁵ tɕin²¹³

　　不顶用 pu⁴⁴ tin⁴³⁵ yŋ⁴¹

　　不行 pu⁴⁴ ɕin⁴⁴

　　不着经 pu⁴⁴ tʂau⁴⁴ tɕin²¹³

　　莫得好大经 mo⁴⁴ tɛ⁴⁴ xau⁴³⁵

　　　ta⁴¹ tɕin²¹³

烂眼儿 lan⁴² iɐr⁴³⁵ 坏，不好

　　差火 tʂʰa²¹ xuo⁴³⁵

　　烂巴眼子 lan⁴¹ pa⁰ ian⁴³⁵ tsʅ⁰

　　不强 pu⁴⁴ tɕʰiaŋ⁴⁴

　　□pʰiɛ⁴¹

　　不着 pu⁴² tʂau⁴⁴

屌 tiau⁴³⁵ 很牛，很棒

　　拽 tʂuai⁴³⁵

差一点儿 tʂʰa²¹³ i⁰ tiɐr⁴³⁵

　　争一点儿 tsən²¹³ i⁰ tiɐr⁴³⁵

对摸 tei⁴¹ mo⁰ 凑合

　　将就 tɕiaŋ²¹³ tɕiəu⁰

□□təŋ⁴³⁵ ta⁰ 糊涂

凛人 lin⁴¹ ʐən⁰ 令人恶心的

　　□人 ʂun⁴⁴ ʐən⁰

抹搪糊 mo⁴³⁵ tʰaŋ⁰ xu⁴⁴ 邋里邋遢，

　　乱七八糟

潦化 liau⁴³⁵ xua⁰ 不认真、粗心

□货 ɕin⁴⁴ xuo⁴¹ 质量不好的

□料 sa⁴⁴ liau⁴¹ 经得起用，顶事

晰 ɕi²¹³ 美，用于女性

排场 pʰai⁴⁴ tʂʰaŋ⁰ 漂亮，人、物通用

丑 tʂʰəu⁴³⁵

　　难看 lan⁴⁴ kʰan⁴¹

　　八怪 pa⁴⁴ kuai⁴¹

要紧 iau⁴² tɕin⁴³⁵

热闹 ʐɛ⁴⁴ lau⁰

歪 uai²¹³ 厉害

把作 pa⁴³⁵ tsuo⁰ 不舒展

□□tʰai²¹³ xai⁰ 安分，也作"胎孩"，

元代自蒙古语借入

不□□pu⁴⁴ tʰai²¹³ xai⁰不安分

轻身 tɕʰin²¹³ ʂən⁰轻浮，不庄重

　　逍身 ɕiau²¹³ ʂən⁰

结实 tɕiɛ²¹³ ʂʅ⁰

□货 ɕin⁴⁴ xuo⁰不坚固

硬 ŋən⁴¹

梆硬 paŋ²¹ ŋən⁴¹很硬

软 yan⁴³⁵

　　脓 ləŋ²¹³

　　瓤 z̪aŋ⁴⁴

　　瓤和 z̪aŋ⁴⁴ xuo⁰

　　□pʰa²¹³

　　□和 pʰa²¹³ xuo⁰茅坪

稀溜软 ɕi²¹³ liəu⁰ yan⁴³⁵很软

稳巴 uən⁴³⁵ pa⁰做事沉稳的

拐 kuai⁴³⁵坏、狡猾

默齷 lai²¹³ tai⁰脏，不干净

　　□□ləŋ⁴¹ səŋ⁰

　　窝囊 uo²¹³ laŋ⁰

咸 ɕian⁴⁴

□咸 tin²¹ ɕian⁴⁴很咸

淡 tan⁴¹

□淡 pʰia⁴³⁵ tan⁴¹很淡

香 ɕiaŋ²¹³

喷香 pʰəŋ⁴² ɕiaŋ²¹³很香

臭 tʂʰəu⁴¹

脬臭 pʰaŋ²¹ tʂʰəu⁴¹很臭

酸 san²¹³

叽酸 tɕi¹³ san²¹³很酸

甜 tʰian⁴⁴

□甜 min²¹ tʰian⁴⁴很甜

　　沁甜 tɕʰin²¹ tʰian⁴⁴

苦 kʰu⁴³⁵

脬苦 pʰaŋ²¹ kʰu⁴³⁵很苦

涩 sɛ²¹³

脬涩 pʰaŋ¹³ sɛ²¹³很涩

辣 la²¹³

好辣 xau⁴³⁵ la²¹³

　　辣火火 la²¹ xuo⁴³⁵ xuo⁴³⁵

饱 pau⁴³⁵

饱闷闷 pau⁴³⁵ mən¹³ mən²¹³很饱

稀 ɕi²¹³①不稠②不密

稀溜溜 ɕi²¹ liəu⁴⁴ liəu²¹³很稀

　　稀汤汤儿 ɕi²¹ tʰaŋ⁴⁴ tʰɚ²¹³

快 iaŋ²¹³垂头丧气状

快吊吊 iaŋ²¹ tiau⁴³⁵ tiau⁴³⁵非常地
　　沮丧

稠 tʂʰəu⁴⁴

稠□□tʂʰəu⁴⁴ təŋ⁴² təŋ⁴¹很稠

　　稠巴巴 tʂʰəu⁴⁴ pa¹³ pa²¹³

稠□□tʂʰəu⁴⁴ kaŋ⁴² kaŋ⁴¹

稀不哈拉儿的 ɕi²¹³ pu⁰ xa⁴⁴
　　lɚ²¹³ ti⁰很稀

密 mi²¹³

密□□mi^{21} tiaŋ^{42} tiaŋ^{41} 很密

浑 xuən^{213}

叽浑 tɕi^{13} xuən^{213} 很浑

紧 tɕin^{435}

梆紧 paŋ^{21} tɕin^{435} 很紧

老 lau^{435}

老巴巴 lau^{435} pa^{13} pa^{213} 年龄很老

嫩 lən^{41}

嫩闪闪 lən^{41} ʂan^{435} ʂan^{435} 质地很嫩

干 kan^{213}

绷干 pəŋ^{42} kan^{213} 很干

干绷绷 kan^{21} pəŋ^{42} pəŋ^{41}

湿 ʂʅ^{213}

□湿 tɕʰ yE^{13} ʂʅ^{213} 很湿

湿□□ ʂʅ^{21} ya^{435} ya^{435}

快 kʰuai^{41}

快当 kʰuai^{41} taŋ^{0}

慢 man^{41}

摸蛆 mo^{13} tɕʰy^{213}

肉 ʐəu^{41}

慢腾腾 man^{42} tʰən^{13} tʰən^{213}

毛 mau^{44} 发怒

毛怦怦 mau^{44} pʰəŋ^{13} pʰəŋ^{213} 怒火很大

紧□ tɕin^{435} pan^{435} 时间紧凑,紧张

光 kuaŋ^{213}

冰光 pin^{13} kuaŋ^{213} 很光

肥 fei^{44} 指动物

肥腾腾 fei^{44} tʰ ən^{13} tʰ ən^{213} 很肥

肥膪膪 fei^{44} tʂʰuai^{42} tʂʰuai^{41}

胖 pʰaŋ^{41}

胖墩墩儿 pʰaŋ^{42} tən^{13} tər^{213} 指人

瘦 səu^{41}

瘦□□səu^{42} tɕʰia^{13} tɕʰia^{213} 很瘦

瘦壳壳 səu^{42} kʰuo^{13} kʰuo^{213}

顺 ʂuən^{41}

反 fan^{435}

反呛呛 fan^{435} tɕʰiaŋ^{13} tɕʰiaŋ^{213}

好过 xau^{435} kuo^{41} 舒服

不好过 pu^{44} xau^{435} kuo^{41} 难受

乖□kuai^{213} tɕian^{0} 乖

皮 pʰi˙^{44} 顽皮,淘气

尖 tɕian^{213} 聪明伶俐

有用 iəu^{435} yŋ^{41} 能行,能干

缺德 tɕʰyE^{21} tE^{44}

丧德 saŋ^{42} tE^{44}

要不得 iau^{41} pu^{0} tE^{44}

灵便 lin^{44} pian^{0} 机灵

拦中不拦岸 lan^{44} tʂuŋ^{213} pu^{0} lan^{44} ŋan^{41} 形容位置不合理,阻挡住了别人

溜耍 liəu^{41} ʂua^{0} 身手敏捷,灵活

流搏 liəu^{44} tʰaŋ^{0} 开玩笑

霸强 pa^{42} tɕʰiaŋ^{44} 霸道

能干 lən^{44} kan^{0} 灵巧

沓代 tʰa^{44} tai^{41} 和前辈在长相、行事等方面相像

尖贵 tɕian^{213} kuei^{0} 令人珍贵的

虔心 tɕʰian^{44} ɕin^{213} 诚心

糊涂 xu^{44} təu^{0}

　□□təŋ^{435} ta^{0}

呆板 ŋai^{44} pa^{0}

胡糙 xu^{44} tsʰau^{0} 让人发痒的

□ʂau^{44} 蠢笨

　老实 lau^{435} ʂɻ^{0}

消停 ɕiau^{213} tʰin^{0}

抠门儿 kʰɕu^{21} mər^{44}

　啬皮 sɛ^{21} pʰi·^{44}

　抠掐 kʰəu^{213} tɕʰia^{0}

　皮薄 pʰi·^{44} po^{44}

　啬掐 sɛ^{213} tɕʰia^{0}

大方 ta^{41} faŋ^{0}

亘 kən^{435} 整的

满 man^{435}

　全 tɕʰyan^{44}

麦满 miɛ^{21} ˈman^{435} 很满

包 pau^{213} 凸

凹 ua^{41}

碥 ŋən^{435} 凸凹不平使人感觉硌

□tʰia^{435} 往下耷拉着

凉快 liaŋ^{44} kʰuai^{0}

背静 pei^{41} tɕin^{0}

安静 ŋan^{21} tɕin^{41}

　自静 tsɻ^{41} tɕin^{0} 多形容环境

静叨叨 tɕin^{42} tau^{13} tau^{213} 很安静

蛮 man^{44}

蛮苛苛 man^{44} kʰɛ^{42} kʰɛ^{41}

毒 təu^{44}

□毒 ua^{21} təu^{44} 很恶毒

地道 ti^{41} tau^{0}

整齐 tsən^{435} tɕʰi^{0}

　灵醒 lin^{44} ɕin^{0}

合窍 xuo^{44} tɕʰiau^{41} 称心

麻稀 ma^{44} ɕi^{0} 糟糕,不好

失错 ʂɻ^{44} tsʰuo^{41} 不小心

望怪 uaŋ^{42} kuai^{41} 说明不好到了极端,常作补语

张叨 tʂaŋ^{213} tau^{0} 喜欢赶热闹

点实 tian^{435} ʂɻ^{0} 诚实

挂像 kua^{42} ɕiaŋ^{41} 两人长得很相像

愆烦 tɕʰian^{213} fan^{0} 多事的,找麻烦的

差不多儿 tʂʰa^{213} pu^{0} tuər^{213}

　争不多儿 tsən^{213} pu^{0} tuər^{213}

莫得统识 mo^{44} tɛ^{44} tʰəŋ^{435} ʂɻ^{0} 做事说话没谱,没分寸

晏 ŋan^{41} 晚

□tʂuan^{213} 纯

背时 pei^{21} ʂɻ^{44} 倒霉

遭孽 tsau^{435} ȵiɛ^{213} 可怜的

经文杂 tɕin²¹³ uən⁰ tsa⁴⁴ 难对付，
事情多的

展 tʂan⁴³⁵ 清楚：那件事我一直搞不展

□kʰuən²¹³ 奢侈：你还靠到沙发上喝
茶，~得很

近便 tɕin⁴¹ pian⁰

多 tuo²¹³

少 sau⁴³⁵

争 tʂən²¹³

大 ta⁴¹

大□□ta⁴¹ piaŋ⁴⁴ piaŋ⁴⁴ 很大

小 ɕiau⁴³⁵

小叽叽 ɕiau⁴³⁵ tɕi¹³ tɕi²¹³

小 □□ɕiau⁴³⁵ tiaŋ²¹ tiaŋ⁴¹
很小

长 tʂʰaŋ⁴⁴

长溜溜 tʂʰaŋ⁴⁴ liəu¹³ liəu²¹³ 很长

短 tan⁴³⁵

短□□tan⁴³⁵ tʂʰu⁴³⁵ tʂʰu⁴³⁵ 很短

破 pʰo⁴¹

破索索 pʰo⁴¹ suo¹³ suo²¹³ 很破的

宽 kʰuan²¹³

宽展展儿 kʰuan²¹³ tʂan⁴³⁵ tʂɐr⁴³⁵
很宽

宽郎郎儿 kʰuan²¹³ laŋ⁴³⁵ lɐr⁴³⁵

松 səŋ²¹³

松捞捞儿 səŋ¹³ lau⁴³⁵ lɐr²¹³

窄 tsɛ²¹³

窄卡卡 tsɛ²¹ tɕʰia⁴³⁵ tɕʰia⁰ 很窄

窄溜溜 tsɛ²¹ liəu¹³ liəu²¹³

厚 xəu⁴¹

厚墩墩 xəu⁴² tən¹³ tən²¹³ 很厚

薄 po⁴⁴

菲薄 fei²¹ po⁴⁴ 很薄

薄皮皮 po⁴⁴ pʰ·i⁴³⁵ pʰ·i⁴³⁵

深 ʂən²¹³

深洞洞 ʂən²¹ təŋ⁴² təŋ⁴¹ 很深

浅 tɕʰian⁴³⁵

高 kau²¹³

低 ti²¹³

矮 ŋai⁴³⁵ 指人

矮□□ŋai⁴³⁵ tsəu⁴² tsəu⁴¹ 很矮

正 tʂən⁴¹

歪 uai²¹³

斜 ɕyɛ⁴⁴

融 yŋ⁴⁴ 形容食物煮得很烂
□pʰa²¹³

红 xuŋ⁴⁴

红洞洞 xuŋ⁴⁴ təŋ⁴² təŋ⁴¹ 很红

红堂堂 xuŋ⁴⁴ tʰaŋ¹³ tʰaŋ²¹³

枣红 tsau⁴³⁵ xuŋ⁴⁴

粉红儿 fən⁴³⁵ xuər⁴⁴

大红 ta⁴¹ xuŋ⁴⁴

浅红 tɕʰian⁴³⁵ xuŋ⁴⁴

蓝 lan⁴⁴

蓝瓦瓦 lan^{44} ua^{13} ua^{213} 很蓝

浅蓝 tɕʰian^{21} lan^{44}

钢蓝 kaŋ^{21} lan^{44} 深蓝

天蓝 tʰian^{21} lan^{44}

绿 ləu^{213}

绿莹莹 ləu^{21} in^{435} in^{435} 很绿

　绿□□ ləu^{21} ʐua^{435} ʐua^{435}

葱绿 tsʰəŋ^{13} ləu^{213}

草绿 tsʰau^{435} ləu^{213}

水绿 ʂuei^{435} ləu^{213}

浅绿 tɕʰian^{435} ləu^{213}

　葱白儿绿 tsʰəŋ^{213} pər^{44} ləu^{213}

白 pɛ^{44}

白□□ pɛ^{44} ʐua^{435} ʐua^{435} 很白

　白寡寡 pɛ^{44} kua^{435} kua^{435}

　白花花 pɛ^{44} xua^{13} xua^{213}

灰白 xuei^{21} pɛ^{44}

苍白 tsʰaŋ^{21} pɛ^{44}

灰 xuei^{213}

灰透透 xuei^{21} tʰəu^{435} tʰəu^{435} 很灰

深灰 ʂən^{13} xuei^{213}

浅灰 tɕʰian^{435} xuei^{213}

银灰 in^{44} xuei^{213}

黄 xuaŋ^{44}

黄□□ xuaŋ^{44} pʰia^{435} pʰia^{435} 很黄

杏黄 xən^{42} xuaŋ^{44}

深黄 ʂən^{21} xuaŋ^{44}

浅黄 tɕʰian^{435} xuaŋ^{44}

青 tɕʰin^{213}

青□□ tɕʰin^{21} kan^{41} kan^{41} 很青

豆青 təu^{42} tɕʰin^{213}

藏青 tsaŋ^{42} tɕʰin^{213}

鸭蛋青儿 ia^{21} tan^{41} tɕʰiər^{213}

紫 tsɿ^{435}

　紫巍巍 tsɿ^{435} uei^{13} uei^{213} 很紫

古铜色 ku^{435} tʰəŋ^{44} sɛ^{0}

黑 xɛ^{213}

黑黢黢 xɛ^{21} tɕʰy^{13} tɕʰy^{213} 很黑

　黢(马)黑 tɕʰy^{213} (ma^{0}) xɛ^{213}

黑幽幽 xɛ^{21} iəu^{44} iəu^{213}

二十六　副词、介词等

刚 tɕiaŋ^{213}

　才刚 tsʰai^{44} tɕiaŋ^{0} 茅坪

刚好 tɕiaŋ^{21} xau^{435} 表示程度：～十块钱

按按儿 ŋan^{44} ŋɐr^{44}

按刚按儿 ŋan^{44} tɕiaŋ^{0} ŋɐr^{44}

刚 tɕiaŋ^{213} 不大不小，合适

刚好 tɕiaŋ^{21} xau^{435} 表示时间：～我

在那儿

净 tɕin⁴¹ ～吃米，不吃面

　光 kuaŋ²¹³

□pʰa²¹³……得很：累～了、饿～了

有点儿 iəu⁴³⁵ tiɐr⁴³⁵

好 xau⁴³⁵ 十分

一鼓劲儿 i⁴⁴ ku⁴³⁵ tɕiər⁴¹ 经常，一

　直：小王～念叨这个事儿。

　一半前儿 i⁴⁴ pan⁴² tɕʰiɐr⁴¹

久已 tɕiəu⁴³⁵ tɕi⁴³⁵ 最终：劝了半天，

　他～还是不来！

横直 xuən⁴⁴ tʂʅ⁴⁴ 没辙：莫得工具，

　瓶子～打不开

怕是 pʰa⁴¹ ʂʅ⁰ 也许：～要下雨

　可能 kuo⁴³⁵ lən⁴⁴

甩起来 ʂuai⁴³⁵ tɕʰi⁴³⁵ lai⁰ 努力

　地做

　硕起来 ʂuo⁴¹ tɕʰi⁴³⁵ lai⁰

　颇起来 pʰo⁴¹ tɕʰi⁴³⁵ lai⁰

　狠起来 xən⁴¹ tɕʰi⁴³⁵ lai⁰

　佺 tɕin⁴³⁵

惜打乎儿 ɕi²¹³ ta⁰ xuɐr²¹³ 差点儿

管极 kuan⁴³⁵ tɕi⁰ 非常

可么 kʰuo⁴⁴ ma⁰ 万一

硬是……不 ŋən⁴¹ ʂʅ⁰……pu⁰

　非……不

马上 ma⁴³⁵ ʂaŋ⁰

　（一）下儿（i⁴⁴）xɐr⁴³⁵

本身 pən⁴³⁵ ʂən²¹³ 原本，原来

趁早儿 tʂʰən⁴² tsɐr⁴³⁵

□□儿 ti²¹ liɐr⁴³⁵ 一开始

　原来 yan⁴⁴ lai⁴⁴

　原先 yan⁴⁴ ɕian²¹³

□□儿 tɕin²¹³ pɐr⁰ 一直：你咋儿～

　不来啰？

早晚 tsau⁴³⁵ uan⁴³⁵ 随时

仰就 iaŋ⁴³⁵ tɕiəu⁰ 依然还是

看到看到 kʰan⁴¹ tau⁰ kʰan⁴¹ tau⁰

　眼看：～就到期了

得亏 tɛ⁴⁴ kʰuei⁰ 幸亏

难怪 laŋ⁴⁴ kuai⁰

当面 taŋ²¹ mian⁴¹

背后 pɛ⁴² xəu⁴¹ 背地

　旮旯儿 kɛ²¹³ lɐr⁰

　背旮旯儿的 pɛ⁴² kɛ¹³ lɐr²¹³
　ti⁰

　一起儿 i⁴⁴ tɕʰiər⁰

　一路儿 i⁴⁴ lɐr⁴¹

　一堆儿 i²¹³ tɐr²¹³

一个人 i⁴⁴ kuo⁰ z̩ən⁴⁴ 自己

就便儿 tɕiəu⁴² piɐr⁴¹ 顺便儿

　顺便儿 ʂun⁴² piɐr⁴¹

　帮忙 paŋ²¹ maŋ⁴⁴

□到点儿 ɕi⁴⁴ tau⁴¹ tiɐr⁴³⁵ 略为保

　留地做某事：你～吃啊，一下儿还有

　一顿呢！

当故意儿的 taŋ^{21} ku^{44} iər^{41} ti^{0} 故意

左以 tsuo^{435} i^{0} 索性：反正他不来了，~把菜吃完算了

硬是 ŋən^{41} ʂʅ^{0} 实在，副词

可是 kʰuo^{44} ʂʅ^{0}

合亘是 xuo^{44} kən^{435} ʂʅ^{41}

实就 ʂʅ^{44} tɕiəu^{0}

箇 kuo^{435} 茅坪

冇 mau^{41} 否定副词，相当于"没有"

麻谱儿 ma^{44} pʰər^{435} 大概

快 kʰuai^{41} 接近，副词

一起儿 i^{44} tɕʰiər^{435} 一共，总共

总共 tsən^{435} kuŋ^{41}

统共 tʰuŋ^{435} kuŋ^{41}

一把连儿 i^{44} pa^{435} liɐr^{44}

莫 mo^{44} 不要

莫以 mo^{44} i^{0}

白 pɐ^{44} ①不要钱：~吃；②空：~跑一趟

空 kʰuŋ^{213} 徒劳地

讲好 tɕiaŋ^{435} xau^{435} 最好……

偏要 pʰian^{21} iau^{41}

就 tsəu^{41}/təu^{41}

乱 lan^{41} 胡：~搞、~说

前头 tɕʰian^{44} tʰəu^{0} 先

单另 tan^{21} lin^{41} 另外

叫 tɕiau^{41} 被

把 pa^{435} ~门关上

对 tei^{41} 你~他好，他就~你好

朝 tʂʰau^{44} 对着

望到 uaŋ^{41} tau^{0}

往 uaŋ^{41} 朝，~哪儿去？

到 tau^{0} ①截至：~哪天为止？②进，扔~水里

在 tsai^{41} ~哪儿住家？

从 tsʰəŋ^{44} ~哪儿走？

（自）从（tsʅ^{41}）tsʰəŋ^{44}

打 ta^{435}

照 tʂau^{41} ①就：~这样做②依：~我看不算错

用 yŋ^{41} 使：你~毛笔写

拿 la^{44}

顺 ʂun^{41} 顺着：~这条大路一直走

沿 ian^{44}

替 tʰi^{41}

帮忙 paŋ^{21} maŋ^{44}

给 kɐ^{435} ①替：~大家办事②助词：他把门~关上了③和：这个~那个一样

跟 kən^{213} 和：这个~那个一样

找 tʂau^{435} 向：~他打听一下

问 uən^{41} ~他借一本书

把……叫 pa^{435}……tɕiau^{41} 管……叫

把……当 pa^{435}……taŋ^{213} 拿……当

往出 uaŋ^{41} tʂʰu^{44} 望外

攆 ȵian^{435} 赶:你得天黑以前~到

二十七　量词

把 pa^{435} 一~(椅子);一~(枪);一~(米)

个 kuo^{41} 一枚(奖章);一~(灯);一~(奖章);一处(地方);一口(人);一尊(佛像);一瓣(花瓣);一进(院子);一副(眼镜)

本儿 pər^{435} 一~(书)

笔 pi^{44} 一~(款)

匹 pʰi·^{44} 一~(马)

头 tʰəu^{44} 一~(牛)

封 fəŋ^{213} 一~(信)

副 fu^{41} 一~(药)

张 tʂaŋ^{213} 一帖(药)

味 uei^{41} 一~(药)

条 tʰiau^{44} 一~(河);一~(手巾)

顶儿 tiər^{435} 一~(帽子)

坨 tʰuo^{44} 一锭(墨)

件 tɕian^{41} 一档子(事);一~(棉衣)

朵 tuo^{435} 一~(花儿)

　枝 tʂʅ^{213}

顿 tən^{41} 一~(饭)

块 kʰuai^{435} 一~(手巾)

辆 liaŋ^{435} 一~(车)

　个 kuo^{41}

把 pa^{435} ~子儿(看)

　柱 tʂu^{41}

子(儿)tsʅ^{435} 一把(香)

只 tʂʅ^{213} 一~(手)

桌儿 tʂuər^{213} 一~(酒席)

　一席客 i^{44} ɕi^{44} kʰE^{213}

场 tʂʰaŋ^{44} 一~(雨);闹一~

出 tʂʰu^{213} 一~(戏)

场 tʂʰaŋ^{435}

床 tʂʰuaŋ^{44} 一~(被子)

　身儿 ʂər^{213}

根 kən^{213} 一~(枪);一~(头发)

杆 kan^{435} 一管(笔)

棵 kʰuo^{435} 一~(树)

　蔸 təu^{213} 一~(树)、一~(花儿)

颗 kʰuo^{435} 一~/粒(米)

口 kʰəu^{435} 一块(砖)

　头 tʰəu^{44}

间 tɕian^{213} 一家(铺子);一~(屋子);一所(房子)

架 tɕia^{41} 一~(飞机)

栋 təŋ^{41}

趟儿 tʰɐr^{41} 一行(字)

篇儿 pʰiɐr^{213} 一~(文章)

页儿 iər²¹³一~（书）

段儿 tɐr⁴¹一~（文章）

片 pʰian⁴¹一~（好心）

片儿 pʰiɐr⁴³⁵一~儿（肉）

面 mian⁴¹一~（旗）

层儿 tsʰər⁴⁴一~（纸）

股 ku⁴³⁵一~（香味儿）

座 tsuo⁴¹一~（桥）

盘 pʰan⁴⁴一~（棋）

　回 xuei⁴⁴一盘（棋）

门儿 mər⁴⁴一~（亲事）

刀 tau²¹³一~（纸）

沓儿 tʰɐr⁴⁴一~（纸）

碗 uan⁴³⁵一~（饭）；一杯（茶）

杯 pei²¹³一~（茶）

把 pɐr⁴³⁵一~（萝卜）

包 pau²¹³一~（花生）

卷儿 tɕɥɐr⁴³⁵一~（纸）

捆 kʰun⁴³⁵一~（行李）

担 tan⁴¹一~（米）

　挑子 tʰiau²¹³ tsɿ⁰一~（米）

排 pʰai⁴⁴一~（桌子）

　趟 tʰaŋ⁴¹一排（桌子）

挂 kua⁴¹一~（鞭炮）

犋 tɕy⁴¹一~（牛两头叫一犋）

句 tɕɥr⁴¹一~（话）

双 ʂuaŋ²¹³一~（鞋）

对 tei⁴¹一~（花瓶）

副 fu⁴¹一~（眼镜）

套 tʰau⁴¹一~（书）

种 tʂuŋ⁴³⁵一~（虫子）

伙儿 xuər⁴³⁵一~（人）

　帮 paŋ²¹³一~（人）

　堆 tei²¹³一~（人）

批 pʰi⁴⁴一~（货）

拨儿 pər²¹³一~

起儿 tɕʰiər⁴³⁵

窝 uo²¹³一~（蜂）

抓 tʂua²¹³一嘟噜（葡萄）

拃 tʂa⁴³⁵①一~（大拇指与中指张开的长度）②一虎口（大拇指与食指张开的长度）

□tʰuo²¹³一庹（两臂平伸两手伸直的长度）

指头儿 tʂʅ²¹³ tʰər⁰一指（长）

成儿 tʂʰər⁴⁴

脸 lian⁴³⁵一~（土）

身 ʂən²¹³一~（土）

肚子 təu⁴³⁵ tsɿ⁰一~（气）

趟 tʰaŋ⁴¹（走）一~；一班（车）

回 xuei⁴⁴（走）一~

下 xa⁴¹（打）一~

一间 i⁴⁴ tɕian²¹³（搭）一段（车）

□儿 tsʰuər⁴¹一节：半~袖子

眼儿 ȵiɐr⁴³⁵/iɐr⁴³⁵（看）一~

嘴 tsei⁴³⁵（吃）一~

一下儿 i^{44} xɐr^{435}（谈）一~

阵儿 tʂɐr^{41}（下）一~（雨）

面 mian^{41}（见）一~

扇儿 ʂɐr^{41}一~（门）

幅 fu^{44}一~（画儿）

方 faŋ^{213}一堵（墙）

水 ʂuei^{435}（洗）一~（衣裳）

坨 tʰuo^{44}一团（泥）

堆 tei^{213}一~（雪）

嘴 tsei^{435}一~（牙）

列 liɛ^{213}一~（火车）

大些 ta^{41} ɕiɛ^{44}一系列（问题）

路 ləu^{41}一~（公共汽车）

撮儿 tsuɐr^{213}一~（毛,一绺头发）

个儿 kuɐr^{435}一轴儿（线）

手 ʂəu^{435}（写）一~（好字）

次 tsʰ1^{41}（开）一~（会议）

届 tɕiɛ^{41}（做）一~（官）

盘 pʰan^{44}（下）一~（棋）

桌儿 tʂuɐr^{213}（请）一~（客）

圈儿 tɕʰyɐr^{213}（打）一~（麻将）

盘 pʰan^{44}

丝儿 sɐr^{213}一~（肉）

点儿 tiɐr^{435}一~（面粉）

滴 ti^{213}一~（雨）

盒儿 xuɐr^{44}一~火柴;匣子（首饰）

箱子 ɕiaŋ^{213} ts1^{0}一~（衣裳）

柜柜儿 kuei^{41} kuɐr^{0}一橱（书）

抽屉 tʂʰəu^{213} tʰi^{41}一~（文件）

筐子 kʰuaŋ^{213} ts1^{0}一~（菠菜）

篮子 lan^{44} ts1^{0}一~（梨）

篓子 ləu^{435} ts1^{0}一~（炭）

炉子 ləu^{44} ts1^{0}一~（灰）

包 pau^{213}一~（书）

口袋 kʰəu^{435} tai^{0}一~（干粮）

池子 tʂʰ1^{44} ts1^{0}一~（水）

缸 kaŋ^{213}一~（金鱼）

瓶儿 pʰiɚ^{44}一~（醋）

罐儿 kuɐr^{41}一~（荔枝）

坛子 tʰan^{44} ts1^{0}一~（酒）

桶 tʰəŋ^{435}一~（汽油）

吊子 tiau^{41} ts1^{0}一~（开水）

盆儿 pʰər^{44}一~（洗澡水）

壶 xu^{44}一~（茶）

锅 kuo^{213}一~（饭）

笼 ləŋ^{44}一~（包子）

盘儿 pʰɐr^{44}一~（水果）

碟儿 tiɚ^{44}一~（小菜）

缸子 kaŋ^{213} ts1^{0}

盅儿 tʂuɐr^{213}一~（烧酒）

勺儿 ʂuɐr^{44}一~（汤）;一~（酱油）

调羹儿 tʰiau^{44} kɐr^{213}

个把两个 kuo^{41} pa^{435} liaŋ^{435} kuo^{41}一两个

百把个 pɛ²¹³ pa⁰ kuo⁴¹

　上百个 ʂaŋ⁴¹ pɛ²¹³ kuo⁴¹

千把个 tɕʰian²¹³ pa⁰ kuo⁴¹

　上千个 ʂaŋ⁴¹ tɕʰian²¹³ kuo⁴¹

万把块 uan⁴¹ pa⁰ kʰuai⁴³⁵ ~钱

里把路 li⁴³⁵ pa⁰ ləu⁴¹

里把两里路 li⁴³⁵ pa⁰ liaŋ⁴³⁵
　　li⁰ ləu⁴¹

亩把两亩地 mo⁴³⁵ pa⁰ liaŋ⁴³⁵
　　mo⁴³⁵ tiˑ⁴¹

二十八　附加成分

后加成分

-的很 ti⁰ xən⁴³⁵

　-的要命 ti⁰ iau⁴¹ min⁴¹

　-的要死 ti⁰ iau⁴¹ sʅ⁴³⁵

　-的不行 ti⁰ pu⁴¹ ɕin⁴⁴

-死了 sʅ⁴³⁵ lau⁰

　-死人 sʅ⁴³⁵ ʐən⁴⁴

　-死个人 sʅ⁴³⁵ kuo⁰ ʐən⁴⁴

-不得了 pu⁰ tɛ⁴⁴ liau⁴³⁵

-的慌 ti⁰ xuaŋ⁰

-拉巴叽的 la⁰ pa¹³ tɕi²¹³ ti⁰

-不楞登的 pu⁴¹ lən¹³ tən²¹³ ti⁰

-不叽叽的 pu⁰ tɕi¹³ tɕi²¹³ ti⁰

吃头儿 tʂʰʅ²¹³ tʰər⁰ 这个菜没~

喝头儿 xuo²¹³ tʰər⁰ 那个酒没~

看头儿 kʰan⁴¹ tʰər⁰ 这场戏有个~

干头儿 kan⁴¹ tʰər⁰

奔头儿 pən⁴¹ tʰər⁰

苦头儿 kʰu⁴³⁵ tʰər⁰

甜头儿 tʰian⁴⁴ tʰər⁰

前加成分

帮- 帮硬 paŋ²¹ ŋən⁴¹

脖- 脖臭 pʰaŋ²¹ tʂʰəu⁴¹

飘- 飘轻 pʰiau¹³ tɕʰin²¹³

溜- 溜圆 liəu⁴² yan⁴⁴

锃- 锃亮 tʂən⁴² liaŋ⁴¹

死- 死懒 sʅ⁴³⁵ lan⁴³⁵

崭- 崭新 tʂan⁴³⁵ ɕin²¹³

生- 生硬 sʅ⁴³⁵ ŋən⁴¹

精- 精光 tɕin¹³ kuaŋ²¹³

骏- 骏黑 tɕʰy¹³ xɛ²¹³

稀- 稀软 ɕi²¹ yan⁴³⁵

怪- 怪凛人 kuai⁴² lin⁴¹ ʐən⁰
　　十分恶心

虚字

了 lau⁰

着 tʂuo⁰

得 tɛ⁰

的 ti⁰

啵 po⁰

啰 luo⁰

唠 lau⁰

哂 ʂai⁰

么 man⁰

哟 io⁰

嗷 au⁰

□ lia⁰ 叹词，表示认可，相当于"是吧"。

二十九　数字等

数字

一号（指日期、下同）i⁴⁴ xau⁴¹

二号 ər⁴² xau⁴¹

十号 ʂʅ⁴⁴ xau⁴¹

初一 tsʰəu²¹ i⁴⁴

初二 tsʰəu²¹ ər⁴¹

初十 tsʰəu²¹ ʂʅ⁴⁴

老大 lau⁴³⁵ ta⁴¹

　大的 ta⁴¹ ti⁰

老二 lau⁴³⁵ ər⁴¹

老三 lau⁴³⁵ san²¹³

　三娃子 san²¹³ ua⁰ tsʅ⁰

老四 lau⁴³⁵ sʅ⁴¹

　四娃子 sʅ⁴¹ ua⁰ tsʅ⁰

老五 lau⁴³⁵ u⁴³⁵

　五娃子 u⁴³⁵ ua⁰ tsʅ⁰

老六 lau⁴³⁵ ləu⁴⁴

　六娃子 ləu⁴⁴ ua⁰ tsʅ⁰

老幺 lau⁴³⁵ iau²¹³

　小的 ɕiau⁴³⁵ ti⁰

大哥 ta⁴² kʰuo²¹³

二哥 ər⁴² kʰuo²¹³

一个 i⁴⁴ kuo⁴¹

两个 liaŋ⁴³⁵ kuo⁴¹

三个 san²¹³ kuo⁴¹

十个 ʂʅ⁴⁴ kuo⁴¹

第一 ti⁴⁴ i⁴⁴

　打头 ta⁴³⁵ tʰəu⁴⁴

第二 ti⁴⁴ ər⁴¹

第三 ti⁴⁴ san²¹³

第十 ti⁴⁴ ʂʅ⁴⁴

第一个 ti⁴⁴ i⁴⁴ kuo⁰

第二个 ti⁴⁴ ər⁴¹ kuo⁰

第三个 ti⁴⁴ san²¹³ kuo⁰

第十个 ti⁴⁴ ʂʅ⁴⁴ kuo⁰

一 i⁴⁴

二 ər⁴¹

三 san²¹³

四 sʅ⁴¹

五 u⁴³⁵

六 ləu⁴⁴

七 tɕʰi·⁴⁴

八 pa⁴⁴

九 tɕiəu⁴³⁵

十 ʂʅ⁴⁴

　一十 i⁴⁴ ʂʅ⁴⁴

十一 ʂʅ⁴⁴ i·⁴⁴

　一十一 i⁴⁴ ʂʅ⁴⁴ i·⁴⁴

二十 ər⁴² ʂʅ⁴⁴

二十一 ər⁴² ʂʅ⁴⁴ i·⁴⁴

一百 i⁴⁴ pɛ²¹³

一千 i⁴⁴ tɕʰian²¹³

一百一 i⁴⁴ pɛ⁰ i·⁴⁴

一百一十一 i⁴⁴ pɛ⁰ i·⁴⁴ ʂʅ⁴⁴ i·⁴⁴

一百二 i⁴⁴ pɛ⁰ ər⁴¹

一百三 i⁴⁴ pɛ⁰ san²¹³

一百五 i⁴⁴ pɛ⁰ u⁴³⁵

二百五 ər⁴¹ pɛ⁰ u⁴³⁵

三百一 san²¹³ pɛ⁰ i·⁴⁴

三百三 san²¹³ pɛ⁰ san²¹³

三百六 san²¹³ pɛ⁰ ləu⁴⁴

一千一 i⁴⁴ tɕʰian⁰ i·⁴⁴

一千九 i⁴⁴ tɕʰian⁰ tɕiəu⁴³⁵

三千 san¹³ tɕʰian²¹³

五千 u⁴³⁵ tɕʰian²¹³

八千 pa⁴⁴ tɕʰian²¹³

一万 i⁴⁴ uan⁴¹

一万二 i⁴⁴ uan⁴¹ ər⁴¹

三万五 san²¹ uan⁴¹ u⁴³⁵

零 lin⁴⁴

两斤 liaŋ⁴³⁵ tɕin⁰

二两 ər⁴² liaŋ⁴³⁵

二钱 ər⁴² tɕʰian⁴⁴

　两钱 liaŋ⁴³⁵ tɕʰian⁴⁴

二分儿 ər⁴² fər²¹³

两厘 liaŋ⁴³⁵ li⁴⁴

两尺 liaŋ⁴³⁵ tʂʰʅ²¹³

两寸 liaŋ⁴³⁵ tsʰən⁴¹

两分儿 liaŋ⁴³⁵ fər²¹³

两里 liaŋ⁴³⁵ li⁴³⁵

两担 liaŋ⁴³⁵ tan⁴¹

两斗 liaŋ⁴³⁵ təu⁴³⁵

两升 liaŋ⁴³⁵ ʂən²¹³

两顷 liaŋ⁴³⁵ tɕʰin⁴³⁵

两亩 liaŋ⁴³⁵ mo⁴³⁵

几个 tɕi⁴³⁵ kuo⁴¹

　好些? xau⁴³⁵ ɕiɛ⁴⁴

好几个 xau⁴³⁵ tɕi⁴³⁵ kuo⁴¹

好些 xau⁴³⁵ ɕiɛ⁴⁴ 好些个

一大些 i⁴⁴ ta⁴¹ ɕiɛ⁴⁴ 很多

　好大一些 xau⁴³⁵ ta⁴¹ i⁴⁴ ɕiɛ⁴⁴

大一些 ta⁴² i⁴⁴ ɕiɛ⁰　　　　　　丙 pin⁴³⁵

一点儿 i⁴⁴ tiɐr⁴³⁵　　　　　　　丁 tin²¹³

　一点点儿 i⁴⁴ tian⁴³⁵ tiɐr⁴³⁵　　戊 u⁴¹

　点把儿 tian⁴³⁵ pɐr⁴³⁵　　　　　己 tɕi⁴³⁵

　点把点儿 tian⁴³⁵ pa⁴³⁵ tiɐr⁴³⁵　庚 kən²¹³

大一点儿 ta⁴² i⁴⁴ tiɐr⁴³⁵　　　　辛 ɕin²¹³

十几个 ʂʅ⁴⁴ tɕi⁴³⁵ kuo⁴¹ 十多个　壬 ʐən⁴¹

上十个 ʂaŋ⁴² ʂʅ⁴⁴ kuo⁰ 十来个　癸 kʰuei⁴⁴

几千个 tɕi⁴³⁵ tɕʰian²¹³ kuo⁴¹　　子 tsʅ⁴³⁵

半□儿 pan⁴² tʂɐr⁴⁴ 半个　　　　丑 tʂʰəu⁴³⁵

　一半儿 i⁴⁴ pɐr⁴¹　　　　　　　寅 in⁴⁴

两半儿 liaŋ⁴³⁵ pɐr⁴¹　　　　　　卯 mau⁴³⁵

　两半□儿 liaŋ⁴³⁵ pan⁴¹ tʂɐr⁴⁴　辰 tʂʰən⁴⁴

大半□儿 ta⁴² pan⁴¹ tʂɐr⁴⁴ 多半儿　巳 sʅ⁴¹

一大半儿 i⁴⁴ ta⁴¹ pɐr⁴¹　　　　　午 u⁴³⁵

一个半 i⁴⁴ kuo⁴¹ pan⁴¹　　　　　未 uei⁴¹

　　　　　　　　　　　　　　　　申 ʂən²¹³

干支、属相

　　　　　　　　　　　　　　　　酉 iəu⁴³⁵

甲 tɕia²¹³　　　　　　　　　　　戌 ɕy²¹³

乙 i²¹³　　　　　　　　　　　　　亥 xai⁴¹

第六章　白河方言词汇的内部差异及其特点

一　白河方言词汇的内部差异

白河境内居民来源不同,方言差异很大,其中表现最明显的当属语音差异。词汇系统因稳定性较差,互相之间的感染、同化发生得较快,融合程度远高于语音,故内部差异相对较小。

我们以《陕西方言重点调查研究词汇表》为基础,对29个大类3352条基本词语展开考察,发现白河城关话和茅坪话存在明显差异(不包括儿化、儿尾、子缀、头缀、重叠等构形差异)的词语共有94条,约占总数的3%。列举如下:

天文、地理、时令、时间

词条	城关话	茅坪话	词条	城关话	茅坪话
太阳	太阳	太爷、日头	山谷	山窝窝儿	沟卡子
日晕	太阳长毛	太阳带枷	山涧	山沟沟儿	沟峡
闪电	扯闪	扯火	鹅卵石	石头子儿、狗卵子石	火石蛋子
连阴雨	连阴雨	游山雨、海行雨	历书	皇历、皇历簿儿	通书
平原	平地	平坝子	大前年	上前年	向前年
土地(贫瘠的)	毛狗子地	月亮地	上午	前半儿、前半天	上昼
坡地	坡地	薄壳儿地、圣像牌子地	下午	后半儿、后半天	下昼
山坳	山窝窝儿	笤箕地、卧挡子			

农业、动物、植物、房舍、器具

词条	城关话	茅坪话	词条	城关话	茅坪话
春耕	大忙	挖春地	小鸡	鸡娃儿	鸡伢儿
夏收	夏收	抢午季	公鸭	公鸭	鸭公
松土	翻土	倒地	母鸭	母鸭	鸭婆
垃圾肥	渣滓肥	家粪	小鸭	鸭子娃儿	鸭伢儿
水井	水井	垱儿	壁虎	四脚蛇	蛇郎丈
耙子	耙子	薅耙儿	鸟儿	雀雀儿	雀儿
小米	小米	粟谷	啄木鸟	啄木鸟	啄米倌儿
西红柿	西红柿	洋茄子	猫头鹰	猫头鹰	猫儿头
公牛	骚犍子	牛牯子	蚯蚓	曲蟮	抽蛇儿
公羊	公羊	羊牯子	厨房	厨屋、伙房	灶屋
母羊	母羊	羊婆	抹布	抹布子	揎布子
公鸡	公鸡头子	鸡公头子	灯笼	灯笼	脬皮
母鸡	母鸡	鸡婆			

亲属、称谓、身体、疾病

词条	城关话	茅坪话	词条	城关话	茅坪话
婴儿	毛娃儿、月娃子	毛蛋儿	继母	后妈	伯娘
小孩儿	小娃子、娃子、娃子娃儿	伢儿、伢儿砣子	叔母	婶	叔娘
学生	学生娃子	学娃子	舅母	舅娘	舅母
医生	看病的、医生	郎丈	姨妈	姨	姨娘
丫鬟	请的女娃子	听叫的	腿	腿	连二杆子
接生婆	接生婆儿	喜娘	膝盖	波罗盖儿	磕膝包儿
曾祖父	老太	太爷	鸡眼	鸡眼儿	脚疔
曾祖母	老太	太奶	乳房	奶	妈、妈儿
祖父	爷	爹	腮腺炎	喉包儿	蛤蟆气
外祖父	外爷	家爷	抓药	抓药	拣药
外祖母	婆	家婆	拉肚子	拉稀、屙肚子、屙稀	跑肚子
继父	后爸	伯爷			

日常生活、动作

词条	城关话	茅坪话	词条	城关话	茅坪话
做道场	做道	做开荐	船小型无篷的	划子	楸子船
吃奶	吃奶	吃妈儿	学校	学校	学堂
吃零食	吃零嘴子	搭嘴食	私塾	私学	蒙童馆儿、传馆儿
吃早餐	吃早点、吃早上	过早	暑假	暑假	歇伏
睡	睡	眠	寒假	寒假	年假
睡觉	睡觉	眠醒、眠觉	屙屎	端屎	提屄
睡着	睡着了	眠着了	屙尿	端尿	提尿
午睡	睡午觉	吊中	聊天	谝	谝广子

形容词、副词、代词、介词

词条	城关话	茅坪话	词条	城关话	茅坪话
好	强、硬扎	要得	什么时候	啥时会儿、啥么早儿	么事时会儿
软	脓、瓤和	□pʰa²¹³和	多么……？	好……？	几……？
刚刚	刚刚	才刚	那	那	箇
我	我	自家	那样(做)	那样的(做)	箇样的(做)
他	他	渠	怎么	咋、咋法儿	么样
什么	啥、么裸	么事	为什么	为啥、么裸	为么事
什么地方	啥地方儿、么裸地方儿、哪儿下儿	么事地方儿	多少……？	好些……？	几多……？
实在副词	硬是、可是、合亘是	箇			

　　可以看出,白河城关话和茅坪话绝大多数词汇的构成是一致的,只有少数词汇存在明显差异。具体来说,红白大事、讼事、交际、商业、位置、量词、附加成分、数字等八类词汇几乎没有差异;时令、植物、房舍、器具、身体、疾病、穿戴、饮食、教育、文体活动、形容词、副词等 12 类词汇只有少数词条具有明显差异;天文、地理、农业、动物、称谓、亲属、动作、代词等八类词汇的差异比较明显,其中表现最突出的是少数名词、亲属称谓词以及代词三类。

　　城关话和茅坪话词条差异主要表现在以下几个方面:

　　(1)总体来说,城关话的说法在结构、表达等方面更接近共同语,而茅坪话的说法与共同语差距较大,例如(前为城关话,后为茅坪话,下同):

太阳—太爷　　　　皇历—通书　　　　连阴雨—游山雨
夏收—抢午季　　　水井—垱儿　　　　小米—粟谷
母羊—羊婆　　　　公鸭—鸭公　　　　猫头鹰—猫儿头
医生—郎丈　　　　后爸—伯爷　　　　婶—叔娘
睡觉—睏醒　　　　暑假—歇伏　　　　私学—蒙童馆儿
我—自家　　　　　啥—么事　　　　　这—箇

　　(2)同一词条在两种方言中形式、结构的差异主要表现为:

　　合成词词根全部不同,如:太阳—日头、水井—垱儿、大忙—挖春地、夏收—抢午季、翻土—倒地、暑假—歇伏、曲蟮—抽蛇儿、公羊—羊牯子、腿—连二杆子、灯笼—脬皮、划子—楸子船、婶—叔娘。

　　合成词词根部分不同,如:扯闪—扯火、平地—平坝子、端尿—提尿、刚刚—才刚、瓢和—□p^ha^{213}和。

　　词根的多少不同,如:耙子—薅耙儿、雀雀儿—雀儿、学生娃子—学娃子、姨—姨娘、婆—家婆。

　　(3)城关话和茅坪话对动物性别的描述存在差异,城关话为"公/母+动物"格式,和共同语一致,而茅坪话则为南方方言多用的"动物+公/婆"格式,如:母羊—羊婆、公鸡—鸡公、母鸡—鸡婆、公鸭—鸭婆、母鸭—鸭婆。

(4)城关话和茅坪话有部分代词存在明显差异,具体有:

人称代词:我—自家、他—渠 $k^h \varepsilon^{44}$

指示代词:这—箇、这样—箇样、这么—箇么

疑问代词:啥—么事、好(高、大、多)—几(高、大、多)、咋—么样、好些(钱、人)—几多(钱、人)

其中第三人称代词"渠 $k^h \varepsilon^{44}$"是赣语特征词,近指代词"箇 kuo^{435}"、疑问代词"么事"都是江淮官话的特征词。

(5)城关话中的子缀词比较丰富,存在大量以名词语素 A 为基础构成的"A 子"式名词,茅坪话也用子缀词,但范围和频率没有城关话大,很多子缀词常用"A 儿"的形式表达。"A 儿"中的"儿"是典型的儿尾,如:

盆子—盆儿	鸡子—鸡儿	兜子—兜儿
桃子—桃儿	刨子—刨儿	妹子—妹儿
珠子—珠儿	被子—被儿	桶子—条儿

(6)城关话存在大量"AA 儿"式重叠名词,这类名词在茅坪话中多以"A 儿"式或"AA 子"式的形式出现,如:

盖盖儿—盖儿/盖盖子	汤汤儿—汤儿/汤汤子
豆豆儿—豆儿/豆豆子	盆盆儿—盆儿/盆盆子
果果儿—果儿/果果子	蛋蛋儿—蛋儿/蛋蛋子

(7)城关话有"AA 儿 B"式重叠名词,这些词在茅坪话中都以"A 儿 B、A 子 B、BA 子"等形式出现,如:

娃娃儿书—娃儿书	坡坡儿地—坡儿地
盒盒儿饭—盒子饭	渣渣儿柴—柴渣子

(8)城关话有大量的"AA 儿"式重叠形容词,如"酸酸儿的、高高儿的、硬硬儿的"。因茅坪话中没有"AA 儿"式的语音组

合,故也不存在"AA 儿"式重叠形容词。

二　白河方言词汇与普通话词汇的差异

　　虽然白河城关话和茅坪话的词汇都属于官话方言词汇,但和普通话词汇相比仍存在较大的差异。我们根据《陕西方言重点调查研究词汇表》,将白河方言词语(包括城关、茅坪)整体和普通话词语进行比较(包括儿化、儿尾、子缀、头缀、重叠的差异),各词条的下位词差异不在比较的范围。白河城关话词汇和茅坪话词汇整体上比较接近,两者与普通话词汇的差比相差不超过 10%。故在分析的时候可以暂且忽略两种方言之间的差异,将其整体与普通话进行比较。

白河方言与普通话词汇差异比较表

类别	总词数	有差异的词数		所占比例	
		白河城关	白河茅坪	白河城关	白河茅坪
天文	76	48	41	63.2%	53.9%
地理	92	49	44	53.3%	47.8%
时令、时间	110	56	62	50.9%	56.4%
农业	73	49	42	67.1%	57.5%
植物	201	45	51	22.4%	25.4%
动物	183	74	79	40.4%	43.2%
房舍	61	23	25	37.3%	41%
器具用品	194	84	78	43.3%	40.2%
称谓	101	76	73	75.2%	72.3%
亲属	103	83	76	80.6%	73.8%

类别	总词数	有差异的词数		所占比例	
		白河城关	白河茅坪	白河城关	白河茅坪
身体	172	110	105	64%	61%
疾病、医疗	125	76	81	60.8%	64.8%
衣服穿戴	101	48	45	47.5%	44.6%
饮食	158	75	78	47.5%	49.4%
红白大事	113	69	64	61.1%	56.6%
日常生活	101	64	59	63.4%	58.4%
讼事	76	37	35	48.7%	46.1%
交际	53	30	32	56.6%	60.4%
商业、交通	123	63	58	51.2%	47.2%
文化教育	109	45	51	41.3%	46.8%
文体活动	91	41	44	45.1%	48.4%
动作	135	95	101	70.4%	74.8%
位置	84	55	53	65.5%	63.1%
代词	64	48	41	75%	64.1%
形容词	116	45	41	38.8%	35.3%
副词、介词	63	44	42	69.8%	66.7%
量词	184	65	59	35.1%	32.1%
附加成分	38	0	0	0	0
数字	134	20	18	15%	13.4%

从比较结果看,白河方言和普通话词汇差异较大的主要集

中在亲属,称谓,动作,副词,介词,农业,身体,位置,日常生活等几个高频词类。差异较小的主要集中在数字,植物,量词,形容词,器具用品,房舍等几个小类。附加成分小类两种方言与普通话完全一致。其中形容词小类中各词的原级形式与普通话差别较小,比较级形式差别较大。

　　白河方言和普通话词汇的差异主要表现在以下几个方面:

　　(1)实同名异,白河方言和普通话词语词汇意义相同,但词形不同,这种现象比较普遍,例如(横线前为普通话词语,后为白河方言词语,下同):

冰雹—冷子	清晨—早起	垃圾—渣滓
蜥蜴—四脚蛇	蝙蝠—盐老鼠	蚯蚓—抽蛇儿茅坪话
客厅—堂屋	被子—铺盖	暖水瓶—电壶
婴儿—毛蛋儿茅坪话	曾祖父—老太	姑姑—娘儿
头—脑壳	胳膊肘—倒拐子	膝盖—波罗盖儿
腮腺炎—喉儿包	气喘—齁	残废—残坏
零食—零嘴子	米饭—干饭	白酒—辣酒
棺材—料	纸扎—灵屋子	相貌—样范儿
缝动词—□tsai⁴¹	睡觉—睏醒茅坪话	噎住了—顶 tin⁴⁴到了
行贿—塞黑	做客—爬席	租—课
黑板—粉牌	红模子—隐格儿	捉迷藏—逮猫儿
瞪眼—睃	跺脚—□pia⁴⁴	哭—□ŋaŋ²¹³
丢失—莫见了	讨厌—见不得	喊叫—□ɕiɛ⁴⁴嚎
上面—高头	旁边—边儿的	我—自家茅坪话
谁—哪一个	什么—么事茅坪话	多少—几多茅坪话
坏—烂眼儿	干净—灵醒	整—亘
差点儿—悉打乎儿	压根—□□ti²¹³ liɐr⁴³⁵	不要—莫

　　(2)名同实异,白河方言和普通话都有该词,但所指意义不同,这种现象不多,例如:

蚊子:白河指苍蝇,普通话的"蚊子"白河称"夜蚊子"。

案板:白河指面板,普通话的"案板"白河称"砧板"。

爹:白河(茅坪)指祖父,普通话的"爹"白河(茅坪)称"大"。

鼻子:白河指鼻子和鼻涕。

馍:白河指包子,普通话的"馍"白河称"实疙瘩"。

香菇:白河指蘑菇和平菇两类。

鲫鱼:白河指鳜鱼。

杨桃:白河指猕猴桃。

窝囊:白河指脏。

造孽:白河指可怜。

吃:白河吃饭、抽烟都用"吃"。

米汤:白河指稀饭和洗米水。

钱:白河除了泛指金钱之外,还专指钞票。

掉了:白河除了指掉在地上之外,还专指丢失了。

地下:白河除了指地面以下之外,还有地面以上的意思。

找不到:白河除了指找不见……之外,还有不知道"的意思。

(3)词形结构方面,具体包括:

同一词条,白河方言和普通话都是复合式合成词,但两者在构词语素或者词语结构方面存在差异,实际上这类词也表现出两类词语实同名异的特点,例如:

年初—开年	上午—上昼茅坪话	垃圾—渣滓
暖水瓶—电壶	医治—摆治	腮腺炎—喉儿包
米饭—干饭	白酒—辣酒	相貌—样范儿
行贿—塞黑	做客—爬席	粉笔—粉锭儿

白河方言和普通话词根完全相同或基本相同,但要加词缀"子",有的还儿化。白河方言中大部分名词都可以加"子",甚

至是人名(主要是双音节,如:陈俊—陈俊子、张明—张明子)。
因此子缀词是白河方言名词的基本结构形式,例如:

桃—桃子	驴—驴子	猫—猫子
鸡冠—鸡冠子	老虎钳—老虎钳子	床单—单子
图章—章子	竹笋—笋子	马桶—桶子
私生子—私娃子	贼—贼娃子	学生—学娃子茅坪话
灯芯—灯捻子	眼珠—眼睛珠子	嘴唇—嘴唇子
棉袄—袄子	鞋底—鞋底子	围裙—围腰子
手套—手袜子	烧饼—饼子	浆糊—浆子
烟叶—烟叶子	双胞胎—双生子	卒—卒娃子

白河方言和普通话词根不同,普通话是复合式合成词,白河
方言是子缀词。这类现象很多,例如:

稻穗—谷子	犁铧—犁面子	辣椒—辣子
冰雹—冷子	树枝—枝桠子	公牛—骚犍子
公鸡—鸡公头子	狐狸—毛狗子	壁虎—马蛇子
蝉—知啦子	台阶—坎子	肥皂—胰子
婴儿—月娃子	男孩—儿娃子	女孩—女娃子
胳膊—手膀子	胳膊肘—倒拐子	拳头—锤头子
船—划子	发疟疾—打摆子	鸡皮疙瘩—鸡毛磣子

普通话是儿化词,白河方言是子尾词,两者词根基本相同。
这种类型比较少,例如:

眼皮儿—眼皮子	脸蛋儿—脸巴子	脚后跟儿—脚蔸子
窗帘儿—窗帘子	眼镜儿—眼镜子	洗脸盆儿—洗脸盆子

(4)除了词形结构,白河方言和普通话词汇的差异还表现在
词汇意义方面。普通话中的部分词语在白河方言中通常会从另
一个角度进行表达。或解释,或描述,或比喻,或拟人,使词语的
表意更具体、明确、生动,并赋予一定的感情色彩,使表达更丰富。

如将日晕、月晕比喻作"太阳带枷、月亮长毛",把两种天文

现象形象、生动地表达出来,容易理解;将瓢虫拟人作"新姑娘儿",一方面描绘出其鲜艳的外表,一方面又给这种昆虫赋予一种吉祥的色彩;将小孩儿生病称为"变狗",这种带避讳色彩的说法描绘出了生病后小孩儿的状态,又饱含让人怜惜、心疼的主观感情。其他的还有:

连阴雨—海行雨_{茅坪话}　　坡地—圣像牌子地_{茅坪话}

洪峰—水头　　　　　　黄昏—麻子影儿

小路—毛狗子路　　　　烟油子—烟屎

春耕—挖春地_{茅坪话}　　　洋白菜—包包儿菜

公猫—男猫　　　　　　鹦鹉—豌豆八哥儿

灯笼—胪皮_{茅坪话}　　　　(孵蛋的)母鸡—菢窝鸡

发髻—笆笆儿　　　　　刘海—连毛叶儿

拳头—锤头鼓子　　　　踝子骨—螺狮骨

腿—连二杆子　　　　　呕吐—媻猪娃儿

怀孕—驮肚子　　　　　做梦—扯黄粱子

行贿—塞黑　　　　　　做作—假狗

巴结—舔沟子　　　　　聊天—拍古今儿

三　白河方言词汇的特点

通过方言词语内部差异的比较、方言词语和普通话词语的比较,可以归纳出白河方言词汇的特点。

总体上看,白河城关话的词汇系统以官话方言(不包括江淮官话)为基础,在天文、时间、动物、植物、亲属、称谓、身体、动作等核心词语的表达方式上,白河城关话和官话方言(不包括江淮官话)基本一致。

罗杰瑞将官话方言与非官话方言分区的几项词汇标准分别为:

第三人称单数代词表达形式,他、她;

家畜家禽性别的表达形式,例如:公牛、母牛;

定中式结构的词序,例如:客人。

可以看出,白河城关话词汇系统在这三项标准上都与官话方言(不包括江淮官话)的特点一致。

白河茅坪方言属于江淮官话黄孝片在汉江上游地区的变体,同时兼有少量赣语、湘语的特征,故茅坪方言的词汇系统中存留很多南方方言的遗迹,例如:第三人称单数代词为"渠 $_c$kʰɛ"、上/下午称"上/下昼"等;家畜家禽性别的"动物+公/婆"格式,如:羊婆、鸡公、鸭婆,小孩称之为"伢儿"等。

在长达两三百年的接触、交融过程中,城关话词汇和茅坪话词汇互相影响,互相渗透,互相融合,内部差异日渐缩小。如前文所述,两类方言词语表达形式存在明显差别的大约只占总词数的3%。与此同时,周边的西南官话和中原官话也对白河方言产生着持续影响,因此整体上看,白河方言词汇系统已经具有很强的混合色彩。

我们将白河城关话、茅坪话和中原官话(南鲁片以南阳为代表点,材料来自丁全、田小枫,关中片以西安为代表点,材料来自王军虎《西安方言词典》)、西南官话(以成渝片代表点成都方言为例,材料来自梁德曼、黄尚军)中的部分日常用词进行比较:

词条	城关	茅坪	南阳	西安	成都
太阳	太阳	日头/太爷	日头	日头	太阳
月亮	月亮	月亮	月佬娘	月亮	月亮
刮风	刮风	刮风/起风	刮风	刮风/起风	吹风/起风
闪电	扯闪	扯火	扯闪	闪电	扯闪
冰雹	冷子	冷子	冷子	冷子	雪弹子
淋雨	□tʂʰ ʮa⁴⁴雨	□tʂʰ ʮa⁴⁴雨	淋雨	淋雨	□tsʰ ʮa²¹雨

词条	城关	茅坪	南阳	西安	成都
昨天	昨儿	昨儿	夜儿/昨儿	夜个	昨天
今天	今儿	今儿	今儿	今儿/今个	今天
上午	前半儿	上昼	上半儿	前半儿	上午
下午	后半儿	下昼	后半儿	后半儿	下午
去年	去年	去年	年时	去年	去年
公鸡	公鸡	鸡公	公鸡	公鸡	公鸡
母鸡	母鸡	鸡婆	母鸡	母鸡	母鸡
孵小鸡	菢鸡娃儿	菢鸡娃儿	菢鸡娃儿	菢鸡娃儿	菢鸡娃儿
小男孩	儿娃子	儿娃子	毛孩儿	男娃	儿娃子
小女孩	女娃子	女娃子	毛妮儿	女娃	女娃子
头	脑壳	脑壳	头	□sa²⁴	脑壳
脖子	颈脖儿	颈脖儿	脖儿梗	脖项	颈项
鼻涕	鼻子	鼻子	鼻子	鼻子/鼻	鼻子
腋下	胳肢窝儿	胳肢窝儿	胳老肢儿	胳肢窝	夹肢窝儿
胳膊肘	倒拐子	倒拐子	倒拐子	(胳膊)肘子	倒拐子
肚脐眼儿	肚母脐儿	肚母脐儿	肚母脐儿	脖脐窝儿	肚脐儿
捉迷藏	逮猫儿	逮猫儿	藏马虎儿	藏毛蛋儿	逮猫儿
跌倒	跨到了	跨到了	跨到	跨/跌	跨倒了
贴	□pia²¹³	□pia⁴¹	□pia⁵⁵	□pia³¹	□pia⁵⁵
提	提溜/□tia²¹³	提溜/□tia⁴¹	提溜	提溜	□tia⁵⁵
丢失	掉了	掉了	掉	掉咧	掉了
蹲	□tʂuai²¹³	□tʂʯai⁴¹	圪蹴	圪蹴	跕
扔	甩	甩	撺	撺	甩
踹	□tʂua⁴⁴	□tʂʯa⁴⁴	□tʂa⁵⁵	踢	踢
牵挂	牵	牵	挂牵	念(叨)	牵

词条	城关	茅坪	南阳	西安	成都
骂	（日）嘈	（日）嘈	嘈	日嘈	日嘈
倒霉	背时	背时	背时	背时	背时
仔细	过细	过细	过细	细发	把细
可怜	造孽	造孽	可怜	造孽	造孽
好、行	对	对	中	嫽	对头
漂亮	排场	排场	棱正	排场	漂亮
吝啬	啬（皮）	啬（皮）	尖酸	啬（皮）	啬
差、少	争	争	争	争	争
我	我	我	俺	我	我
人家	人家	人家	□ʐɑ⁵⁵	人家 ȵiɑ³¹	人家
那里	那儿下儿	那儿下儿	那儿	兀搭/兀儿	那点儿
哪里	哪儿下儿	么事地方儿	哪下儿	阿搭	哪儿
别人	别人/旁人	别个	别人	别人	别个
干什么	做啥	做么事	□tʂua⁵¹	做啥	□tsua²¹³子
怎么办	咋办	么样办	咋样办	咋办	咋个办/啷个办

比较结果显示：

白河方言词汇整体上和中原官话南鲁片、关中片以及西南官话词汇表现出较强的一致性。一致的部分主要集中在时间名词、动物、植物、身体名词、称谓词、部分动词、形容词等，还有小部分日常用词只存在细微的语音差别，如：人家—□ʐɑ⁵⁵、做啥—□tʂua⁵¹。这种较高的相似度表现出这两类官话对白河方言的深刻影响。白河方言词汇和这几类方言词汇的一致之处主要表现为三种类型：

A 和这几类方言都相同，只有少数词条，如：菢鸡娃儿、跶、掉丢失、鼻子、□cpia、争欠等。

B 分别和这几类方言相同,这种情况很普遍。

C 少数词条兼有这几类方言的说法,如提既可以说"提溜",又可以说"□tia^{41}";漂亮既可以说"排场",也可以说"棱正、漂亮"。

这些词汇之间交叉的、复杂的异同联系充分显示出白河方言词汇和中原官话南鲁片、关中片以及西南官话词汇之间全方位、多类型的接触和融合。

白河茅坪方言中少数词语如"上昼上午、下昼下午、鸡公公鸡、鸡婆母鸡、么事地方儿哪里、做么事干什么"等和中原官话、西南官话差别较大,保留着江淮官话黄孝片(包括湘语、赣语)等南方方言的特征。

整体上看,白河方言词汇和中原官话南鲁片、关中片以及西南官话词汇之间的差异主要表现在动词、形容词、代词以及部分名词上。这些差异较大的词也几乎成为各自方言的特征词,以区别于周边其他方言,如:俺、中(南鲁片)、□sa^{24}、兀搭/兀、嬲(关中片)、脑壳、跕(西南官话)。

因地处陕南的最东端,北、东、南三面都被西南官话鄂北片方言包围①,白河方言词汇整体上受中原官话(尤其是南鲁片)的影响渗透要稍强一些,而受西南官话的影响渗透要稍弱一些。以白河和地理位置更偏西、偏南,地理上更接近川渝的平利为例,白河茅坪和平利洛河都属于陕南的江淮官话区,比较两个方言的词汇系统②,我们发现茅坪话与西南官话相同的词条较洛河话少,与中原官话相同的词条较洛河话多。

---

① 该片方言与典型的西南官话有较大差异,而与中原官话南鲁片特点相近。
② 依据周政(2009)的《平利与周边方言词汇差异比较表》。

白河方言词汇保留了很多古语词和近代汉语词汇,这些古语词和近代汉语词汇在周边方言的词汇系统中各有表现。张崇、郭芹纳、邢向东、蒋宗福、孙立新、周政、黑维强、梁希真等已经对这些词语进行了分析,此处略选数条有代表性的词语进行介绍,并重新举例说明:

菢 pau⁴¹:《广韵·号韵》薄报切:"鸟伏卵。"白河方言把鸟类孵化的过程叫"菢",如"菢鸡娃儿",把正在孵小鸡的母鸡称为"赖菢鸡"。

滗 piɛ⁴⁴:《广韵·质韵》鄙密切:"去滓。"白河方言指挡住渣滓滤出液体,如:你～时会儿过细小心点儿,莫把渣渣儿弄进去了。

縎 pian⁴³⁵:《集韵·铣韵》补典切:"搴衣。"白河方言指把衣袖、裤腿挽起来。

迸 piɛ⁴¹:《广韵·诤韵》北诤切:"散也。"今读为梗开二帮母字白读的残留。白河方言指呈放射状地从夹缝中弹出,如:绿豆一晒都从壳壳儿中～出来了。

脬 pʰau²¹³:《广韵·肴韵》匹交切:"腹中水府。"《玉篇》:"膀胱也。"白河方言将膀胱称为"尿脬子",将灯笼称为"脬皮"(茅坪话),将不稳重、轻浮的人戏骂为"脬皮子、二脬"。

谝 pʰian⁴³⁵:《说文·言部》:"谝,巧言也。"《广韵·狝韵》符善切:"巧言。"白河方言将聊天称为"谝",如:上班时会儿莫以在那儿瞎～。

馞 pʰu⁴⁴:《广韵·没韵》蒲没切:"面馞。""面馞"即做面食时用来撒的干面粉。

擥 lan⁴³⁵:通"揽"。《广韵·敢韵》卢敢切:"手擥取。"白河方言将用手把物体放入器物内称为"擥",如:油烧好了,你赶紧把菜～到锅的。

睖 lən⁴⁴：《广韵·蒸韵》丑升切："睖，瞪，直视。"白河方言将用眼睛瞪称为"睖"，如：你～我做啥啰？又不是我拿的。

摐 səŋ⁴³⁵：《集韵·东韵》苏丛切："手进物。"白河方言中常指用力推，如：你～我有啥用啰？前头排了那么多人，又不是我不走。

伥 tʂaŋ⁴³⁵：《广韵·阳韵》褚羊切："狂也。"白河方言指狂妄、嚣张的行为，如：你莫～！等我爸回来好好收拾你。

掫 tʂəu⁴³⁵：《广韵·有韵》侧九切："持物相著。"白河方言指用手托住、端住，如：手上～了那么大一袋子面。

让 ʐaŋ⁴³⁵：《说文·言部》："相责让。"后来该字又写作"嚷"。白河方言中将大声责骂叫"让"，如：你莫以～他嗻！"

瘷 tɕiəu⁴¹：《广韵·宥韵》侧救切："缩小。"白河方言中常指缩着，将吝啬鬼叫"瘷么头"，如：冷得很，我在被褥筒儿里头～成个砣砣儿。

垢圿 kəu⁴³⁵ tɕia⁰：垢，《广韵·厚韵》古厚切："尘垢"。圿，《广韵·黠韵》古黠切："垢圿"。白河方言将身体上的脏污称为"垢圿"，如：你身上一搓都是～，脏死了。

譳譧 luo⁴³⁵ lian⁰：譳，《广韵·侯韵》落侯切："譧譳，言语繁杂貌。"譧，《集韵·仙韵》陵延切。白河方言中将啰嗦称为"譳譧"。

第七章　白河方言的固定短语

一　四字格口头成语

说明

（1）本节共收集白河方言的四字格口头成语近200条。

（2）四字格口头成语指方言中与普通话表达方式迥异、具有固定四字格式（儿化、子缀、头缀不计入四字格式）的口头成语，口头成语的意义需要整体理解，不能拆开。

（3）与普通话中的成语形式、意义基本一致，诸如"烟熏火燎"之类的不收。只是将方言中的三字格、两字格短语简单附加词根而成的四字格，例如"不太扎实、嚼牙巴骨"之类的不收。

（4）口头成语按首字音序排列。每条口头成语先写汉字，后按白河城关话标注读音。

（5）如无特殊说明，该口头成语为城关话和茅坪话共有。

扒揽不得 pa²¹ lan⁴³⁵ pu⁴⁴ tɛ⁴⁴求
之不得：这事情我硬是～呀，咋儿可
能有意见呢？

扒心扒肝 pa¹³ çin²¹³ pa¹³ kan²¹³
形容一心一意、竭尽所能：这么多年

我～的，你咋这么莫得良心咧？

包包儿气鼓 pau²¹³ pɐr⁰ tɕʰi⁴²
ku⁴³⁵萎靡不振、邋里邋遢的样子：
那个人～的，一看都让人不好过。

坨坨儿气鼓 tʰuo⁴⁴ tʰuor⁰ tɕʰi⁴¹

ku⁴³⁵同"包包儿气鼓"。

半□拉块 pan⁴¹ tṣa⁰ la⁴⁴ kʰuai⁴³⁵
零碎的,不是整块的:我要亘的,莫把那些~的给我。

半中拉腰儿 pan⁴¹ tṣuəŋ⁰ la⁴⁴
iɐr²¹³比喻在正中间:你把我哄到这~的,又莫得个车,咋得了哇!

白话撩舌 pɛ⁴⁴ xua⁴¹ liau⁴³⁵ ṣɛ⁴⁴
不诚实,满嘴假话:勇娃子~的,莫理识他。

白米细面 pɛ⁴⁴ mi⁴³⁵ çi⁴² mian⁴¹
精细的粮食:这可都是~,莫糟踢了。

抛江大水 pʰau⁴² tɕiaŋ⁴¹ ta²¹ ṣuei⁴³⁵
大洪水(茅坪话):去年热天汉江河~的,想到都吓人。

扑爬连滚 pʰu²¹ pʰa⁴⁴ lian⁴⁴ kuən⁴³⁵
形容慌慌张张,连跌带撞:今儿起晚了,搞得我~的。

□赤□□ pʰu²¹³ tṣʰ ɻ⁰ lai¹³ xai²¹³
形容邋里邋遢、丢三落四的状态:你一天~的,像个啥么!

蛮头苛脑 man⁴⁴ tʰəu⁰ kʰɛ⁴² lau⁴³⁵
形容面相蛮的样子:你这照相技术,硬是把这么漂亮个娃子照得~的。

闷不出溜 mən²¹³ pu⁰ tṣʰu¹³ liəu²¹³
默不作声,反应缓慢:那是个~娃子,莫得好大出息。

面黄寡瘦 mian⁴² xuaŋ⁴⁴ kua⁴³⁵
səu⁴¹形容面色饥黄、瘦骨嶙峋的样子:八几年的条件差,娃子又多,饭都

吃不饱,一个个~的。

发气到天 fa²¹ tɕʰi⁴¹ tau⁴² tʰian²¹³
非常生气:你看你~的,有啥子不得了的?

发火连烧 fa²¹ xuo⁴³⁵ lian⁴⁴ ṣau²¹³
皮肤有灼热的感觉:这娃子,把我脸抓得这时候儿还~的。

翻眼儿露睛 fan²¹ ȵiɐr⁴³⁵/iɐr⁴³⁵
ləu⁴² tɕin²¹³形容眼睛睁得很大,眼珠子都快露出来:莫~的,难看得很啵。

肥膘肉满 fei⁴⁴ piau²¹³ ʐəu⁴² man⁴³⁵
形容很肥胖:你看他吃得~的,屋的肯定条件儿好。

费心巴力 fei⁴¹ çin⁰ pa¹³ li²¹³非常
投入、费劲地做某事:我一天~的图啥么,你还不领情!

疯使巴□fəŋ²¹³ ʂ ɻ⁰ pa¹³ mo²¹³耍
小性子,乱发脾气:一天光~的,哪个想理你!

大大而已 ta⁴² ta⁴¹ ɚ⁴⁴ i⁴³⁵形容不拘小节的样子:他这人做事总是~的,才不注意这些呢!

大声巴气 ta⁴¹ ṣən⁰ pa⁴⁴ tɕʰi⁴¹形容说话声音很大,嗓门很粗:大中午的,人家都在休息,莫~的。

倒街卧巷 tau⁴³⁵ kai²¹³ uo⁴² xaŋ⁴¹
形容横七竖八地胡乱倒躺:客都来了,你看个~的像个啥样子?

洞洞巴眼 təŋ⁴¹ təŋ⁰ pa⁴⁴ ian⁴³⁵
窟窿很多:你看你不收拾,衣裳叫虫

咬得这～的。

提溜儿摆荡 ti^{213} $liər^{0}$ pai^{435} $taŋ^{213}$　左右摇晃：东西好好儿拿到，～的像个啥?

抵脚绊手 ti^{213} $tɕio^{0}$ $p^{h}an^{42}$ $ʂəu^{435}$　碍手碍脚：哎呀！人家做个啥你离远点儿嘞！～的！

疔疔拐拐 tin^{213} tin^{0} $kuai^{435}$ $kuai^{435}$　形容不平整，疙瘩很多：你这膀子上～的好凓人！

叮呤咣啷 tin^{44} lin^{0} $kuaŋ^{44}$ $laŋ^{44}$　拟声词，形容声音很大：你～的，做啥么?

吞吞拉拉 $t^{h}ən^{435}$ $t^{h}ən^{0}$ la^{44} la^{213}　形容说话、做事等进展不顺畅：是不是没有准备好？背得～的。

拖棍□棒 $t^{h}uo^{21}$ $kuən^{41}$ lau^{435} $paŋ^{41}$　喜欢玩弄棍棒：儿娃子～的正常得很。

老早巴天 lau^{435} $tsau^{435}$ pa^{0} $t^{h}ian^{213}$　时间过早：这还～的，你咋儿就来了?

拿文作武 lan^{44} $uən^{44}$ $tsuo^{42}$ u^{435}　扭捏作态，不大方：莫～的，又亏不了你！

烂眼儿圪眨 lan^{42} $iɐr^{435}$ $kɛ^{0}$ $tʂa^{435}$　形容眼部及周围有病患的样子：娃子这两天害眼睛(得眼病)了，～的遭孽得很。

□□不□ $ləu^{44}$ $səu^{0}$ pu^{44} uei^{44}　好动：这个娃子成天～的，硬是把人烦死了。

愣睁巴眼 $lən^{41}$ $tsən^{0}$ pa^{0} ian^{435}　形容人生硬、呆板：人家问你话，你莫以～的行不行?

棱棱正正 $lən^{44}$ $lən^{44}$ $tʂən^{42}$ $tʂən^{41}$　衣着整齐、干净：你看人家小王，一天～的，看到都有精神。

零的八碎 lin^{44} ti^{0} pa^{44} sei^{41}　零零碎碎，不完整：搬家的时候儿～的东西麻烦死了。

造孽巴撒 $tsau^{13}$ $ȵiɛ^{213}$ pa^{0} sa^{0}　很可怜、凄惨的样子：你一天看到～的，哪个还好意思找你借钱了?

嘴贱毛长 $tsei^{435}$ $tɕian^{41}$ mau^{44} $tʂ^{h}aŋ^{44}$　爱搬弄是非：他们老二跟个女人一样，～的。

皱皱巴□ $tsəu^{41}$ $tsəu^{0}$ pa^{0} $yɛ^{435}$　非常皱的样子：重拿一个，这个～的，我不要。

□头□脑 $tsan^{42}$ $t^{h}əu^{44}$ $ts^{h}an^{42}$ lau^{435}　形容很生硬、很有情绪的样子：你有啥不高兴的呀？～的。

三企两道 san^{21} $tɕ^{h}i^{44}$ $liaŋ^{435}$ tau^{41}　形容次数很多，反复地做：你这～的，划得着啥么！

死瞪白眼儿 $sʅ^{435}$ $tən^{0}$ $pɛ^{44}$ $iɐr^{435}$　形容人瞪眼时难看的样子：问你个话，莫以～的。

四棱见线 $sʅ^{42}$ $lən^{44}$ $tɕian^{42}$ $ɕian^{41}$　形容面相棱角分明：你看娃子长的，～的，标致得很！

四处八路 si^{41} $tʂ^{h}u^{0}$ pa^{44} $ləu^{41}$　形容

来源很广:这两天正开学,人~的都有,要注意流感。

咋咋□□ tʂa⁴¹ tʂa⁰ yɛ⁴³⁵ yɛ⁴³⁵ 咋呼咋呼:这娃子~的,这事儿莫以给他说。

枝桠巴叉 tʂʅ²¹³ ia⁰ pa⁴³⁵ tʂʰa²¹³ 枝叶繁乱、繁茂的样子:这几棵树都是~的,得收拾一下了。

□脚动手 tʂʰʅ²¹ tɕio⁰ təŋ⁴¹ ʂəu⁴³⁵ 动脚动手:坐要有个坐的样子,莫以~的。

扯白撂谎 tʂʰɛ⁴³⁵ pɛ⁴⁴ liau⁴¹ xuaŋ 爱撒谎:成天~的,哪个信你哟!

扯皮顿经 tʂʰɛ⁴³⁵ pʰi⁴¹ tən⁴² tɕin²¹³ 爱和别人纠缠,扯皮:那个人~的,莫和他打交道。

□头乒乓 tʂʰu⁴³⁵ tʰəu⁴⁴ pʰin⁴⁴ pʰaŋ²¹³ 说话、做事粗鲁、无礼、生硬的样子:还有等我解释,他就~地把我说了一顿。

啜是弄非 tʂʰuo²¹ ʅ⁴¹ ləŋ⁴² fei²¹³ 搬弄是非:你莫以成天跟个女人一样~的。

山大无柴 ʂan²¹ ta⁴¹ u⁴⁴ tʂʰai⁴⁴ 形容人徒有虚名:他是~,莫以怕他!

使疯作俏 ʅ⁴³⁵ fəŋ⁰ tsuo⁴² tɕʰiau⁴¹ 胡乱耍性子,发脾气:他妹妹成天喜欢~,人硬是把她莫得主意。

热心快肠 zɛ²¹³ ɕin⁰ kʰuai⁴² tʂʰaŋ⁴⁴ 形容非常热心:李妈是个~的人,这

跟前都晓得。

惹祸撩毛 zɛ⁴³⁵ xuo⁰ liau⁴⁴ mau⁴⁴ 喜欢惹事生非:一个人出差到外地,莫~的,招呼吃亏。

急忙急筹 tɕi⁴⁴ maŋ⁴⁴ tɕi⁴⁴ tsʰəu⁴³⁵ 非常着急、慌乱:我~地跑到这儿来,炉子上火都忘记关了。

讲说不起 tɕiaŋ⁴³⁵ ʂuo⁰ pu⁴⁴ tɕʰi⁴³⁵ 表示对某事就不追究,不提了:上次堵车你迟到就~了,这回呢? 咋搞的?

精沟亮□ tɕin²¹³ kəu⁰ liaŋ⁴² tɕʰia⁴¹ 光着屁股,赤身裸体:都三四岁的娃子了,成天~的,不好。

筋筋绊绊 tɕin²¹³ tɕin⁰ pʰan⁴⁴ pʰan⁴¹ 形容有很多障碍:你这屋的~的,譿谯死了。

屎皮滥干 tɕʰiəu⁴⁴ pʰi⁴⁴ lan⁴¹ kan⁴³⁵ 游手好闲、无所事事:看你一天~的,干点正经事儿行不行?

青枝绿叶儿 tɕʰin²¹³ tʂʅ⁰ ləu¹³ iər²¹³ 枝叶鲜嫩,郁郁葱葱:这岸儿~的,漂亮得很!

清醒白醒 tɕʰin²¹ ɕin⁴³⁵ pɛ⁴⁴ ɕin⁴³⁵ 没有睡着,非常清醒:睡了半天,还~的,不如起来算了。

蛐蛐隆隆 tɕʰy²¹³ tɕʰy⁰ ləŋ¹³ ləŋ²¹³ 形容小声耳语的样子:你们两个光在那儿~的搞啥经么!

扭颈别膀 ȵiəu⁴³⁵ tɕin⁰ pie⁴² paŋ⁴¹ 找别扭,和对方着对干:不同

意就说！～的，搞得人不舒服。

泥糊烂浆 ȵi⁴⁴ xu⁰ laŋ⁴² tɕiaŋ⁴¹

泥泞不堪：这条路也莫得人管，一下雨就～的，难走死了。

血糊凌当 ɕiɛ²¹³ xu⁰ lin⁴⁴ taŋ²¹³

血肉模糊的样子：那个人从三楼跌下来，～的，估计活不了了。

醒汤寡水 ɕin⁴³⁵ tʰaŋ⁰ kua⁴³⁵ ʂuei⁴³⁵

形容很清淡，只有汤水：招呼人搞得这～的，咋拿得出手！

□头儿呱唧 ɕin⁴³⁵ tʰ ər⁰ kua¹³ tɕi²¹³

形容人痴呆、傻笨：这娃子咋儿啥都不会做，看到～的？

斜鼻吊眼儿 ɕyɛ⁴⁴ pi⁴⁴ tiau⁴¹ iɚ⁴³⁵

五官不正：那个人～的，一看就不是啥好东西！

干达马西 kan⁴³⁵ ta⁰ ma⁴⁴ ɕi²¹³

形容乱七八糟：这屋的～一大堆，我咋儿法儿收拾得完？

沟沟岔岔 kəu²¹³ kəu⁰ tʂʰa⁴¹ tʂʰa⁴¹

小道、岔路很多：这一带到处是～，光走错。

咕咕叨叨 ku²¹³ ku⁰ tau¹³ tau²¹³

不停地念叨：你有啥意见就提出来，莫在那儿一直～的。

鼓眼暴筋 ku⁴³⁵ ian⁴³⁵ pau⁴² tɕin²¹³

形容生气时双目圆睁、青筋突起的样子：成天～的，人看到都不舒服！

怪模式样儿 kuai⁴¹ mo⁴⁴ ʂʅ⁰ iɚ⁴¹

怪模怪样：你莫在那儿～的，有话好好儿说。

怪文儿拉撒 kuai⁴¹ uɚ⁰ la²¹³ sa⁰

脾气古怪：我看王校长有点儿～的，懒得找他帮忙。

怪事拿文儿 kuai⁴¹ sʅ⁰ la⁴⁴ uɚ⁰

脾气古怪，意义近上条：这个人～的，莫以理他。

光不出溜 kuaŋ²¹³ pu⁰ tʂʰu⁴⁴ liəu²¹³

形容非常光滑：地下～的，过细跩到了。

鬼儿溜球 kuei⁴³⁵ ər⁰ liəu⁴⁴ tɕʰiəu⁴⁴

说话、做事不稳重，吊儿浪当：这娃子～的，莫得一句实话，怪不得大人不爱见。

鬼眉使眼 kuei⁴³⁵ mi⁴⁴ ʂʅ⁰ iɚ⁴³⁵

贼眉鼠眼：莫以成天～的，有话好好说。

鬼混唐朝 kuei⁴³⁵ xuən⁰ tʰaŋ⁴⁴ tʂʰau⁴⁴

形容乱得一团糟：李老师上课镇不住，每次都是～的。

抠抠掐掐 kʰəu²¹³ kʰəu⁰ tɕʰia¹³ tɕʰia²¹³

很吝啬的样子：做人要学到大方点儿，莫做啥子都～的。

窟窿巴眼 kʰu²¹³ ləŋ⁰ pa²¹ ian⁴³⁵

有很多的窟窿：床单子一水洗得～的，彻底用不成了。

裤提儿夸兮 kʰu²¹ tʰiɚ⁴⁴ kʰua¹³ ɕi²¹³

形容衣衫不整、邋邋遢遢的样子：收拾一下，莫以～的。

可怜巴撒 kʰuo⁴³⁵ lian⁴⁴ pa⁰ sa⁰

很可怜的样子：这娃子饿得面黄寡瘦，～的，看到人都心疼。

糊儿闷盹 xu⁴⁴ ər⁰ mən⁴³⁵ tən⁴³⁵ 形容糊里糊涂的样子:这娃子咋儿~的,啥都找不到呢!

糊□□涂 xu⁴⁴ lian⁴⁴ ta⁴¹ təu⁰ 非常糊涂:你一天~的,还能指望你做啥?

花胡铃铛 xua²¹³ ku⁰ lin⁴⁴ taŋ²¹³ 形容被涂抹得乱七八糟:看你叫人家搞成啥了,~的,赶紧擦一下!

黄皮寡瘦 xuaŋ⁴⁴ pʰi⁴⁴ kua⁴³⁵ səu⁴¹ 形容脸色不好,身体消瘦:最近一向太忙了,你看他~的。

豁牙半齿 xuo²¹ ia⁴⁴ pa⁰ tʂʰʅ⁴³⁵ 形容牙齿破损的样子:这娃子正在换牙,你看~的,怪好玩的。

活络活稀儿 xuo⁴⁴ luo⁰ xuo⁴⁴ çiər²¹³ 形容人非常糊涂:看你做成啥! 一天~的!

活摇活动 xuo⁴⁴ iau⁴⁴ xuo⁴⁴ təŋ⁴¹ 活动的,不稳固:桌子坏得了,~的,你最好莫动它。

火烧火燎 xuo⁴³⁵ ʂau⁴⁴ xuo⁴³⁵ liau⁴³⁵ 形容灼热的感觉:这两天热得很哪,身上~的。

红眼儿黑诈 xəŋ⁴⁴ ȵiɚ⁴³⁵/iɚ⁴³⁵ xɛ²¹ tʂa⁴¹(茅坪)比喻能骗就骗的行为:我又不是瓜子,还想~?

黑马黢洞 xɛ²¹³ ma⁰ tɕʰy¹³ təŋ²¹³ 形容很黑:外头~的,你还是把手电拿到吧。

眼泪巴撒 ian⁴³⁵ lei⁴¹ pa⁰ sa⁰ 眼泪涟涟的样子:娃子~的,肯定又是挨打了。

洋打二阵 iaŋ⁴⁴ ta⁰ ər⁴² tʂən⁴¹ 漠不关心,懒懒散散:莫以~的,给你说的事儿记到没有?

有干无事 iəu⁴³⁵ kan⁰ u⁴⁴ sʅ⁴¹ 没什么事情、理由的条件下做:你~喝啥酒么?

有红丝白 iəu⁴³⁵ xuŋ⁴⁴ sʅ²¹ pɛ⁴⁴ 形容脸色红润:最近有人招呼,心情又好,你看她脸上~的。

乌焦巴弓 u²¹³ tɕiau⁰ pa¹³ kuŋ²¹³ 形容饭菜等烧焦了、弄脏了:你看你这米饭炒的,~的,不想吃。

无情白事 u⁴⁴ tɕʰin⁰ pɛ⁴⁴ sʅ⁴¹ 平白无故:我~地叫他吼了一顿,快气死了得。

五马长枪 u⁴³⁵ ma⁰ tʂʰaŋ⁴⁴ tɕʰiaŋ²¹³ 形容活蹦乱跳、不安静,好动:女娃子家的,成天~的,莫得一点儿样子。

五花六道 u⁴³⁵ xua⁰ ləu⁴⁴ tau⁴¹ 被划得乱七八糟:娃子把屋的墙搞得~的,久已不是要重刷的。

雾气狼烟 u⁴¹ tɕʰi⁰ laŋ⁴⁴ ian²¹³ 烟雾很大:你看咋回事,~的,是不是啥东西点着了?

歪巴曲扭 uai²¹³ pa⁰ tɕʰy⁴⁴ ȵiəu⁴³⁵ 看上去不端正,弯弯曲曲:你这打扫得好,桌子~的,也找不到摆正一下!

弯腰儿巴弓 uan²¹³ iɚ⁰ pa¹³ kuŋ²¹³

弯腰驼背的样子:你莫以成天~的,招呼改不过来了!

玩玩打打 uan⁴⁴ uan⁴⁴ ta⁴³⁵ ta⁴³⁵

形容很轻松:还是你厉害,~的就把房子给装修好了。

云山雾罩 yn⁴⁴ ʂan²¹³ u⁴² tʂau⁴¹

云雾缭绕的样子:一到秋天,后头山上~的,还漂亮得很。

二 白河方言的谚语、歇后语

本节所收的都是白河方言中的谚语和歇后语,都具有鲜明的地域特征。

驳谈鸡蛋不长毛形容人吹毛求疵

pau²¹³ tʰan⁰ tɕi²¹ tan⁴¹ pu⁴⁴ tʂaŋ⁴³⁵ mau⁴⁴

不听老人言,吃亏在眼前

pu⁴⁴ tʰin²¹ lau⁴³⁵ ʐ̩ən⁴⁴ ian⁴⁴, tʂʰʅ¹³ kuʰei²¹³ tsai⁴² ian⁴³⁵ tɕʰian⁴⁴

麻飞儿细雨湿衣裳,豆腐小菜败家当形容积少成多

ma⁴⁴ fər⁰ ɕi⁴² y⁴³⁵ ʂʅ¹³ i²¹³ ʂaŋ⁰, təu⁴¹ fuº ɕiau⁴³⁵ tsʰai⁰ pai⁴² tɕia²¹³ taŋ⁰

饭胀闷得心,茶喝聪明人

fan⁴² tʂaŋ⁴¹ mən²¹ tᴇ⁴⁴ ɕin²¹³, tʂʰa⁴⁴ xuo²¹ tsʰəŋ²¹³ min⁰ ʐ̩ən⁴⁴

肥猪添膘,瘦猪刮油比喻穷的越穷,富的越富,两极分化

fei⁴⁴ tʂu²¹³ tʰian¹³ piau²¹³, səu⁴¹ tʂu²¹³ kua²¹ iəu⁴⁴

打了一冬的柴,一炉子火烤了形容长时间的积蓄一下子花光了

ta⁴³⁵ lauº i⁴⁴ ɿ təŋ²¹³ tiº tʂʰai⁴⁴, i¹ ləu⁴⁴ tsʅ⁰ xuo⁴³⁵ kʰau⁴³⁵ lauº

斗米望天干以商人货少却期盼天灾而哄抬市价比喻居心不良、想入非非

təu⁴³⁵ mi⁴³⁵ uaŋ⁴² tʰian¹³ kan²¹³

太公多了要翻船形容做主的人多了反而不利

tʰai⁴² kuaŋ²¹³ tuo²¹³ lauº iau⁴² fan²¹ tʂʰan⁴⁴

桃花儿有开杏花儿开比喻妹妹先于姐姐出嫁

tʰau⁴⁴ xɐr²¹³ mau⁴² kʰai²¹³ xən⁴² xɐr²¹³ kʰai²¹³

秃子跟到月亮走

tʰəu²¹³ tsʅ⁰ kən²¹³ tau⁰ yᴇ²¹³ liaŋ⁰ tsəu⁴³⁵

条条蛇咬人比喻所有的事都不好做

tʰiau⁴⁴ tʰiau⁴⁴ ʂᴇ⁴⁴ ȵiau⁴³⁵ z̩ən⁴⁴

天干莫忘娘屋人，下雨莫忘疙瘩儿云

tʰian¹³ kan²¹³ mo⁴⁴ uaŋ⁴¹ ȵiaŋ⁴⁴ u⁰ z̩ən⁴⁴，ɕia⁴² y⁴³⁵ mo⁴⁴ uaŋ⁴¹ kᴇ²¹
　　tɐr⁰ yn⁴⁴

丢了篙子撑船

tiəu²¹³ lau⁰ xau²¹³ tsʅ⁰ ȵian⁴³⁵ tʂʰuan⁴⁴

两碗茶不喝，喝一碗茶比喻不该迎合一方，得罪一方

liaŋ⁴³⁵ uan⁴³⁵ tʂʰa⁴⁴ pu⁴⁴ xuo²¹³，xuo²¹ i˙⁴⁴ uan⁴³⁵ tʂʰa⁴⁴

萝卜上了市，郎中莫得事

luo⁴⁴ pu⁰ ʂaŋ⁴¹ lau⁰ sʅ⁴¹，laŋ⁴⁴ tʂuŋ⁰ mo⁴⁴ tᴇ⁴⁴ sʅ⁴¹

早起三日顶一工

tsau⁴³⁵ tɕʰi˙⁴³⁵ san¹³ ər²¹³ tin⁴³⁵ i⁴⁴ kuŋ²¹³

早上放霞，等水烧茶；晚上放霞，干死蛤蟆

tsau⁴³⁵ ʂaŋ⁰ faŋ⁴² ɕia⁴⁴，tən⁴³⁵ ʂuei⁴³⁵ ʂau²¹ tʂʰa⁴⁴；uan⁴³⁵ ʂaŋ⁰ faŋ⁴²
　　ɕia⁴⁴，kan²¹ sʅ⁴³⁵ kʰᴇ⁴⁴ ma⁰

早上立了秋，晚上凉悠悠；晚上立了秋，热死老黄牛

tsau⁴³⁵ ʂaŋ⁰ li²¹³ lau⁰ tɕʰiəu²¹³，uan⁴³⁵ ʂaŋ⁰ liaŋ⁴⁴ iəu¹³ iəu²¹³；uan⁴³⁵
　　ʂaŋ⁰ li²¹³ lau⁰ tɕʰiəu²¹³，z̩ᴇ²¹ sʅ⁴³⁵ lau⁴³⁵ xuaŋ⁴⁴ ȵiəu⁴⁴

掦死人上吊形容落井下石

tsʰəu²¹ sʅ⁴³⁵ z̩ən⁴⁴ ʂaŋ⁴² tiau⁴¹

虱多不咬，债多不愁

sᴇ¹³ tuo²¹³ pu⁴⁴ ȵiau⁴³⁵，tʂai⁴² tuo²¹³ pu⁴⁴ tʂʰəu⁴⁴

三十夜的火，十五夜的灯大年三十夜里要烤大火，正月十五夜里要多点灯

san²¹ ʂʅ⁴⁴ iɛ⁴¹ ti⁰ xuo⁴³⁵, ʂʅ⁴⁴ u⁴³⁵ iɛ⁴¹ ti⁰ tən²¹³

种坏了庄稼一季子,接坏了媳妇儿一辈子

tʂuŋ⁴² xuai⁴¹ lau⁰ tʂuaŋ²¹³ tɕia⁰ i⁴⁴ tɕi⁴¹ tsʅ⁰, tɕiɛ²¹ xuai⁴¹ lau⁰ ɕi⁴⁴ fər⁰ i⁴⁴ pei⁴¹ tsʅ⁰

吃不穷,穿不穷,算计不到一世穷

tʂʰʅ²¹ pu⁴⁴ tɕʰyŋ⁴⁴, tʂʰuan²¹ pu⁴⁴ tɕʰyŋ⁴⁴, san⁴¹˙ tɕi⁰ pu⁴⁴ tau⁰ i˙⁴⁴ ʂʅ⁴¹ tɕʰyŋ⁴⁴

吃不言,睡不语

tʂʰʅ²¹ pu⁴⁴ ian⁴⁴, ʂuei˙⁴² pu⁴⁴ y⁴³⁵

吃饭穿衣量家当,女找婆家看儿郎

tʂʰʅ²¹ fan⁴¹ tʂʰuan¹³ i²¹³ liaŋ⁴⁴ tɕia²¹³ taŋ⁰, ȵy⁴³⁵ tʂau⁴³⁵ pʰo⁴⁴ tɕia⁰ kʰan⁴² ər⁴⁴ laŋ⁰

吃到碗的,望到锅的比喻贪心

tʂʰʅ²¹³ tau⁰ uan⁴³⁵ ti⁰, uaŋ⁴¹ tau⁰ kuo²¹³ ti⁰

吃了腊八儿饭,就要把年办

tʂʰʅ²¹³ lau⁰ la²¹³ pər⁰ fan⁴¹, təu⁴² iau⁴¹ pa⁴³⁵ ȵian⁴⁴ pan⁴¹

正月十五闹元宵,正月十六游百病儿,正月十七开伙班

tʂən²¹³ yɛ⁰ ʂʅ⁴⁴ u⁴³⁵ lau⁴² yan⁴⁴ ɕiau⁰, tʂən²¹³ yɛ⁰ ʂʅ⁴⁴ ləu⁴⁴ iəu⁴⁴ pɛ²¹ piər⁴¹, tʂən²¹³ yɛ⁰ ʂʅ⁴⁴ tɕʰi˙⁴⁴ kʰai²¹ xuo⁴³⁵ pan²¹³

扯起葫芦根也动说起一件事情牵连其他事情

tʂʰɛ⁴³⁵ tɕʰi˙⁴³⁵ xu⁴⁴ ləu⁰ kən²¹ iɛ⁴³⁵ təŋ⁴¹

除了娘舅无好亲,除了花藜无好柴

tʂʰu⁴⁴ lau⁰ ȵian⁴⁴ tɕiəu⁴¹ u⁴⁴ xau⁴³⁵ tɕʰin²¹³, tʂʰu⁴⁴ lau⁰ xua²¹³ li⁰ u⁴⁴ xau⁴³⁵ tʂʰai⁴⁴

厨子不好赖灶歪,屙不出来屎怪茅厕比喻一味地责怪客观条件

tʂʰu⁴⁴ tsʅ⁰ pu⁴⁴ xau⁴³⁵ lai˙⁴² tsau⁴¹ uai˙²¹³, pa⁴³⁵ pu⁴⁴ tʂʰu⁴⁴ lai⁰ ʂʅ⁴³⁵ kuai⁴² mau⁴⁴ sʅ²¹³

虫虫儿莫得了，笼笼儿也莫得了比喻顾此失彼，最后两手空空

tʂʰuŋ⁴⁴ tʂʰər⁰ mo⁴⁴ tɛ⁴⁴ lau⁰，ləŋ⁴⁴ lər⁰ iɛ⁴³⁵ mo⁴⁴ tɛ⁴⁴ lau⁰

绳子拣的细处断强调要害之处易出问题

ʂən⁴⁴ tsʅ⁰ tɕian⁴³⁵ ti⁰ çi⁴¹ tʂʰu⁰ tan⁴¹

神仙难遇开笼馍开笼馍，刚出锅的包子。白河人认为是最香最美

ʂən⁴⁴ çian⁰ lan⁴⁴ y⁴¹ kʰai²¹ ləŋ⁴⁴ mo⁴⁴

蛇大窟窿粗比喻收入大，开支也大

ʂɛ⁴⁴ ta⁴¹ kʰu²¹³ ləŋ⁰ tsʰəu²¹³

日鬼弄棒棰比喻不诚实，不干正经事

zʅ²¹³ kuei⁴³⁵ ləŋ⁴² paŋ⁴¹ tʂʰuei⁰

急婆娘找不到好老汉

tɕi⁴⁴ pʰo⁴⁴ ȵiaŋ⁰ tʂau⁴³⁵ pu⁴⁴ tau⁴⁴ xau⁴³⁵ lau⁴³⁵ xan⁰

家鸡打到团团转，野鸡打到满天飞比喻自家的孩子越打越亲

tɕia¹³ tɕi²¹³ ta⁴³⁵ tau⁴⁴ tʰan⁴⁴ tʰan⁴⁴ tʂuan⁴¹，iɛ⁴³⁵ tɕi²¹³ ta⁴³⁵ tau⁰ man⁴³⁵

　　tʰian¹³ fei²¹³

假马日骡子比喻装模作样

tɕia⁴³⁵ ma⁴³⁵ zʅ²¹ luo⁴⁴ tsʅ⁰

见不得穷人喝米汤比喻气量狭小，不愿意看到别人得到好处

tɕian⁴¹ pu⁰ tɛ⁴⁴ tɕʰyŋ⁴⁴ zən⁰ xuo²¹ mi⁴³⁵ tʰaŋ⁰

酒醉心里明

tɕiəu⁴³⁵ tsei⁴¹ çin²¹³ li⁰ min⁴⁴

前檐儿水不打后檐儿流比喻界限分明，互无关系

tɕʰian⁴⁴ iɐr⁰ ʂuei⁴³⁵ pu⁴⁴ ta⁴³⁵ xəu⁴² iɐr⁴⁴ liəu⁴⁴

求不到官儿有秀才在比喻虽然达不到更高的要求，但尚且能保底

tɕʰiəu⁴⁴ pu⁴⁴ tau⁰ kuɐr²¹³ iəu⁴³⁵ çiəu⁴¹ tsʰai⁰ tsai⁴¹

勤喂猪，懒喂蚕，四十八天见现钱

tɕʰin⁴⁴ uei⁴² tʂu²¹³，lan⁴³⁵ uei⁴² tsʰan⁴⁴，sʅ⁴¹ ʂʅ⁰ pa⁴⁴ tʰian⁰ tɕian⁴² çian⁴² tçʰian⁴⁴

□头儿八哥儿傻瓜、糊涂的人拉胡琴儿比喻糊涂人做糊涂事

çin⁴³⁵ tʰər⁰ pa²¹³ kuor⁰ la²¹ xu⁴⁴ tçʰiər⁰

砍柴卖，买柴烧比喻夫妻双方都有外遇

kʰan⁴³⁵ tʂʰai⁴⁴ mai⁴¹, mai⁴³⁵ tʂʰai⁴⁴ ʂau²¹³

砍竹子，扳笋子比喻既伤害了大人又伤害了儿童

kʰan⁴³⁵ tʂəu²¹³ tsʅ⁰, pan²¹ sən⁴³⁵ tsʅ⁰

快叫慢给耽误了形容欲速则不达

kʰuai⁴¹ tçiau⁴¹ man⁴¹ kɛ⁴³⁵ taŋ²¹³ ku⁰ lau⁰

好心当作驴肝肺，还说驴肝莫得味

xau⁴³⁵ çin²¹ taŋ²¹³ tsuo⁰ ly⁴⁴ kan²¹ fei⁴¹, xai⁴⁴ ʂuo²¹³ ly⁴⁴ kan²¹ mo⁴⁴ tɛ⁴⁴ uei⁴¹

核桃仁要砸到吃比喻小孩需要严格教育

xɛ⁴⁴ tʰau⁰ ʐ̩ər⁴⁴ iau⁴¹ tsa⁴⁴ tau⁰ tʂʰʅ²¹³

蝗虫吃过了界比喻行为举止过了界限

xuaŋ⁴⁴ tʂʰuŋ⁴⁴ tʂʰʅ²¹ kuo⁴¹ lau⁰ kai⁴¹

黄牛黑卵子，格外不一样比喻和常人不同

xuaŋ⁴⁴ ȵiəu⁴⁴ xɛ²¹ lan⁴³⁵ tsʅ⁰, kɛ⁴⁴ uai²¹ pu⁴⁴ i⁴⁴ iaŋ⁴¹

黄叶不落青叶落比喻白发人送黑发人

xuaŋ⁴⁴ iɛ²¹³ pu⁴⁴ luo²¹³ tçʰin¹³ iɛ²¹³ luo²¹³

混吃白米小炒儿比喻混吃混喝

xuən⁴² tʂʅ²¹³ pɛ⁴⁴ mi⁴³⁵ çiau⁴³⁵ tʂʰər⁴³⁵

河的捞块板，屋的丢扇门形容人得不偿失

xuo⁴⁴ ti⁰ lau²¹ kuai⁴³⁵ pan⁴³⁵, u⁴⁴ ti⁰ tiəu²¹ ʂan⁴¹ mən⁴⁴

一天省一把，三年买匹马

i⁴⁴ tʰian²¹ sən⁴³⁵ i⁴⁴ pa⁴³⁵, san²¹ ȵian⁴⁴ mai⁴³⁵ pʰi⁰ ma⁴³⁵

一个萝卜两头儿切比喻遭受双重损失

i⁴⁴ kuo⁰ luo⁴⁴ pu⁰ liaŋ⁴³⁵ tʰɚʳ⁰ tɕʰiɛ²¹³

一物降一物，老婆儿降豆腐

i⁴⁴ u²¹³ tɕʰiaŋ⁴⁴ i⁴⁴ u²¹³，lau⁴³⁵ pʰor⁴⁴ tɕʰiaŋ⁴⁴ təu⁴¹ fu⁰

五马贩六羊比喻胡乱倒腾

u⁴³⁵ ma⁴³⁵ fan⁴¹ ləu⁴⁴ iaŋ⁴⁴

歪歪儿锅配歪歪儿灶

uai²¹³ uɐr⁰ kuo²¹³ pʰei⁴¹ uai²¹³ uɐr⁰ tsau⁴¹

簸箕扣到方桌儿上——就地方随地圆

po⁴¹ tɕi⁰ kʰəu⁴⁴ tau⁰ faŋ¹³ tʂuor²¹³ ʂaŋ⁴¹——tɕiəu⁴² ti⁴¹ faŋ²¹³ sei⁴⁴
　　ti⁴² yan⁴⁴

盘子的长豆芽儿——根祥清楚

pʰan⁴⁴ tsɿ⁰ ti⁰ tʂaŋ⁴³⁵ təu⁴² iɐr⁴⁴——kən²¹ pʰan⁴¹ tɕin²¹ tsʰəu⁴³⁵

庙后头挖疙瘩——掦老爷翻蔸

miau⁴¹ xəu⁴¹ tʰəu⁰ ua²¹ kɛ²¹³ ta⁰——tsʰəu²¹ lau⁴³⁵ iɛ⁰ fan¹³ təu²¹³

蚂蝗缠了鹭鸶脚——想脱不得脱

ma⁴³⁵ xuaŋ⁰ tʂʰan⁴⁴ lau⁰ ləu⁴¹ sɿ⁰ tɕio²¹³——ɕiaŋ⁴³⁵ tʰuo²¹³ pu⁴⁴ tɛ⁴⁴
　　tʰuo²¹³

门旮旯儿的扁担——不能窄看

mən⁴⁴ kɛ⁴⁴ lɐr²¹³ ti⁰ pian⁴³⁵ tan⁰——pu⁴⁴ lən⁴⁴ tsɛ²¹ kʰan⁴¹

大风地的吃炒面——张不开嘴

ta⁴¹ fəŋ²¹³ ti⁴¹ ti⁰ tʂʰɿ²¹ tʂʰau⁴³⁵ mian⁴¹——tʂaŋ²¹³ pu⁰ kʰai²¹ tsei⁴³⁵

秃子头上毛不长——我也不想

tʰəu²¹³ tsɿ⁰ tʰəu⁴⁴ʂaŋ⁰ mau⁴⁴ pu⁴⁴ tʂaŋ⁴³⁵——ŋuo⁴³⁵ iɛ⁴³⁵ pu⁴⁴ ɕiaŋ⁴³⁵

秃子头上的虱——明摆到在

tʰəu²¹³ tsɿ⁰ tʰəu⁴⁴ ʂaŋ⁰ ti⁰ sɛ²¹³——min⁴⁴ pai⁴³⁵ tau⁰ tsai⁰

秃子烂了头——一头儿莫一头儿

tʰəu²¹³ tsʅ⁰ lan⁴¹ lau⁰ tʰəu⁴⁴——i⁴⁴ tʰər⁴⁴ mo⁴⁴ i⁴⁴ tʰər⁴⁴

提到夜壶上床——找头子挨

tʰi⁴⁴ tau⁰ iɛ⁴¹ xu⁴⁴ʂaŋ⁴² tʂʰuaŋ⁴⁴——tʂau⁴³⁵ tʰəu⁴⁴ tsʅ⁰ ŋai⁴⁴

笤箸杆儿夹汤圆——光杆儿遇到琉璃蛋比喻两个无用的人遇到一起

tʰiau⁴⁴ tʂʰu⁰ kɐr⁴³⁵ tɕia¹³ tʰaŋ²¹³ yɐr⁰——kuaŋ²¹ kɐr⁴³⁵ y⁴¹ tau⁰ liəu⁴⁴
　li⁰ tan⁴¹

癞蛤蟆爬到脚背上——不咬人凛人

lai⁴² kʰɛ⁴⁴ ma⁰ pʰa⁴⁴ tau⁰ tɕio²¹ pei⁴¹ ʂaŋ⁰——pu⁴⁴ ȵiau⁴³⁵ ʐən⁰
　lin⁴¹ ʐən⁰

拽到驮着竹竿子进城——直来直去

lau⁴³⁵ tau⁰ tʂəu¹³ kan²¹³ tsʅ⁰ tɕin⁴² tʂʰən⁴⁴——tʂʅ⁴⁴ lai⁴⁴ tʂʅ⁴⁴ tɕʰi⁴¹

老河口的白菜——莫得筋(经)比喻人或物差劲、不怎么样

lau⁴³⁵ xuo⁴⁴ kʰəu⁴³⁵ ti⁰ pɛ⁴⁴ tsʰai⁰——mo⁴⁴ tɛ⁴⁴ tɕin²¹³

老爷头上挂辣子——给老爷红脸

lau⁴³⁵ iɛ⁰ tʰəu⁴⁴ ʂaŋ⁰ kua⁴² la²¹³ tsʅ⁰——kɛ⁴³⁵ lau⁴³⁵ iɛ⁰ xuŋ⁴⁴ lian⁴³⁵

老鼠尾巴打一百棒槌——就了材料儿指无药可救

lau⁴³⁵ ʂu⁰ i⁴³⁵ pa⁰ ta⁴³⁵ i⁴⁴ pɛ²¹³ paŋ⁴¹ tʂʰuei⁰——tɕiəu⁴¹ lau⁰ tsʰai⁴⁴ liɐr⁰

眨巴眼生瞎子——一代不如一代

tʂʰa⁴³⁵ pa⁰ iɐr⁴³⁵ sən¹³ ɕia²¹³ tsʅ⁰——i⁴⁴ tai⁴¹ pu⁴⁴ y⁴⁴ i⁴⁴ tai⁴¹

眨巴眼儿看太阳——一手遮天

tʂa⁴³⁵ pa⁰ iɐr⁴³⁵ kʰan⁴² tʰai⁴¹ iaŋ⁰——i⁴⁴ ʂəu⁴³⁵ tʂɛ¹³ tʰian²¹³

卡子上夹个火柴头儿——一溜烟

tɕʰia⁴³⁵ tsʅ⁰ ʂaŋ⁴¹ tɕia²¹³ kuo⁰ xuo⁴³⁵ tʂʰai⁴⁴ tʰər⁴⁴——i⁴⁴ liəu⁴¹ ian²¹³

怀的装镜子——比哪个都明白

xuai⁴⁴ ti⁰ tʂuaŋ²¹³ tɕin⁴¹ tsʅ⁰——pi⁴³⁵ la⁴³⁵ kuo⁰ təu²¹ min⁴⁴ pɛ⁰

哑巴吃汤圆儿——心的有数儿

ia⁴³⁵ pa⁰ tʂʰʅ¹³ tʰaŋ²¹³ yɐr⁰——ɕin²¹³ ti⁰ iəu⁴³⁵ sər⁴¹

哑巴进饭店儿——给啥吃啥

ia^{435} pa^{0} tɕin^{41} fan^{42} tiɐr^{41}——kɛ^{435} ʂa^{41} tʂʅ^{h21} ʂa^{41}

夜壶冒烟——干□^{比喻多管闲事}

iɛ^{41} xu^{44} mau^{42} ian^{213}——kan^{41} tɕʰi^{0}

三　白河方言口头成语、谚语、歇后语分析

3.1 白河方言口头成语、谚语结构特点

白河方言的口头成语、谚语非常丰富,其结构特点也比较复杂,总的来说有复合式和附加式两种结构:

3.1.1 复合式

复合式语汇整体上由两个部分组成,两个部分都是意义具体的实语素或实词,这种结构模式的语汇数量较多,根据两个部分之间的关系又可以细分为:

3.1.1.1 联合式

①动宾+动宾

扒心扒肝	翻眼儿露睛	抵脚绊手	拖棍挼 lau^{435} 棒
拿文作武	□tʂʅ^{h213}脚动手	扯白撂谎	倒街卧巷
啜是弄非	使疯作俏	惹祸撩毛	扭颈别膀
吃到碗的,望到锅的		砍竹子,扳笋子	

动宾联合式语汇的格式是 V$_1$O$_1$V$_2$O$_2$。V$_1$ 和 V$_2$ 意义相关,如:抵—绊、拖—挼䠦、啜—弄、倒—卧;少数情况下 V$_1$ 和 V$_2$ 为相同的动作,如“扒心扒肝”;O$_1$ 和 O$_2$ 意义相关,如:心—肝、文—武、疯—俏、街—巷。

②偏正+偏正

白米细面	蛮头苕脑	肥膘肉满	三企两道
四处八路	热心快肠	醒汤寡水	青枝绿叶儿

鼓眼暴筋　　　豁牙半齿　　　活摇活动　　　斜鼻吊眼儿

三十夜的火,十五夜的灯

除了娘舅无好亲,除了花藜无好柴

偏正联合式语汇主要为定中+定中结构,如"(白)米+(细)面、(豁)牙+(半)齿",也有少量状中+状中结构,如"[活]摇+[活]动,又如[除了娘舅]无好亲,[除了花藜]无好柴"。

③主谓+主谓

嘴尖毛长　　　　　火烧火燎

肥猪添膘,瘦猪刮油

天干莫忘娘屋人,下雨莫忘疙瘩儿云

虱多不咬,债多不愁

正月十五闹元宵,正月十六游百病儿,正月十七开伙班

厨子不好赖灶歪,屙不出来屎怪茅厕

虫虫儿莫得了,笼笼儿也莫得了

河的捞块板,屋的丢扇门

④中补+中补

饭胀闷得心,茶喝聪明人

⑤连谓+连谓

砍柴卖,买柴烧

⑥重叠+重叠

吞吞拉拉　疗疗拐拐　筋筋绊绊　诈诈□□yɛ^{435} yɛ^{435}

棱棱正正　沟沟岔岔　灵灵醒性　抠抠掐掐

重叠联合式主要为四字格口头成语,构词语素可以是动词、形容词、名词,如:吞、诈、抠(动词)、棱、灵(形容词)、拐、筋、沟(名词)。整个短语一般为谓词性短语,如:

你说话莫以吞吞拉拉的,有啥就说啥。

这娃子看到棱棱正正的,一表人才。

　　　这一路地势复杂得很,沟沟岔岔的,不好走。

3.1.1.2 主谓式

　　烂眼儿圪眨　　山大无柴　　　　条条蛇咬人
　　前檐儿水不打后檐儿流　　　神仙难遇开笼馍
　　驴子屎外面儿光　　　　　黄牛黑卵子,格外不一样
　　死猪不怕开水烫

3.1.1.3 偏正式

　　(抛江)大水　　　　[包包儿]气鼓　　　[坨坨儿]气鼓

3.1.1.4 补充式

　　补充式结构一般出现在四字格口头成语中,前半部分为一或两个谓词性语素,后半部分补充说明动作的结果或状态的程度,如:

　　　闷〈不出溜〉　发气〈到天〉　讲说〈不起〉　光〈不出溜〉

3.1.1.5 动宾式

　　死瞪白眼儿　　见不得穷人喝米汤　　混吃白米小炒儿

3.1.1.6 连谓式

　　丢了篙子撑船

3.1.2 附加式

　　附加式语汇主要表现为四字格口头成语,其内部由有实在意义的词根和无意义的词缀共同组合而成。词缀更多地起附加意义、语气、结构等方面的作用。根据词缀的位置分为中缀式和后缀式两种。

3.1.2.1 中缀式

　　白河方言口头成语的中缀主要是"巴",口头成语的格式一般为"AB+巴+C",如:

　　费心巴力　　　　老早巴天　　　　大声巴气
　　洞洞巴眼　　　　愣睁巴眼　　　　疯使巴□mo²¹³

　　枝桠巴叉　　　　窟窿巴眼　　　　弯腰儿巴弓

　　该格式中的 AB 多可以独立成词,如:费心、弯腰、大声、可怜。C 多为名词性语素,如:力、眼、气、叉、天。

　　中缀"里"也常出现在白河方言的四字格口头成语中,格式为"A+里+AB、A+里+BC"等,如:

　　流里流气　　火里火燎　　花里胡哨

　　3.1.2.2 后缀式

　　后缀"巴撒、拉撒"一般附加在形容词、名词及其短语之后,表示性质、状态的程度较深,如:

　　眼泪巴撒　　可怜巴撒　　怪文拉撒

　　白河方言四字格口头成语中还有一类结构类似联绵词的后缀,具有双声或叠韵的韵律美,主要表达动作、状态的程度较深,同时显得更加生动、形象,如:

　　血糊凌当　　　　　　□pʰu²¹³赤□□lai²¹³xai⁰
　　□çin⁴³⁵头儿呱唧　　　□tʂʰu⁴³⁵头乒乓

　　3.2 白河方言口头成语、谚语的语义及修辞特点

　　3.2.1 语义表达特点

　　3.2.1.1 描绘性

　　口头成语和谚语常常通过描绘日常生活中的人、物、事的方法来表达意义,因此简单易懂、形象生动。其中很多都是借写物来喻人,如:

　　(1)死瞪白眼儿　　　　(2)翻眼儿露睛
　　(3)扭颈别膀　　　　　(4)雾气狼烟
　　(5)秃子跟到月亮走　　(6)吃到碗的,望到锅的
　　(7)死猪不怕开水烫　　(8)见不得穷人喝米汤

　　例(1)(2)都是通过描绘人的眼部来表现神态、心情,例(3)通过描绘颈、膀等部位的动作表现出找别扭,不合作,例(4)描绘了烟雾漫天的场景,例(5)~(8)描绘的都是生活中常见的场

景,分别表达了盲目跟从、贪心不足、破罐子破摔和嫉妒后进的
行为。

3.2.1.2 对称性

白河方言口头成语和歇后语的绝大多数复合式语汇在语义
表达上前后两部分意义相近、相关或者相反,非常对称,如:

（1）扒心扒肝　　　　　（2）白米细面
（3）拿文作武　　　　　（4）扯白撂谎
（5）五画六道　　　　　（6）肥猪添膘,瘦猪刮油
（7）黄叶不落青叶落　　（8）早上放霞,等水烧茶;晚上
　　　　　　　　　　　　　　放霞,干死蛤蟆
（9）吃不言,睡不语　　（10）砍竹子,扳笋子

前五例属四字格口头成语,都可以分为前后两个部分,意义
相关或者相近。例（6）前后两部分意义相反,更加鲜明地对比
表达出贫富两极分化的现象。例（8）的"早上—晚上"、例（9）的
"吃—睡"、例（10）的"砍—扳"都属于意义相近或相关,形式上
对称,表义也更加形象生动。

3.2.1.3 贬义性

白河方言的口头成语和谚语（尤其是谚语）还有一个重要
的表义特点,即大多数描写的都是人或事物的消极面,带有一定
的贬义性,如:

（1）白话撩舌　　　　　（2）扑爬连滚
（3）抵脚绊手　　　　　（4）扯皮顿经
（5）裤提儿夸兮　　　　（6）打了一冬的柴,一炉子火烤了
（7）条条蛇咬人　　　　（8）黄牛黑卵子,格外不一样
（9）好心当作驴肝肺,　（10）推死人上吊。
　　　还说驴肝莫得味

这些例子描述的都是带有一定贬义的人或事物,如例（1）
（4）分别描述了人爱撒谎和爱扯皮的毛病,例（2）（5）描述的是

人连滚带爬、衣衫不整的狼狈模样,例(8)(9)(10)分别描述的是与别人格格不入、不识好人心以及落井下石等带贬义的行为和现象。

3.2.2 修辞特点

白河方言的口头成语和谚语数量较多,百姓喜闻乐见,一方面是因为其素材大多来自于日常生活,另一方面是因为大量运用了各种修辞手段,显得形象生动,主要有:

3.2.2.1 对偶

对偶最突出的效果是形式上对称、均衡,意义上互为补充或互相映衬,例如:

蛮头苕脑　　　　　抵脚绊手

四处八路　　　　　惹祸撩毛

麻□fər⁰儿细雨湿衣裳,豆腐小菜败家当。

虱多不咬,债多不愁　　　前人栽树,后人歇荫

天干莫忘娘屋人,下雨莫忘疙瘩儿云

它们一般为四、八或十四音节,形式工整,节奏分明。尤其是四音节的口头成语,读起来错落有致,琅琅上口,更加体现出汉语的韵律美。

3.2.2.2 重言

重言指词语内部音节的重复,目的是为了增加词语的节奏感。白河方言的重言四字格口头成语,主要有以下三种:

单言重言,主要是第一音节的重复,如:包包儿气鼓、坨坨儿气鼓、洞洞巴眼、大大而已、皱皱巴□yɛ⁴³⁵。

双重重言,第一和第三音节分别重复,即 AABB,如:吞吞拉拉、棱棱正正、诈诈□□yɛ⁴³⁵ yɛ⁴³⁵、筋筋绊绊、沟沟岔岔、抠抠掐掐、玩玩打打。

间隔重言,主要是第一和第三音节的间隔重复,如:扒心扒

肝、□tsan⁴¹头□tsʰan⁴¹脑、急忙急筹、火里火燎、活摇活动,也有
第二和第四音节的间隔重复,如:清醒白醒。

3.2.2.3 比喻

白河方言口头成语和谚语中多用生活中常见的人、物、事去
比喻一些不好直接讲明或者抽象的事物,扩大了该语汇的使用
场合、增加了使用几率,提高了使用效果,如:

(1)扭颈别膀　　　　(2)条条蛇咬人
(3)丢了篙子撑船　　(4)扯起葫芦根也动
(5)核桃仁要砸到吃
(6)虫虫儿莫得了,笼笼儿也莫得了

例(1)用别扭的肢体动作比喻别扭的行为,例(2)比喻所有
的事都不好做,例(4)用"葫芦"和"根"比喻事情的方方面面,例
(5)用核桃仁比喻淘气的孩子,例(6)用"虫虫儿"和"笼笼儿"
都没有了比喻两手空空。

3.2.2.4 借代

借代是不直接说出所要表达的人或事物,而是借用与它密
切相关的人或事物来代替,二者具有相关性,例如:

(1)五马长枪　　　　(2)卖石灰的见不得卖面的
(3)太公多了要翻船　(4)桃花儿有开杏花儿开
(5)驴子屎外面儿光　(6)黄牛黑卵子,格外不一样

例(1)用"马"和"枪"代替喜好打闹的孩子,例(2)用"卖石
灰的"和"卖面的"代指同行,例(3)用"太公"指出主意者、拿事
者,例(4)"桃花儿"和"杏花儿"指代姐妹俩,例(5)用"驴子屎"
指代冠冕堂皇而无真材实学者,例(6)用"黄牛黑卵子"代指与
众不同的人或事。

3.2.2.5 夸张

夸张是指在客观事实的基础上,运用丰富的想象力,故意对
事物的某些方面作夸大或缩小的描述,很多白河方言的口头成

语和谚语都是通过夸张手法来实现其表义的。这些夸张对事物的特征加以合情合理的渲染,带有强烈的情感态度,虽有些夸张,但却使人感到很真实。如:

　　(1)扒心扒肝　　　　(2)抛江大水

　　(3)发气到天　　　　(4)把卖盐的打死了

　　(5)打了一冬的柴,一炉子火烤了

　　(6)萝卜上了市,郎中莫得事

3.3 白河方言歇后语结构及语义特点

3.3.1 白河方言的歇后语比较丰富,从结构上看,一般有引子和注释两个部分,每个部分都由一个语节构成,其结构关系类型主要有三种:

3.3.1.1 句子+句子型①,例如:

　　簸箕扣到方桌儿上——就地方随地圆

　　庙后头挖疙瘩——揭老爷翻苑

　　笤箸杆儿加汤圆——光杆儿遇到流里蛋

　　怀的装镜子——比哪个都明白

　　哑巴进饭店儿——给啥吃啥

3.3.1.2 句子+短语型,例如:

　　盘子的长豆芽儿——根祥清楚

　　大风地的吃炒面——张不开嘴

　　癞蛤蟆打哈欠——好大的口气

　　卡子上夹个火柴头儿——溜烟

　　眨巴眼儿看太阳——手遮天

3.3.1.3 短语+短语型,例如:

　　门旮旯儿的扁担——不能窄看

----

① 此处的"句子"不是完整意义上的句子,只是形式上像句子,但没有句调。

　　秃子头上的虱——明摆到在

　　兔子的尾巴——长不了

　　脱裤子放屁——多此一举

　　夜壶冒烟——干口$\text{tɕ}^\text{h}\text{i}^\text{0}$

　　白河方言的歇后语非常形象生动,诙谐幽默。引子往往取材广泛,涉及人物、动物、植物、食品和器物等社会生活的方方面面,贴近群众生活,为广大群众所喜闻乐见,如:眨巴眼生瞎子、癞蛤蟆爬到脚背上、腰的别个死老鼠、秃子烂了头等。还有的引子想象新奇,带有悬念,必须通过注释部分才能使人恍然大悟,明白其中的道理,如:大风地的吃炒面、笤箒杆儿加汤圆、提到夜壶上床等。

　　3.3.2 白河方言的歇后语从表义特点上看大致分为两类:

　　3.3.2.1 借喻双关,引子和注释共同构成一个完整的情节,注释部分运用比喻实现意义上的双关,如:

　　庙后头挖疙瘩——掏老爷翻蔸

　　笤箒杆儿加汤圆——光杆儿遇到流里蛋

　　卡子上夹个火柴头儿——一溜烟

　　例(1)用"掏老爷翻蔸"比喻落井下石的行为,例(2)用"光杆儿遇到琉璃蛋"比喻两个没用的人凑到了一起,例(3)"一溜烟"比喻灰溜溜而走。

　　3.3.2.2. 转义双关,利用注释部分里某个词语的多义性产生别义,既解释了引子,又表达了整个歇后语的意义,如:

　　(1)哑巴吃汤圆儿——心的有数儿

　　(2)眨巴眼儿看太阳——一手遮天

　　(3)癞蛤蟆打哈欠——好大的口气

　　例(1)原指哑巴清楚所吃汤圆的数目,转指心里明辨是非,例(2)原指眨巴眼看太阳时的动作,转指带专制统治的行为,例(3)原指癞蛤蟆打哈欠时张开大嘴的样子,转指说话盛气凌人、夸夸其谈。

第八章　构词法

一　重叠

重叠是汉语方言中重要的构词手段。白河方言中的重叠构词法非常普遍，在形式和功能上都很有特色。白河方言中的重叠构词主要有重叠式名词、动词、形容词三类。

1.1 重叠式名词

白河方言中的重叠式名词主要有四类：AA 子/儿、AA 子/儿 B、ABB 子/儿、AABB。重叠后的意义变化主要体现在色彩义方面，少数词重叠式与基式相比，所指发生改变。

1.1.1 AA 子/儿

白河方言中几乎不存在独立的 AA 式名词，基本上所有的 AA 式名词都需带子缀或儿缀，即"AA 子"或"AA 儿"。"AA 子/儿"式是重叠式名词中最复杂的一类，具有以下结构特点和语用特点：

"AA 子"式名词中，语素 A 一般为名词性语素，重叠前后所指基本一致，例如：

渣渣子	刀刀子	罩罩子	罐罐子
筒筒子	夹夹子马甲	兜兜子	线线子
水水子	沫沫子	疔疔子	洞洞子

语素 A 也可以是形容词性语素,重叠后整体做名词,例如:

| 歪歪子 | 坏坏子 | 斜斜子 | 顺顺子 |

这种由单音节性质形容词构成的"AA 子"式名词在关中方言中很常见,如户县(孙立新 2001)、合阳(邢向东 蔡文婷)、西安(兰宾汉)。

"AA 儿"式名词中,语素 A 主要是名词性语素,如下列甲类和乙类,其中甲类重叠前后理性义基本不变,乙类重叠后意义发生了变化;语素 A 也可以是动词性语素或形容词性语素,如丙类;还可以由量词充当,如丁类:

甲:<u>盆盆儿</u>　　碗碗儿　　袋袋儿　　笆笆儿_{妇女的发髻;箅子}

凳凳儿　　帘帘儿　　虫虫儿　　棍棍儿

豆豆儿　　蛛蛛儿蜘蛛　盒盒儿　　蠓蠓儿成群的小虫

缝缝儿　　角角儿旮旯　勺勺儿　　铲铲儿

娃娃儿　　车车儿　　包包儿　　堆堆儿

乙:蛋蛋儿小孩子　眼眼儿小孔　雀雀儿男孩儿生殖器

妈妈儿乳房,茅坪话

丙:弯弯儿　　盖盖儿　　粉粉儿粉末　尖尖儿

丁:块块儿　　坨坨儿　　片片儿　　颗颗儿

和"AA 儿"式重叠名词相比,"AA 子"重叠名词表小、表爱色彩不明显,有时甚至表达出厌恶、嫌弃的感情,例如:

> 买的新衣裳高头这么多线线子,啥质量!
>
> 老王背上尽是疔疔子,夏天一露出来硬把人凛死唠!
>
> 你把洋芋都切成丁丁子,叫人咋儿夹么!
>
> 桌子都摆了个歪歪子,找不到眼睛咋儿法儿长的!

白河方言中人名的昵称常出现"AA 儿"或"AA 子"的表达形式,一般是重叠人名中的最后一个音节,两者比 AA 更加亲切,如:涛涛儿、峰峰儿、兰兰子、刚刚子。

　　白河方言中的"AA 子/儿"式重叠名词的语法功能和普通名词相同。

　　1.1.2　AA 子/儿 B、ABB 子/儿、AABB

　　"AA 子/儿 B"式重叠名词都是定中结构,语素 A 一般为名词性,少数为动词性或形容词性,重叠后修饰名词性语素 B。其理性义等于 A+B,同时具有小称、爱称等色彩,基式 AB 一般不能单说。第二个 A 一般加后缀"儿",并读轻声。少数情况在语素 B 后加后缀"儿",B 必须重读。第二个 A 也可以加后缀"子","AA 子 B"的小称、爱称色彩没有"AA 儿 B"明显,如:

坡坡儿地　　　　　　人人儿书_{小人书}　　　　　　棍棍儿面

叉叉儿裤_{大裆裤}　　　筒筒儿鞋_{胶质雨鞋}　　　罐罐儿鸡

笼笼儿肉　　　　　　□□pʰia⁴³⁵ pʰiɐr⁴³⁵锅_{平底锅}

凹凹儿地_{凸凹不平的地}　蹦蹦儿车_{三轮车}　　　渣渣儿柴

坡坡子地　　　　　　筒筒子鞋　　　　　　溜溜子板儿

溜溜板儿_{滑梯}　　　□□pʰia⁴³⁵ pʰia⁴³⁵子锅

　　"ABB 子/儿"式重叠名词也属于定中结构。语素 B 为名词性,重叠后加后缀"儿"或"子",作中心语,BB 可以单用,如:壳壳儿/子、疤疤儿/子、盒盒儿/子、水水儿/子。语素 A 大多为名词性,修饰、限制重叠后的语素 B。"ABB 儿"的小称、爱称色彩更明显,如:

　　　　硬壳壳子/儿　　山包包子/儿　　眼角角子/儿

　　　　笔尖尖子/儿　　面筋筋子/儿　　沟岔岔子/儿

　　　　碗底底子/儿　　黑疤疤子/儿　　粪水水子/儿

　　　　纸盒盒子/儿　　花苞苞子/儿　　菜汤汤子/儿

　　AABB 式名词结构为并列结构,语素 A 和语素 B 一般属于同类事物,重叠后有列举或表示很多的附加意义,没有表小、表爱色彩。这种格式中,A 和 B 都没有加后缀"儿"或"子"的情况,如:

筋筋绊绊很多障碍　　瓶瓶罐罐　　　旮旮旯旯泛指各个角落

疗疗拐拐　　　　　　枝枝桠桠　　　花花草草

汤汤水水很多菜汁　　沟沟岔岔

　　白河方言的四类重叠式名词中,"AA 子/儿、AA 子/儿 B、ABB 子/儿"三类都可以加后缀"儿"或"子"。除了"AA 儿"中例举的乙类词外,其他词中重叠形式后的"儿"和"子"均可自由选择替换。相比而言,"儿"缀的小称、爱称色彩更明显。

　　1.2 重叠式动词

　　有三类:ABB 儿、AABB、ABAB。

　　1.2.1"ABB 儿"式重叠动词一般为动宾结构,如:

甲:吹响响儿吹口哨　　　打吞吞儿说话结巴

　　盖饭饭儿小儿游戏,类似过家家

乙:转圈圈儿　　摆摊摊儿　　喝汤汤儿

　　语素 A 为及物动词;语素 B 一般为名词性,重叠后受 A 的支配。少数 BB 可以单用,如"响响儿"指口哨。有的 AB 不成词,不能单独使用,如甲类的"盖饭、打吞";有的 AB 成词,但单用时词义和 ABB 不同,如甲类的"吹响";有的 AB 形式成词,且单用时意义和 ABB 相同,如乙类。甲类动词没有"ABB 子"的替换形式,即没有"吹响响子"之类的词;乙类动词有"ABB 子"的替换形式,如"转圈圈子",此时表小、表爱的色彩减弱。这种现象也说明了甲类中 A 和 BB 儿的自由度低,乙类中的 A 和 BB 儿自由度高。

　　1.2.2 AABB:

吃吃喝喝　　　进进出出　　对对摸摸凑合、将就

打打闹闹　　　玩玩打打　　搪搪嘻嘻敷衍了事,不认真,不庄重

　　AABB 是并列式合成词 AB 的重叠形式,基式 AB 一般可以单用,如:进出、吃喝、对摸、打闹。和 AB 单用相比,AABB 在意义方面具有表动量减小或语气随便等色彩,常用来表达一种轻

松语气,如"搪搪嘻嘻"的行为比"搪嘻"的行为认真、庄重的程度略轻。

1.2.3ABAB 由 AB 式动词叠合而成,如:

拣拾拣拾　　　对摸对摸　　　拨拉拨拉

糊弄糊弄　　　走动走动　　　须顾须顾_{留意一下}

ABAB 的基式 AB 也可以单用,如:拣拾、对摸、拨拉、糊弄。从意义上看,ABAB 和 AABB 一样,也具有动量减小的色彩。

1.3 重叠式形容词

有四类:AA 儿、AA 子、ABB、AABB。

1.3.1 AA 儿

A 为形容词性语素。"AA 儿"在使用时一般需后加助词"的",即"AA 儿的",如:

高高儿的　红红儿的　热热儿的　稠稠儿的

累累儿的　好好儿的　薄薄儿的　短短儿的

亮亮儿的　咸咸儿的　松松儿的

"AA 儿的"在句中主要做定语、谓语、补语和状语。当出现在状语的位置时,"的"作"地",如:

　　你看那个娃子多爱人,红红儿的脸蛋儿,黑黑儿的头发。

　　这样儿的绑怕是不行吧? 你看这还松松儿的。

　　你这把洋芋切得薄薄的还蛮费功夫的呀!

　　有一向有吃糊涂儿_{苞谷糁稀饭}了,你给我稠稠儿地搅点儿过个瘾嗬!

　　今儿菜是不是盐搁多了? 咸咸儿的。

和 A 单用相比,重叠形式"AA 儿的"表示的程度更深,儿化表意具有或可爱、或委婉、或商议等色彩。当说话人不具备这样的主观感情时,一般不会用"AA 儿的"形式,如第一例可以说成

"你看那个娃子,脸红头发黑"。末例可以说成"今儿菜是不是盐搁多了? 咸得很"。

1.3.2 AA 子

"AA 子"在句中一般作定语,也具有程度加深的功能,但其附加意义和"AA 儿的"不同,具有失望、不满、厌恶、生气的感情色彩,如:

你感冒了是吧? 这齉齉子声音,听不清楚!

二会今后车子莫以随便借给别人,你看这坏坏子样子咋儿法儿怎么还骑得成!

除中心语之前,"AA 子"还可以出现在及物动词之后,周政(2009)将这种情况下的"AA 子"判断为形容词,此时"AA 子"作动词的宾语,分析为名词比较合适,和"AA 子"式重叠名词功能相同,如:

你把这照相机弄成坏坏子别人还咋儿法儿用!

莫挑! 剩下这些碎碎子我还能卖不能?

1.3.3 ABB

浑汤汤	静叨叨非常安静的	白寡寡
硬□□tɕʰiaŋ⁴³⁵ tɕʰiaŋ⁴³⁵很硬	稠巴巴	瘦壳壳
蛮苦苦	湿□□ya⁴³⁵ ya⁴³⁵	酸唧唧
长溜溜	肉嫩嫩肉乎乎的	青□□kan⁴¹ kan⁴¹
宽展展	悬吊吊	黑黢黢
黏□□yɛ⁴³⁵ yɛ⁴³⁵	饱闷闷	松捞捞
臭烘烘	肥膩膩 tʂʰuai⁴² tʂʰuai⁴¹	着哄哄睡得很熟
毛怦怦怒火很大	嫩闪闪	短□□tʂʰu⁴³⁵ tʂʰu⁴³⁵

这种结构为附加式,其中的语素 A 为形容词,可以单用,如:稠、肉、黏、黑、短、蛮;语素 BB 为附加成分,不成词,如:膩

腊、寡寡、□□ya⁴³⁵ ya⁴³⁵、黢黢、□□tʂʰu⁴³⁵ tʂʰu⁴³⁵、苕苕。BB 从程度、性状、感官、状态等方面对 A 进行补充说明,使 A 更加生动、形象、具体,如:嫩闪闪,"闪闪"生动地表达了物体质地细嫩的特点;白寡寡,"寡寡"表现了苍白给人带来的无活力、单调的感觉;饱闷闷,"闷闷"表现出人在吃饱后的慵懒状态。在白河方言中,ABB 式重叠形容词的使用非常普遍,其中的 B 很多都有音无字,只是从感觉上作为形容词状态、程度的补充,无法用语言描述。

它的语法功能主要是在句中作谓语、定语、状语和补语,如:

> 白寡寡的一锅汤,人看到都不想喝!
> 你莫以蛮苕苕地跟人家抢,要讲道理晓得不?

ABB 经常单用,其中的第二个 B 也经常儿化,并带助词"的",构成"ABB 儿的"形式,如:最近娃子吃得好,睡得好,你看手膀子肉嫩嫩儿的。"ABB 儿的"比 ABB 表爱色彩更重一些,因此表达消极义的 ABB 式重叠形容词都没有"ABB 儿的"形式,如"肥腊腊、白寡寡、蛮苕苕、硬□□tɕʰiaŋ⁴³⁵ tɕʰiaŋ⁴³⁵"等都只能单用。

1.3.4　AABB

白河方言中的 AABB 式重叠形容词非常丰富,如:

神神叨叨	顺顺溜溜
棱棱正正形容人标致、整洁	斯斯文文
亮亮堂堂	消消停停
灵灵醒醒非常干净	悄悄秘秘悄悄地
□□□□ləŋ⁴¹ləŋ⁰ səŋ⁴⁴səŋ⁰邋遢、不讲卫生	
抠抠掐掐节省	摸摸蛆蛆办事拖沓
譓譓謰謰十分啰唆、唠叨	

AABB 式重叠形容词大多数是双音节形容词的重叠式,有

基式 AB,如"斯文、棱正、灵醒、干净、□□ləŋ⁴¹səŋ⁰"。它主要在句中充当谓语、定语、状语和补语。从表意上看,AABB 比 AB 程度更高,如:

> 多花个几分钟,收拾得灵灵醒醒的去上班有啥不好!
> 莫以一天神神叨叨的,嫌人不嫌人!

上述"AA 儿、ABB、AABB"三类重叠形容词构成"的"字短语后还可以做主语和宾语,如:

> 我就是喜欢短短儿的,你管我!
> 宽展展儿的有啥不好?

二　加缀

白河方言的词缀非常丰富,常见的前缀有"老、小、初、第、鬼、裸、屄、鸡巴"等,常见的中缀有"巴、里、鸡巴、球"等,常见的后缀有"子、头、儿、货、佻、鬼、娃儿/娃子、□tɕier⁰、式、伙的、两个、巴撒、家伙、的话"等,其中后缀最发达。

2.1 前缀

2.1.1 老、小、初、第

都是普通话中常见的前缀,"老、初、第"常用在基数词之前表示排行,如"老大、初三、第四","老、小"可以用在姓氏之前表示亲昵,如"老张、小李","老"可以用在部分表人名词之前表示尊敬,如"老师","老"还可以用在动物之前表示凶猛或厌恶,如"老虎、老鼠"。白河方言中这四个前缀的附加意义和用法与普通话基本相同,其中前缀"老"使用最广泛,如:

老鸹乌鸦　　　老外

老□tʂʰuai⁴³⁵子任何人,虚指:~才信你的鬼话!

老爷_佛　　　老末_{最后一名}　　　老庚儿_{同庚}

老将_{棋子名}　　老幺（白字）　　老先儿_{爱写错别字的人}

2.1.2 鬼、裸、屄、鸡巴

它们都是白河方言中常见的詈词前缀,都用在表人、物的名词之前,表达对人、物的不满、愤怒和责骂,指骂对象很自由。其中"鬼"只能用在表人的名词之前,"裸、屄、鸡巴"指骂对象可以是人,也可以是物,如:

鬼娃子	鬼老婆儿	鬼剪头的	鬼东西
鬼张明	鬼杂种	鬼老李	鬼婆娘
裸校长	裸人	裸地方儿	裸舅老倌子
裸手机	裸枕头	裸狗子	裸司机
屄女人	屄局长	屄板凳	屄天气
屄老王	屄嘴	屄猪娃子	屄电话
鸡巴县长	鸡巴晚会	鸡巴兄弟	鸡巴娃子
鸡巴窗眼儿	鸡巴电壶	鸡巴老汉	鸡巴苹果

从感情色彩上看,这四个前缀表达不满和愤怒的强烈程度依次为:鸡巴>屄/裸>鬼,"鬼、裸"有时甚至有戏谑、疼爱的色彩,如:

啥鸡巴面包,硬得跟石头样的!

你看这个屄天气,刚才还好好儿的,一下子都下起来了!

这个裸地方儿就是不行,连个买电话卡的地方儿都找不到。

这个鬼娃子啊! 快点儿起来,招呼把衣裳搞脏了!

白河方言中还常将前缀"鬼"和"鸡巴"连用,加强不满和愤怒的情绪。如"鬼鸡巴事情、鬼鸡巴地方儿"。

2.1.3 BA 式形容词中表示程度的前缀

　　白河方言中存在大量的 BA 式形容词,其中 A 为形容词性语素,一般为单音节,B 为表示程度的附加成分,比较抽象,对 A 加以修饰。因为 B 表意虚泛,本字往往不明,语源大都不很清楚,加之读音不稳定(如存在 p 与 p^h 的变体),故将其作为前缀分析,如:

梆 $pa\eta^{21}$ 硬很硬　　　　梆 $pa\eta^{21}$ 紧很紧　　　　稀 φi^{21} 软很软

绷 $p\partial\eta^{41}$ 干非常干　　脖 $p^h a\eta^{13}$ 腥很腥　　脖 $p^h a\eta^{21}$ 臭很臭

脖 $p^h a\eta^{21}$ 苦很苦　　　脖 $p^h a\eta^{13}$ 涩很涩　　脖 $p^h a\eta^{13}$ 骚特别骚

菲 fei^{21} 薄很薄　　　　精 $t\varphi in^{13}$ 光很光　　冰 pin^{13} 光很光

飘 $p^h iau^{13}$ 轻很轻　　　黢 $t\varphi^h y^{13}$ 黑很黑　　溜 $lia u^{21}$ 圆很圆

寡 kua^{435} 白很白　　　叽 $t\varphi i^{13}$ 酸很酸　　喷 $p^h \partial n^{41}$ 香很香

青 $t\varphi^h in^{21}$ 疼非常疼　　□ tin^{21} 咸很咸　　□ ua^{21} 毒非常恶毒

□ min^{21} 甜很甜　　　□ $t\varphi^h y\varepsilon^{13}$ 湿很湿　　□ $p^h ia^{435}$ 淡很淡

BA 式形容词具有以下特点:

其意义为非常 A、很 A。B 为前加成分,修饰 A,表示 A 的程度很高。由于本身比较抽象及修饰角度略有差异,B 只有记音作用,写法并不一致,如:梆硬/帮硬/棒硬、叽酸/纠酸/记酸、脖苦/肮苦、菲薄/飞薄、寡白/卡白。

　　B 通常从状态、心理、评价、触觉、味觉、视觉、嗅觉等多个角度修饰、限制 A,多数只能意会,不能言传。在表达程度很高的同时,也使形容词 A 的表意更形象、更鲜活。如:稀软(从触觉、视觉等角度修饰)、寡白(从视觉、心理等角度修饰)、飘轻(从状态、视觉等角度修饰)、脖腥(从嗅觉、心理等角度修饰)、青疼(从视觉、状态、心理等角度修饰)、叽酸(从味觉、心理等角度修饰)、□ $t\varphi^h y\varepsilon^{13}$ 湿(从视觉、触觉、心理等角度修饰)。

　　在句中可以作定语、谓语、补语,构成“的”字短语后还可以作主语、宾语。BA 式形容词大都带有对评价对象不满、讨厌、嫌

弃、厌恶的感情色彩(除了"喷香"等少数词)。在 BA 之间加进"鸡巴"等中缀后,不满、厌恶的感情色彩会更加强烈,如:

> 是不是鸡蛋破了? 冰箱的冰箱里胖臭的,简直闻不得!
>
> 你手太重了! 把我的颈脖儿搞得青疼的,二会以后再莫以给我按了!
>
> 绷干的我才懒要的,给我几个新鲜的!
>
> □tɕʰyɛ²¹³ 鸡巴湿的袋袋儿,也找不到 不知道收拾一下,叫人咋儿拿了?
>
> 这柿子熟还早到在,胖鸡巴涩的!

2.2 中缀

白河方言中常见的中缀有"巴、里、鸡巴、球",如:

费心巴力非常投入、费劲地做某事　　疯使巴□mo²¹³要小性子,乱发脾气

大声巴气形容说话声音很大,嗓门很粗　　弯腰巴弓弯腰驼背的样子

皱皱巴□yɛ⁴³⁵ 非常皱的样子　　窟窿巴眼有很多的窟窿。

流里流气形容言语不庄重　　花里胡哨很花哨,不实在。

冰鸡巴光	胖鸡巴臭	黢鸡巴黑
梆鸡巴硬	□tin²¹鸡巴咸	□tɕʰyɛ²¹ 鸡巴湿
麻球烦	䁖球䁖	□ʂuan⁴⁴球人令人恶心

"巴"常出现在四字格口头成语中,格式为"AB+巴+C",AB一般可以独立成词,如:费心、弯腰、大声、可怜。"里"也常出现在四字格口头成语中,格式为"A+里+AB"、"A+里+BC"等。作为中缀,"巴、里"的附加意义不明显,一般表示人的主观评价为贬义,即使 AB 本身不具有贬义,但加上中缀后也会添加上这种色彩。

"鸡巴"通常出现在表示厌恶、嫌弃、愤怒等性质、状态的BA 式形容词中,构成"B+鸡巴+A"的格式。"B+鸡巴+A"中 B为形容词前表程度的附加成分,和中缀"鸡巴"合用,表达 A 程

度的进一步加强,其表达的感情更深、更强烈,如:

> 门口儿这点儿地一上凌就冰鸡巴光的,刚悉打乎儿差点儿跰一跤!
>
> 赶紧把剩下的都甩了,胮鸡巴臭的了,还有啥用么?
>
> 那一家的饼子再莫以买了,梆鸡巴硬的,牙齿都咬疼了!

"球"经常附加在少数带有厌恶、不满意义的双音节形容词如"麻烦、谯谯、□ʂuən⁴⁴人"中间,一般需要读轻声。加中缀"球"后,该词的感情色彩得到极大的加强。

2.3 后缀

白河方言中后缀比较发达,常见的后缀有"子、头、儿、货、俅、鬼、娃儿/娃子、□tɕiɐr⁰、式、伙的、两个、巴撒、家伙、的话"等。

2.3.1 子

"子"缀词是白河方言名词的基本结构形式,使用范围非常广,其语法结构、语用功能都和普通话存在差异,具体可以分为以下几种情况:

2.3.1.1 名词+子

前文介绍了白河方言中存在以名词性语素 A 为基础构成的大量"AA+子"式重叠名词。此外,白河方言中非重叠式单音节、双音节、多音节名词大都可以加"子"缀构成名词,如:

驴子	鸡子	笋子	谷子	单子床单
袄子	饼子	浆子浆糊	坎子台阶	盆子
袋子	桶子马桶	方子药方	领子	鼻子鼻子;鼻涕。
烟叶子	脸盆子	鸡冠子	面酵子	猪肚子
门框子	贼娃子	马蛇子壁虎	学娃子学生	零嘴子零食
手袜子手套	鸡毛碜子鸡皮疙瘩		眼睛珠子	老虎钳子

老汉头子　手巴掌子　鸡公头子公鸡,茅坪话　领带夹子
算命瞎子　波罗盖子膝盖

从结构方面看,这些子缀词和普通话中的子缀词有以下不同:

(1)白河方言中需要带"子"缀的词,普通话中不用加缀。这些词主要是植物、动物及日常用品等,如:

树林子—树林　　桃子—桃　　梨子—梨　　枣子—枣
板栗子—板栗　　鸡子—鸡　　驴子—驴　　羊子—羊
知了子—知了　　蚊帐子—蚊帐　　门框子—门框
脸盆子—脸盆　　豆腐皮子—豆腐皮　　空调架子—空调架
黑板刷子—黑板刷　　砖头子—砖头　　桌布子—桌布

这部分词在白河方言中若去掉"子"仍然成词,但一般局限于书面色彩较强的场合使用,如:树林、枣、门框、脸盆、板栗、黑板刷、桌布。

(2)白河方言中需带"子"缀的词,普通话中也不用加缀,但两者词根稍有不同,如:

辣子—辣椒　　石碾子—碾磙　　单子—衬单
桶子—马桶　　章子—图章　　浆子—浆糊
挖耳子—挖耳勺　　私娃子—私生子　　双生子—双胞胎
毛刷子—毛辫儿　　腮巴子—腮帮　　零嘴子—零食
鼻子—鼻涕

这部分词在白河方言中若去掉"子"或不成词或意义发生变化,如:辣、章、桶、挖耳、零嘴、双生。

(3)白河方言中需要加"子"缀的词,普通话中用不加缀的其他名词表示,两者词根完全不同。从表意上看,白河方言词语更形象、更生动,如:

马蛇子—壁虎　　毛狗子—狐狸　　土鳖子—蝼蛄

坎子—台阶　　　　末子—蚊蚋　　　　菌子—蘑菇

开山子—斧头　　　月娃子—婴儿　　　沟子—屁股

雀子—鸡巴

2.3.1.2 形容词+子

前文介绍了白河方言中存在以形容词性语素 A 为基础构成的"AA+子"式重叠名词,这类词大都表达令人不满的事物,其中的 A 必须重叠。白河方言中还存在以形容词性语素 A 为基础构成的"A 子"式词,多为中性词,如:

花子_{烟花}　　　末子_{蚊蚋}　　　淡不溜子_{无聊的话}

顺子_{牌面的一种,几张牌大小相连}　　麻子_{脸上有斑的人}

狠子_{吝啬的人}　　彪子_{爱冲动的人}　　侧棱子_{侧身}　　亘子_{手镯}

2.3.1.3 动词+子

白河方言中有很多动词性语素+后缀"子"构成的词,如:

划子_{小船}　　舀子_{水瓢}　　　吊子—_{一种打酒、打酱油的器具}

碾子　　　捻子　　　搪子_{瓦工工具,用来抹平墙面}

箍子_{戒指}　　倒拐子_{胳膊肘}　　打摆子_{发疟疾}　　钻眯子_{潜水}

和普通话相比,这类词具有以下特点:

(1)形式更丰富。词根不仅可以是单音节动词,还可以由多种结构形式的短语组成,如:钻眯子(连谓)。

(2)表达更形象。如"吊子、舀子"介绍了操作此工具的动作,"打摆子"用比喻的方式加深人们对这些事物的印象,"倒拐子"则细致地描述了与该事物产生、出现、使用相关的动作。

(3)使用更广泛。普通话中以动词性语素为词根构成的子缀词一般表示工具,白河方言中还可以表示日常用品、日常活动、身体部位等。

需要指出的是,子缀词的使用频率和范围在白河方言中存在内部差异,部分城关话中的子缀词在茅坪话中也常用儿尾的形式表达,如:盆子—盆儿、鸡子—鸡儿、桃子—桃儿、妹子—妹儿、珠子—珠儿 。

2.3.2 头

白河方言中有丰富的头缀词。这其中有的在普通话中也需加"头",有的在普通话中并不需要,有的"头"还可以儿化。"头"可以附加在名词性成分后,也可以附加在谓词性成分后,如:

日头_{太阳,茅坪话}	柱头_柱	老汉头儿
红砖头_{爱发怒的人}	瓶么头_{各嵩鬼}	□çin⁴³⁵头儿_{傻子}
猪/牛转(赚)头儿_{猪/牛舌头}		吃头儿_{这个菜没~}
喝头儿_{那个酒没~}		

日头_{太阳,茅坪话}　柱头_柱　老汉头儿
红砖头_{爱发怒的人}　瓶么头_{各嵩鬼}　□çin^{435}头儿_{傻子}
猪/牛转(赚)头儿_{猪/牛舌头}　吃头儿_{这个菜没~}
喝头儿_{那个酒没~}

2.3.3 儿

白河方言中"儿"缀可以附加在名词性、动词性、形容词性的词根之后,表达细小、喜爱的附加色彩。根据其结构大致分以下几类:

2.3.3.1 词根与普通话词语结构形式相当。这些名词的所指通常是细小、喜爱的物体,如:

娃子娃儿_{幼儿}　袋儿　指甲缝儿
牛鼻桊儿_{穿在牛鼻子里的木棍或铁环}
幌褙儿_{外套}　拐枣儿　手颈脖儿_{手腕后}山脑儿_{深山坳}
拐弯儿　亮儿　干活儿_{挑错儿}

2.3.3.2 白河方言中的儿缀词,普通话中不需要加"儿"。两类词语往往词根不同。这类词大多没有细小、喜爱的附加色彩,如:

温热儿—温热　砌块儿—水泥砖　身个儿—身材
端午儿—端午节　独凳儿—方凳　雪子儿—冰雹
今儿—今天　明儿—明天　后儿—后天
昨儿—昨天　前儿—前天　前半儿—上午
后半儿—下午　撒黑儿—黄昏　□□ti^{213} lier^{435}—最初

壶口儿 tsər⁴¹—瓶塞　撮撮儿—撮箕　吃货儿—零食

口口儿 tsɿ²¹³ tsər⁰—橡皮　粉锭儿 tsər⁴¹—粉笔　蛛蛛儿—蜘蛛

2.3.3.3 少数单音节名词在普通话中一般不加"儿",没有较合适的途径表达细小或喜爱。白河方言口语中这些词常加"儿",如:鹅儿、雀儿、鹤儿、帽儿、笋儿圆形的指纹。

2.3.3.4 白河茅坪话中的儿缀有独立的音节,严格来讲应属于儿尾。茅坪话和城关话中的儿缀词范围有一定的差异,城关话中部分不加"儿"的词语,在茅坪话中需要加"儿",如(前为城关话,后为茅坪话):

猫头鹰—猫儿头　烟囱—冒儿烟　奶乳房—妈儿

娃子娃儿—伢儿砣子　　水井—垱儿不规则的小水井

2.3.4 货、伙、鬼

"货、伙、鬼"一般附加在形容词性语素之后构成名词,表示……样的人,这种人通常有令人不满、讨厌的性格或行为,带有贬义,通常用在辱骂、责备的场合,如:

蠢货愚蠢的人　奸货狡猾的人　口pan⁴³⁵货办事能力不行的人

赖货喜欢耍赖的人　贱货行为、性格低贱的人　怪货性格古怪的人

瞎 xa⁴³⁵伙泛指不好的人　臭伙　懒伙懒惰的人

闷伙性格沉闷、内向的人　笨伙愚笨的人　坏伙坏蛋

死鬼该死的人　胆小鬼　口口ləŋ⁴¹ səŋ⁰鬼邋遢的人

调皮鬼　啬皮鬼吝啬的人　嘍謰鬼啰嗦的人

"货、伙"一般用在单音节形容词语素之后,"鬼"多用在双音节形容词语素之后。在表达辱骂、责备、指责的时候,这三个后缀感情强烈程度依次为:伙＞鬼＞货。"伙"带有较强的侮辱性,"货"的辱骂色彩最弱,有时还可以带有戏谑、嗔骂的感情,如:

从来没有见过像王家老三子那样的笨伙!

你看你个闷怂！一晚上了就晓得玩你那个手机，一句话不说！

啬皮鬼！二会再不和你搅伙儿了！

娃子啊，面叫你和的这一抹搪糊乱七八糟，硬是个□pan^{435}货！

2.3.5 娃儿/娃子

白河方言中表示小称的主要手段是加后缀"儿"，还有一种手段是在词根之后加"娃儿/娃子"。"娃儿/娃子"的附加能力较强，表人、动物、植物、物体的名词之后都可以加该词缀表示年龄小、个体小。其中"娃儿"表示喜爱的色彩较深，"娃子"表喜爱的色彩较浅。若加"娃子"，词根不能是子缀，即没有"桌子娃子"的说法。"娃儿/娃子"的语法功能、语用特征和后缀"儿"基本一致，如：

娃子娃儿小孩子　徒弟娃儿/徒弟娃子　和尚娃儿/和尚娃子

小伙儿娃儿/小伙儿娃子　女娃儿娃儿/女娃子娃儿/女娃子

牛娃儿/牛娃子　　狗娃儿/狗子娃儿/狗娃子

鸡娃儿/鸡子娃儿/鸡娃子　　鱼娃儿/鱼娃子

猴娃儿/猴子娃儿/猴娃子　　驴子娃儿/驴娃子

白菜娃儿/白菜娃子　桃子娃儿　松树娃儿/松树娃子

椅娃儿/椅子娃儿/椅娃子　圆钱娃儿硬币/圆钱娃子

车子娃儿/车娃儿　　　锁子娃儿/锁娃儿

铺盖娃儿小被子/铺盖娃子　桌娃儿/桌子娃儿/桌娃子

后缀"娃儿/娃子"在表示人的时候使用很广泛，除以上所举外，还可用于"人名+娃儿/娃子、序数词+娃儿/娃子"中，表示对比自己小的人的昵称，如：勇娃子/勇娃儿、丽娃儿/丽娃子、三娃儿/三娃子。

2.3.6 □tɕieɹ⁰

后缀"□tɕieɹ⁰"在白河方言中使用范围非常广泛,几乎所有与人的动作、行为相关的动词(一般为单音节动词)之后都可以加"□tɕieɹ⁰",意为做……的能力、本事,如:

> 你喝□tɕieɹ⁰不行就不要硬喝,招呼醉了回不去。
>
> 那个戴眼镜的娃子学□tɕieɹ⁰歪得很,在班上从来没有得过第二!
>
> 我做了一大桌子,哪个晓得你们吃□tɕieɹ⁰太差火了,剩这么多。
>
> 这娃子睡□tɕieɹ⁰不得了,天天十一二点起来!

2.3.7 式

后缀"式"通常附加在表示动作、行为的单音节动词之后,表示做这件事情的必要性、价值,也常说"V头",如:

> 走走走! 打架么,有啥看式/看头拍照的必要性?
>
> 这个地方儿莫得一点儿玩式/玩头游玩的必要性! 花这么多钱划不着!
>
> 听人介绍了不少,今儿来觉得也莫得啥吃式/吃头品尝的必要性。

2.3.8 伙的、两个

"伙的、两个"附加在并列式亲属名词之后,作为复数标记,通常用于亲属关系的合称。"伙的"可以用于数量为两个或两个以上的场合,"两个"只能用于数量为两个的场合,如:

> 真是爷儿两个父亲和子女! 都喜欢吃腊肉!
>
> 这娘母伙的母亲和子女关系好得很,搞得老汉一个人造孽巴撒十分可怜的。
>
> 舅甥伙的关系应该说好处啊! 你倒是怪啊!
>
> 弟兄两个都在外地打工,今年就剩两老儿在屋过年。

2.3.9 巴撒

后缀"巴撒"一般附加在形容词、名词及其短语之后,表示性质、状态的程度较深,如:

> 屋的就剩老两口了,都快八十了,造孽巴撒的!
>
> 说到说到都哭了,伤心的哟,眼泪巴撒的!
>
> 光看可怜巴撒的那个样范儿模样就晓得娃子受了多大委屈。

2.3.10 家伙

白河方言中描述具有某种状态的物体时,常在单音节形容词词根后加后缀"家伙",读轻声。这种用法一般出现在较随意的场合,对所指事物带有玩笑、不屑的口吻,如:

> 这是个坏家伙,你重拿一个去。
>
> 我买的是个灰家伙,莫得你那个好看样的。
>
> 冷家伙么吃? 招呼小心吃坏了!
>
> 一看就是个死家伙,你还买回来做啥呢?

"家伙"演变为表物的后缀应该是先经历了拟人化的过程,即把部分物体称为"家伙",如"这家伙"、"坏家伙",此时的"家伙"是词根,不读轻声。然后这种拟人化的"家伙"范围不断扩大,最终发展为表示物体普遍可以用"家伙"。

2.3.11 的话

白河方言中常在动作动词之后加"的话",意思大致为只是VV而已,此时动词一般为单音节。这种格式在交际中常常单用,无后续成分。这类"的话"应该是由表示假设的助词"的话",如"让我去的话、要是年轻十岁的话"发展演变而来,如:

> ——你真的要调到外地去呀?
>
> ——哪儿呀! 说的话(只是说说而已)。

莫多心！谝的话(只是谝谝而已)。

2.4"V/A+人"结构

白河方言中的"人"经常出现在一种"V/A+人"格式的词组中。这种格式中的形容词、动词具有使动用法,整个词组具有使人感到……的意义,故被称为"使感结构"①。这种结构在白河及其附近地区方言中非常普遍,如平利方言(周政2009)。据孙立新(2001)、邢向东、蔡文婷,吴媛,关中地区方言也广泛存在使感结构。和关中方言稍有不同的是,白河及附近地区方言中的使感结构还可以后附"子",即"形容词/动词+人+子"的格式,如:

胀人(子)使人感到腹胀　　　饿人(子)使人感到饥饿

冷人(子)使人感到冷　　　　嫌人(子)使人感到讨厌

笑人(子)使人感到可笑　　　困人(子)使人感到困乏

劳人(子)使人感到疲劳　　　顶人(子)吃得太多使人感到撑

急人(子)使人感到焦急　　　怄人(子)使人感到生气

焦人(子)使人感到焦急　　　笨人(子)使人感到疲愚笨

咬人(子)使人感到有蚊虫叮咬　臭人(子)使人感到臭

爱人(子)使人感到喜爱　　　闹人(子)使人感到吵闹

呛人(子)使人感到呛　　　　蜇人(子)因蜇咬使人感到而难受

拖人(子)长期没有营养而使人感到虚弱

凛/ ṣun⁴⁴人(子)使人感到恶心

磕人(子)凸凹不平而使人感到磕

□tsʰau⁴⁴人(子)吃了不合适的东西使人感到胃里难受

白河方言使感结构中的形容词、动词性语素大都是与人的

---

① 因主要表达说话者自己的一种感觉,有的研究者将其称为"自感结构"(吴媛)。

主观感受有关的单音节成词语素,意义明确,可以独立运用。整个结构和形容词的用法相近,可以受副词修饰,主要在句中做谓语和定语。加上后缀"子",意义和用法不变,口语色彩更浓。邢向东、蔡文婷认为这种结构"从内部的构成成分看,其中的动词性、形容词性语素均可独立运用,意义明确,且数量众多,范围较广,因此,结构上可以认为是短语。但从语音、意义和句法运用看,它已具备词的特点",如:

你这人硬是太□ ʂun⁴⁴人(子)了,借这点钱天天追到问我要!

好焦人(子)!都等了两三个钟头了!

吃得太多了,好顶人(子)!

现在比前几年好得多了,拖人(子)的日子总算过完了!

第九章 代 词

白河方言的代词系统存在内部差异,城关话的代词系统大体和官话方言的代词系统一致,茅坪话代词系统中保留了很多江淮官话(包括湘语、赣语)的特征,这一点也是将茅坪话划归为江淮官话的依据之一。

一 人称代词

白河方言的人称代词见下表。

人称		第一人称	第二人称	第三人称
单数		我 ηuo^{435}	你 η_ii^{435} η^{435}茅坪	他 t^{h}a^{213} 渠 k$^h\varepsilon^{44}$茅坪
复数		我们 ηuo^{435} mən^0 我们几个 ηuo^{435} mən^0 tɕi^{435} kuo^{41}	你们 η_ii^{435} mən^0 η^{435} mən^{0}茅坪 你们几个 η_ii^{435} mən^0 tɕi^{435} kuo^{41} η^{435} mən^0 tɕi^{435} kuo^{213}茅坪	他 t^{h}a^{213} mən^0 他们几个 t^{h}a^{213} mən^0 tɕi^{435} kuo^{41} 渠们 k$^h\varepsilon^{44}$ mən^{0}茅坪 渠几个 k$^h\varepsilon^{44}$ tɕi^{435} kuo^{213}茅坪
领属		我的 ηuo^{435} ti^0 我们的 ηuo^{435} mən^0 ti^0	你的 η_ii^{435} ti^0 η^{435} ti^{0}茅坪 你们的 η_ii^{435} mən^0 ti^0 η^{435} mən^0 ti^{0}茅坪	他的 t^{h}a^{213} ti^0 渠的 k$^h\varepsilon^{44}$ ti^{0}茅坪 他们的 t^{h}a^{213} mən^0 ti^0 渠们的 k$^h\varepsilon^{44}$ mən^0 ti^{0}茅坪
其他	自称	自己 tsๅ^{41} tɕi^{435}　本人 pən^{435} ẓən^{44}　自家 tsๅ^{21} ka^{41} 老子 lau^{435} tsๅ^0　人家 ẓən^{44} tɕia^0		
	别称	别人 piE^{44} ẓən^0　别个 piE^{44} kuo^0　旁人 p^{h}aη^{44} ẓən^0 旁个 p^{h}aη^{44} ẓən^0　人家 ẓən^{44} tɕia^0		

　　白河方言的人称代词系统为"我、你、他"三分,表复数加"们",表领属加"的"。其特点有以下几点:

　　(1)第一人称代词没有"咱、咱们"。

　　(2)第二人称代词没有表示尊称的"您",若要表达尊敬,常用同位短语"你老辈子、你老人家"之类,如:

　　　　要不是你老辈子一股劲儿一直把我们照顾到咋儿可能叫选上咧?

　　　　你老人家说了算!

　　(3)单数第二人称代词用于蔑称或关系密切的人互称时,常用同位短语"你娃子",如:

　　　　老子在白河一中混的时候,你娃子还找不到 不知道 在哪儿抓糖鸡屎!

　　　　你娃子莫以在那儿吹牛了! 我懒理的你哦!

　　(4)茅坪话第二人称代词"你、你们"读自成音节的 $ \eta^{435} $、$ \eta^{435} \ m\text{ə}n^{0} $。

　　(5)茅坪话中,年轻人及县境东、北部靠近城关话区的方言第三人称代词普遍说"他(们)",而老派及县境西、南部的偏远山区方言有"渠 $ k^{h}\varepsilon^{44}(m\text{ə}n^{0}) $"的说法。"渠"不能和表人的名词组成同位短语,如:

　　　　你赶紧到对门去,把渠屋的椅子借两个来!

　　　　这可是渠说的,你莫把我黏到不放!

　　(6)白河方言中第三人称代词"他"还可以用在祈使句句末,组成"V他、V了他"的格式,有把他 V 了的意思。

　　　　苹果削了半天了,你赶紧吃他。

　　　　这件衣裳硬是排场漂亮,等下个月有了钱就买了他。

　　白河方言中表自称的代词"本人、自家"意义和"自己"基本相同。"本人"和"自己"可以单用,也常和"我"连用,说"我本人、我自己";自家 tsๅ²¹ ka⁴¹,多用于茅坪的老派方言和偏远山区方言中,只能单用。"本人"用在句中带有强调之意,书面色彩较浓。"老子"只能单用,一般出现在责骂和侮辱的场合,也可以用在关系密切的朋友间,白河话称"充老子"。"人家"表示自称的时候通常出现在娇嗔、委婉的语境中,如:

　　　　我本人莫得任何意见,你们再看下儿老张他们。

　　　　你莫以管我,这点儿事我自己肯定能搞得展。

　　　　都走! 你们只会捣乱,让我自家来!

　　　　你给老子过细留心、注意点儿,再有一次等到吃好果子!

　　　　人家还没有准备好你就把门打开,硬是的!

　　白河方言中表别称的代词"别人、别个、旁人、旁个"意义基本一致,都是指除说话和听话以外的人,属于泛指。这四个代词一般只能单用,少数情况可以和第三人称代词"他"连用。"别人、别个"的使用频率比"旁人、旁个"高。"人家"表示别称的时候出现在指代对象相对较具体的语境中,如:

　　　　你要觉得我做得不好就赶紧找别人去。

　　　　他别人都晓得咋儿法儿做,咋儿就你那么笨来!

　　　　你去问别个去,我莫得功夫招呼你。

　　　　旁个说从这条路能进去的,看到咋儿不像来!

　　　　人家有那个功夫蹲到电脑前头,我可莫得!

二　指示代词

　　白河方言的指示代词见下表。

	近指	远指
人物	这 tʂE^{41} 这个 tʂE^{41} kuo^{0} 这些 tʂE^{41} ɕiE^{0} 箇 kuo^{435}茅坪 箇个 kuo^{435} kuo^{0}茅坪 箇些 kuo^{435} ɕiE^{0}茅坪	那 lE^{41} 那个 lE^{41} kuo^{0} 那些 lE^{41} ɕiE^{0}
处所	这儿 tʂɐr^{41} 这儿下儿 tʂɐr^{41} xɐr^{0} 这岸儿 tʂE^{41} ŋɐr^{0} 这儿 tʂuɐr^{213}茅坪 箇里 kuo^{435} li^{0}茅坪 箇个地方儿 kuo^{435} kuo^{0} ti^{213} fɐr^{0}茅坪	那儿 lɐr^{41} 那儿下儿 lɐr^{41} xɐr^{0} 那岸儿 lE^{41} ŋɐr^{0} 那儿 luɐr^{213}茅坪
时间	这时会儿 tʂE^{41} ʂuɐr^{0} 这下儿 tʂE^{42} xɐr^{435} 这一向 tʂE^{42} i$^{·44}$ ɕiaŋ^{41} 箇时会儿 kuo^{435} ʂuɐr^{0}茅坪	那时会儿 lE^{41} ʂuɐr^{0} 那下儿 lE^{42} xɐr^{435} 那一向 lE^{42} i$^{·44}$ ɕiaŋ^{41}
数量	这些 tʂE^{41} ɕiE^{0} 这么多 tʂE^{41} mən^{0} tuo^{213} 箇些 kuo^{435} ɕiE^{0}茅坪 箇么多 kuo^{435} mə^{0} tuo^{213}茅坪	那些 lE^{41} ɕiE^{0} 那么多 lE^{41} mən^{0} tuo^{213}
性状方式	这么 tʂE^{41} mən^{0} 这样儿 tɕiɐr^{41} 这样儿的 tɕiɐr^{41} ti^{0} 箇样 kuo^{435} iaŋ^{0}茅坪 箇个样 kuo^{435} kuo^{0} iaŋ^{213}茅坪 箇样儿的 kuo^{435} iɐr^{213} ti^{0}茅坪	那么 tʂE^{41} mən^{0} 那样儿 liɐr^{41} 那样儿的 liɐr^{41} ti^{0}

　　白河方言指示代词系统"这、那"两分。茅坪话老派和偏远山区方言中表示近指时用"箇"和以"箇"为词根的一系列"箇类

词",这种现象在"鄂东北江淮官话黄孝片、鄂东南赣语大通片的多数县市,或部分或全部存在着"(汪化云 2004),清代随该地区移民迁入白河后便一直保留了下来。

表人物的指示代词单数用"这/这个、那/那个、箇/箇个"(茅坪),复数用"这些、那些、箇些"(茅坪)。可以在句中作主语、宾语、定语。其中"箇"一般不单用,常说"箇个……",如:

> 这是老幺的,你最好莫以动它!
> 我才不要箇个,一看就是人家用剩下的罢罢剩下的东西。
> 那些都是去年退伍的兵,你看人家安置的多好。
> 最好把这个先搞完,那个可以留到明儿再说。

表处所的指示代词一般用"这/那儿、这/那儿下儿、这/那岸儿"。茅坪话老派近指处所时还可以用"箇个地方儿、箇里",新派还可以用"这儿"。"这/那岸儿"通常指范围较小、较具体的处所。据邢向东、蔡文婷,"'岸'当来源于水岸之'岸',用河流作标志,以'岸'为'边',并进一步引申为指地方、位置、方向"。"这/那儿下儿"和"这/那儿"都是泛指处所,主要侧重方位,其中前者使用频率较高,如:

> 这岸儿太差劲儿了,叫树挡到严严儿的,一点儿光线都莫得。
> 这儿下儿虽然比不上你们老家,但也差不了好些吧?
> 你去把那岸儿包好的饺子都拿过来,等到下呢。
> 我来箇个地方儿已经一个多礼拜了,从来没有听说过。

表时间的指示代词有"这/那时会儿、这/那下儿、这/那一向",茅坪话老派表近指时间用"箇时会儿"。"这/那时会儿、这/那下儿"通常指具体的时间点,前者使用较多,"这/那一向"指一段时间,界限往往比较模糊,如:

明明儿我还没有准备好,你非要这时会儿来!

那时会儿我根本莫得心去想那些经事情,糊□□lian⁴⁴ ta⁴¹涂糊里糊涂地就同意了。

这一向我忙球的很,你能不能过一向再来?

你箇时会儿去门口等就差不多了。

表数量的指示代词有"这/那些、这/那么多",茅坪话老派近指数量常用"箇些、箇么多",如:

这么多人都闹到要去,我看你咋得了?

我要不了箇么多哦,你再拿点儿去!

表示性状、方式的指示代词有"这/那么、这/那样儿、这/那样儿的",茅坪话老派近指性状、方式时用"箇样、箇个样、箇样儿的"。"这/那么"常表示性状,修饰形容词,"这/那样儿、这/那样儿的"常表示方式,修饰动词。这一组代词在句中主要充当状语,如:

你咋儿把门口儿搞得这么脏呢? 赶紧收拾一下。

那么臭的技术,还拿到去到处吹牛?

好好看到,饺子皮儿应该是这样儿的擀!

都说了不止一百遍了,你还要那样儿做,犟的很!

你咋儿箇样不听话呢? 说都说不听?

叫你箇样儿的做你就听到,莫那样儿的做!

白河方言中还有一个特殊的代词——□pɐr⁴³⁵,周政(2009)记作"啵儿"。该代词出现频率非常高,用于远指,不能充当主语、定语等句子成分,只能单用。使用时经常还配以指明方位的肢体语言,如:

□pɐr⁴³⁵! 你要的东西准备好了!

那么大还看不见？□pɐr^{435}！

——你一个人来的呀？

——□pɐr^{435}！老王在门口儿等到在么！

根据这个代词的用法和语音形式,我们认为 pɐr^{435} 可能是"(这)不！在那儿！pu^{41} tsai^{41} lɐr^{41}"的语音省缩形式。

三　疑问代词

白河方言的疑问代词见下表。

人	哪(一)个 la^{435} (i^{0}) kuo^{41} 哪些 la^{435} ɕiɛ^{0}　啥人 ʂa^{42} ʐ̩ən^{44} 哪(一)个的 la^{435} (i^{0}) kuo^{41} ti^{0}
事物	哪(一)个 la^{435} (i^{0}) kuo^{41}　　哪 la^{435} 哪些 la^{435} ɕiɛ^{0}　啥 ʂa^{41}　啥东西 ʂa^{42} təŋ^{213} ɕi^{0} 么事 mo^{435} sʅ^{0} 茅坪　么哪/□mo^{435} lɛ^{435}/tɛ^{435} 茅坪 么裸 mo^{435} luo^{435} 茅坪
处所	哪儿下儿 lɐr^{435} xɐr^{213}　　哪儿 lɐr^{435} 哪岸儿 la^{435} ŋɐr^{41}　哪一路 la^{435} i^{44} ləu^{41}　啥地方儿 ʂa^{41} ti^{41} fɐr^{0} 么事地方儿 mo^{435} sʅ^{0} ti^{213} fɐr^{0} 茅坪 么裸地方儿 mo^{435} luo^{435} ti^{213} fɐr^{0} 茅坪 么哪/□地方儿 mo^{435} lɛ^{435}/tɛ^{435} ti^{213} fɐr^{0} 茅坪
时间	啥时会儿 ʂa^{42} ʂuɐr^{44}　啥时间 ʂa^{42} ʂʅ^{44} tɕian^{0}　几时 tɕi^{435} ʂʅ^{44} 啥么早儿 ʂa^{41} mo^{0} tʂɐr^{435}　么早儿 mo^{0} tsɐr^{435} 茅坪 么事时会儿 mo^{435} sʅ^{0} ʂʅ^{44} xuɐr^{0} 茅坪 么裸时会儿 mo^{435} luo^{435} ʂʅ^{44} xuɐr^{0} 茅坪 么哪/□时会儿 mo^{435} lɛ^{435}/tɛ^{435} ʂʅ^{44} xuɐr^{0} 茅坪
数量	好些 xau^{435} ɕiɛ^{44}　好多 xau^{435} tuo^{213} 几多 tɕi^{435} tuo^{41} 茅坪

续表

性状方式	咋儿 tsɐr⁴³⁵　　咋儿法儿 tsɐr⁴³⁵ fɐr²¹³ 咋儿办 tsɐr⁴³⁵ pan⁴¹　　咋办 tsa⁴³⁵ pan⁴¹ 么样 mo²² iaŋ²¹³ 茅坪　　么样办 mo²² iaŋ²¹³ pan²¹³ 茅坪 好(高、大、长、远)？xau⁴³⁵ 几(高、大、长、远)？tɕi⁴³⁵ 茅坪
原因	为啥 uei⁴² ʂa⁴¹　　咋儿的了 tsɐr⁴³⁵ ti⁰ luo⁰ 为么裸 uei²¹ mo⁴³⁵ luo⁴³⁵ 茅坪 为么事 uei²¹ mo⁴³⁵ sɿ²¹³ 茅坪 为么哪/□uei²¹ mo⁴³⁵ lɛ⁴³⁵/tɛ⁴³⁵ 茅坪

　　白河方言询问人不用"谁"，常用"哪个"或"哪一个"，如果估计出询问对象是很多人，则用复数形式"哪些人"。询问领属时用"哪个的"或"哪一个的"。"哪个、哪一个"等询问人的代词也具有任指和虚指的功能，如：

　　——哪一个啊？
　　——是我啵，二舅！
　　到这时会儿我都还找不到是哪个把我尻打坑害、诬陷了！
　　你给我说下哪些人要来，我也好准备下嘛！
　　这是哪一个的？不要我可拿走了啊！

　　询问事物的代词有"哪(一)个、哪、哪些、啥"。其中"哪(一)个、哪"多询问单数事物，"哪些"多询问复数事物。"啥"是官话方言中使用范围较广泛的疑问代词，在白河方言中询问单数复数俱可，并可以复合而成"啥人、啥时间、啥地方儿"等其他疑问代词。

　　茅坪方言询问事物用"么事、么裸、么哪/□tɛ⁴³⁵"。据陈淑梅(2001)，"么事"是鄂东各县市方言中询问事物常用的疑问代词。清代随移民传入白河汉江南岸山区后保留了下来。"么裸"在茅坪方言中表示询问时带有对事物轻蔑、讨厌的感情色彩。"裸"是詈词词缀，常附加在名词词根之前指称令人厌恶的事物，如"裸人、裸板凳、裸地方儿"。"么裸"应是"么事"和"裸"复合而成。"么哪"应是由"么事"和"哪"复合而成，"么□tɛ⁴³⁵"由"么事"和"□tɛ⁴³⁵"复合而成，"□tɛ⁴³⁵"在白河方言中通常有状况、情况的意思，一般用于反问不好的事物，如"你看你买的西瓜啥□tɛ⁴³⁵啰？皮这么厚！"茅坪方言中还有以"么事、么裸"等为基础构成的一系列疑问代词，如"么事/哪/□tɛ⁴³⁵地方儿、么事时会儿、么哪/□tɛ⁴³⁵时会儿、么裸时会儿、为么事、为么裸、为么哪、为么□tɛ⁴³⁵"等。

这是啥么？拿走拿走！

哪是你的呀？可是要看好！最近贼娃子多！

哪一个宽展一点我就要哪一个。

你说么事？我冇听清楚，再说一遍！

你一天在做么裸啰？玩玩打打，吊儿郎当！

为么哪/□tɛ⁴³⁵把送来的东西又拿走么？

询问处所时用"啥地方儿、哪儿、哪儿下儿、哪岸儿、哪一路"。"啥地方儿"和"哪儿"常用于一般的询问，处所、方位的具体与否不限；"哪岸儿"主要询问方位，相当于"哪一边"，回答一般加指示代词"这岸儿、那岸儿"；"哪一路"常用来询问具体的处所，需要在回答中指出具体位置。茅坪方言询问处所用"么事地方儿"，若表示厌恶则用"么裸地方儿"，如：

你在啥地方儿啊？我们马上准备过来。

哪儿下儿卖的有这种蚊帐子啊？我硬是找了半个多月都没有找到。

上次用过的那本书你放到哪岸儿了？

你说的那家馆子在哪一路哇？礼拜天过去试一下子。

这是么裸地方儿？跟老家硬是比不得！

询问时间用"几时、啥时会儿、啥么早儿"，口语中后两者的使用频率较高，前者带有一定的书面色彩。茅坪方言询问时间用"么早儿、么事时会儿、么哪/□tɕ⁴³⁵时会儿"，带有不满、厌恶的情绪时用"么裸时会儿"，如：

你今年过年准备啥时会儿回来呀？早点儿安排，莫又跟去年一样急忙急楚的！

那个晚会啥么早儿开始呀？我看我能不能撵得上。

你准备么事时会儿□tɕʰiau⁴⁴客请客呀？我可是等了大半年啦！

询问数量用"好些"和"好多"，其中"好些"使用较普遍，口语中常有固定搭配，如问价格用"好些钱"，问重量用"好些斤"等。茅坪方言询问数量用"几多……"，如：

明儿接客大概有好些人来呀？我好准备菜。

你这种手机在哪儿买的呀？看到还可以，好些钱？

教室里头有几多桌子？不够的话从隔壁儿搬点儿过来。

询问性状、方式用"好、咋儿、咋儿法儿、咋儿办、咋办"。"好"修饰形容词，用来询问性状，此时和做程度副词的"好"可以通过句子的句调辨别，如"这棵树好高！"（高降调）——"这棵树好高？"（中升调）；"咋儿、咋儿法儿"意为怎么，"咋儿办、咋办"意为怎么办，都可以修饰动词，用来询问方式。茅坪话询问性状、方式常用"几、么样、么样办"。"几"修饰形容词，询问性状；"么样"修饰动词，询问方式；"么样办"相当于"怎么办"；询问数量的常用"好多、几多"。

快十年莫见面了,他现在到底有好胖了?

你一定要教会我咋儿法儿用这个机子,要不然放到这儿我可是搞不展清楚。

说明书叫我搞莫见了,现在咋办啊?

绳子要几长? 五米得够?

你来得正好,快看一下这根线么样插!

询问原因不说"为什么",常用"为啥、咋儿的了"。后者使用时常单独成句,带有讨厌、不耐烦或委屈的情感。茅坪方言询问原因用"为么事、为么裸、为么哪/□tɛ⁴³⁵",如:

才擦的桌子为啥这么快就脏了?

咋儿的了? 我就是按队长说的做的,又没有错!

为么事我每次说话你都当耳边风,是不是得在你屋的挂个牌子。

第十章 副 词

一 程度副词

1. 表示程度较高

多(么)tuo^{44}(mən^{0})、好 xau^{435}：修饰形容词作状语,相当于
"十分、真"。前者可以重叠为"多么多么",如:

> 你看人家娃子多(么)孝顺! 你咋儿就学不会呢?
>
> 其实这两天我多么多么想你哝!
>
> 肚子好饿呀! 赶紧做饭吃。

管极多 kuan^{435} tɕi^{0} tuo^{213}：相当于"特别",程度较"多(么)、
好"深,如:

> 王家老幺小时会儿管极多好玩喽,现在长大了咋儿这
> 么不多人爱招人爱!

怪 kuai^{41}：意为非常,需要组成"怪+A+的"结构,常用在转
折复句中,含有如此……,却……的意思,如:

> 小王以前怪排场的,几年不见咋儿成这了么?
>
> 这刨子怪好用的! (你怎么说不好用呢?)

可是 k^{h}uo^{44} ʐ̩^{0}、合亘(是)xuo^{44} kən^{435}(ʐ̩^{0})、硬是 ŋən^{41}

ȵ⁰:相当于"的确、确实",都表示程度较深,修饰形容词作状语,如:

> 前一向合亘把人忙死了,再不歇我就招不住了。
> 这件衣裳可是排场,价又合适,买了吧。

死了 $sɿ^{435}$ lau^0、很 $xən^{435}$、慌 $xuaŋ^{213}$、□p^ha^{213}、着 $tʂau^{44}$:都在白河方言中作程度补语,位于动词、形容词后,表示程度较深。"死了"补充说明动作的结果,有夸张的意味,例如"跑死了、吹死了"。"□p^ha^{213}"本意是食物煮得烂熟,此处比喻人接近某种极点的精神状态或身体状态,有固定表达格式"……□p^ha^{213}了(的)"。"着"常和"了"连用,组成"着了"格式,主要修饰人的主观感受,如"热着了、困着了",意思大概为热/困得不得了,如:

> 这套衣裳硬是排场得很! 好些钱呐?
> 今儿一天从早到晚没有消停,可是把人累死了!
> 你莫说,在屋的对娃子还不谨估注意、留心的,这一出差还牵得慌。
> 跑了一天,饿□p^ha^{213}了的,你赶紧整点吃货儿。
> 今儿可是把人累着了,从早跑到晚,一下儿都没有停。

箇 kuo^{435}、几 $tɕi^{435}$:茅坪话常用的程度副词,位于动词、形容词之前表示程度较深。前者相当于"这么",后者相当于"真",多用于感叹句。"箇、几"在鄂东地区方言中都比较普遍,如茅坪话:

> 你咋儿箇恶心啰? 昨儿才给你说过今儿又来了。
> 你还行呐,做的布鞋几好看!
> 才腊月半,街上的人就几多啊!

2.表示程度较低

一点点儿 i^{44} $tian^{435}$ $tiɐr^{435}$、有点儿 $iəu^{435}$ $tiɐr^{435}$、稍微 $şau^{21}$ uei^{44}（意同"稍微"）、剽皮儿 p^hiau^{42} $p^hiɚr^{44}$：表示程度较浅，修饰形容词作状语。"稍微、剽皮儿"还可以修饰动词，如"稍微有点儿黑、剽皮儿挪一下"，如：

买的幌褂儿上衣有一点点长，最好还是拿去换一下。

麻烦你把声音稍微放小一点儿！

二　范围副词

1. 表示范围大

总共 $tsəŋ^{435}$ $kuŋ^{41}$、统共 $t^huŋ^{435}$ $kuŋ^{41}$、满共 man^{435} $kuŋ^{41}$、一把连儿 i^{44} pa^{435} $liɐr^{44}$、一起儿 i^{44} $tɕ^hiɚr^0$、一路儿 i^{44} $lɚr^{41}$、净 $tɕin^{41}$、都 $təu^{213}$："总共、统共、满共、一把连儿"表示合起来，多用于计算总数；"一起儿、一路儿"常用在动词前，说明做事的人的范围；"净、都"表示全部范围内没有例外，例如：

统共才来了十几个人，你到底通知到了冇？

一把连儿才五千块钱，怕是不够吧？

你们三个一路儿去，有了问题也好商量下。

桌子上净是灰，赶紧找个抹布子擦一下。

2. 表示范围小

光 $kuaŋ^{213}$、单另 tan^{21} lin^{41}、就 $tsəu^{41}$/$təu^{41}$：一般常用"光、单另"，"单另"即"单独另外"，表示单独做某事，如：

光听见你说，咋儿从来没有看见你做呢？

再拿一箱饮料，单另记到，到时会儿我自己结账。

茶叶你放到那儿，我单另送去。

三 时间副词

1.表示时间较短

刚 tɕiaŋ²¹³、刚刚儿 tɕiaŋ²¹³ tɕiɐ²¹³、马上 ma⁴³⁵ ʂaŋ⁴¹、(一)下儿(i⁴⁴)xɐr⁴³⁵:"刚"和"刚刚儿"用于已然的动作之前;"马上、(一)下儿"用于未然的动作之前,后者使用频率较高,如:

> 我刚刚儿把电话放下,王老师就敲门了。
> 人家刚拖干净,你就莫以再蹅踩来踩去了嗰!
> 马上下班,赶紧点儿!
> 一下儿就搞好了,等两分钟。

才刚 tsʰai⁴⁴ tɕiaŋ⁰:相当于"刚刚",茅坪话中常用来修饰刚刚发生的动作,如:

> 不是才刚给你打了招呼的么! 这么健忘?

需要指出的是,"刚、刚刚儿、才刚"中的"刚"读 tɕiaŋ,应是 kaŋ 腭化之后所致,这种读音形式在中原官话、西南官话中都较为普遍。

就 tsəu⁴¹/təu⁰:白河方言中常用的时间副词,有两读,后一种读音也常写作"都"。修饰接下来马上要发生的动作,可用于已然,也可用于未然。当"就"单用时,一般读 tsəu⁴¹,此时表即将的意义主要由"就"承担,需要重读;当进入"一……就……"格式时多读 təu⁰,此时即将义已由句中其他成分分担,如:

> 就来! 就来!
> 这娃子,一放假马上就活了。
> 这拍子好烂眼儿质量差,打一打就打坏了。
> 你要再不来我就走了哇!

2. 表示频率较高

一鼓劲儿 i⁴⁴ ku⁴³⁵ tɕiər⁰、一半前儿 i⁴⁴ pan⁴² tɕʰiɐr⁴¹：表示动作发生频率较高，可以直接修饰动词，有一直、经常的意思，后者对所陈述的动作略带不满、厌恶的情绪，如：

> 我一鼓劲儿嘱咐叫你过细小心点儿，这回把钱包儿搞莫见了吧！

> 你莫以一半前儿提你那点儿钱，好像哪个莫得样的！

□住 tin⁴⁴tʂu⁰：相当于"老是……"，作状语，修饰动词，如：

> 你咋儿□tin⁴⁴住打嗝呢？是不是吃得不合适？

> 我□tin⁴⁴住在给你打电话，一直是占线。

3. 其他时间副词

□□儿 ti²¹³ liɐr⁴³⁵：常和"就"连用，组成"□□儿 ti²¹³ liɐr⁴³⁵ 就+V"或"□□儿 ti²¹³ liɐr⁴³⁵+V就……"的格式，意为从一开始到现在一直在做某事，如：

> 我□□儿 ti²¹³ liɐr⁴³⁵就没有把你当外人，是你自己成天怪想。

> □□儿 ti²¹³ liɐr⁴³⁵努力一点儿就不得费这么多事了。

久己 tɕiəu⁴³⁵ tɕi⁴³⁵：有经过了很长时间的努力但最终……的意思，在句中不能直接修饰动词，必须和"还是、都、没有"组成多层状语，如：

> 丑媳妇儿久己还是要见婆子的。

> 上回我久己还是没有去成安康。

（迟）早晚（tʂʰʅ⁴⁴）tsau⁴³⁵ uan⁴³⁵：修饰动词，有终究的意思，如：

> 迟早晚儿是要把你眼睛看坏的！

趁早儿 tʂʰən⁴² tsɐr⁴³⁵：即"趁早"，如

上高三了，趁早儿把你那些坏毛病儿收起来。

原来 yan⁴⁴ lai⁴⁴、原先 yan⁴⁴ ɕian⁴⁴、先头儿 ɕian²¹ tʰər⁴⁴：都有原来、起初的意思，如：

原先本来不想去的，你这一说还把我想得不得了。

先头儿他对媳妇儿还怪好的，这两年一下子变了。

四　情态、语气副词

白河方言中表示情态、语气的副词非常丰富：

按按儿 ŋan⁴⁴ ŋɐr⁴⁴、按刚按儿 ŋan⁴⁴ tɕiaŋ⁰ ŋɐr⁴⁴、刚好 tɕiaŋ²¹ xau⁴³⁵、刚刚儿 tɕiaŋ¹³ tɕiɐr²¹³：都有刚好的意思，可以直接用于动词、形容词之前做状语，表示动作、状态满足、达到某种标准。"刚刚儿"还可以表示时间，强调动作发生时间的短暂，可看作时间副词。在口语中，"按按儿"和"按刚按儿"的使用频率高于"刚好"和"刚刚儿"，如：

你给的浆巴_{新鲜玉米发酵而成的食品}刚刚儿够我们爷儿两个吃一天。

上回我按刚按儿给了你一个礼拜的生活费，咋儿可能还剩这些呢？

我按按儿把衣裳穿好他就进门了。

按刚按儿给分了十五个，一个都莫得多的。

怕是 pʰa⁴¹ ʂʅ⁰、可能 kuo⁴³⁵ lən⁴⁴：侧重表示对动作、状态的预测。"怕是"可以用在动词和形容词之前，可能性很大，有时也说"怕"；"可能"只能用在动词之前，可能性相对较小，如：

你上次进的这些货怕是假冒伪劣的哟！

现在有三万多块钱，可能还争_差、欠一点儿。

麻谱儿 ma⁴⁴ p^hər⁴³⁵、争不多 tsən²¹ pu⁴⁴ tuor²¹³：意思为大概、差不多，侧重表示动作、状态的大致范围及对数量的估摸，如：

你自己看到买，麻谱儿合适就行了。

昨儿来的争不多有个三十个人，还可以。

"麻谱儿"还可以充当名词，在句中作宾语，如：你心底一定要有点儿麻谱儿啊！

颇起来 p^ho⁴³⁵ tɕ^hi⁰ lai⁰、硕起来ʂuo⁴¹ tɕ^hi⁰ lai⁰、狠起来 xən⁴¹ tɕ^hi⁰ lai⁰、甩起来ʂuai⁴³⁵ tɕ^hi⁰ lai⁰、侭 tɕin⁴³⁵：意为老是、一直，常用在动作动词、心理动词之前表示动量的叠加。"侭"常后附动态助词"到"，再修饰动词，即"侭到+V"，如：

我颇起来想，想了十几分钟还是冇想起来。

都还在睡觉，你还硕起来喊，一点儿统识都莫得。

老大实在饿得不行了，一坐下来就甩起来吃。

你拿笔记下来行不行？侭到问烦不烦！

人家忙得很，你侭等侭等还不就是那回事儿，先回算了。

惜打乎儿 ɕi²¹³ ta⁰ xuər²¹³：表示差一点儿……，带有庆幸的口气。该词在陕南、关中方言中都比较常见，形式略有差异，如"希乎儿ɕi xuər、险乎儿ɕian xuər"等。

刚才出门时会儿惜打乎儿跴一跤，得亏手上拿了个伞。

惜打乎儿把碗打了，吓我一跳。

左以 tsuo⁴³⁵ i⁰：直接修饰动词，表示索性、干脆……，是湖北东部英山、浠水、蕲春等地方言中比较常见的副词，属于黄孝片

江淮官话词汇,如:

> 菜点的有点儿多,一会儿左以全部打包带回去。
> 你左以吃完算了,留这一口下顿不好热。

□到点儿 çi⁴⁴ tau⁰ tiɐɻ⁴³⁵:直接修饰动词,表示做事情时别太尽力,留点儿余地,如:

> 你□çi⁴⁴到点儿吃,招呼小心胀坏了!

仰就 iaŋ⁴³⁵ tɕiəu⁰:修饰动词时有因图方便而……的意思,有时还有无可奈何的意味,如:

> 仰就还是你给昨儿借给我的那个,你原拿去用。
> 仰就是他送过来的二百块钱,再给他还礼送回去。

就 tsəu⁴¹/təu⁰:除做范围副词、时间副词外,也可以做语气副词,表示商议、恳求,如:

> 我就拿了这一点点儿,你看够不够?
> 忙完了你就赶紧走,莫以再耽误了。
> 你就答应我嗬! 有啥不得了的么?

打马溜儿 ta⁴³⁵ ma⁴³⁵ liɐɻ⁴³⁵、打猛 ta⁴³⁵ məŋ⁴³⁵:有猛地、突然的意思,常用来修饰因时间过短而仓促完成的动作,如:

> 那个人打马溜儿/打猛一看还蛮像刘德华嗬!

实就 ʂʅ⁴⁴ tɕiəu⁰:意为实在,句末常用"算了",有无可奈何的语气,如:

> 你实就走不开的话我帮忙跑一趟算了。
> 人家实就莫得时间就算了。

就便儿 tɕiəu⁴² piɐɻ⁴¹、顺便儿 ʂun⁴² piɐɻ⁴¹:义为顺便,前者使用频率更高,如:

叫他就便儿带回来不就行了么？还专门去做啥啰？

当故意儿的 taŋ²¹ ku⁴⁴ iər⁴¹ ti⁰：义为故意，如：

我又不是当故意儿给你搞坏的，莫发那么大的气。

讲好 tɕiaŋ⁴³⁵ xau⁴³⁵：有最好还是……的意思，如：

讲好我们明儿去火车站送一下，有时间么。

你讲好吃罢饭再走，这么晚了外头饭店儿都关门了。

当面 taŋ²¹ mian⁴¹、背后 pei⁴² xəu⁴¹、背旮旯儿 pei⁴² kɛ¹³ lɐr²¹³、得亏·tɛ⁴⁴ kʰuei⁰、横直 xuən⁴⁴ tʂʅ⁴⁴、本身 pən⁴³⁵ ʂən²¹³、偏要 pʰian²¹ iau⁴¹、白 pɛ⁴⁴、空 kʰuŋ²¹³、乱 lan⁴¹：这些表情态、语气的副词和普通话中意义、功能基本相同，此处不再解释和举例。

五　否定副词

白河方言的否定副词有：没有 miəu⁴³⁵、冇、莫、莫以、懒、不、不得、不消、莫消。其中前六个可以单用，后三个一般不能单用。

"没有、冇"在白河方言中常作状语修饰动词及动宾结构，表示对已发生动作的否定，有的时候也可以独立成句，如：

人家都还没有开门，你莫急！
我还冇收拾好，麻烦你们再等个一两分钟嗷！
——你把梯子给人家还回去了？
——没有/冇。
——我这儿有新出的歌儿碟，你听过没有？
——没有/冇。

白河方言的"没有"通常以合音形式出现，意义不能分解，不等于"没+有"，不能后加名词表示物体存在的状态。白河方言中一般用由"莫"组成的动词"莫得"表示存现的否定,即一般说"莫得人、莫得东西",而不说"没有人、没有东西"之类。关于存在状态的正反问句用"有莫得空儿?"而不用"有没有空儿?"

"莫"和"莫以"在白河城关和茅坪方言中使用范围都非常普遍,表示对未发生动作的劝阻,常带有劝阻的意思,多用于祈使句,如:

> 天热,莫以光对到空调吹。
> 晚上莫去运动场玩,听我的莫得错。

从横向比较来看,"莫"所形成的禁止性祈使句的用法在西南官话、江淮官话中也有大量存在。"冇"是鄂东江淮官话常用的否定副词,随清代移民进入陕南地区。目前在城关话中使用较少,在茅坪话中较普遍。经过二三百年的发展演变,这些词的用法也产生了细微的变化,如鄂东地区"冇"还可以组成"算冇V 的"格式表示行为的陡然性等。

"懒"必须后加助词"得",构成"懒 V 得"格式,多用于因主观原因产生的否定。此时若有宾语,宾语可以位于动词之后,也可以将动宾结构后移至"得"之后,如"懒吃饭得、懒得吃饭"。"没有"和"冇"也可以构成类似的"没有/冇 V 得"格式,表示没有经历过、进行过某种动作,但此时动词一般不带宾语,如:

> 我懒去得,他们屋那么小,转都转不开。
> 你这做的一看就不着经_{不怎么样},我才懒吃得。

"不"在白河方言中多用在形容词之前,表示对状态的否定,也可以用在动词之前,表示对当前或将来要发生动作的否定。"不得"的意思相当于普通话的"不会",如:

> 他那人不过人_{不好打交道},我才不愿意跟他一起儿出差呢!

屋的一点儿都不黑,看得到啵!

推了半天他硬不要,我也莫得办法。

不信你看,你不请人家是不得来的!

我不得给你用完啵! 放心!

　　"不消、莫消"必须构成"不消/莫消 V 得"格式,表示对动作或意愿的否定,多用于因客观原因产生的否定,如:

那个乡又远又偏,我才懒去得。

他想去就去,我又不是他爸,懒说得。

我都算不出来,你更不消□tʂʰʅ⁴³⁵得不值得试。

你算个啥! 赶紧走,不消看得不值得看!

作业不做就要出去玩没,莫消想得不值得想。

　　"消"应是"需要"的合音。"不消、莫消"是短语还是词,还是处于半词状态,需要进一步分析。

第十一章　助词、介词

一　助词

1.1 的 ti⁰

"的"在白河方言中使用频率很高,主要用途是充当结构助词、动态助词、语气词(也放在本节讨论)。以下分别叙述。

1.1.1 结构助词

1.1.1.1 位于名词性中心语之前表示领属,为定语的标志。口语中这种"的"也经常省略。

> 这回我的成绩不行哪! 才二十多名。
> 赶紧把你的东西提走! 再莫以搞这些经!

表领属的助词"的"还可以后加"个",组成"的个"格式,常常用在责备、辱骂的口语场合中,语法功能和"的"单用相同,如:

> 藏来藏去做啥啰? 来我看下儿是啥样儿的个东西。
> 说半天都不听,你咋儿法儿是这样儿的个人呢?
> 妈的个屄! 才买的新机子又坏了。
> 你大的个□□□tɕʰi⁴² ku⁴³⁵ ləu²¹³(骂人用语)! 这都不会做!

1.1.1.2 位于名词、名词性短语、谓词、谓词性短语之后组成"的"字短语,在句中主要充当主语和宾语。

白河方言中"的"字短语的范围比普通话大,既包括普通话中用"的"字短语表达的格式,如"红的、新买的、白金的、不认真工作的、卖冰棍的";也包括普通话中用一般复合式名词表达的格式。下列与普通话中格式不同的"的"字短语,甲类表示时间,乙类表示称谓、职业,丙类表示商业场所,丁类是骂人的话:

甲:黄昏——后半儿黑的　　　　黑夜——黑的
　　白天——白儿的
乙:男人——男的　　　　　　　女人——女的
　　婊子——卖肉的　　　　　　工人——做活的
　　丫鬟——听叫的　　　　　　农民——种地的
　　伙计——帮忙的　　　　　　乞丐——要饭的
　　小贩——摆摊儿的　　　　　警察——公安局的
　　木匠——做木活的　　　　　裁缝——做衣裳的
　　理发师——剪头的　　　　　船夫——驾船的
　　厨师——做饭的
丙:文具店——卖本子笔的　　　日杂店——卖盘子碗的
　　粮店——卖粮的
丁:挨刀的　　要死的　　吃屎的　　挨炮子儿的　不着经的
　　差劲的

甲、乙、丙三类普通话中都有与之对应的非"的"字短语表达方式,但在白河方言中基本不用,丁类无对应的表达方式。"的"字短语在白河方言中非常普遍,结构多样,表达方式灵活,可以从特点、功能等角度对事物进行说明,如:

　　男的莫以在这些事情上太计较,要不然人家会笑话。
　　我外爷以前就是个驾船的,对这一套熟悉得很。

政府隔壁儿那个剪头的这两年赚钱还可以,你看房子都盖起来了。

三、附加在双音节时间名词之后,表示将要到来的时间点,如"周末的、初几的、月底的、五一的"。和"的"字短语不同,这种表达方式中的基式——双音节时间名词在白河方言中也经常使用,如:

等到初几的我再过来,到时会儿你就准备得就差不多了。

月底的我要下十堰一趟,你有莫得啥东西要买的?

1.1.1.4"的"在白河方言中还常常位于表处所、日常用品等名词之后组成方位短语,意思相当于普通话中的"……里头",如:

太阳地的_{太阳地里头}　河的_{河里头}　　乡的_{乡里头、乡下}

柜子的_{柜子里头}　　水的_{水里头}　　碗的_{碗里头}

心的_{心里头}　　　锅的_{锅里头}　　手的_{手里头}

胃的_{胃里头}　　　盆子的_{盆子里头}　袋子的_{袋子里头}

沟的_{沟里头}

白河方言中"里、里头"一般不能附加在名词性词语之后组成方位短语,只能单用表示和"外、外头"相对的空间位置,如:"里头可能还有,你进去看!"

1.1.2 语气词

1.1.2.1 用在陈述句或疑问句句末。白河方言中"的"充当语气词很常见,功能和用法比普通话中的丰富,可以表示肯定语气,表示对未发生事情的预测,如:

天天往这儿倒渣滓_{垃圾},总有一天不是要倒满的。

放心走,莫罗嗦,我不得忘记的。

有个十天时间我肯定能把这个搞好的。

莫高兴得太早,明儿早起早晨就晓得结果了的。

他收拾完了应该要休息一下儿的。

都怪他捣乱,我本来要把书拿来的。

肯定语气,表示对已发生事情的认可,如:

对不起啊,这确实是我搞坏的。

上个星期五我还来过一回的。

莫以再找理由了,上回你也是这样说的。

疑问语气,表示一般的询问,等于普通话中的"吗",如:

药都给你准备好了,说了好几遍,你喝了的?

快十二点了,睡了的?

再有十分钟人就回来了,你饭做好了的?

上个礼拜买的洋芋吃完了的?

1.1.2.2 和"到"连用,组成"到的"格式,附加在单音节形容词之后表示对状态的肯定,和普通话中的"A+着呢"用法相似,如:

你的意见对到的,关键是我找不到合适的机会去试一伙试一下。

眼光不错,买的衣裳件件都好到的。

1.1.3 动态助词

和"到"连用,组成"到的"格式,整体附加在单音节动词之后表示正在进行的动作,有时句中会有"正"来配合使用,表示动作的持续,如:

莫以再催了,我正写到的啵!

等一下儿再做饭,球赛马上就完了,正看到的。

我正想到的,你莫打扰!

再有个几分钟就好了,他正吃到的。

1.2 得 $tε^{44}$/$tε^0$/ti^0

"得"在白河方言中出现频率较高,用法丰富,包括动作动词(例:王娟得了个儿子)、能愿动词(例:我得去北京出个差)、结构助词、动态助词、语气词。本节主要讨论"得"的助词和语气词用法。

1.2.1 结构助词

"得"读 ti^0,位于动词、形容词性中心语之后充当补语的标志,后可带状态补语、程度补语、结果补语等,如:

时间还差不多,加个班儿估计处理得完。

今儿早上起得有点儿晏_{晚、迟},搞得我扑爬连滚_{慌慌张张、连跌带撞的}!

歇下儿吧? 喝得太猛了,有点儿拿不严_{受不了}!

上回给你交待的事儿可是做得差火_{不怎么样}啊!

"得"在做结构助词时常和表示可能的补语"得"连用,位于动词后组成"V 得得 ti^0 $tε^{44}$"格式,表示同意、应允、认可发出某个动作,有时可省略为"V 得 $tε^{44}$"。如果表示对该动作发生必要性的否定,则在动词后加表示否定可能的补语"不得"组成"V 不得 $tε^{44}$"格式,如:

这是表叔给你的买的东西,吃(得)得!

莫客气! 辛苦了这么长时间,这点儿东西么,拿(得)得!

玩(得)得,都是自己人么,有啥玩不得!

这衣裳一看就穿不得,你还买回来!

我给你说,娃子从小惯侍_{娇惯}不得,要不然长大了不成材。

　　房屋_{卧室}那个独凳儿坏了，坐不得啊！

　　"V 得得"和"V 不得"还经常组成正反并列式短语表示疑问，即"V 得得 V 不得"或"V 不 V 得得"，意思是可以不可以 V、能不能 V，如：

　　上回跟你一起儿看的电影你还记得得记不得？

　　这种果木_{水果}从来冇见过，我去问一下村上人吃不吃得得。

　　"V 得得"和"V 不得"格式都可以后加宾语，组成"V 得得 O"或"V 不得 O"格式，宾语也可以提至动词之前，变成"OV 得得"或"OV 不得"格式，如：

　　你今儿擀得得面呐！腰疼不是才好点儿么！

　　伤口儿还冇好，动不得水啊！

　　昨儿晚上就通气了，米汤吃得得，莫得问题。

　　秦腔硬是听不得，那种□ya⁴¹蛾子_{撕心裂肺地喊叫}的样范儿我受不了。

　　在"V 得得"和"V 不得"的基础上，形成了两个常见的口语表达格式——"要得、要不得"。

　　"要得"常用于对行为、动作的一种肯定和认可，是"要得得"的简略形式，有差不多、还可以之意，如：

　　白河一中给你的待遇还要得嘛！可以考虑考虑。

　　——这次的先进名额打算给老刘，你看咋样儿？

　　——要得，要得。这么多年，也该给人家了。

　　"要不得"有两层意思：

　　对有悖道德标准的行为进行责备、批评，有不合适、不应当、

不厚道之意,如:

> 老两口儿怪造孽的,莫得人养活,你还缺斤少两,太要不得了!
>
> 在人家背后嗳是弄非搬弄是非最要不得了!

当别人为你提供了帮助或做了让你感激、愧疚的事之后表达感谢之情常用语,如:

> 你是老辈子,咋儿能先来给我拜年呢? 要不得! 要不得!
>
> 这可是要不得啊! 为我的事害你又花钱又跑路!

朱德熙认为"V 得得"格式中前一个"得"是助词,是补语的标志,后一个"得"是动词,充当补语。据陈淑梅(2001)和周政(2009),"V 得得"格式在鄂东地区和平利都很普遍。稍有不同的是,鄂东方言中"进入'V 得得'中的动词一般是单音节的,双音节动词不能进入"。而白河方言中双音节动词也可以后加"得得",如"惯侍得得/不得、打听得得/不得、屄打坑害、日弄得得/不得"。

结构助词"得"在鄂东方言中使用频率较高,使用范围较广。陈淑梅(2001)用大量篇幅介绍了结构助词"得"的几种用法,例如"V 得得、V 得 C、V 得了、V 得了 O、V 得住 O、V 得一手好 O、V 得 CO"等。这几种格式在白河方言中也都存在:

"V 得 C"格式其实就是由结构助词"得"后加可能补语而成,如:吃得完、搞得好、放得下。

"V 得了"由"V 得 C"发展而来,其中"了 liau[435]"为可能补语,有可以/能够 V 的意思,如:写得了、看得了、做得了。

"V 得了 O"格式,如:起得了床、动得了身、中得了奖。陈淑梅认为"这种格式不是上面'V 得了'带宾语的结构,而是'V 得

O'中间加上'了'的结构。这个'了'……是表示'能够'的意思"。白河方言中的"V 得了 O"就是"V 得了"格式中动词带上宾语后变化而成。理由有二:

在具体语境中,经常可以省略"V 得了 O"格式中的宾语。从意义上看,省略宾语与否并不影响句子的表意,如:

　　　　——好些没有? 起得了床不?
　　　　——莫得麻达没问题,起得了(床)。
　　　　他明儿有时间,帮得了忙,你帮得了(忙)?

而鄂东方言中"'V 得了 O'中的'O'不能去掉,'起得了床'不能说'起得了'"(陈淑梅 2001)。这种细微差异造成了两类方言中相同格式在语义和用法上的不同。

"V 得了 O"格式中的"了"是能够的意思,"起得了床"就是能够起床、"帮得了忙"就是能够帮忙。而"V 得了"中的"了"也是能够的意思,"写得了"就是能够写、"看得了"就是能够看。由"V 得了"后加宾语变成"V 得了 O"非常自然,在意义方面没有障碍。

"V 得住 O、V 得一手好 O、V 得 CO"格式在白河方言中都很常见。"V 得住 O"的"住"是补语,补充说明动作有让主语能够控制某人某物的结果,其否定形式是"V 不住",如:镇得/不住他儿子、管得/不住你、耐得/不住寂寞、咬得/不住蛮经受得/不了疼痛、折磨。"V 得一手好 O"意为可以/能够 V 一手好 O,如:炒得一手好菜、唱得一手好歌。"V 得 CO"中的"得"从可能的角度辅助表达主语和 O 之间的比较关系,C 为介词,一般用"赢、过",如:跑得赢他、比得过你、玩得赢小张。

1.2.2 动态助词

1.2.2.1 读 $tɛ^{44}$,和"了 lau^0"连用,组成"得了"格式,整体附加在动词、形容词及其短语之后表示将要发生的动作或将要实现的状态,意思是将要……。如果动词有支配的宾语,宾语常在动词之前,构成"OV 得了"格式,也可以位于"得"后,构成"V 得 O 了"格式,如:

> 赶紧收拾一下准备走啊,天黑得了。
>
> 洗下手铺桌子,饭好得了。
>
> 你是属马的,今年三十五,也结得婚了吧?
>
> 把空调打开,客快来得了。
>
> 其他的等你回来再说,反正快好得了。
>
> 今儿腊月二十四,肉、鱼、鸡子都买得了。

1.2.2.2 读 tε^{44},组成"没有/冇 V 得"格式,表示没有经历过某种动作或状态。动词如带有宾语,可位于"得"之后,如:

> 你真是没有叫贼娃子偷得你真是没有被贼偷过,成天不锁门!
>
> 没有拉得他一起儿没有拉上他有点儿可惜,那是个热闹人。
>
> 昨儿上街去冇买得菜油昨天上街没有买菜油,今儿这要做饭可是莫得主意啊!
>
> 这回去乡的乡里时间太紧,冇好好儿吃得腊肉没有好好吃腊肉。

1.2.3 语气词

读 tε^0,附加在句末动词之后,表示对未发生动作、行为的肯定。前常加"懒、怕、不好、不消"等否定副词,组成"懒/怕/不好/不消＋V 得"格式,具有不愿意或不好直接做某事的意思,如:

> 咋儿法儿说你都不听,二回以后你的事我懒管得。
>
> 一趟得四五个钟头,我实在是怕去得。

我才懒看得,你那套把戏莫得一点儿意思。

——卖芹菜的今儿还来不来么?

——哎呀,这可不好说得。他这两天都没有来。

关于"得"的用法,陈淑梅(2001)和周政(2009)都作了非常详尽的讨论。通过比较可以看出,白河方言中"得"的用法和鄂东地区以及毗邻的平利大致相同,但也存在差异,如:

鄂东方言的动态助词"得"可以组成"一V得来了……"结构,表示动作的发生或状态的出现,如:一气得来了就(发病)、一懒得来了(百事不做)。白河方言的"得"无此用法。

鄂东方言的动态助词"得"可以组成"V_1+得+V_2"结构,表示 V_1 是实现 V_2 的方式,如:跑得去的、借得来的。白河方言的"得"无此用法。

鄂东方言的语气词"得"可以和"的"连用,组成"得的",表达对已发生状态的肯定,如:胖墩得的、拐死得的。白河方言的"得"无此用法。

平利方言"懒/怕/不好/不消+V得"格式"得"读 ti^0,而白河方言该格式"得"读 $t\varepsilon^0$;平利方言"V得有(O)"格式"得"读 ti^{22}。白河方言该格式"得"读 ti^0。

1.3 着 $tşuo^0$

白河方言的"着"并不作进行体的标志,而是常作先行体的标志,即表示两个动作中必须先发生的一个。标记先行动作的"着"一般用在表示动作完成的补语之后,如"V了/完/过/好/毕+着",如果有宾语,宾语位于"着"之前,如:

想要我这个电动车是吧? 等你考了双百着。

莫忙开门! 我把被褥叠好了着。

等一下儿走,睡好了着。

白河方言中的"着"一般都出现在复句或句群中。如果具

体语境提供了后发生动作的详细情况,口语中也可以省略后发生动作,只保留先行动作,如:

　　——我关电视了啊?

　　——看完这个广告着。(我看完这个广告你再关电视。)

　　衣裳洗完了着。(洗完了衣裳再……)

关于先行体及其标记词"着",将在第十二章中具体讨论。

1.4 到 tau^{44}/ tau^{435}/tau^0

"到"在白河方言中使用非常普遍,兼属动词、介词、助词、语气词。"到"表示到达的动词用法不在本节的讨论范围之内。

1.4.1 结果动词

1.4.1.1"到"常在动作动词之后构成"V+到了 tau^0 lau^0"格式,表示某种动作已经实现,某种结果已经达到。"到了"作动词的结果补语。我们把承担这种语法功能的动词称作"结果动词"。如果主语没有实现某种动作,则使用"V+不到 tau^{44}"格式,此时表结果的"到"还可以读 tau^{435},如:

　　你要的这种花种子终于搞到了,费的不是劲!

　　门口儿冰鸡巴光的,慢慢儿的慢慢儿的还是跸到了。

　　扯面我可是做不到,要做你来做。

　　白衬衣你洗不到,招呼小心洗坏了,给我拿来算了。

由表示未实现某种动作的"V+不到"格式发展演变出了白河方言一个日常用语——"找不到",意即不知道。

在结果式"V+到了/V+不到"的基础上,形成了可能式——"V+得到 tau^{44}"。"V+得到"表示主语实现某种动作、行为的可能性,"得到"作动词的可能补语。这种格式中的动词一般都是单音节的,动词支配的对象常常提前至大主语位置,整个句子构

成主谓谓语句,如:

> 这种西瓜在我们那边路口儿的就买得到。
> 这些牌子她应该认得到,人家一直都留心这个。
> 你要的东西老王肯定搞得到,你就放心吧。
> 垫两块砖试下儿,应该够得到吧?

"到"作结果补语和可能补语的现象在西南官话、江淮官话黄孝片中都很普遍,但用法、功能与白河方言稍有差异。如陈淑梅(2001)根据语义将"到"作可能补语的"V 得到"分为四类,其中第三类用法被称为"V 得到3"结构,主要表示供用、够量的意思,主语、宾语都以数量短语为定语,如:一桶油吃得到半个月、两斤苹果分得到四个人、三尺布做得到两身衣裳。白河方言中不能出现这种用法,表达类似的语义用"V 得"格式。这个"得"是表示能够、供用的补语,格式中动词之后还有一个作补语标志的"得",但常常省略,如:

> 他烟瘾大,两条烟只吃得一个星期。
> 今儿就我们两个人在屋,买得半斤面就差不多了。

1.4.1.2 "到"还可以附加在与人的主观感受有关的动词之后,组成"到了 tau⁰ lau⁰"格式表示这种主观感受的实现。这种用法应是前文所述表示实现某种动作结果的"V+到了"用法的虚化。口语中"到了"常进入"把"字句结构中,即"把+受事+ V+到了",如:

> 嘿! 烟子好大,把楼下的人都呛到了。
> 你这一说可是把我吓到了。
> 我们两人啥关系么! 你说这话把人□ṣuən⁴⁴到了使人恶心。
> 都是中午吃的饭,别人莫得事,就把你饿到了。

1.4.2 动态助词

1.4.2.1 附加在动词、形容词之后表示动作的进行或状态的持续。相当于普通话中的"着",是进行体的标记。"到"的这种用法一般有"V/A 到 tau^0、V 到 tau^0O、OV 到 tau^0"三种格式,还可以和动态助词"在"合用,组成"V/A 到 tau^0 在、V 到 tau^0 O 在、OV 到 tau^0在"的格式,如:

> 你把门开到吧,屋的屋里沤死了。
>
> 现在记性不行了,看到照片我才能想起来小学班主任长的啥样儿。
>
> 我洗到衣裳在,你一下儿再打过来。
>
> 这个啤酒喝到还行,下回可以再买点儿。
>
> 你说你的,我听到在。
>
> 饭煮到在,还得一下儿,你赶紧说。

"到"作为进行体的标记在西南官话中普遍存在。我们将在第十二章中具体讨论。

1.4.2.2 附加在连谓结构中的第一个动词后,组成"V_1+到 tau^0+(O)+V_2"格式。第一个动作充当第二个动作的方式或手段,如:

> 你莫以养成睡到看电视的习惯,眼睛会近视的。
>
> 这娃子喜欢听到歌儿睡觉,看样范儿还有点儿音乐天赋。
>
> 这烂信号,我得走到说话,要不然就断线了。
>
> 门关到再换衣裳,天冷得很。

1.4.3 语气词

组成"A+到的 tau^0 ti^0"格式,附加在单音节形容词性之后表示对状态的肯定,如:

你提的意见对到的,最近工作是有点急了。

一看就好到的。

1.4.4 介词

和方位名词、处所名词等组成介词短语,位于动词之后充当补语,补充说明动作发生的处所,与普通话中的"在"用法接近,如:睡到床上、坐到地下、□pia²¹³ 贴到墙上、堆到门口儿、搁到台台儿上。和普通话中的"在"不同的是,这种结构不能位于动词之前作状语,没有"到门口儿堆、到台台儿上搁"的说法,可以说"到床上睡、到地下坐、到墙上□pia²¹³",但这些都属于连谓短语。

除了"的、得、着、到",白河方言中的助词还有"地"和"了"。"地 ti⁰"是结构助词,出现在状语和中心语之间,充当状语的标志,用法和普通话中的相同。"了 lau⁰"的功能有二:一是做动态助词,用在句中谓语动词之后,表示动作的完成或状态、变化的实现;二是用在句末,表示陈述语气,兼表肯定,表事态的变化已成定局,两种用法都和普通话中的相同。

二　介词

2.1 表对象

白河方言表示介引对象的介词有:叫 tçiau⁴¹、让 ʐaŋ⁴¹、替 tʰi⁴¹、帮 paŋ²¹³、把 pa⁴³⁵、对 tei⁴¹、跟 kən²¹³、找 tʂau⁴³⁵、问 uən⁴¹、给 kɛ⁴³⁵。

"叫、让"都是白河方言中引出施事对象的介词,表示被动。"叫"使用最普遍,"让"次之。"替"、"帮"都常用来引出主语所发出动作的受益对象。"把、对"常引出动作关涉的对象。这几个介词的意义和用法和普通话基本相同,如:

他可是有点拐的啦，莫以叫他把你给骗了。

你赶紧撵车去！这儿我来替你收拾。

前两年他儿对我怪好的，最近找不到 不知道为啥不理识我了。

"跟、找、问"在白河方言中都可以引出动作的对象，此时谓语动词一般为"借、要、拿、打听"等，后可以带两个宾语。其中"问"使用频率最高。

他们都莫得了，我这只好过来问你借。

这可是公章，咋儿能随便拿出办公室？你赶紧去问他要！

不行你再去找别人打听一下，我真的有点儿说不展 清楚。

白河方言的介词"给"用法比较复杂，使用范围比普通话广。具体表现为：

给+N_1+V+（N_2）

"给"有"替、帮"的意思，N_1表人，N_2表物，常省略。"给+N_1"位于动词之前作状语，表示动作的对象。状中结构、动补结构、独立动词都可以充当谓语中心成分，如：

收音机又坏了，这回你给我好好修一下。

这个我熟悉，我给你弄好。

你弄脏的，你给我洗。

N_2+V+给+N_1

表物的 N_2 作主语，"给+N_1"位于动词之后作补语，补充说明动作的对象，如：

你得把钥匙拿给我啊，要不然我咋儿取给你呢？

这几件旧衣裳留给别人算了，反正你也不要了。

"给+N_1+V+(N_2)"并不能自由地转换为"N_2+V+给+N_1"。"N_2+V+给+N_1"结构中的动词必须满足[+给予]的条件,所关涉的事物需具有[+让渡性]的特征,如可以说"钥匙留给我、筷子拿给他",而不能说"电视修给他、机子弄给我、衣服洗给你"。

给+V

本格式实际上是由"给+N_1+V+(N_2)"格式省略了"给"后表动作对象的"N_1"而形成。这个"N_1"在语境中说话和听话双方都很明确,故常省略。如:

> 细发点儿啊,莫给用完了!
>
> 我给留心到,你先回去吧。

把/让/叫+N+给+V

本格式是介词"给"进入"把"字句或"让/叫"字句而成的句式,"给"后动作的对象省略,谓语部分一般为动补结构,如:

> 路太滑,跱了一跤,把尾巴桩儿尾椎骨给跱坏了。
>
> 慢了一点儿,好的叫老王给拿去了。

V+给+N_1+N_2

这是白河方言的双宾格式,习惯在 V 后加介词"给"引出表人宾语 N_1,常用变体"N_2+V+给+N_1",如:

> 看你等了半天,我就教给你这个窍门儿吧。
>
> 照相机借给你,用完赶紧还回来。

V_1+给+N_1+V_2

V_1、V_2 都是普通的动作动词,和兼语格式不同。整个句子类似一个顺承关系的紧缩复句,如:

> 要是争气的话,你就好好做给他看。(=……你做,他看。)

　　这个菜味儿不错,我吃给你看。(=……我吃,你看。)

给给+N

"给给+N"格式在白河方言中非常普遍,其中第一个"给"是动词,表示给予,第二个"给"是介词,引出给予的对象,如:

　　我把上次用过的那个给给你,熟悉一些。

　　赶紧把玩意儿给给娃子,你看都哭成啥唠!

A 给 B……

"给"在白河方言中还可以引出比较的对象,但使用频率没有"比"高,如:

　　这娃子一天给一天大了,饭量肯定也不一样了。

　　他的技术肯定给我硬扎_{厉害、扎实}些,要是不信你去试下儿看。

2.2 表方向、时间、处所

白河方言中此类介词有:对到 tei^{41} tau^{0}、望到 uaŋ^{41} tau^{0}、朝 tʂʰau^{44}、往 uaŋ^{41}、到 tau^{0}、打 ta^{213}、从 tsʰəŋ^{44}、顺到ʂun^{41} tau^{0}、沿到 ian^{44} tau^{0}、(自)从 (tsɿ^{42}) tsʰəŋ^{44}、在 tsai^{41}、赶 kan^{435}、撵 ȵian^{435}。

"对到、望到、朝、往"都可以引出动作指向的方向,和方位短语、处所名词构成介词短语,在谓语动词之前作状语,如:对到窗眼儿外头喊、望到电视笑、朝门里头甩、往门口看。用"对到、望到"时,句子主语可以是动作的发出者,也可以是动作的接受者,如:

　　我对到门缝儿瞅了半天,确实是啥都没有看见。

　　伤口儿对到吹了半天,还是疼得不得了。

　　你可莫对到电扇吹,还记得张家老二咋变成歪嘴的?

　　瓜子傻子样的,望到电视颇起来笑_{一个劲儿地笑}!

　　这娃子望到还怪灵醒_{干净}的么,咋吃起饭来是那个样子。

城里的渣滓垃圾每天都朝这条沟的沟里倒,总有一天不要倒满的?

你把炮子鞭炮往楼下甩,炸到人咋办呢?

"到"和表方位、处所的结构组成介词短语,在谓语动词之后作补语引出动作的方向,用法和普通话的"进"相同,但白河方言中一般不用"进",说"掉到水里头"而不是"掉进水里头",如:

把锅铲儿伸到锅底好好搅一下,免得扒锅粘锅。

此外,"到"在介引出方位、处所时还具有普通话中"在"的功能,如:

坐到地下还舒服些,沙发上太热。

你把西瓜放到桌子上,莫以光端到。

"打、从"都可以引出动作产生的方向,"顺到、沿到"都可以引出动作持续的方向,一般较多用"从"和"顺到",如:

你从哪儿下儿来呀?

就顺到这条路走到当头儿,往右一拐就到了。

白河方言常用"(自)从、打、到、赶、攒"表示与动作相关的时间。"(自)从、打"引出动作开始的时间,"到"引出动作终止的时间,这三个介词侧重表达时间段,首尾对应。"赶、攒"引出动作发生的时间,侧重表达时间点,如:

从明天开始就要降温了,注意加衣裳嗷!

大概算了一下,到昨儿黑了统共有一百三十人来送礼。

你赶十二点过来就行了,屋的有人。

攒明儿中午我给你收拾好就行了,莫以光催!

2.3 表方式、依据

白河方言中表示动作方式、依据的介词：照 tʂau⁴¹、依 i²¹³、用 yŋ⁴¹、拿 la⁴⁴。"照"出现频率相对较高。表示动作的工具常用介词"用、拿"，如：

你要是□□儿 ti²¹ liɐr⁴³⁵一开始就照我这样儿的做，早就做完了！

拿毛笔写出来的才好看呢！

第十二章　动词的体貌

体(aspect)又常被称作"态、时态、动态"。体貌问题一直是语法学界讨论的热点。李如龙认为汉语的"体"表示动作、事件在一定时间进程中的状态,"貌"表示和动作、事件的时间进程没有关系或关系较少的情貌。"汉语的这类范畴确有自己的特点,和西方语言的 aspect 并不完全相同"(张双庆:2)。邢向东(2006b)将陕北晋语的体貌范畴"首先分为'体''貌'两大类,'体'反映动作、事件在一定时间进程中的状态,着重在对事件构成方式的客观观察;'貌'在对事件的构成方式进行观察的同时,还包含着事件主体或说话人的主观意愿和情绪"。

关于体貌范畴的表达手段,语法学界的观点大致分为宽严两类:"从宽的包括大量的副词、时间词和动词、形容词补语,从严的只限于'形态'和词缀(词头词尾)"(张双庆:5)。持从严观点的学者认为时间词、副词的语法化程度不高,还不能充当体貌标记。学者们认为可以界定体貌标记的四条标准是:意义的虚化;结构关系的粘着;功能上的专用;语音的弱化(轻声或合音)。我们认同这四条标准。

白河方言中的体貌都是由动词、形容词后面的助词来表达的,部分时间副词也在体貌表达过程中充当着重要的角色。本书的体貌系统基本上遵照邢向东(2006b)的讨论结果。

一 完成体 经历体

1.1 完成体

表示动作已经完成或状态已经实现。白河方言完成体的表达方式和普通话基本相同,即在动词后使用动态助词"了"作为标记。"了"在城关话中读 lau[0],在茅坪话中读 liau[0]。白河方言的完成体一般很少使用时间副词。表达形式具体包括:

1.1.1 V+了+O/把+O+V+了

"了"位于句中动词和宾语之间,相当于普通话"了1"的作用。句中谓语成分可以是已然的,也可以是未然的,如:

> 我买了一件呢子大衣。
>
> 门头的挂了四个大红灯笼。
>
> 我想了几个办法,你看行不行?
>
> 反正是来了,你吃了饭再走。
>
> 明儿我下了班马上就到你那儿去!

若动词和宾语符合"把"字句的表达条件,白河方言中更习惯用"把"字句表达完成体。此时"了"有两种语法作用:一为完成体助词,一为语气词,相当于普通话"了2"的意义:

> 我把碗打了。
>
> 老张把鸡子杀了。
>
> 你刚才把药吃了,不能喝茶。
>
> 他把桔子给我了,我马上就把钱给他了。
>
> 我把钥匙配了,你拿一把去。

1.1.2 把+O+V+了+(他)

白河方言的祈使句也常用"把"字句格式,"了"放在句末。

如果是肯定式祈使句,需要后附"他",此时表示未然的完成状态,如:

> 莫把这些旧东西甩了。
> 把墙上的字擦了他!
> 先把肉切了他,等一下儿再炒。
> 你把衣裳洗了他! 自己的事要学到自己做。

1.1.3 V+了+(补语)

白河方言的完成体标记"了"之后可以不加宾语,也可以后加表时间意义的补语。这种格式只能表示已然的完成状态,如:

> 太阳一出来了地下就干了。
> 我想了一下,还是不去算了。
> 试了半天都安不好,明儿还是请人算了。
> 我找了好几趟都找不见人。

1.1.4 V+下 xa⁰+(O)+了

"下"在白河方言中可以附加在动词或形容词之后表示动作已经完成或状态已经实现,句末一般都要附加表示完成的"了",如:

> 你这可是惹下祸了,我看你咋得了!
> 昨后半儿做下饭了人跑了,等到几夜深深夜才回来。
> 今儿我给你买下好东西了,快过来看!
> 给人家许下愿了又不管,这样儿的可是不行!
> 我已经给你准备下了,莫着急。
> 雨下得不得停,地的麦子可是□pan⁴³⁵下了坏了、糟了。
> 酒都倒下了,喝了他!

"下"在陕西方言中用法丰富,"在关中话中可以同时表达完成、持续意义,而在陕北话中则只能表示完成,不能表示持续"(邢向东、蔡文婷),在陕南方言中"下"也常表示完成,例如汉滨(杨静)、平利(周政 2009)。关于此结构中"下"是否语法化为体貌助词,研究者存在分歧。白河方言的"下"还没有语法化为体貌助词。

1.2 经历体

经历体表示过去曾经发生过某件事情,侧重强调有过这种经历。白河方言的经历体表达方式有两种:

1.2.1 V+了+的/V+了+O+的/ V+了+补语+的

白河方言中的经历体常用"了 lau⁰/liau⁰"作为标记,此时句末需加语气词"的"。这种表达方式和普通话差异较大,如:

> 小王买了的,他说不咋样。
> 前一向还冷了的,今儿咋儿又热得不得了。
> 这个电影儿我以前看了的,难看死了。
> 昨儿才吃了米饭的,今儿换个别的吧。
> 他以前做了生意的。
> 我去了两次的,都冇看见他人。

1.2.2 V+过(了)/V+过+O/ V+过+补语

用"过"作为标记,和普通话基本相同。"过"附着在谓语动词之后,可以带宾语,也可以不带宾语,还可以加表示时间、动量的补语,如:

> 我吃过(了),你可能还没有吃过。
> 这书我早都看过了。
> 他去过好些很多地方,就是没去过北京。
> 我找过他好几回。
> 我妈听过两回,这回该你了。
> 学了两年车到现在只开过一下。

二　进行体　持续体

2.1 进行体

表示动作、行为目前正在进行。普通话的进行体常用助词"着"附加在谓语成分之后,也可以利用句末语气词"呢"兼表动作正在进行。白河方言的进行体与之相比差异较大,常用"到、在"作标记。

2.1.1 V+到+O+在/V+到在

"到"附加在动词之后,宾语之前,"在"位于句末,整个格式相当于普通话中的"动词+着+宾语+呢"。动词如果不带宾语,"到、在"可以连用。动词前可以用时间副词辅助表达进行体,一般用"正",较少用"正在、在"。"V+到+O+在"或"V+到在"一般都不能单独成句,如:

> 我吃到饭在,他洗到碗在,我们两个都莫得空儿。
> 老王在地的正浇到水在。
> 你看我做到饭在,过下儿再说。
> 莫打扰,我正看到球赛在!
> 我正改到卷子在,电视声音放小点儿。
> 我跑到在,感觉不到冷。
> 娃子哭到在,你等一下儿再喂嗬!
> 我正想到在,马上给你回话。

2.1.2 V+O+在

在动宾结构之后单用"在"作标记。这种格式中一般不用时间副词,如:

> 我吃饭在,等一下再说。
> 人家洗衣裳在你还关水? 莫得眼色!

弟兄两个在楼下打乒乓儿球在，走莫得好一下儿_{刚走一}
_{会儿}。

喝水在就莫以惹人家笑_{正在喝水呢，不要惹人家笑}！

二哥今年一直在广东打工在。

如果句中动词之后没有宾语，则不能单用"在"，即不能说"我吃在"。而必须说"我吃饭在"或"我吃到在"。

2.1.3　V+O+在+的 ti^0/V+到+O+在+的 ti^0

在动宾结构后加"在"作标记，并后附助词"的"。这种表达方式内部的动宾结构之间也可以加"到"。"的"的附加使得"V+到+O+在"和"V+O+在"的独立性增强，可以单独成句，即可以单说"吃饭在的、吃到饭在的"。而"吃到饭在"或"吃饭在"后一般需要后续成分。

　　——你在做啥？

　　——我开车在的。

　　咋接电话么！人家洗澡在的！

　　她洗到衣裳在的，马上就好了。

　　正看到天气预报在的！莫打扰！

2.1.4　时间、处所状语+V+到+O+在/时间、处所状语+V+到在/时间、处所状语+V+O+在

如果句中需要表达出与动作相关的处所、时间等意义，通常将时间、处所名词放在动词之前充当状语，例如：

　　我妈在厨房和到面在。

　　他这时会儿在外头吃到在。

　　我在阳台上洗衣裳在。

白河方言的进行体一般不能单用"到"作标记，诸如"吃到（饭）、洗到（衣裳）、看到（电视）"的格式注重表达的是状态的

持续,应属于持续体的范畴。

2.1.5 正/在/正在/刚好在+V+(O)

白河方言的进行体也可以不用"到、在"表达而单用时间副词"正、在、正在、刚好在",如:

> 他正/在/正在/刚好在打电话。
>
> 我姐正/在/正在/刚好在打扫卫生。

2.2 持续体

表示在事件发展过程中,某种动作、行为、状态的持续。白河方言持续体的标记也用"到"和"在"。表达形式有:

2.2.1 V/A+到在/V+到+O+在

"到、在"连用,相当于普通话的"动词/形容词+着呢"。动词、形容词前如果有时间副词,一般用"正",较少用"正在、在",如:

> 她坐到在,看不到你。
>
> 他在屋檐儿底下站到在。
>
> 电视开到在,空调也开到在,硬是太浪费了!
>
> 屋的灯亮到在,肯定有人。
>
> 炉子上正空到在,赶紧接点儿水搁到高头!
>
> 米汤正煮到在,一下儿就好了。
>
> 门头的挂到灯笼在。
>
> 我穿到西服在,不方便洗碗。

2.2.2 把+O+V+到+在/S(受事)+S(施事)+V+到+在

在表达持续中的动作、事件时,动词如果带宾语,常常用"把"字句的形式把受事宾语提前或用主谓谓语句的形式,如:

> 他把杯子拿到在。/杯子他拿到在。
>
> 不要紧啵!我把雨衣带到在。/不要紧啵!雨衣我带

到在。

娃子把新衣裳穿到在。／新衣裳娃子穿到在。

2.2.3　V+到+（O）

在动词之后单用"到"表示状态正在持续。此时句子一般有以下条件：连谓句，前面表示持续的状态（需要用"到"），是后面动作进行的方式；祈使句，命令对方实现或不要实现某种状态；"V+到"结构还有后续短语或分句。如果动词带有受事宾语，常以"把"字句或主谓谓语句的格式为主，如：

他在地下坐到不起来。

陕西人都喜欢□tʂuai²¹³蹲到那儿吃饭。

睡到看电视对颈椎不好。

走到路打电话过细_{当心}脚底下。

娃子晓得错了，低到头不说话。

给你你就拿到！

把门开到！

你把东西看到，我出去上个厕所儿。

坐到，莫以站起来！

莫以把大腿翘到嗮！

你坐到，我站到。

门关到到，风太大了。

2.2.4　时间、处所名词+V+到在／V+时间、处所名词+在

与动作相关的时间、处所等词，可以放在谓语动词之前作状语，也可以放在谓语动词之后作补语（此时句中"到、在"不能连用），如：

娃子在隔壁儿屋的玩到在。

啥时候了还睡床上在。

末例还有一种表达方式,即"啥时候了还睡到床上在"。这种格式在鄂东地区方言中很常见,其中的"到"是介词,相当于普通话中的"在"。

2.2.5 V/A +到+的 ti[0]

谓语成分之后还可以单用"到"做标记表示动作或状态的持续,但此时句末必须有语气词"的",如:

> 我正吃到的,莫等我了。
>
> 人家忙到的,你去做啥啰?
>
> 院坝院子的□çin[213]栽的玫瑰花儿还红到的,你去看。
>
> 肚子胀到的,吃不下去。
>
> 给你留的饭还热到的,赶紧!

普通话中进行体和持续体的表达都以"着"为标记,两种体存在很多共同点,例如"山上架着炮"既可以表示架炮的动作正在进行,也可以表示架好了炮这种状态一直持续。白河方言的进行体和持续体的表达也存在共同点,都以"到、在"为标记。"到"起动态助词的作用,相当于普通话的"着";"在"起语气词的作用,相当于普通话中表进行、持续的"呢"。在白河方言中两种体的表达中,"到、在"可以单用,也可以合用,语法功能存在细微差异。比较如下表:

		"到"单用	"在"单用	"到、在"合用
		例句	例句	例句
进行体	有宾	—	做饭在	做到饭在
	无宾	—		做到在
持续体	有宾	穿到雨衣	—	穿到雨衣在
	无宾	穿到	—	穿到在

通过比较可以看出:"到、在"合用是白河方言进行体和持

续体的主要表达方式；"到"单用主要出现在持续体中；"在"单用主要出现在进行体中，且动词之后必须带宾语。进行体中，"到、在"合用和"在"单用两种表达意义没有差别。持续体中，"到、在"合用和"到"单用两种表达方式相比意义有差别。试比较：

穿到雨衣　　——　　穿到雨衣在

穿到　　——　　穿到在

"穿到雨衣在、穿到在"意义独立、完整，表示穿雨衣/穿这种状态目前正在持续。而"穿到雨衣、穿到"虽然也表达出这种状态，但语义并未完结，经常要在其后补充出一些后续成分组成连谓短语或复句，例如：穿到雨衣做活｜穿到雨衣出门｜你穿到雨衣，我拿到伞；或者用祈使句的形式表达，例如：穿到！｜把雨衣穿到！或者后附语气词"的"（表状态持续时）来完句，例如"忙到的、红到的"。

白河方言中的"在"相当于普通话中表进行、持续的"呢"，但二者也有不同之处，即白河方言的"在"后还可以加"的"而普通话中的"呢"后不能加"的"，如"洗衣裳在的、做饭在的"，通过加"的"，"V+（到）+O+在"格式可以独立成句。

三　起始体

起始体表示某种动作开始进行，某种状态开始出现。白河方言的起始体常用"起来、起、开"作标记，表达方式有以下几种：

3.1 V/ A +起来+了

趋向动词"起来"附着在动词之后，句末加表示状态实现的语气词"了"。这种结构中动词一般不带宾语，如：

还没有说几句你就哭起来了,真是娇气!

广播响起来了,赶紧走!

菜还没有上他们就喝起来了。

他们打起来了,你赶紧去看一下。

天冷起来了,要注意加衣裳嗷!

乡上的房子现在也贵起来了,你当啊你以为啊!

3.2 V+起+O+了

如果动词之后要带宾语,常常单用"起"而不用"起来"作标记,即一般不说"喝起酒来、唱起歌来"之类,如:

外头下起雨了。

鸡子媭起蛋了。

才戒了几天你又抽起烟了!

你是不是又做起生意了?

你好勤快呀!才吃完饭就洗起衣裳了。

3.3 V/ A +开+了

白河方言中也可以用"开"表示动作行为或状态的开始,但这种表达形式一般较少使用,如:

一进门就吼开了,哪个得罪你了么?

弟兄两个说到说到就打开了。

月亮圆开了,快到十五了!

关于"开"的来历和作用,邢向东、蔡文婷认为"'开'表示抽象的起始意义当由表趋向的'开'虚化而来,附着在动词后表示动作行为的开始"。因为"开"的这种用法并不典型,语法化程度不高,"其作用概括为动相补语比较合适"。

四　先行体

先行体表示甲动作、行为发生或甲状态实现之前必须要先发生乙动作、行为或实现乙状态。从逻辑上讲,甲的产生是以乙为条件的。从结构上讲,先行体一般都会以两个分句或两个独立句子的形式出现。普通话中先行意义的表达方式通常有两种:用副词"再"组成紧缩复句,如:下了课再讨论你们的问题;在表示先行动作分句的末尾用副词"再说",例如:不着急讨论,下了课再说。

白河方言中先行体的标记是"着 tʂuo⁰"。在动作或状态之后加表示完成的"了",再加先行体标记"着"。具体格式为:V/A +了+着。如果动词之后带有宾语或补语,格式可以变化为"V+O了+着、V +了+O+着、V +补+了+着"。动词之前也可以用"等、等一下儿、回头"等表示时间的词辅助表达动作的先行。可以附加先行体标记的只能是乙动作或乙状态。甲动作或甲状态的表达方式不需要任何标记:

> 先莫去喊他,等我们准备好了着。
> ——你儿子啥时候结婚?
> ——房子盖好了着。
> 莫急开门,等一下我穿好衣裳着。
> 是不是想要个电脑? 回头考上大学了着。
> 现在柿子还涩得很,等红了着。
> 等屋的热了着,莫急到脱衣裳。

有时候直接在表示未来时间的名词之后加"着"表达先行的动作,如:

> ——今晚上去趟超市?

——明儿晚上着。

——我这时会儿过去找你对账啊?

——后半儿着。

除了"着",白河方言中也可以用"再"表示动作的先行,具体有以下两种表达方式:

在表示先行动作分句的末尾用"再"。周政(2009)将其记为"在"。这种格式应该是句末的"再说"省略之后的,记为"再"比较合适,如:

我这下儿正忙,等一下再。

莫急,我洗完这点儿衣裳再。

——交待你的事儿做了没有?

——等忙过了这几天再。

和普通话相同,用"再"组成紧缩复句。这种格式在白河方言中一般不太常用,如:

等我穿好衣裳再开门。

明儿晚上再去我大伯那儿。

五　将然体

将然体表示动作、行为、状态将要发生或将要实现。白河方言中将然体的表达方式主要是在动词、形容词及其短语之后附加"得了"组成"V/A+得了"格式。动词之前经常使用"快、就、立马儿、要"等词作状语辅助表达将要发生的意义。如果动词有支配的受事,受事可位于动词之前组成"OV 得了"格式,也可以在"得"后组成"V 得 O 了"格式,如:

我看你也醉得了,话都说不清了。

要走得了,你看都几点了?

衣裳洗得了,都快沤臭了。

你是属马的,今年三十五,也结得婚了吧?

今年怪,都冬月间了,也冷得了吧。

最近樱桃儿红得了,你出差的时会儿可以带一点儿。

例中的"醉得了、走得了、洗得了、结得了、冷得了、红得了"都有根据主、客观情况,认为应该、必须发生某事、实现某状态的意思。

普通话的"得 tei²¹³ V 了"格式中的"得"属于能愿动词,有要、必须、应该的意义,所表达的是将要发生的动作。白河方言中没有"得 V 了"的用法,相近的意义一般都用"V 得了"格式表达,其中的"得"用法类似于能愿动词。两种结构的"得"性质相似。

白河方言中表示将要发生的动作还常用时间副词"等及",并和能愿动词"要"组成"等及要+V+(O)+了"的格式。"等及"有时候也可以和"得了"联合使用,如:

我等及要上厕所了,一下儿再说。

人家等及要下班了,这咋得了啊。

莫走远了,水等及要开得了。

这个"等及"可能来自"等不及",两者的语用环境、语法意义非常相似,比较如下:

我等及要上厕所了。——我等不及,要上厕所了。

人家等及要下班了。——人家等不及,要下班了。

区别在于语法功能方面:"等不及"可以和主语构成一个完整的主谓结构,表达将要发生的动作时句子需要用顺承复句的格式;而"等及"只具有状语的功能,和"要"共同修饰谓语动词表示将要发生的动作,句子整体是一般主谓句。

"等不及"中的"不"常念轻声,应属于中缀。所以在语流中,"不"脱落的可能性很大,"等不及"就变成了"等及",因为"等及"理解起来比较困难,故句中的"要"不能省略。

当然,"等及"和"等不及"的联系、"等及"的发展脉络只是我们的一种推测,还需要进一步论证。

六　连续体

连续体通常用来表示一个相同的动作连续发生,普通话常用"V着V着……",白河话常用"V到V到……",如:

> 工资实在太少了,省到省到还是花完了。
>
> 看到看到水把一楼淹了,硬是一点儿办法都莫得。
>
> 陕西这地方儿就是邪门儿,躲到躲到_{躲着躲着}还是遇到他了。

七　动量减小貌

动量减小貌表示动作的幅度小、时间短或带有尝试的意义,"具有动量减小貌形式的都是自主动词"(邢向东2006b)。很多研究者将动量减小貌范畴称为"短时体/貌、尝试体/貌"等,例如周政(2009)将其分为"短时体"和"尝试体"两类。

普通话中表示动量减小通常使用动词重叠,包括"VV、V一V、V了V、V了一V"等形式。白河方言中表示动量减小时单音节动词不能重叠,双音节动词可以整体重叠,也可以语素重叠,即ABAB/AABB。白河方言的动量减小貌具体有以下表达形式:

1. AB——ABAB/AABB

双音节动词 AB 重叠后表示动量减小,以 ABAB 式居多,有少量 AABB 式。白河话的 ABAB/AABB 只能表示动量小、幅度小、时间短,即短时体,不能表示尝试,如:

> 你赶紧把屋的收拾收拾,一下儿客就要来了。
>
> 出门时会儿顺便把晾的豇豆拨拉拨拉。
>
> 亲戚就是要走动走动,要不然两年就生分了。
>
> 你等我须摩须摩_{考虑考虑}再答复你嘞!
>
> 等媳妇回来就好了,最近一直在对对摸摸_{将就、凑合}。

2. V+下儿/一下儿/下子/一下子/一伙子

在动词之后加“下儿/一下儿/下子/一下子/一伙子”表示动量小、时量短。“下”读 xa⁴¹,儿化后为 xɐr⁴³⁵。动词之后若带有宾语,宾语一般位于“下、一下子”等标记之后。“一伙子”和“一下子”意义基本一致,但可搭配的动词的范围没有“一下子”大,只有“试、整、搞”等少数几个意义虚泛的动词。

以上五种表动量减小的格式都可后附“看”,即:V+下儿看/一下儿看/下子看/一下子看/一伙子看,如:

> 菜炒好了,你先尝下儿/一下儿/下子/一下子(看)。(短时)
>
> 你搬不动,我来试下儿/一下儿/下子/一下子/一伙子看。(尝试)
>
> 这娃子认生,你赶紧来哄下儿/一下儿/下子/一下子(看)。(短时/尝试)
>
> 打了半天都打不开,让人家打下儿/一下儿/下子/一下子看。(尝试)
>
> 你给我帮忙拿下儿/一下儿/下子/一下子(看),我接个电话。(短时)

　　这些表达方式相当于普通话的"VV、V一下、V一会儿",既可以表示动量小、幅度小、时间短,也能表示尝试,例如"洗下子"既可以表示稍微洗一下,也可以表示尝试去洗(以前可能不太敢洗或不能洗),具体要根据上下文语境来理解。如果单纯表示尝试,"下儿、一下儿、下子"后面一般需要加"看"辅助表达。周政(2009)认为,这个"看"是"尝试体的显性标记"。

　　3. 白河方言还可以在动词之前用动量短语"两下、几下"作状语表示动量小、时间短,这种方式在普通话中也很常见。其中的"两下、几下"没有语法化,不能称为动量减小貌的标记,如:

　　　　我两下就把碗洗碗了。

　　　　这些活路儿活儿对你来说是个大事儿,对人家来说几下就搞定了。

　　"两下/几下+ VP"中的"下"表示动作的量,和"两/几"共同修饰动词。白河方言也常借V作临时量词,用V代替"下",构成"两V+VP"等类似拷贝式结构,具体格式有"两/几+V、三V两V、V两V"等。其中"两V"中的V属于动量词,语法化程度比"下"还低,如:

　　　　我要是去了,两撵就把他撵跑了。

　　　　你几试就试到自己荷包的去了,试不得试不得。

　　　　简单得很,我三看两看就看完了。

　　　　你这绑得不结实,拽两拽就拽掉了。

第十三章 语气和语气词

语气词是汉语各词类中附着性最强、意义最虚的词,一般附加在句末或句中表达某种语气。本节将白河方言的各种语气及语气词一并介绍。

一 疑问语气及疑问类语气词

白河方言的疑问句主要有是非问、特指问、选择问、正反问四类。除正反问句外,其他三种的基本结构和普通话基本类似,只是在语气词和疑问代词方面存在差异。

1.1 是非问句

白河方言的是非问句结构和陈述句基本相同,通过句末加疑问语气词来表达疑问。常加的语气词有"吧、啊、嗷"等,句末一般用升调。语气词"啊"会根据所附加音节的末尾音素变读为"哇 ua^0、呀 ia^0、哪 na^0"等。这类问句的提问者往往对相关情况已经有一定的了解,用提问来表示对未定状况的求证,疑问语气不强,如:

> 这个好像是我的吧?
> 小学这个月底开学吧?
> 你见过他二舅了吧?

　　昨儿晚上你又跑去喝酒了吧？

　　你跟你哥下午去汽车站呀？

　　九点出门能赶上啊？

　　这半天了，还没有搞好哇？

　　你不吃烟嗷？

　　今儿晚上的连续剧是八点半开始嗷？

　　你是下个周才去出差嗷？

　　"吧、啊、嗷"相比，"啊"的疑问语气最重，带有一定的质疑口气，"吧"的疑问语气相对轻一些，带有商议、求证的口气。如："你还在外地出差呀？言外之意是不是听说你回来了么？"你还在外地出差吧？"只是一般求证。"嗷"的疑问语气最轻，常用于对不定事物的确认或征求意见，如：我先吃嗷？

　　用"嗷"的问句中必须有表示判断的动词"是"，用"吧"或"啊"的问句无此限制，如：

中午是回去吃饭吧？√　　　你明儿要上安康吧？√

中午是回去吃饭哪？√　　　你明儿要上安康啊？√

中午是回去吃饭嗷？√　　　你明儿要上安康嗷？×

1.2 特指问句

　　特指问句的重要特征就是运用疑问代词，需要对方就疑问代词所提的内容做出回答。白河方言特指问句所用疑问代词与普通话相比差异较大：

普通话疑问代词	白河方言疑问代词
谁	哪一个
什么	啥/啥家伙/么事/么裸/么哪/么□$tɛ^{435}$
哪里	哪儿/哪儿下儿/哪一路/啥地方儿/哪岸儿/么事/么裸/么哪/么□$tɛ^{435}$地方儿
什么时候	啥时会儿/几时/啥么早儿/么早儿茅坪/

么事/么裸/么哪/么□tɛ⁴³⁵时会儿

多少	好些/好多/几多
怎么	咋儿/咋儿法儿
怎么办	咋办/咋儿办/么样办
怎么样	咋样/么样
多(高、大、长、远)？	好(高、大、长、远)？/几(高、大、长、远)？
为什么	为啥/为么事/么裸/么哪/么□tɛ⁴³⁵

白河方言的特指问句还经常在句末使用语气词：啊(包括"哇 ua⁰、呀 ia⁰、哪 na⁰"等变体)、啰 luo⁰/唠 lau⁰、么 man⁰、来 lai⁰，如：

问人：

坐门口的是哪一个哇？（一般）

坐门口的是哪位呀？（较尊敬）

问事物：

你手的拿的啥呀？

急到上街买啥家伙啰/唠？

你在做啥子啰/唠？

你睡到床上在看么事/么裸啰/唠？

——到底哪个是你的么？

——大一点儿的那个！

问地方：

你们屋住到哪一路哇？

唉！到哪儿/哪儿下儿/啥地方儿去呀？

你打算坐到哪岸儿呀？

你在哪儿啰/唠？

问时间：

他们接客是啥时会儿/几时/么事时会儿/么裸时会儿
开始啰/唠？

你打算啥时会儿回老家呀？

问数量：

西瓜好些钱一斤哪？（较多）

西瓜好多钱一斤哪？（较少）

来了几多人哪？我好算一下开几桌。

问方式：

你打算咋儿/咋儿法儿给你们屋的人说来？

你看这个事儿咋办/咋儿办/么样办？

招待所的新装修的房子到底咋样/么样么？

问性状：

这家伙个子有好高哇？

还有好远到十堰哪？

你们娃子好大了哇？看到蛮灵醒的。

问原因：

你为啥/为么事/为么裸不理我啰/唠？

你为啥要这样的做啰/唠？

1.3 选择问句

选择问指用"还是"连接两个或多个选择项的问句,通常需请对方从选择项中作出选择或重新提供答案。白河方言选择问句的结构有三种:①用"还是"连接选择项,和普通话基本一致;②用"么 man^0"连接选择项,使用频率较高,关中方言的选择问句也多用这种结构,语音形式还有"吗/嘛 ma^0"等,如户县(孙立新 2010)、合阳(邢向东,蔡文婷)、西安(兰宾汉);③省略"还是",直接将选择项并列提问。使用第②③种结构时选择项只能是两个,如:

> 今儿下乡检查,你们那一组是去茅坪,还是去西营?
> 你打算前半儿_{上午}过来还是后半儿_{下午}过来?
> 今儿中午在屋吃么出去吃?
> 小张生的儿娃子么女娃子?
> 这回接客你们打算在屋_{家里}在馆子?
> 你吃米饭吃面?

1.4 正反问句

正反问句中的谓语结构是肯定形式和否定形式并列,即"X不X"或"X没有X"。白河方言正反问句的表达格式很多,具体有:

1.4.1 动词前后无助动词、宾语、补语的,如果询问的是未然的动作,常用"V+不+V"格式,有的时候省略否定形式中的谓语动词,即"V+不"格式。"V+不+V"可以后附语气词"么",加"么"后疑问语气得到加强,如:

> 你吃不吃(么)? >你吃不?
> 明儿你到底来不来(么)? >明儿你到底来不?

1.4.2 动词后带有宾语的,如果询问的是未然的动作,一般用"V+不+V+O"格式,也可以用"V+O+不+V"格式,前者相对稍多。"V+不+V+O"格式可以后附语气词"么",加"么"后疑问语气得到加强,如:

> 你去不去西安(么)? >你去西安不去?
> 戴眼镜那个人是不是校长(么)? >戴眼镜那个人是校

长不是？

　　你现在还做不做生意了（么）？＞你现在还做生意不做？

　　1.4.3 在前两种格式中，如果询问的是已然行为，常常省略否定形式中的谓语部分，用"V＋（O）＋没有/冇"格式，较少用"V＋没有/冇＋V＋（O）"格式，此时句中的"没有"合音为 miəu⁴³⁵。句末不加语气词，如：

　　　　电视开没有/冇？＞电视开没有/冇开？
　　　　脏衣裳洗没有/冇？＞脏衣裳洗没有/冇洗？
　　　　你见过这个人没有/冇？＞你见没有/冇见过这个人？
　　　　你吃饭没有/冇？＞你吃没有/冇吃饭？
　　　　小王结婚没有/冇？＞小王结没有/冇结婚？

　　1.4.4 白河方言没有"有没有"格式，当需要询问是否发生过某个动作时，常用"V＋（O）＋没有/冇"格式。当需要询问是否拥有某件东西，即"有"做动词时，常用"有＋O＋莫得"或"有莫得＋O"格式，此时不用语气词，如：

　　　　你有李老大的电话莫得？
　　　　你们屋有剧子莫得？
　　　　他们有莫得你的身份证号码儿？

　　1.4.5 动词前有助动词的，常用"助动词＋不＋助动词＋V"格式，其次是"助动词＋V＋不＋助动词"格式，极少用"助动词＋V＋不＋助动词＋V"格式。这三种格式都可以后附语气词"么"，加"么"后疑问语气得到加强，如：

　　　　明儿你能不能来（么）？＞明儿你能来不能（么）？＞明儿你能来不能来（么）？
　　　　到底能不能修（么）？＞到底能修不能（么）？＞到底能

修不能修（么）？

你这次考试得不得过（么）？＞你这次考试得过不得
（么）？＞你这次考试得过不得过（么）？

你想不想吃（么）？＞你想吃不想（么）？＞你想吃不想
吃（么）？

1.4.6 动词后带有补语的，有"V＋（得）＋补＋V＋不＋补"和
"V＋不＋V＋（得）＋补"两种格式，使用频率基本相当。这两种格
式的疑问句都不加语气词，如：

这点儿作业你做得完做不完？＝这点儿作业你做不做
得完？

电话打得通打不通？＝电话打不打得通？

你吃得饱吃不饱？＝你吃不吃得饱？

1.4.7 正反问句如果提问情状，未然的情状多用"得 X"格
式，也可以用"X 不 X"格式，前者的询问语气稍强；已然的情状
多用"X 冇 X"或"X 冇"格式，如：

那么多人么，你就拿两把伞得行？

你说我去安康转一圈带三百块钱够不够？

他都住了个把星期院了，到底好冇好么？

你收拾完冇？我走哇！

二 陈述语气及陈述类语气词

白河方言的陈述语气常加"了 lau^0、的 ti^0、来 lai^0、啵 po^0、嗷
au^0、么 man^0"六个语气词。

"了"通常表示情况已经变化或状态已经实现，"的"表示事
情本应如此或肯定如此，"来"有出乎意料、非同一般的意味，和

普通话中表陈述的"呢"相似,如:

> 今儿立夏了。
> 电话一响,他吓到一屁股坐起来了。
> 上个礼拜都要走的。
> 他不得吃牛肉饺子的。
> 这回人家给的钱还不少来。
> 我还会拉二胡来。

　　白河方言中语气词"了"和用于特指问句的"唠"读音相同,都为 lau[0],但区别明显:助词"了"一般位于句中,"唠"只能位于句末;语气词"了"虽位于句末,但只能用于陈述句中,表示动作的完成或状态的实现,如:昨儿我把卷子改完了。而"唠"只能用于疑问句中,如:你到底去哪儿下儿唠?

　　"啵"表达陈述语气在白河方言中非常普遍,常附加在谓词性结构之后(少数情况下附加在名词性结构之后)加强对事情的肯定,有时会带有焦虑、不耐烦的感情,如:

> ——哪一个啊?
> ——是我啵。
> ——你看哪个合适一点儿?
> ——刚不是说了么,红的啵。
> 这是个坏的啵。
> 不用开灯,看的到啵。
> 半天了都打不开,好急人啵。

　　"嗷、么"用于陈述语气时常含有确定、认可的语气,如:

> 我昨儿问了一下,她们还真的是姊妹两个嗷。
> 今年六一刚好是五月端午儿嗷。
> 你拿走做啥啰?这个是我的么。

三　祈使语气及祈使类语气词

　　白河方言的祈使语气可以用语气词表达,也可以不用语气词表达。不用语气词的祈使句一般通过强烈的句末降调实现祈使,如:

　　　　过来!
　　　　莫动!
　　　　赶紧给我拿走!
　　　　莫以在那儿吃烟!
　　　　下班了记到把这些都收拾好!

　　祈使句的语气词主要用"嗮ṣai⁰",如:

　　　　过来嗮!
　　　　走嗮!
　　　　赶紧拿来嗮!
　　　　等一下嗮!
　　　　莫以这样的嗮!

　　"嗮"一般不适用于长句,如很少说:你赶紧把酱油给我拿过来嗮!
　　"么、嗷、啵"也可以用于祈使句,如:

　　　　过来么!
　　　　赶紧弄好么!
　　　　你直接和老王联系么!
　　　　招呼小心给人家弄坏了嗷!
　　　　明儿到了记到给屋的打个电话嗷!
　　　　等一下啵!

打开啵! 急到要用!

五种表达方式中,不用语气词的命令、祈使语气最强,用"嗮"的语气次之,用"么、嗷、啵"的语气最次。请比较:

> 拿走! (毫无余地。)
> 拿走嗮! (赶快拿走。)
> 拿走么! (听话,快拿走。)
> 拿走嗷! (能不能拿走? 我想用一下。)
> 拿走啵! (刚才不是说过了么? 快拿走。)

四　感叹语气及感叹类语气词

白河方言的感叹句一般用降调,都要加语气词,常用的语气词有:啊(包括"呀、哇、哪、ŋa⁰"等音变形式)、哟 io⁰(包括"喔、lo⁰、ŋo⁰"等音变形式)、嗮、么。此处主要分析"呦、嗮、么"三个,如:

> 你在搞啥经_{做什么}哟 lo⁰!
> 今儿天可是俄得很哟 lo⁰!
> 冰箱的菜长霉了喔!
> 再摸摸蛆蛆,招呼小心赶不上哟 ŋo⁰!
> 这女娃子长得好排场哟 ŋo⁰!
> 怪哟 io⁰!
> 你这样怕是搞不好哟 io⁰!
> 屋的收拾得好嗮!
> 这套衣裳还蛮排场的嗮!
> 好么!
> 太丑了么!

"呦"是最常用、最典型的感叹语气词,可以表达多种感情; "嗮"和"么"使用频率较"呦"少,"嗮"多用于积极方面的感叹, 语气中往往带有出乎意料和羡慕之意;"么"表称赞时略带羡慕 的意味。请比较:

> 他们屋有钱呦!(真厉害!)
>
> 他们屋有钱嗮!(以前看不出来啊!)
>
> 他们屋有钱么!(一般人是赶不上的!)

白河方言的感叹语气也可以不用语气词,直接通过语调表 达。但这样的感叹显得简单、干脆,一般较少使用,如:

> 这件衣裳排场得很!
>
> 好大的雨!

白河方言中还有一个使用非常普遍的语气词——□lia⁰,常 在对话中使用,表示对对方话语的肯定、认可、赞成,相当于"是 吧"。"□lia⁰"通常单独成句,不和别的成分发生语法关系,根 据语法功能应将其归为叹词,如:

> ——五一节本来打算去看你的,哪个晓得买不到票!
>
> ——□lia⁰。
>
> ——修一下得二百块钱,还不如重买一个。
>
> ——□lia⁰。就是有点儿贵嗷。
>
> ——这一个月下来硬是把我累死了。
>
> ——□lia⁰。

综上,白河方言常用语气词及其功能总结如下表:

语气词	语气功能	例句
吧	疑问	是我的吧？
呀 包括哇 ua^0、啊 ηa^0、哪 na^0 等音变形式	疑问	买的啥呀？
嗷 au^0	疑问	快完了嗷？
	陈述	还看不出来嗷。
	祈使	关了他嗷！
啰 luo^0／唠 lau^0	疑问	你做啥子啰／唠？
么 man^0	疑问	吃不吃么？
	陈述	这才是对的么。
	祈使	走么！
	感叹	太难看了么！
了 lau^0	陈述	今儿礼拜一了。
的 ti^0	陈述	他不喝辣酒的。
来 lai^0	陈述	我爸还当过兵来。
	疑问	我的手机来？
	陈述	我爸还当过兵来。
啵 po^0	陈述	还没有完啵。
	祈使	拿来啵！
嗮 $\mathrm{ʂai}^0$	祈使	放到地下嗮！
	感叹	蛮歪厉害的嗮！
哟 io^0	感叹	你搞得好快哟！

第十四章　几种常用的句式

一　否定句

白河方言的否定句和普通话的否定句表达方式基本一致，只是否定词的使用稍有差异。具体表现为：

1. 使用否定副词修饰谓语成分。常用的否定副词有"冇、没有 miəu⁴³⁵、莫、莫以、不、不得、懒、不消、莫消"等。其中前六个可以单用，后三个一般不能单用。

"冇"和"没有"修饰已然的动作或状态，"没有"通常以合音形式出现，意义不能分解，不能后加名词，如：

> 我还冇收拾好，你稍微等一下嗷！
>
> 上次人家□tɕʰiau⁴⁴客请客我就没有去，这次再不去就不强不好了。
>
> 他到现在还没有过来，肯定是有啥事耽误了！
>
> ——你吃过岭子上那家馆子的凉皮儿没有？
>
> ——冇/没有。

"莫、莫以、不得"修饰未然的动作或状态，常带有劝阻的意思，多用于祈使句，如：

> 血糊凌当的，莫看了。

你莫以把我的话不当回事,回头吃亏的是你。

"不"既可以修饰未然的动作状态,也可以修饰已然的动作状态,用法和普通话相近。"不得"意思相当于普通话的"不会",如:

我不吃,你赶紧拿走。

这娃子说话不典实老实,白话撂舌的。

就几步路,我跑快一点儿,不得□tʂʰua⁴⁴雨啵!

"懒、不消、莫消"必须构成"懒/不消/莫消 V 得"格式,表示对动作或意愿的否定,"懒"多用于因主观原因产生的否定,"不消"和"莫消"多用于因客观原因产生的否定:

才给那点点儿钱,我才懒去得。

不消回去拿得了不值得去拿! 再买一把伞就是了。

作业不做就莫消看得电视不要去想看电视。

2. 使用表示否定的存现动词"莫得"。"莫得"可以单用,也可以后加名词,相当于普通话中表否定的动词"没有",如:

你莫得钱就莫以急到买房子,何必把自己拖成这啰!

——屋的还有莫得香油哇?

——莫得了。

到现在他还莫得车票,你说咋不着急?

屋的莫得人,光听见风扇响。

3. 白河方言中还有很多具有否定意义的形容词,例如:烂眼儿、不强、□pʰiɛ⁴¹、□pʰia⁴³⁵、不咋样儿、不咋行、不着 tʂau⁴⁴、不着经、莫得经、不行、差火。这些词都和普通话的"不好"意义大致相当,在句中常充当谓语中心成分。

"烂眼儿、不强、□pʰiɛ⁴¹、□pʰia⁴³⁵"常用来评价物的好坏,意思大致和"不好"相近。"不着、不着经、莫得经、不咋样儿、不咋行、不行、差火"既可以评价人,也可以评价物。"不着、不着经、莫得经"都有不行、离标准尚远的意思。

上举否定词内部含"不、莫"的,都是从否定优点的角度出发,语气稍轻;"烂眼儿、□pʰiɛ⁴¹、□pʰia⁴³⁵、差火"等直接否定,语气稍重,如:

> 我这烟烂眼儿得很,还是吃你的吧。
> 今儿买的洋芋□pʰiɛ⁴¹得很,莫得几个好的。
> 好长时间没有进过厨房了,做的菜肯定不着经得很。
> 这个主意莫得经,不消考虑得。
> 这家伙一看就不咋样儿,你还找他帮忙!
> 你硬是差火得很哪! 好好的事儿叫你给搞□pan⁴³⁵糟、坏了。

二 比较句

白河方言的比较句分等比句和差比句两类,具体形式有:

1.等比句多用介词"跟"引出比较对象,即"A 跟 B 一样……"格式,也可以用"A 跟 B 两个一样……、A 跟 B……差不多儿"等,如:

> 老二跟老三一样娇气,还是叫老大去算了。
> 这家伙跟醉了一样麻明儿无理取闹、难缠,我硬是莫得主意了。
> 走城里跟走河街一样远,你看到办!
> 吃卤面跟吃饺子两个一样麻烦。
> 在屋的请客跟在外头请客花费差不多儿,还是在屋的算了。

2. 等比句还可以用介词"给"引出比较对象,如:

> 他在广东打工,挣的也就给我差不多。
> 今儿给昨儿一样热,估计都在三十五六度。
> 你现在进步快呀,水平给我差不多了。

3. 白河方言差比句的主要表达格式是"A 莫得 B……"。这种格式一般只比较积极的方面,如"好、快、厉害、好吃"等,消极的内容不进入这类句子,如:

> 我不行,从小学开始都莫得他学习好。
> 这家伙,上下关系搞得好得很,我莫得他厉害。
> 今儿还莫得昨儿热,你喊叫啥啰!
> 我看你现在还莫得我苗条,咋搞得么?
> 那家超市的东西还莫得小商店儿买的便宜,以后不去了。

4. 差比句也可以用介词"给"介引出比较对象,谓语中心成分后需加"些/得多"辅助表达比较,即"A 给 B……些/得多"或者"A 给 B 比要……些/得多"格式,如:

> 你给他大些,还要在那儿抢,丢不丢人!
> 这件儿要给刚才拿的那件儿合适些。
> 今儿给昨儿凉快得多。
> 这一集给上一集精彩得多,你没有看吧!
> 煮鸡蛋给煎鸡蛋比要有营养得多。

5. 白河方言的差比句还有"A(还)不如 B……、A……一点儿"等表达方式,如:

> 这么点儿远,骑车还不如走路。
> 苹果不如梨子水分多。

我看还是人家老李硬扎_{实力强}一点儿,你还是先靠边儿站吧。

三　"把"字句　"被"字句

白河方言"把"字句的基本形式和成句条件与普通话一致,如谓语动词必须有补语、动态助词等后续成分,"把"介引的宾语必须是定指成分等。如果祈使句(只限于肯定句)中出现"把"字结构,常在句末加"他",如:

> 你赶紧把屋的收拾一下,客马上就到了。
>
> 这娃子,又把裤子尿湿了。
>
> 叫你看到路你不听,把腿跸坏了吧。
>
> 你咋儿搞得么? 又把他给得罪了。
>
> 他说都不说就把娃子给抱走了。
>
> 把电视关了他!

"把"字句介宾结构之后常加的"给"意义虚化,应该理解为结构助词,在句中读轻声。这种结构应该来源于"S(施事)+把+O+给+我+……"。

"S(施事)+把+O+给+我+……"结构的主动性较强,"我"表示动作行为的方向。说话者常常主观上认为句中受事对象的领属者、谓语动词的服务对象是自己,故而用"给我"强调受事。"给"和"我"在这种结构中意义都很实在,都不轻读。例如"你把衣裳给我洗干净、你把教室给我收拾好了"。但大多数情况下,该结构中说话者与受事并无关连,如"你把他给我得罪了"中的"我"与"他、得罪"都无关系。故句中的"给、我"逐渐虚化,"我"逐渐省略,"给"也不再具有最初"给我"中的介词功能,逐渐虚化成助词,读轻声。

　　白河方言的"被"字句一般用介词"叫",基本形式为"S(受事)+叫+O+……",介宾短语之后也常加助词"给",如:

　　　　屋的活路_{家里的活儿}都叫我妈做了,我实在莫得啥做的。

　　　　好话都叫你说完了,我还有啥意见啰!

　　　　好好的机子叫你给搞成这了。

　　　　这娃子就是叫你给惯侍_{娇惯}得不像个样子!

第十五章 白河方言语料记音

一 语法例句

第一行为普通话,第二行为该句在白河城关话的说法,第三行为记音。连读变调一律标实际调值,轻声的调值一律标0。

1. 谁呀? 我是老三。

 哪一个哇? 我是老三子啵。

 la^{435} i^{44} kuo^{41} ua^{0}? ŋuo^{435} ʂʅ^{0} lau^{435} san^{213} tsʅ^{0} po^{0}。

2. 老四呢? 他正跟有个朋友说着话呢。

 老四子来? 他在给别人说到话在的。

 lau ^{435} sʅ^{41} tsʅ^{0} lai^{0}? tʰa^{21} tsai^{41} kε^{435} piε^{44} z̩ən^{0} ʂuo^{213} tau^{0} xua^{42}

 tsai^{41} ti^{0}。

3. 他还没有说完吗?

 他还冇说完哪?

 ta^{21} xai^{44} mau^{41} ʂuo^{21} uan^{44} la^{0}?

4. 还没有。大约再有一会儿就说完了。

 还冇,还得一下儿啵。

 xai^{44} mau^{41}, xai^{44} tε^{44} i^{44} xɐr^{435} po^{0}。

5. 他说马上就走,怎么这么半天了还在家里呢?

他说马上就走哇,咋儿法儿这半天了还在屋的来?

tʰa²¹ ʂuo²¹³ ma⁴³⁵ ʂaŋ⁰ təu⁰ tsəu⁴³⁵ ua⁰, tsɐr⁴³⁵ fɐr²¹³ tʂE⁴² pan⁴¹ tʰian²¹³ lau⁰ xai⁴⁴ tsai·⁴² u⁴⁴ ti⁰ lai⁰?

6. 你到哪儿去? 我到城里去。

你到哪儿下儿去呀? 我到城里去。

n̠i·⁴³⁵ tau⁴² lɐr⁴³⁵ xɐr²¹³ tɕʰi·⁴¹ ia⁰? ŋuo⁴³⁵ tau⁴² tʂʰən⁴⁴ li⁴³⁵ tɕʰi·⁴¹。

7. 在那儿,不在这儿。

在那儿下儿,不在这儿下儿。

tsai⁴² lɐr⁴¹ xɐr⁰, pu⁴⁴ tsai⁴² tʂɐr⁴¹ xɐr⁰。

8. 不是那么做,是要这么做的。

不是那样儿的做的,是这样儿的做的。

pu⁴⁴ ʂɿ⁴¹ liɐr⁴¹ ti⁰ tsəu⁴¹ ti⁰, ʂɿ⁴² tɕiɐr⁴¹ ti⁰ tsəu⁴¹ ti⁰。

9. 太多了,用不着那么多,只要这么多就够了。

太多了,用不了那些,有这点儿就争不多了啵。

tʰai·⁴² tuo²¹³ lau⁰, yŋ⁴² pu⁴⁴ liau⁴³⁵ lE⁴² ɕiɛ⁴⁴, iəu⁴³⁵ tʂE⁴² tiɐr⁴³⁵ təu⁰ tsən²¹ pu⁴⁴ tuo²¹³ lau⁰ po⁰。

10. 这个大,那个小,这两个哪一个好一点儿呢?

这岸儿这个大,那岸儿那个小,哪一个强一点儿啰?

tʂE⁴¹ ŋɐr⁰ tʂE⁴¹ kuo⁰ ta⁴¹, lE⁴¹ ŋɐr⁰ lE⁴¹ kuo⁰ ɕiau⁴³⁵, la⁴³⁵ i⁴⁴ kuo⁴¹ tɕʰiaŋ⁴⁴ i⁴⁴ tiɐr⁴³⁵ luo⁰?

11. 这个比那个好。

那个莫得这个好。

lE⁴¹ kuo⁰ mo⁴⁴ tE⁴⁴ tʂE⁴¹ kuo⁰ xau⁴³⁵。

12. 这些房子不如那些房子好。

这些房子莫得那些房子好。

tʂE⁴¹ ɕiɛ⁰ faŋ⁴⁴ tsɿ⁰ mo⁴⁴ tE⁴⁴ lE⁴¹ ɕiɛ⁰ faŋ⁴⁴ tsɿ⁰ xau⁴³⁵。

13. 这句话用——话怎么说?

这句话用白河话咋儿法儿说哇?

tʂɛ⁴¹ tɕy⁰ xua⁴¹ yŋ⁴¹ pɛ⁴⁴ xuo⁰ xua⁴¹ tsɚ⁴³⁵ fɚ⁰ ʂuo²¹³ ua⁰?

14. 他今年多大岁数?

他今年好大岁数儿了么?

tʰa¹³ tɕʰin²¹³ ȵian⁰ xau⁴³⁵ ta⁴¹ sei⁴¹ sɚ⁰ lau⁰ mən⁰?

15. 大概有三十来岁罢。

怕是有三十来岁了吧。

pʰa⁴¹ ʂʅ⁰ iəu⁴³⁵ san²¹³ ʂʅ⁰ lai⁴⁴ sei⁴¹ lau⁰ pa⁰。

16. 这些东西有多重呢?

这些东西有好重啊?

tʂɛ⁴¹ ɕiɛ⁰ təŋ²¹³ ɕi⁰ iəu⁴³⁵ xau⁴³⁵ tʂuŋ⁴¹ ŋa⁰?

17. 有五十斤重呢!

怕是有五十来斤吧!

pʰa⁴¹ ʂʅ⁰ iəu⁴³⁵ u⁴³⁵ ʂʅ⁰ lai⁴⁴ tɕin²¹³ pa⁰!

18. 拿得动吗?

拿得动拿不动啊?

la⁴⁴ ti⁰ təŋ⁴¹ la⁴⁴ pu⁰ təŋ⁴¹ ŋa⁰?

19. 我拿得动,他拿不动。

我拿得动,他可能不行。

ŋuo⁴³⁵ la⁴⁴ ti⁰ təŋ⁴¹,tʰa²¹ kʰuo⁴³⁵ lən⁴⁴ pu⁴⁴ ɕin⁴⁴。

20. 真不轻,重得连我都拿不动了。

还重重儿的,连我都拿不动么。

xai⁴⁴ tʂuŋ⁴² tʂuɚ⁴¹ ti⁰,lian⁴⁴ ŋuo⁴³⁵ təu⁰ la⁴⁴ pu⁰ təŋ⁴¹ mən⁰。

21. 你说得很好,你还会说点什么呢?

你说得好嗬,别的还会说点儿啥呢?

ȵi˙⁴³⁵ ʂuo²¹³ ti⁰ xau⁴³⁵ ʂai⁰,piɛ⁴⁴ ti⁰ xai⁴⁴ xuei⁴¹ ʂuo²¹ tiɚ⁴³⁵ ṣa⁴¹ lai⁰?

22. 我嘴笨, 我说不过他。

我笨嘴笨舌的么, 说不赢他。

ŋuo⁴³⁵ pən⁴² tsei⁴³⁵ pən⁴² ṣᴇ⁴⁴ ti⁰ mən⁰, ṣuo²¹³ pu⁰ in⁴⁴ tʰa²¹³。

23. 说了一遍, 又说了一遍。

刚说了一遍, 又说一遍。

tɕiaŋ¹³ ṣuo²¹³ lau⁰ i⁴⁴ pian⁴¹, iəu⁴² ṣuo²¹³ i⁴⁴ pian⁴¹。

24. 请你再说一遍!

麻烦你再说一遍嗷!

ma⁴⁴ fan⁰ ȵi⁴³⁵ tsai⁴¹ ṣuo²¹ i⁴⁴ pian⁴¹ au⁰!

25. 不早了, 快去罢!

不早了啵, 快去嗬!

pu⁴⁴ tsau⁴³⁵ lau⁰ po⁰, kʰuai⁴² tɕʰi⁴¹ ṣai⁰!

26. 现在还早着呢。等一会儿再去罢。

这时会儿还早到的, 等一下儿再去啵。

tṣᴇ⁴¹ ṣuɚ⁰ xai⁴⁴ tsau⁴³⁵ tau⁰ ti⁰, tən⁴³⁵ i⁴⁴ xɚ⁴³⁵ tsai⁴¹ po⁰。

27. 吃了饭再去好罢?

吃了饭再去行不行啰?

tṣʰɿ²¹³ lau⁰ fan⁴¹ tsai⁴² tɕʰi⁴¹ ɕin⁴⁴ pu⁰ ɕin⁴⁴ luo⁰?

28. 慢慢儿地吃啊! 不要急!

慢慢儿地吃嗷! 莫急嗬!

man⁴² mɚ²¹³ ti⁰ tṣʰɿ²¹³ au⁰! mo⁴⁴ tɕi⁴⁴ ṣai⁰!

29. 坐着吃比站着吃好些。

站到吃莫得坐到吃好。

tṣan⁴¹ tau⁰ tṣʰɿ²¹³ mo⁴⁴ tᴇ⁴⁴ tsuo⁴¹ tau⁰ tṣʰɿ²¹³ xau⁴³⁵。

30. 他吃了饭了, 你吃了饭没有呢?

他吃了饭, 你吃了冇?

tʰa¹³ tʂʰʅ²¹³ lau⁰ fan⁴¹, ȵi⁴³⁵ tʂʰʅ²¹³ lau⁰ mau⁰？

31. 他去过上海，我没有去过。

他去了上海的，我有去过。

tʰa²¹³ tɕʰi⁴¹ lau⁰ ʂaŋ⁴² xai⁴³⁵ ti⁰, ŋuo⁴³⁵ mau⁴² tɕʰi⁴¹ kuo⁴¹。

32. 来闻闻这朵花香不香。

来闻下儿这个花儿咋样儿。

lai⁴⁴ uən⁴⁴ xɐr⁴³⁵ tʂE⁴¹ kuo⁰ xuɐr²¹³ tsa⁴³⁵ iɐr⁴¹。

33. 给我一本书！

给我一本儿书嗮！

kE⁴³⁵ ŋuo⁴³⁵ i⁴⁴ pər⁴³⁵ ʂu²¹³ ʂai⁰！

34. 我实在没有书！

我实在莫得书啵！

ŋuo⁴³⁵ ʂʅ⁴⁴ tsai⁰ mo⁴⁴ tE⁴⁴ ʂu²¹³ po⁰！

35. 你告诉他。

你给他说。

ȵi⁴³⁵ kE⁴³⁵ tʰa²¹³ ʂuo²¹³。

36. 好好儿的走！不要跑！

好好儿的走嗷！莫以跑！

xau⁴³⁵ xɐr²¹³ ti⁰ tsəu⁴³⁵ au⁰！ mo⁴⁴ i⁰ pʰau⁴³⁵！

37. 小心跌下去爬也爬不上来！

过细绊到了爬不上来！

kuo²¹ ɕi⁴¹ pan⁴³⁵ tau⁰ lau⁰ pʰa⁴⁴ pu⁰ ʂaŋ⁴² lai⁴⁴！

38. 医生叫你多睡一睡。

医生叫你多睡一下儿。

i²¹³ sən⁰ tɕiau⁴¹ ȵi⁴³⁵ tuo²¹ ʂuei⁴² i⁴⁴ xɐr⁴³⁵。

39. 吸烟或者喝茶都不行。

吃烟、喝茶都不咋样儿。

tʂʰʅ¹³ ian²¹³、xuo²¹ tʂʰa⁴⁴ təu²¹ pu⁴⁴ tsa⁴³⁵ iɐr⁴¹。

40. 烟也好，茶也好，我都不喜欢。

一个烟，一个茶，我都不爱见。

i⁴⁴ kuo⁰ ian²¹³，i⁴⁴ kuo⁰ tʂʰa⁴⁴，ŋuo⁴³⁵ təu²¹ pu⁴⁴ ŋai⁴¹ tɕian⁰。

41. 不管你去不去，反正我是要去的。

管你去不去，我是要去的。

kuan⁴³⁵ ȵi⁴³⁵ tɕʰi⁴¹ pu⁰ tɕʰi⁴¹，ŋuo⁴³⁵ ʂʅ⁰ iau⁴² tɕʰi⁴¹ ti⁰。

42. 我非去不可。

我非要去。

ŋuo⁴³⁵ fei²¹ iau⁴² tɕʰi⁴¹。

43. 你是哪一年来的？

你是哪一年来的呀？

ȵi⁴³⁵ ʂʅ⁴¹ la⁴³⁵ i⁴⁴ ȵian⁴⁴ lai⁴⁴ ti⁰ ia⁰？

44. 我是前年来的北京。

我是前年到北京来的。

ŋuo⁴³⁵ ʂʅ⁴¹ tɕʰian⁴⁴ ȵian⁰ tau⁴¹ pɛ⁴⁴ tɕin²¹ lai⁴⁴ ti⁰。

45. 今天开会谁的主席？

今儿开会哪一个是主席啰？

tɕiər²¹³ kʰai²¹ xuei⁴¹ la⁴³⁵ i⁴⁴ kuo⁴¹ ʂʅ⁴¹ tʂu⁴³⁵ ɕi⁴⁴ luo⁰？

46. 你得请我的客。

你要□我的客嗷。

ȵi⁴³⁵ iau⁴² tɕʰiau⁴⁴ ŋuo⁴³⁵ ti⁰ kʰɛ²¹³ ŋau⁰。

47. 一边走，一边说。

一头走，一头说。

i⁴⁴ tʰəu⁴⁴ tʂəu⁴³⁵，i⁴⁴ tʰəu⁴⁴ ʂuo²¹³。

二 北风和太阳

有一回,北风跟太阳在那儿争论谁的本事大。争来争去,就是分不出高低来。这时候路上来了个走道儿的,他身上穿着件厚大衣。他们俩就说好了,谁能先叫这个走道儿的脱下他的厚大衣,就算谁的本事大。北风就使劲儿地刮起来了,不过他越是刮得厉害,那个走道儿的把大衣裹得越紧。后来北风没法儿了,只好就算了。过了一会儿,太阳出来了。他火辣辣地一晒,那个走道儿的马上就把那件厚大衣脱了下来。这下儿北风只好承认,他们俩当中还是太阳的本事大。

有一回,北风跟太阳两个人莫得啥事儿,就在一堆儿争见哪一个的本事大些。搞了大半天,争得脸红脖子粗,还是莫得个结果。这时会儿有个过路的走过来了,身上穿到件大氅在,看样范儿冻得要命。他们两个一看就有了主意了:哪个要是能叫这个过路的把大氅脱了他,就算哪个本事大。北风头一个来,他使多么大的劲在那儿下儿吹,哪个晓得吹得越猛,过路的就冷得越厉害,把大氅扣得越紧。北风吹了半天,咋儿法儿都搞不开,只有算了。太阳后来,他慢慢儿地出来,然后狠命地一晒,哪个晓得那个过路的马上就热得拿不严儿了,赶紧把衣裳脱了。北风一看,还是太阳硬扎,只有承认自己的本事莫得太阳大。

iəu^{435} i^0 xuei^{44},pɛ^{44} fəŋ^{213} kən^{213} tʰai^{41} iaŋ^0 liaŋ^{435} kuo^0 z̩ən^{44} mo^{44} tɛ^{44} ʂa^{42} sər^{41},tsəu^{42} tsai^{41} i^{44} tər^{213} tsən^{213} tɕian^0 la^{435} i^0 kuo^0 ti^0 pən^{435} s̩^{0} ta^{41} ɕiɛ^0。kau^{435} lau^{44} ta^{42} pan^{41} tʰian^{213},tsən^{213} ti^0 lian^{435} xuəŋ^{44} po^{44} ts̩^{0} tsʰəu^{213},xai^{44} ʂ̩^{0} mo^{44} tɛ^{44} kuo^0 tɕiɛ^{21} kuo^{435}。tʂɛ^{41} ʂuər^0 iəu^{435} kuo^0 kuo^{42} ləu^{41} ti^0 tsəu^{435} kuo^0 lai^{44} lau^0,ʂən^{213} ʂaŋ^0 tʂʰuan^{213} tau^0 tɕian^{41} ta^{42} tʂʰaŋ^{435} tsai^0,kʰan^{42} iaŋ^{41} fər^0 təŋ^{41} ti^0 iau^{42}

min⁴¹。tʰa²¹³ mən⁰ liaŋ⁴³⁵ kuo⁰ i⁴⁴ kʰan⁴¹ təu⁰ iəu⁴³⁵ lau⁰ tʂu⁴³⁵ i⁰
lau⁰ːla⁴³⁵ kuo⁰ iau⁴¹ ʂʐ̩⁰ lən⁴⁴ tɕiau⁴² tʂʂɛ⁴¹ kuo⁰ kuo⁴² ləu⁴¹ ti⁰ pa⁴³⁵
ta⁴² tʂʰaŋ⁴³⁵ tʰuo²¹³ lau⁰ tʰa⁰,tsəu⁴² san⁴¹ la⁴³⁵ kuo⁰ pən⁴³⁵ sʐ̩⁰ ta⁴¹。
pɛ⁴⁴ fəŋ²¹³ tʰəu⁴⁴ i⁴⁴ kuo⁰ lai⁴⁴,tʰa²¹ ʂʐ̩⁴³⁵ tuo⁴⁴ mən⁰ ta⁴¹ ti⁰ tɕiər⁴¹
tsai⁴¹ lɐr⁴¹ xɐr⁰ tʂʰuei²¹³,la⁴³⁵ kuo⁰ ɕiau⁴³⁵ tɛ⁰ tʂʰuei²¹³ ti⁰ yɛ⁴⁴
məŋ⁴³⁵,kuo⁴² ləu⁴¹ ti⁰ tsəu⁴¹ lən⁴³⁵ ti⁰ yɛ⁴⁴ li⁴¹ xai⁰,pa⁴³⁵ ta⁴² tʂʰaŋ⁴³⁵
kʰəu⁴¹ ti⁰ yɛ⁴⁴ tɕin⁴³⁵。pɛ⁴⁴ fəŋ²¹³ tʂʰuei²¹³ lau⁰ pan⁴² tʰian²¹³,tsɐr⁴³⁵
fɐr²¹³ təu⁰ kau⁴³⁵ pu⁰ kʰai·²¹³,tʂʐ̩⁴⁴ iəu⁴³⁵ san⁴¹ lau⁰。tʰai⁴¹ iaŋ⁰ xəu⁴²
lai⁴⁴,tʰa²¹ man⁴² mɐr²¹³ ti⁰ tʂʰu⁴⁴ lai⁰,ʐ̩an⁴⁴ xəu⁴² xən⁴³⁵ min⁴¹ ti⁰ i·⁴⁴
ʂai⁴¹,la⁴³⁵ kuo⁰ ɕiau⁴³⁵ tɛ⁰ lɛ⁴¹ kuo⁰ kuo⁴² ləu⁴¹ ti⁰ ma⁴³⁵ ʂaŋ⁰ təu⁰
ʐ̩ɛ²¹³ ti⁰ la⁴⁴ pu⁰ iɐr⁴⁴ lau⁰,kan⁴³⁵ tɕin⁴³⁵ pa⁴³⁵ i·²¹³ ʂaŋ⁰ tʰuo²¹³ lau⁰。
pɛ⁴⁴ fəŋ²¹³ i⁴⁴ kʰan⁴¹,xai·⁴⁴ sʐ̩⁰ tʰai·⁴¹ iaŋ⁴¹ ŋən⁴¹ tʂa⁰,tʂʐ̩⁴⁴ iəu⁴³⁵
tʂʰən⁴⁴ ʐ̩ən⁴¹ tsʐ̩⁴² tɕi·⁴³⁵ ti⁰ pən⁴³⁵ sʐ̩⁰ mo⁴⁴ tɛ⁴⁴ tʰai·⁴¹ iaŋ⁰ ta⁴¹。

三　白河儿歌七首

盘脚盘

盘脚盘,盘三年;三年满,头发散;金脚儿,银脚儿,毛栗骨朵儿;剥葱,卖韭,石榴花儿,快走!

pʰan⁴⁴ tɕio²¹ pʰan⁴⁴,pʰan⁴⁴ san²¹ ȵian⁴⁴;san²¹ ȵian⁴⁴ man⁴³⁵,
tʰəu⁴⁴ fa⁰ san⁴³⁵;tɕin¹³ tɕior²¹³,in⁴⁴ tɕior²¹³,mau⁴⁴ li⁰ ku⁴³⁵ tuor²¹³;
po¹³ tsʰəŋ²¹³,mai·⁴² tɕiəu⁴³⁵,ʂʐ̩⁴⁴ liəu⁰ xuɐr²¹³,kʰuai·⁴² tsəu⁴³⁵!

尿床袋

尿床袋,顶被卧晒;爹要打,妈要卖,奶奶舍不得这个尿床袋。

ȵiau⁴² tʂʰuaŋ⁴⁴ tai⁴¹, tin⁴³⁵ pei⁴¹ u⁰ ʂai⁴¹; tiɛ²¹ iau⁴² ta⁴³⁵, ma²¹ iau⁴² mai⁴¹, lai⁴³⁵ lai⁰ ʂɛ⁴³⁵ pu⁰ tɛ⁴⁴ tʂɛ⁴¹ kuo⁰ ȵiau⁴² tʂʰuaŋ⁴⁴ tai⁴¹。

椿树王

椿树王,椿树王,你长粗,我长长;你长粗了做房梁,我长高了当新郎。

tʂʰuən²¹ ʂu⁴² uaŋ⁴⁴, tʂʰuən²¹ ʂu⁴² uaŋ⁴⁴, ȵi⁴³⁵ tʂaŋ⁴³⁵ tsʰ əu²¹³, ŋuo⁴³⁵ tʂaŋ⁴³⁵ tʂʰaŋ⁴⁴; ȵi⁴³⁵ tʂaŋ⁴³⁵ tsʰ əu²¹³ lau⁰ tsəu⁴² faŋ⁴⁴ liaŋ⁴⁴, ŋuo⁴³⁵ tʂaŋ⁴³⁵ kau²¹³ lau⁰ taŋ¹³ ɕin²¹ laŋ⁴⁴。

过城门

城门城门几丈高? 三十六丈高。骑白马,过马路,走进城门瞧一瞧。

tʂʰən⁴⁴ mən⁴⁴ tʂʰən⁴⁴ mən⁴⁴ tɕi⁴³⁵ tʂaŋ⁴² kau²¹³? san²¹ ʂʅ⁴⁴ ləu⁴⁴ tʂaŋ⁴² kau²¹³。 tɕʰi⁴⁴ pɛ⁴⁴ ma⁴³⁵, kuo⁴¹ ma⁴³⁵ ləu⁴¹, tsəu⁴³⁵ tɕin⁴¹ tʂʰən⁴⁴ mən⁴⁴ tɕʰiau⁴¹ i⁰ tɕʰiau⁴⁴。

黄毛儿丫头

黄毛儿丫头,睡到饭熟;听见碗响,爬起来乱抢;抢个黑碗,吃了一百碗。

xuaŋ⁴⁴ mɚ⁴⁴ ia²¹³ tʰ əu⁰, ʂuei⁴¹ tau⁰ fan⁴² ʂəu⁴⁴; tʰ in²¹ tɕian⁴¹ uan⁴³⁵ ɕiaŋ⁴³⁵, pʰ a⁴⁴ tɕʰi⁴³⁵ lai⁰ lan⁴² tɕʰiaŋ⁴³⁵; tɕʰiaŋ⁴³⁵ kuo⁰ xɛ²¹ uan⁴³⁵, tʂʅ²¹³ lau⁰ i⁴⁴ pɛ²¹ uan⁴³⁵。

又哭又笑

又哭又笑,黄狗儿屙尿;黑狗儿送礼,白狗儿不要。

iəu⁴² kʰu²¹³ iəu⁴² ɕiau⁴¹, xuaŋ⁴⁴ kər⁴³⁵ uo²¹ ȵiau⁴¹; xɛ²¹ kər⁴³⁵ səŋ⁴² li⁴³⁵, pᴇ⁴⁴ kər⁴³⁵ pu⁴⁴ iau⁴¹。

跳拐拐

跳拐拐,接奶奶,奶奶给我做花鞋,我给奶奶拣干柴;花鞋穿坏了,奶奶莫见了。

tʰiau⁴² kuai⁴³⁵ kuai⁰, tɕiᴇ²¹ lai⁴³⁵ lai⁰, lai⁴³⁵ lai⁰ kᴇ⁴³⁵ ŋuo⁴³⁵ tsəu⁴² xua²¹ xai⁴⁴, ŋuo⁴³⁵ kᴇ⁴³⁵ lai⁴³⁵ lai⁰ tɕian⁴³⁵ kan²¹ tʂʰai⁴⁴; xua²¹ xai⁴⁴ tʂʰuan²¹ xuai⁴¹ lau⁰, lai⁴³⁵ lai⁰ mo⁴⁴ tɕian⁴¹ lau⁰。

参考文献

论 文

陈良学、邹荣础 1988　清代前期客民移垦与陕南的开发,《陕西师范大学学报》第 1 期

陈忠敏 2003　重论文白异读与语音层次,《语言研究》第 3 期

段永华 1997　陕南方言与推广普通话,《汉中师范学院学报》第 2 期

郭沈青 2006a　陕南客伙话的性质和归属,《中国语文》第 6 期

郭沈青 2006b　陕南西南官话的内部差异与归属,《方言》第 2 期

郭沈青 2006c　陕南中原官话的性质与归属,《语文研究》第 4 期

郭沈青 2007　陕南江淮官话的特点与成因,《西北大学学报》第 4 期

贺　巍 1985　河南省西南部方言的语音异同,《方言》第 2 期

贺　巍 2005　中原官话的分区(稿),《方言》第 2 期

黄雪贞 1986　西南官话的分区(稿),《方言》第 4 期

黄晓雪 2010　安徽宿松方言的"倒",《长江学术》第 1 期

柯西钢 2004　白河方言声调略说,《安康师专学报》第 5 期

柯西钢 2005　白河城关方言语音研究,陕西师范大学硕士学位

论文

柯西钢 2007　　白河方言内部差异及形成原因,《陕西师范大学继续教育学报》第 3 期

柯西钢 2008a　　论明清时期湖广移民的文化流播,《求索》第 6 期

柯西钢 2008b　　汉江上游地区方言语音研究,陕西师范大学博士学位论文

柯西钢 2009　　陕西白河城关方言音系,《中国语学研究·开篇》,第 28 期

柯西钢 2010　　汉江上游鄂北片方言的地理格局及混合性特征,《方言》第 1 期

柯西钢 2012　　白河茅坪镇方言同音字汇,《咸阳师范学院学报》第 1 期

李　蓝 2009　　西南官话的分区(稿),《方言》第 1 期

李　荣 1985　　官话方言的分区,《方言》第 1 期

刘祥柏 2000　　六安丁集话体貌助词"倒",《方言》第 2 期

刘祥柏 2007　　江淮官话的分区(稿),《方言》第 4 期

刘兴策 1988　　试论"楚语"的归属,《华中师范大学学报》第 4 期

罗自群 2006a　　从汉语方言"鸡公""公鸡"看动物名词雌雄南北异序的成因,《方言》第 4 期

彭清深、张祖煦 2000　　西北地区汉语方言之纵向考察,《西北民族学院学报》第 4 期

钱曾怡 2000　　从汉语方言看汉语声调的发展,《语言教学与研究》第 2 期

孙立新 1998　　陕南方言略说,《方言》第 2 期

孙立新 2002　　二十世纪陕西方言研究综述,《唐都学刊》第 4 期

孙宜志 2006a　　安庆三县市江淮官话的归属,《方言》第 2 期

太田斋 2010　　常用词特殊音变的分析法:以"肩膀"和"井拔凉

水"为例,《中国语文》第 5 期

陶卫宁 2003　隋以前陕南汉江流域的人口迁移,《汉中师范学院学报》第 2 期

汪国胜 1992　大冶话的"倒"字及其相关句式,《华中师大学报》第 5 期

王军虎 2001　陕西关中方言的 ʯ 类韵母,《方言》第 3 期

卫　岩 2010　永济方言语汇研究,陕西师范大学硕士学位论文

巫其祥 1991　汉水流域的民居和民居风俗说略,《汉中师院学报》第 1 期

吴宾、党晓虹 2005　明清时期陕南地区移民及农业开发成因的研究,《中国农学通报》第 10 期

吴　媛 2011　西安话的自感结构"V/A+人"及其与动宾/偏正结构"V/A+人"的对立,《宁夏大学学报》第 2 期

邢向东 2007　陕西省的汉语方言,《方言》第 4 期

邢向东 2008　论陕南方言的调查研究,《西北大学学报》第 2 期

邢向东、郭沈青 2005　晋陕宁三省区中原官话的内外差异与分区,《方言》第 4 期

熊正辉 1990　官话区方言分 ts tʂ 的类型,《方言》第 1 期

徐奕昌 1982　南阳方言概要,《南都学坛》第 3 期

薛平栓 2001　明清时期陕西境内的人口迁移,《中国历史地理论丛》第 1 辑

杨岸颖 2010　重庆方言的"倒"字,《成都大学学报》第 1 期

杨春霖 1986　陕西方言内部分区概说,《西北大学学报》第 4 期

杨　静 2009　安康汉滨区方言的体貌系统,《安康学院学报》第 2 期

杨海蓉 2008a　白河仓上方言的词汇和语法,《安康学院学报》第 2 期

杨海蓉 2008b　白河仓上方言体貌特征研究,《安康学院学报》

第 5 期

杨荣祥 1997　中古音和现代音对应中的变例现象,《语言学论丛》第 19 辑

杨晓安 1995　白河方言的成因,《人文地理》第 2 期

杨增强 2003　明朝抚治商州都御史原杰事迹述论,《商洛师范专科学校学报》第 3 期

尉迟治平 1989　英山方言的儿尾,《语言研究》第 2 期

翟时雨 1987　陕西南部地区方言的归属,《方言》第 1 期

张光宇 2006　汉语方言合口介音消失的阶段性,《中国语文》第 4 期

张建民 1999　明代秦巴山区流民的附籍与分布,《中南民族学院学报》第 2 期

张林林 1992　九江话里的儿化现象和儿尾,《江西师范大学学报》第 2 期

张盛裕、张成材 1986　陕甘宁青四省区汉语方言的分区,《方言》第 2 期

张维佳 2002　关中方言片内部音韵差异及历史行政区划,《语言研究》第 2 期

张晓虹 1999　陕西方言地理格局的形成及其历史地理背景,《历史地理》第 15 辑

张小克 2004　长沙方言的"bA 的"式形容词,《方言》第 3 期

赵　桃 2000　安康方言泥母字的读音,《安康师专学报》第 3 期

赵学玲 2007　汉语方言影疑母字声母的分合类型,《语言研究》第 4 期

周　政 2004　安康方言内部分区概说,《国际汉学集刊》

周　政 2006　关于安康方言分区的再调查,《方言》第 2 期

周　政 2007　陕西安康方言的混合特征,《方言》第 3 期

专　著

北京大学中文系语言教研室 2003　《汉语方音字汇》,语文出版社

曹志耘 2008　《汉语方言地图集》,商务印书馆

陈良学 1995　《湖广移民与陕南开发》,三秦出版社

陈淑梅 1989　《湖北英山方言志》,华中师范大学出版社

陈淑梅 2001　《鄂东方言语法研究》,江苏教育出版社

陈章太、李行健 1996　《普通话基础方言基本词汇集》,语文出版社

丁全、田小枫 2001　《南阳方言》,中州古籍出版社

丁声树、李荣 1984　《汉语音韵讲义》,上海教育出版社

蒋宗福 2002　《四川方言词语考释》,巴蜀书社

葛剑雄 1997　《中国移民史》,福建人民出版社

郭芹纳 2002　《训诂散论》,中国社会科学出版社

郭锡良 1986　《汉字古音手册》,北京大学出版社

贺巍 1996　《洛阳方言词典》,江苏教育出版社

贺登崧 2003　《汉语方言地理学》,上海教育出版社

侯精一 1985　《长治方言志》,语文出版社

侯精一 2002　《现代汉语方言概论》,上海教育出版社

胡安顺 2001　《音韵学通论》,中华书局

[明]胡广等《明实录·宪宗实录》,成化十二年刊印

兰宾汉 2011　《西安方言语法调查研究》,中华书局

李金陵 1994　《潜怀方言研究》,黄山书社

李如龙 2001　《汉语方言学》,高等教育出版社

梁德曼、黄尚君 1998　《成都方言词典》,江苏教育出版社

梁希真 2004　《陕西方言本字考》,中国文化出版社

[清]卢坤 1965　《秦疆治略》,成文出版社

鲁西奇 2000　　《区域历史地理研究：对象与方法——汉水流域
　　的个案考察》，广西人民出版社
罗杰瑞 1995　　《汉语概说》，语文出版社
罗昕如 2004　　《湘南土话词汇研究》，中国社会科学出版社
罗自群 2006b　　《现代汉语方言持续标记的比较研究》，中央民
　　族大学出版社
孟万春 2011　　《商洛方言语音研究》，中国社会科学出版社
钱曾怡 2010　　《汉语方言官话研究》，齐鲁书社
宋文程、张维佳 1993　　《陕西方言与普通话》，陕西人民出版社
孙立新 2000　　《陕西方言纵横谈》，华夏文化出版社
孙立新 2001　　《户县方言研究》，东方出版社
孙立新 2004　　《陕西方言漫话》，中国社会出版社
孙立新 2007　　《西安方言研究》，西安出版社
孙立新 2010　　《关中方言代词研究》，三秦出版社
孙宜志 2006b　　《安徽江淮官话语音研究》，黄山书社
唐爱华 2005　　《宿松方言研究》，文化艺术出版社
王福堂 1999　　《汉语方言语音的演变和层次》，语文出版社
汪化云 2004　　《鄂东方言研究》，巴蜀书社
汪化云 2008　　《汉语方言代词论略》，巴蜀书社
王　力 1985　　《汉语语音史》，中国社会科学出版社
［清］魏源 1976　　《魏源集·上册》，中华书局
伍云姬 2006　　《湖南方言的语气词》，湖南师范大学出版社
邢向东 2002　　《神木方言研究》，中华书局
邢向东 2004　　《西北方言与民俗研究论丛》，中国社会科学出
　　版社
邢向东 2006a　　《西北方言与民俗研究论丛（二）》，中国社会科
　　学出版社
邢向东 2006b　　《陕北晋语语法比较研究》，商务印书馆

邢向东、蔡文婷 2010 《合阳方言调查研究》,中华书局

徐通锵 1991 《历史语言学》,商务印书馆

薛平拴 2001 《陕西历史人口地理》,人民出版社

杨伯峻 1981 《春秋左传注》,中华书局

游汝杰 2004 《汉语方言学教程》,上海教育出版社

袁家骅 2001 《汉语方言概要》,语文出版社

詹伯慧 2001 《汉语方言及方言调查》,湖北教育出版社

张成材 2009 《商州方言词汇研究》,青海人民出版社

张　崇 1993 《陕西方言古今谈》,陕西人民出版社

张　崇 2007 《陕西方言词汇集》,西安交通大学出版社

张国雄 1995 《明清时期的两湖移民》,陕西人民教育出版社

张双庆 1996 《动词的体》,香港中文大学中国文化研究所吴多
　　泰中国语文研究中心

张晓虹 2004 《文化区域的分异与整合:陕西历史地理文化研
　　究》,上海书店出版社

赵元任等 1972 《湖北方言调查报告》,台联国风出版社

中国社会科学院语言所 1981 《方言调查字表》,商务印书馆

中国社会科学院和澳大利亚人文科学院 1987 《中国语言地图
　　集》,郎文出版(远东)有限公司

周　政 2009 《平利方言调查研究》,中华书局

朱德熙 1982 《语法讲义》,商务印书馆

地方志

安康市地方志编纂委员会 2004 《安康地区志》,陕西人民出
　　版社

白河县地方志编纂委员会 1996 《白河县志》,陕西人民出版社

[清]顾骢 《白河县志》,光绪十九年刊印

[清]严一清 《白河县志》,嘉庆六年刊印

后　记

　　从 2004 年开始为硕士学位论文《白河城关方言语音研究》展开调查算起，这本书的写作时间已经有八年了。这八年，读博、工作、结婚、生子，时断时续，但要写好《白河方言调查研究》的信念始终在我的脑子里。今天，终于可以稍稍松一口气了。《白河方言调查研究》基本完成了，借后记的机会，我要诚挚地表达出我的感谢。必须的。

　　感谢我的家乡。

　　我的家乡白河是陕南大山深处的一座小城，虽然地处偏远，经济也不算发达，但这里清秀的山水、淳朴的民风、诱人的美食都一直是我的骄傲。当然，还有极富特色的方言。

　　小学的时候，就感觉自己的方言很有意思，听上去抑扬顿挫、婉转悦耳，就像陈良学先生在书中形容的那样，莺音燕语，如歌唱般。还有诸如“黄牛黑卵子”之类的方言俚语，风趣幽默、形象生动。父亲当时经常在各地跑业务，常有些外地客人来家作客。他们有的说白河人说话像河南人，有的说白河人说话像湖北人，有的说白河人说话像安徽人，而我自己却觉得，白河人说话和普通话最像(可能大多数官话区的人都会认为自己的方言像普通话)。白河话怎么会这么奇怪呢？当时我就有了长大后要去河南、湖北、安徽好好听听他们说话，探个究竟的想法。这个想法也就成了我把白河方言研究作为事业的动力源泉。

　　我常想,大家都在谈如何如何建设家乡,我们从事语言学研究的,为家乡写一部方言调查研究专著,把"如歌唱般"的白河方言搞清楚、记下来,应该也算是建设家乡吧。

　　感谢我的硕士导师胡安顺老师和博士导师邢向东老师。

　　胡老师是著名的音韵学家,一位和蔼、可敬的师长。他开设的"中国语言学史"和"汉语音韵学"课把我带入了语言学的殿堂,尤其是他传授的音韵学知识,是我今天从事方言调查研究的必备理论基础。胡老师还组织我们编纂《汉语古今音对照字典》(后来此项目相继获批陕西省社科基金和国家社科后期资助基金),客观上也促进了我对汉语古今语音知识的学习。十余年来,无论是为学、作文,还是为事、做人,胡老师都给了我很大的关心和指导。

　　邢老师是著名的方言学家,在陕北方言研究领域有很高的建树,近年来在关中方言研究方面也是硕果累累。大约是2003年秋,在他为我们开设的"汉语方言学"课上,我认识了邢老师。这门课使我真正地了解了方言学,也学习到了一些方言调查的理论知识。2004年春节,我回老家进行了一些简单调查,后来写了一篇白河方言的小文章交给邢老师。很拙劣的文章,邢老师却给予了相当的肯定和鼓励。现在回想,这些话语对我影响很大,极大地增强了我报考邢老师的博士、潜心学习方言学的信心。

　　2005年秋季,我非常荣幸地忝列邢门。彼时老师正在申报全国优秀博士论文获奖者专项基金项目和新世纪优秀人才支持计划项目,项目名称为"陕西方言重点调查研究",白河也被列为项目研究的一个点。非常感谢邢老师给我的这个机会,为家乡撰写一本方言研究著作的愿望才得以成为现实。

　　因为要完成博士学位,本书的写作工作从2009年下半年才全面开始。整个过程中,邢老师不断地给予关心、指导、督促。

每写完一部分,我都会先交给老师审阅。每一稿上,密密麻麻,满是批示,老师为此付出了极大的心血。可惜因为水平有限,加之努力不够,虽修改了四五次,书稿质量仍然离邢老师的期待有一定差距。

感谢中华书局的秦淑华老师,她为本书稿提出了很多重要的修改意见。

感谢在书稿写作过程中以及在语言研究之路上对我产生过重要影响的各位师长:中国社会科学院的张振兴老师,西安外国语大学的张崇老师,西北大学的王军虎老师,陕西省社会科学院的孙立新老师,安康学院的张德新老师、周政老师,宝鸡文理学院的郭沈青老师,还有陕西师范大学文学院的郭芹纳老师、王辉老师、兰宾汉老师、韩宝育老师、黑维强老师等。如果说我在学业和事业上取得了一些微不足道的成绩的话,那都离不开诸位老师的指导和支持。

写到这里,我的心情渐渐沉重起来。一位我非常应该感谢的老师,此刻却已经离开了我们。他就是前全国汉语方言学会会长、中国社会科学院语言研究所方言室主任周磊老师。

最初认识周老师是在2004年首届西北方言与民俗国际研讨会上。8年来,他一直对我的学习和工作都很关心。周老师生前对陕南方言的研究非常重视,他经常告诫我要努力,要勤奋,要注重研究方法。2007年10月在安康,第四届官话方言研讨会期间,周老师和我谈了很长时间,他告诉我陕南方言资源丰富,是个宝库,应该充分挖掘。他形象地将陕南方言的研究现状比喻为打鱼:大鱼已基本被捞光,如果再用大网,走老路,就什么也捞不着,应该尝试用小网,捞小鱼。没想到正在我努力"打造小网"的时候,传来了周老师去世的噩耗。至今仍清晰地记得3月15日早晨我收到黑维强老师的短信时的悲痛心情。

本来想把《白河方言研究调查研究》作为我陕南方言研究

的一个小结汇报给周老师,可惜因我做事拖沓,直到今日才能完成。没能请周老师批评指正,也是这部书稿的一大遗憾。

最后,感谢我的家人。一路走来,谢谢你们的支持和鼓励。

柯西钢

2012 年 6 月 10 日